JN492497

한국 뉴 웨이브의 정치적 기억

—〈아름다운 청년 전태일〉과 〈꽃잎〉—

연세대학교 미디어아트연구소 편

연세대학교 출판부

한국 뉴 웨이브의 정치적 기억

–〈아름다운 청년 전태일〉과 〈꽃잎〉–

연세대학교 미디어아트연구소 편

|펴낸곳| **연세대학교 출판부**

등 록 1955년 10월 13일 제9-60호

주 소 서울특별시 서대문구 신촌동 134

전 화 02) 392-6201, 2123-3380~2

팩 스 02) 393-1421

E-mail ysup@yonsei.ac.kr

홈페이지 http://www.yonsei.ac.kr/press

인 쇄 (주) 동국문화

2007년 7월 20일 1판 1쇄

ISBN 978-89-7141-773-7 (03680)

값 23,000 원

서 문

이 책에서는 한국 현대사를 '기억'하는 영화 두 편을 다루고 있다. '전태일'과 '광주'는 여전히 따옴표를 통해 표현될 수밖에 없는, 현대사의 결절점이다. 70년대와 80년대를 지나온 사람들의 일상에 여전히 그 흔적을 남기고 있는 이 계기들을 90년대 중반에 다루었던 두 편의 영화, 〈아름다운 청년 전태일〉(박광수)과 〈꽃잎〉(장선우)는 그래서 영화와 기억의 문제와 관련하여 주목된다.

문화 텍스트에 대한 담론 순환이 유난히 빠른 한국에서, 개봉된 지 어언 10년을 바라보는 이 영화들은 이제 아카이브나 대학 강단에서만 기억되고 있는 것 같다. 이 책의 필자들은 문민정부 시기의 정치적 상황에 대한 기억을 더듬으면서, 그때 새삼 7, 80년대의 사건을 소재로 삼았던 이 영화들의 기억을 밟아가는, 이중의 기억 여행에 기꺼이 함께 하기로 했다. 이 기억의 원근법 속에서 감독 박광수와 장선우는, 한국 영화를 명명하는 국제적 용어였던 "코리안 뉴 웨이브"를 소환하는 매개가 된다.

이 책이 기획된 후 매우 오랜 시간이 지나 출간하게 되었다. 그 동안 많은 인내심을 가지고 책을 기획해준 백문임 선생, 그리고 내용적인 자문을 통해서 동참해준 김소영, 문재철, 천정환 세 분 선생님들께 진심으로 감사드린다. 또한 원고를 모으고 교정하느라 많은 애를 쓴 박수정 양에게도 고마움을 전한다.

2007년 5월

연세대학교 미디어아트연구소장

임 정 택

차 례

1

80년대식, 혹은 전태일을 기억하는 어떤 관성의 법칙

김 소 연

"죽은 고기만이 강물을 따라 흐른다."[1)]

개봉 후 10여 년이나 지난 시점에서 〈아름다운 청년 전태일〉을 다시 보는 것은 우리를 다소 복잡한 심경에 빠뜨린다. 이 관람의 경험에는 40여 년의 세월을 타고 넘어온 한국 현대사의 굴곡들이 한꺼번에 개입하기 때문이다. 생각해보면 1971년, 박정희 정권 당시 분신이라는 극한의 행위로써 몸소 저항의 불씨가 되었던 전태일의 60년대 이야기를 전태일의 죽음 이후 70년대 중반 노동운동 세력의 성장과 연결하여 다룬 이 영화가 80년대의 진보적 영화인들에 의해 제작되고, 80년대 세대가 현실 정치의 무대에서 어느 정도 세를 과시하던 1995년 11월 13일에 개봉되었다는 사실 자체가 이미 몇 번의 역사적 지각 변동을 전제하는 일종의 '사건'이었다. 그런데 그 후로도 다시 10여 년, 과거의 노동운동가가 국회의원이 되고 '노동귀족'이라는 낯선 용어가 출몰

하는데도 최악의 실업 사태를 벗어나지 못하는 이상한 시대에 봉착해 있는 우리에게 이 영화를 다시 본다는 것이 어찌 만감이 교차하는 착잡한 일이 아닐 수 있겠는가. 그렇다면 그 사이, 도대체 변한 것은 무엇이고 변하지 않은 것은 무엇인가. 변한 것은 어떻게 변한 것이고 변하지 않은 것은 왜 변하지 않은 것인가. 예술은, 문화는, 영화는 이러한 변화 혹은 불변의 과정 속에서 어떤 식으로 함께 부침했던 것인가. 〈아름다운 청년 전태일〉은 이러한 부침의 어느 대목을 공유하는 영화였던가. 이 글은 이러한 질문들과 함께 출발하려 한다.

『전태일 평전』과 〈아름다운 청년 전태일〉의 차이

'전태일'이라는 한 노동자를, 그리고 날마다 일어나는 수많은 사건 사고들 중의 하나로서 자칫하면 잊혀질 수도 있었던 그의 죽음을 영구히 노동운동의 역사 속에, 나아가 변혁운동의 역사 속에 아로새겼던 것은 1983년 6월에 출간된 『어느 청년 노동자의 삶과 죽음』이라는 책이었다.[2] 1991년 개정판이 나올 때 '전태일 기념관 건립위원회'라는 익명의 엮은이 대신 지은이 조영래를 당당히 밝히면서, 아울러 "'어느 청년 노동자'라는 우회"[3]를 버리고 『전태일 평전』이라는 직설적인 제목으로 바꾼 이 책은 "밤새워 눈물 흘리며 읽었다는 독자들의 편지와 전화가 끊이지 않았"[4]던 책이었다. 이 책이 아니었다면 어쩌면 1970년 11월 13일, 평화시장 앞길에서 감행된 전태일의 분신 항거는 서둘러 기억의 창고 깊숙이 파묻혀 사라지고 말았을지도 모른다. 1976년 여름에 쓰여진 이 책의 서문에서도 저자는 신문 사회면의 톱 기사였던 전태일의 분신이 1971년 봄 대통령 선거 때까지는 여론 속에서 끊임없이 "이상한 충격을 전파"[5]하며 노동운동에 활기를 주었으나, 71년 10월 계엄령 발동, 12월 국가 비상사태 선포 이후 "공포의 역사 속에서 고통받는 사이에 사람들은 전태일의 불꽃을 잊고 말았고 힘을 잃어버린 듯이 보인다. … 사람들은 더 이상 전태일을 이야기하려 하지 않는다. 모든 기억은 흐려져 버렸다"[6]고 우려하고 있으니 말이다. 저자가 이 책의 집필을 계획한 것도 이러한 망각에 제동을 걸고 전태일을 다시 역사의 한중간으로 불러내고자 해서였을 것이다. 그리고 적어도 80년대 내내, 이러한 집필 의도는 빗나가지 않았다. 이 책은 "당대의 고전"[7]으로서 자신에게 맡겨진 '충격파'로서의 역할을 톡톡히 수행했으니까.

영화 〈아름다운 청년 전태일〉을 보다보면 우리는 이 영화의 밑그림으로서 다시금 『전태일 평전』이 긴요하게 활용되었음을 확인하게 된다. 『평전』에 소개된 많은 감동적인 전태일의 육성들을 영화에서도 그대로 접할 수 있기 때문이다. 하지만 동시에 〈아름다운 청년 전태일〉은 『전태일 평전』의 영화 버전으로만 머물지 않고 내러티브의 과감한 연장 혹은 이접을 시도하고 있다는 데 그 특이성이 있다. 영화 〈전태일〉은 노동자 전태일의 삶과 투쟁을 다룬 『평전』에 덧붙여 지식인 김영수의 삶과 투쟁의 이야기를 엮어내고 있기 때문이다. 어쩌면 바로 그 차이야말로 평전의 출간과 영화의 개봉 사이를 가로지르는 10여 년의 세월 동안 돌아누운 권력의 향방과 취향을 증언하는 것이리라.

제목 그대로 『전태일 평전』은 전태일의 전기다. 따라서 이 책은 빈곤으로 인한 가출과 노숙과 행상을 밥먹듯 하며 밑바닥 삶을 전전하던 그의 어린 시절에서 시작, 평화시장 노동자가 된 후 의식적 각성에 이르는 과정, '바보회'와 '삼동친목회'를 만들어 노동운동에 뛰어들었으나 이어지는 좌절 속에서 결국 자기 목숨을 바칠 수밖에 없노라고 결단하고 마침내 죽음에 이르는 22년의 짧은 생애를 연대기적으로 서술해나가고 있다. 반면 〈아름다운 청년 전태일〉은 현재 수배 상태에 있는 지식인 김영수가 평화시장 노동자 전태일의 노동운동의 역사를 기록해나가는 가운데 겪어야 하는 크고 작은 사건들을 내러티브의 골간으로 삼고 있다. 따라서 영화는 노동운동가 전태일의 투쟁의 역사 못지 않게 지식인 김영수의 고난의 일상에도 상당한 시선을 할애한다. 전입신고를 독촉하는 동사무소 직원만 찾아와도 하루 종일 집안에 없는 듯이 갇혀 있어야 한다든가, 언제고 거처를 옮겨 신분을 숨기고 험한 일을 하며 숨어 지낸다든가, 만삭의 아내를 먼발치로 스치듯 보는 일조차 무슨 작전이라도 수행하는 양 조심스러워야 한다든가 하는 일들이 비교적 세세히 묘사되고 있는 것이다. 김영수가 겪는 이러한 에피소드들 사이사이, 전태일의 삶은 주로 평화시장 시절을 중심으로 하여 김영수의 반추와 회상의 형태로 영화 전체 속에 분산 배치되어 있다.

이처럼 김영수의 이야기를 기본축으로 삼고 전태일의 이야기를 김영수라는 중계자를 통해서(만) 펼쳐가는 내러티브 구조는 사실 이 영화의 제목이 〈아름다운 청년 전태일〉임을 생각할 때 다소 의아스런 일이다. 도대체 전태일 영화에 왜 김영수가 주인공인가.

전태일의 이야기와 김영수의 이야기가 단순히 병행되는 것도 아니고 어떻게 한 가닥의 내러티브로 얽힐 수 있다는 것인가.

이 영화의 이러한 내러티브 논리를 이해하기 위해서는 80년대 사회운동 세력이 공유하던 인식의 틀을 상기해야 한다. 알다시피 1960년 4·19혁명을 본격적인 계기로 해서 시작된 한국사회의 민주화 운동은 80년 광주민중항쟁에서 전두환을 주축으로 하는 신군부 세력에 결정적으로 패배함으로써 총체적 반성으로 이어졌다. 그 결과 "학생과 지식인 중심의 민주화운동의 유약함에 대한 반성", "노동자계급 등 기층민중의 의식화와 조직화의 필요성" 및 "미국에 대한 환상을 버리고 외세에 대한 인식을 전환하는 것의 중요성"의 강조, "남북통일을 촉진하는 운동이 반드시 전개되어야 한다"는 인식이 이루어졌다.[8] 아울러 민중민주화 운동이 변혁운동의 성격을 띠게 됨에 따라 그 이론적, 사상적 토대로서 마르크스주의가 본격적으로 유입되었다. 돌이켜보면 당시 학계와 운동권을 지배했던 마르크스주의 이념은 "경제결정론, 계급환원론의 틀에 머무는 것"[9]이었다. 따라서 80년대에는 변혁운동의 각 부분, 부문운동 중에서도 노동운동과 노동계급적 당파성이 가장 중요시되었고, 학생운동권 출신이 스스로 노동자계급이 되어 노동운동에 투신하는 일은 이른바 '존재 이전'의 과정으로서 지극히 자연스럽게 받아들여졌다. 이러한 맥락에서 볼 때 영화 〈아름다운 청년 전태일〉에서의 '전태일'은 더 이상 1970년에 죽은 그 전태일이 아니다. 오히려 여기서 '전태일'은 변혁운동의 정점으로서의 노동운동에 헌신하는 모든 사람을 일컫는 집합명사에 가깝다. 전태일이 전태일이듯 김영수도 전태일인 것이다. 영화는 이렇게 70년대의 현실을 80년대의 언어로 번역해 내고 있다.

그런데 여기서 우리는 김영수가 곧 '전태일'이라는 논리를 자연스럽게 설득해내기 위해 이 영화가 '정순'이라는 인물을 논리적 매개로서 내세우고 있음에 주목해야 한다. 김영수의 아내인 정순은 노동자 출신으로서 김영수가 선생님으로 있었던 야학을 통해 노동운동에 눈뜨게 됐으며 현재 자신의 공장에서 노동조합을 만들기 위해 투쟁 중인 것으로 그려지고 있다. 말하자면 이 영화는 김영수의 삶 가장 가까운 곳에 전태일이 병합되어 있음을 입증하기 위해 그가 노동자인 정순과 부부가 되어 한 가족을 이루었다는 사실을 동원하고 있는 셈이다(물론 남편인 김영수를 정순이 여전히 '선생님'이라고 부른다든지, 전태일 생각만 하느라 자신에게는 무심하다며 투정하는 정순에게 김영수가 "정순이가 전태일이야"라고 단언한다든지 하는 계몽적 색채가 이들을 한국영화사상 가장 어색한 부부로 만들어놓았지만 말이다). 게다가 정순은 현재 임신 중이기까지 하니, 그녀의 태중에서 노동자 계급의 현실과 지식인의 비판의식은 말 그대로 하나의 실체로서 육화되어 있는 것이 아니겠는가. 이렇듯 〈아름다운 청년 전태일〉은 가족 이데올로기의 보수성과 상투성을 무릅쓰면서까지 70년대의 노동운동가 전태일과 80년대의 사회운동가 김영수를 노동계급적 당파성이라는 렌즈를 통해 동질화, 동일시하는 영화다. 그러니 읽는 것만으로도 눈물을 쏙 빼놓는 전태일의 처참했던 어린 시절 이야기가 생략되고 평화시장 노동자 시절만이 영화의 관심사가 된 것도 당연한 일이다. 이는 전태일을 '위인'

화하는 낭만적 효과를 최대한 저지하면서 그의 삶의 의의를 한국 노동운동사의 맥락 속으로 들여와 재조명하려는 노력일 것이었다.

〈파업전야〉와 〈아름다운 청년 전태일〉의 차이

〈아름다운 청년 전태일〉이 80년대적인 이유는 또 있다. 그것은 이 영화가 80년대 문예 / 문화운동론의 요체였던 '리얼리즘'의 영향권에 속해 있다는 것이다. 일차적으로 우리는 이 글의 시나리오 작업에 이 영화의 감독인 박광수와 조감독인 이창동, 허진호 외에도 80년대 영화운동 진영의 대표적인 논객 중 하나였던 이효인과 80년대 리얼리즘 계열의 대표적인 시인이었던 김정환이 참여했다는 사실에서 어렵지 않게 리얼리즘 비평담론의 적극적 개입을 짐작할 수 있다. 그러면 80년대 리얼리즘 비평담론의 기본적인 주장은 무엇이고 이 영화는 어떤 식으로 당시의 리얼리즘적 쟁점들을 반영하고 있는가.

80년대 영화비평 담론의 핵심 주장은 반제국주의, 반독점자본주의, 민중성으로 요약된다. 80년대 초부터 대학 영화패들을 중심으로 고민되기 시작한 '영화운동'이라는 과제는 '새로운 한국영화'의 필요성을 제기하게 했는데, 온갖 구태와 결별하는 이 '새로움'의 요건으로서 제기된 것이 대략 위의 세 가지 특징이었다. 요컨대 반제국주의는 지배체제의 이데올로기를 무차별 확산시키는 동시에 한국영화 시장을 실질적으로 지배하는 할리우드 영화를 배격하자는 주장이고, 반독점자본주의는 상업주의적 이윤 추구의 메커니즘과 결탁하여 민중들의 현실 도피처로서 기능하는 충무로 영화를 거부하자는 주장이며, 민중성은 역사의 주체인 민중들의 구체적인 삶과 현실 문제들을 다룸으로써 영화관객들이 현실의 구조적 모순을 목격하고 변혁의 방향을 사고하게 하자는 주장이었다.

이를 위해 적극적으로 참조된 것이 당시 문예운동 쪽에서의 리얼리즘 논의였고 그 과정에서 '루카치'의 리얼리즘론이 영화담론에 수용되었다. '현실의 반영'이니 '계급적 당파성'이니 '전형성'이니 하는 용어들을 퍼뜨린 것은 다분히 루카치 미학의 영향이었는데,[10] 이는 무엇보다도 바람직한 영화의 주제와 내용을 규정하는 데 중요한 이론적 지침이 되었다.[11] 물론 〈아름다운 청년 전태일〉의 주제와 내용 역시 정확히 이러한 인식을 따르고 있다는 점에서 80년대를 반복하고 있다. 1989년, 무크지 『민족영화 I』에서 이효인이 밝혔던, "무엇을 그려야 하는가에 대한 물음에는 '일하는 근로민중들의 해방을 위한 투쟁과 이와 관련된 혁명적 전취에 관한 것을 그려야 된다'고 답해야 할 것이다. … 노동자 파업 투쟁, 노동활동가의 선진적인 모습, 시련과 고난을 이겨내는 활동가, 농민들의 수세 거부 투쟁, 인텔리가 투쟁 속에서 스스로 지도자상으로 무장하는 과정 등 영화에서 주제로 삼을 수 있는 것은 무한하다"[12]라는 주장을 〈아름다운 청년 전태일〉에서 고스란히 상기할 수 있으니 말이다.

그런데 리얼리즘 영화가 한국의 현실 문제에 관심을 집중시켜야 한다는 지적에 대해서야 반론의 여지가 없었지만 그 현실을 어떤 식으로 영화라는 매체 특수성 속에서 다룰 것인가, 그것도 대중들의 의식을 변혁적으로 고양시킨다는 목표에 적합하게 형식화할 것인가 하는 문제는 좀 더 복잡한 사유를 요구했다. 영화라는 시청각적 매체를 구사하는 방식에 관한 한, 소설을 토대로 한 루카치의 미학은 대답해줄 수 있는 것이 거의 없었기 때문이다. 결국 새로운 영화의 대안적 형식이라는 문제는 80년대 내내 영화운동 진영의 골치 아픈 쟁점이 되었는데, '리얼리즘 영화미학의 구현'이라는 대원칙에는 대개가 동의하면서도 그 구체적인 형식화에 관해서는 다양한 의견이 있었을 뿐, 끝내 구체적이고 일관성 있는 견해를 도출해내지는 못했던 것으로 보인다.

하지만 이 쟁점에 대한 대다수의 접근 방식이 '반(反)할리우드'라는 기치를 내걸었다는 점에서는 일종의 가족 유사성을 갖고 있었다. 요컨대 카메라의 시점, 이동, 초점화 및 편집, 시공간의 조작, 렌즈의 거짓 투명성, 동화와 이화의 효과 등을 통해[13] 현실에 대한 왜곡된 인식을 유도하는 할리우드 영화의 관습적 형식을 주류로 보고, 그러한 주류의 전철을 되밟지 않는 형식을 암묵적 대안으로 사고하는 식이었다. 이에 따라 일차적인 방향타가 되었던 것은 70년대 중반 이후 프랑스 문화원과 독일문화원, 대학가 주변에서 네오리얼리즘, 누벨 바그, 프리 시네마 등을 접하면서 익혔던 이른바 '예술영화' 취향이었다.[14] 그 중에서도 네오리얼리즘은 '리얼리즘'의 어떤 특징을 공유한다는 측면에서 가장 부각되었는데, 롱 쇼트와 롱 테이크에 대한 꾸준한 편애는 이로부터 나온 것이었다. 여기에 곁들여 제3세계 영화운동의 모범에 대한 적극적 참조와 소개가 이루어졌으며,[15] '민족'적 형식을 계승, 발전시켜야 한다는 고민 속에서 마당극 형식이나 설화, 전설, 구전된 이야기 등의 형식을 채택할 필요성과 아울러 문학, 음악, 미술 등 연관 예술의 민족적 형식을 추출하여 거기에 진보적인 내용을 담아낼 필요성도 제기되었다.[16] 한편 영화운동 세력의 좌경화는 유럽 영화를 애호하는 경향에서 북한을 포함한 공산권의 영화사와 창작 원칙을 참조하려는 경향으로 무게중심을 옮겨놓기도 했다.[17]

물론 이러한 논의의 과정은 10여 년에 걸친 긴 시간 동안 이루어졌기 때문에 이렇게 요약정리하기에는 결코 간단치 않은 입장/입지의 차이가 있었던 게 사실이다. 그런데 〈아름다운 청년 전태일〉의 형식적 특징과 관련하여 우리의 시선을 끄는 것은 형식미학에 관한 『영화언어』 진영의 적극적 관심과 반응이다. 사실 영화운동을 변혁운동과 직접적으로 연결시키고자 했던 세력들은 내용과 주제에 대한 관심이 압도하여 형식화의 원칙에 구체적으로 접근하지는 못한 측면이 있었다. 하지만 상대적으로 자유주의적인 정치적 위치를 고수했던, 따라서 비제도권 영화집단 중 가장 느슨한 형태로 구성되어 있었던 『영화언어』 그룹을 묶어주는 요소가 있었다면 그것은 '영화주의'에 관한 비판이 난무하던 그 시절에도 영화 고유의 미학적 차원을 비평적 실천의 주된 관심사로 삼았다는 점이었다. 80년대 말부터 90년대 초반에 나온 주요 비평문 중에서 사실상 본격적인 형식 비평을 수행하고 있는 경우는 대부분 『영화언어』 지면을 통해 발표되었거나 아니면 『영화언어』를 대표하는 비평가였던 이용관이 다른 지면에 발표한 것들이었다. 〈아름다운 청년 전태일〉의 감독 박광수가 문화원에서 영화를 공부했던 그룹의 주요 구성원으로서『영화언어』 편집진과 연결되어 있었으며, 시나리오 작업에 참여했던 이효인도 민족영화연구소가 해체된 뒤에는『영화언어』그룹에 합류했다는 사실에서 우리는 〈아름다운 청년 전태일〉의 형식과『영화언어』로 인해 형성된 리얼리즘 미학의 내용이 어떤 식으로든 만나고 있을 것임을 추정해볼 수 있다.

『영화언어』 그룹의 영화미학적 입장은 위에서 언급했던 것처럼 할리우드 영화 및 충무로 영화로 대표되는 주류 영화의 관습에 반(反)해야 한다는 것으로 요약될 수 있다. 이들의 관점을 가장 극적으로 드러내는 것이 바로 비제도권에서 열악한 조건을 딛고 만들어내어 놀라운 대중적 호응을 이끌어낸 본격적인 노동문제 영화인 〈파업전야〉에 대한 비판들이다. 다음 인용문들을 보자.

> 〈파업전야〉가 주제의 치열함과 전형화에 있어서 그간 한국영화가 미진하게 다루던 사실주의 원칙을 형상화하는 결실을 맺었을 뿐, 형식상으로는 기존의 답습에서 벗어나지 못했다고 판단되기 때문이다.… 이 작품은 120여 분의 상영 시간과 약 1,100여 개의 커트를 사용했다. 날로 늘어가는 추세인 극영화의 평균 쇼트 분할 수보다 약간 많을 뿐 대동소이하다. 또한 등장인물에 의한 서술 상황으로 객관적 시점을 유지하고 있는데 나눠 찍기 같은 정통적 기법에 의존하고 있다. 소위 고전적(규범적) 양식이면서도 그 다양한 표현 방식을 구사하지 못하고 있는 반면, 오히려 어깨 걸고 찍기 등의 관습적 표현이 두드러진다. 긴 패닝으로 노동자를 잡아준다고 큰 의미를 가질 수는 없다. 매끈한 크레인 사용도 마찬가지이고 도입부와 결말부

의 360도 회전 쇼트는 한수에의 과다한 집중으로 오히려 부자연스럽다. 노동자와 자본가 측의 대립을 동적인 카메라와 정적인 카메라로 구분하겠다는 연출자 의도도 일관성 없이 진행됐다.[18)]

민중적 집단성이 플로트(plot)요 한수의 사생활이 서브플로트였던 것이 마지막 시퀀스에 이르러 역전됨으로써 이데올로기의 해체와 미학의 폐소공포증으로 뒤범벅되고 만다. 스패너를 움켜쥔 한수의 영웅주의적 변신과 더불어 현기증 나는 크레인이 공간을 헤맬 때는 당혹감을 금할 수가 없었다. 어찌된 일인가. 집단성은 교조주의적 영웅숭배로 돌변하고 그토록 얄밉게 냉정함을 견지해왔던 객관적 시점이 술취한 도취증에 빠져버렸다. 반면에 객관적 시점을 유지하려는 고집은 대단했다. 특히 각 인물들의 민중적 시각이 모아지고 향상되며 또 달구어지는 과정이 리얼리티를 담보해냄으로써 감상주의의 틈입을 허락치 않았던 점이 인상적이었다.[19)]

공동 연출의 어려움이 두드러졌던 부분 중의 하나는 어깨너머 화면의 사용이었다. … 일관성을 획득하지 못했다. 그리고 차제에는 구태여 이의 사용이 불가피한가를 검토해야 할 것이다. 그럴듯 함이 리얼리티를 담보해낼 수 있다고는 누구도 단언할 수 없다. 나아가서는 민중미학을 확립해야 한다는 면에서도 구태여 인습적인 구도에 얽매일 필요가 없다.[20)]

〈파업전야〉의 책임연출자였던 장동홍이 "저는 일부 비평가들의 롱 테이크 선호 경향에 대해 부정적입니다. … 특히 내용과 유리된 표현 방식, 미학적 실험을 위한 방식, 예컨대 배창호의

〈황진이〉 류에 대해서 아무런 의미도 부여할 수 없습니다. 그것은 좀 더 본질적인 의미에서는 자기 자신만을 위한 영화와 이 시대 민중들이 함께 하는 영화라는 차이에서 비롯되는 것이겠죠"[21]라고 밝히고 있듯이 이 영화의 연출진은 대중적 소통을 더욱 중요시했던 반면, 위의 인용문들은 〈파업전야〉가 동원한 관습적 형식들을 상당한 강도로 비판하고 있다. 특히 조재홍이 나눠 찍기를 나무란다거나 이용관이 '객관적 시점'의 유지를 높이 평가하고 360도 회전 쇼트로 인한 '폐소공포증'을 운운하는 대목에서는 그들이 바로 장동홍이 거부하는 그 '롱 테이크 선호 경향'의 평자들에 해당함을 감지하지 않을 수 없다.

사실 네오리얼리즘 미학에 뿌리를 두고 있는 이러한 '롱 쇼트, 롱 테이크 선호'는 한국 영화비평 담론사에서 한국전쟁 이래로 면면히 이어져온 경향인 만큼, 전방위적으로 영화비평과 제작에 영향력을 끼쳐왔다. 장동홍도 그러한 경향성의 존재를 의식했기에 굳이 위와 같이 반대의사를 표명했던 것이다. 하지만 편집이야말로 관객의 사고를 조작하는 손쉬운 방법이므로 관객에게 편집 없이 이미지를 있는 그대로 펼쳐 보여주고 그 안에서 무엇을 어떻게 볼 것인지를 취사선택할 자유를 줌으로써만 능동적으로 사유하는 관객을 생산할 수 있다는 앙드레 바쟁(André Bazin)의 리얼리즘론에 포섭되어 있던 당대의 비평가들에게 '롱 쇼트, 롱 테이크'로 요약되는 형식 원칙은 그저 여러 가지 선택 가능한 조건들 중 하나에 불과한 것이 아니었다. 그것은 80년대의 억압적 정치 상황을 뚫고 나갈 무기로 간주되었다는 점에서 미학적 선택의 문제일 뿐만 아니라 정치적 선택의 문제이기도 했다. 그러므로 〈파업전야〉의 관습적 형식에 대한 단호한 비판은 이런 맥락에서 이해해야 한다. 그렇다면 〈아름다운 청년 전태일〉의 형식은 어떻게 80년대 리얼리즘 미학과 연결되는가? 어떻게 이 영화는 당시 평단에서 공격했던, 〈파업전야〉의 오류(로 치부됐던 스타일)를 벗어나는가?

우선 무엇보다도 두드러지는 점은 역시 '롱 쇼트, 롱 테이크'의 우세다. 〈아름다운 청년 전태일〉의 총 쇼트 수는 119개[22]로 〈파업전야〉의 10분의 1밖에 안 되는 만큼 당연히 쇼트 길이가 길고 쇼트의 크기 또한 커질 수밖에 없었다. 따라서 대다수의 쇼트가 최소한 미디엄 쇼트 이상의 크기를 유지하고 있음을 우리는 확인할 수 있다. 예를 들어 고궁에서 김영수의 선후배들이 만나 식사하는 장면에서 사용된 익스트림 롱 쇼트는 꼭 그렇게까지 멀어져야 했을까 의아스러울 만큼 피사체와 거리를 두고 있다.

두 번째로 눈에 띄는 특징은 이 영화가 최대한 객관적 시점을 고수하려고 노력하고 있다는 점이다. 그 때문에, 〈파업전야〉를 도마 위에 올려놓았던 '나눠 찍기'와 '어깨너머 찍기'가 〈아름다운 청년 전태일〉에서는 극도로 자제되고 있다. 따라서 모든 대화 장면이 대화자 전원을 프레임 안에 넣은 투 쇼트 혹은 쓰리 쇼트로 찍히거나 아니면 프레임 안에 들어오지 않는 나머지 대화자는 이미지 없이 보이스-오버(voice-over)로만 처리되고 있다. 그도 아니면 헐겁게 잡은 프레임 안에서 카메라가 인물과 함께 이동하거나 인물들 사이를 이동하면서 커트 없이 대화를 연결시켜주고 있다. 예를 들어 전태일이 공장 안에서 이리저리 움직이며 동료들과 대화하는 상황에서 카메라는 1, 2층으로 구획된 좁은 공장의 위아래를 오가는 인물을 유연하게 따라가며 길게 찍기를 시도한다. 김영수가 야학에 있는 후배를 찾아간 장면은 실외에서 실내로 공간이 바뀌게 됨에도 불구하고 실내 장면을 실외 장면과 나눠 찍지 않고 창가로 카메라가 트랙-인(track-in)해서 유리창을 통해 실내를 들여다보는 방식으로 공간의 변화를 연결해내고 있다. 이처럼 최대한 쇼트를 분절하지 않으면서 편집을 유난히 기피하는 태도가 다시금 롱 테이크의 선호와 관련됨은 말할 것도 없는 일이다.

그렇다고 해서 이 영화에서 관습적인 형식이 전혀 활용되지 않은 것은 아니다. 아주 소수이긴 하지만, 인물의 얼굴로 클로즈업해 들어가면서 비감하거나 웅장한 음악을 동반하는 쇼트들도 간혹 눈에 띈다. 이러한 근접촬영은 극적 긴장감이 고조되는 내러티브적 계기를 부각시키면서 그러한 상황에 처한 등장인물의 심리 상태에 대해 관객의 적극적인 동일시를 유발하기 위한 것으로 보인다. 물론 이처럼 꽉 짜인 이미지로 인해 관객들의 감정이입이 최고조에 달하도록 의도된 편집은 전태일의 분신 장면에서 가장 정교하게 나타난다. 몸에 석유를 들이붓는 전태일, 라이터를 켜는 전태일, 근로기준법 책에 불을 당기는 전태일로 이어지다가 마침내 그 자신이 불덩어리가 되어 거리를 달리는 장면에 이르면 사뭇 장엄한 음악과 함께 슬로 모션까지 동원한 클로즈업 쇼트로 불타오르는 전태일이 묘사되고 있다. 이러한 표현방식은 적이 선동적이기까지 하다.

이 영화의 촬영은 80년대 내내 코리안 뉴 웨이브 감독들과 줄

곧 작업하면서 리얼리티를 이미지의 여백 속에 담아내는 특유의 '열린 영상'으로 이름이 높았던 유영길이 맡았다. 이충직에 따르면 유영길의 영상은 사실적인 영상과 우화적인 영상으로, 사실적인 영상은 다시 '열린 영상'과 '닫힌 영상'으로 대별된다. 여기서 '열린 영상'이란 "화면의 프레임이 사건의 전개에 종속되어 구성되는 것이 아니라 프레임 속의 어느 한 부분에서 사건이 벌어지며, 이때 프레임에 속하지 않는 여백이 중요한 역할을 맡고 있"는 경우로서 "그 빈 공간들이 영화의 내용을 증명하는 현실을 담아냄으로써 사실성의 충족이라는 결과로 나타"나게 된다.[23] 반면 '닫힌 영상'이란 "극적 전개에 맞추어 화면에 꽉 차도록 구도를 짜거나 이동 화면을 재구성해서 쇼트 내에서 편집의 효과를 거두는" 경우로서 "열린 화면이 특정한 대상이나 배경, 사건으로 규정짓지 않고 놓여 있는 현실을 그대로 관객에게 전달한다면 닫힌 화면의 경우 작가가 해석한 현실을 영상으로 표현한다"는 특징을 갖는다.[24]

이러한 논리대로라면 〈아름다운 청년 전태일〉은 확실히 열린 영상보다는 닫힌 영상이 주를 이루는 영화다. 각각의 쇼트가 가급적 거리를 두고 길게 찍히기는 했지만 그 내러티브 공간이 내러티브 바깥의 현실과 통하도록, 그리하여 그 여백 속에서 자명하게 드러나는 불합리한 현실을 목격하고 사유하도록 관객에게 열려 있기보다는 조그만 빈틈이라도 생길세라 내러티브 현실로만 꽉 채워져 있기 때문이다. 대화 장면에서 프레임 바깥쪽 인물의 대사가 보이스-오버로 처리되는 것은 일차적으로 나눠 찍기를 회피하는 방식이기도 하지만 심지어 화면 밖의 공간까지도 내러티브 논리로 장악하려는 의지를 보여주는 사례이기도 한 것이다. 게다가 간헐적일망정 감정이입의 효과를 기대하면서 음악을 동반한 클로즈업들이 출현하는 것은 80년대 내내 그토록 경원했던 바로 그 '고전적' 형식이 아니던가. 〈아름다운 청년 전태일〉은 이렇게 〈파업전야〉를 벗어나겠다는 제스처 속에서도 여전히 〈파업전야〉를 힐금거리고 있다. 적어도 내러티브 논리에 관객을 몰입시켜 선전선동의 효과를 거두겠다는 의지의 차원에서는 말이다. 그렇다면 이는 80년대적인, 너무도 80년대적인 선택이 아니겠는가.

〈아름다운 청년 전태일〉과 〈꽃잎〉의 차이

여기서 잠깐, 이 영화의 개봉 연도가 1995년임을 잊지 말자. 그리고 이 영화의 라스트 씬의 시점 역시 95년 즈음이라는 것도.[25] 그러니까 이 영화의 내러티브는 대략 60년대 후반부터 90년대 중반까지를 가로지르는 셈인데, 지금까지의 분석대로라면 이 영화는 60년대도 70년대도 90년대도 온통 80년대의 틀로만 찍어내고 있다. 그렇다면 90년대도 중턱을 넘어가는 시점에 저렇듯 온통 80년대적인 것에 붙들려 있는 까닭은 무엇일까? 과연 그것은 우직함인가, 가위눌림인가?

다들 알다시피 80년대는 "혁명의 시대"[26]였다. 모든 권력이 일거에 뒤엎어지고 정의가 강물처럼 흐르게 되리라는 희망, 그렇게 되도록 만들고야 말리라는 결단으로 가득 차있던 시대였다.

누가 적인지 누가 친구인지도 비교적 분명했고 싸움의 승패 또한 87년의 승리 이후로 점점 또렷해지는 듯했다. 하지만 80년대 말부터 시작된 사회주의권의 몰락과 함께 저 희망의 헛된 이정표는 사라져버렸고 80년대는 어떤 의미에서 386세대 모두의 불치의 트라우마(trauma)가 되어버렸다. 그토록 '고전적'이어서 그 모든 사상의 지류들을 압도했던 마르크스주의와 레닌주의는 어느새 실패를 불러온 원인으로서 비판의 표적이 되었고 그 모든 사상의 지류들이 '포스트모더니즘'이라는 새로운 패러다임으로서 새삼 주목받기 시작했으며 저항의 전선은 점차 '과격한' 노동운동에서 '점잖은' 시민운동으로 이동해갔다. 또 IMF 외환위기가 오기 직전까지, 사람들은 사회주의를 무찌른 우리의 자본주의가 앞으로도 계속해서 성장과 성공을 약속할 것이며 각자는 자신의 일만 제대로 돌보면 만사형통이리라 믿었다. 그것이 대략 90년대 중반의 풍경이었다.

그러니까 〈아름다운 청년 전태일〉의 '80년대적임'이 문제적인 이유는 80년대를 부인하는 바로 이러한 사회, 정치, 문화적 분위기 속에다가 다시 80년대를 들이밀었기 때문이었다. 영화의 라스트 씬은 또 얼마나 치명적으로 80년대 풍이던가. 숨어다니며 『전태일 평전』을 쓰던 1975년으로부터 20년 후, 김영수는 다시 청계천의 한 골목에 나타난다. 여전히 안경과 양복 차림인 채로 잠시 아무렇게나 놓인 의자 위에 앉은 그는 그 골목을 오가는 어린 노동자들을 바라본다. 그때 청바지에 청남방을 입은 한 젊은이가 그 자신이 썼던 책 『전태일의 삶과 죽음』을 들고 그곳을 지나가고 있다. 한참을 걸어가던 그 젊은이가 뒤를 돌아보는데, 그의 얼굴은 다름 아닌 '전태일'이었다. 그런데 이 장면은 75년 당시 수배 중이던 김영수가 전태일의 분신 장면 집필을 앞두고 자신을 추스리기 위해서 먼발치에서나마 만삭이 된 정순을 바라보아야만 했던 장면을 떠올리게 한다. 앞에서도 언급했듯이 이 영화의 사실상의 주인공은 김영수다. 그렇다면 김영수가 불쑥 20년 세월을 뛰어넘어 다시 찾은 평화시장 뒷길에서 '전태일'을 바라보고 있다는 이러한 결미는 무엇을 뜻하는가. 그것은 바로 사회주의는 망해버리고 지식인들 또한 더 이상 스스로 노동자가 되기 위한 '존재 이전'을 무릅쓰지 않는 그런 시대에 다시금 저 어린 노동자 전태일에게서, 아니 우리의 모든 '전태일'들에게서 희망과 미래를 보자고 말하는 게 아니겠는가. 〈아름다운 청년 전태일〉은 그렇게 무력감에 처한 지식인들을 또 다시 80년대식 구호 아래 호출하려 안간힘을 쓰는 영화인 것이다.

〈전태일〉의 이러한 메시지는 이듬해인 96년 4월에 개봉한 영화 〈꽃잎〉의 정치적, 미학적 태도와 비교되지 않을 수 없다. 80년대를 떠받쳤던 저항의지가 노동운동에서 꽃피었다면 그 뿌리에는 바로 광주민중항쟁이 있었음을 생각할 때 〈아름다운 청년 전태일〉과 앞서거니 뒤서거니 〈꽃잎〉이 개봉되었다는 것은 90년대 중반에 이읏고 80년대의 알파와 오메가가 영화적으로 전유될 수 있었음을 의미한다. 그런데 〈전태일〉이 80년대를 90년대 속으로 고스란히 옮겨옴으로써 80년대의 가치와 문법을 보편화, 절대화, 탈역사화하고 싶어했던 데 반해, 〈꽃잎〉은 80년대를 90년대의 가치와 문법으로 걸러냄으로써 80년대와 90년대의 불연속성을, 나아가 두 시기의 충돌과 갈등을 비교적 정직하게 누설하고 있다. 그렇다면 80년대와 90년대의 이러한 불협화음은 어떤 식으로 나타났던가? 우리는 그것을 간단히 근대적 가치들의 퇴조와 탈근대적 가치들의 급속한 진출로 정리할 수 있다. 요컨대 역사는 유토피아의 실현을 향해 나아가는 목적론적 과정이며 인간은 그러한 목적에 헌신함으로써 비로소 사회적 존재로서의 소임을 다하게 된다는 신념이 80년대를 압도했다면, 이러한 목적론적 역사관 및 사회와 개인의 총체적 결합관계에 대한 근본적인 회의와 불신이 90년대를 잠식하고 있었다. 그러므로 〈꽃잎〉이 90년대를 누설하는 영화라는 말은 이 영화가 역사적 방향감각을 망실해가고 있던 90년대의 특징을 직관적으로 형상화해냈다는 뜻이다.

〈꽃잎〉의 탈(脫) 80년대는 리얼리즘적 형식으로부터의 이탈에서 시작된다. 소녀의 독백에 의한 플래시백에 과감히 애니메이션을 채용했다든지 80년 당시 텔레비전 뉴스 등의 다큐멘터리를 영화 자체의 허구적 내러티브와 이접(移接)시켰다든지, 혹은 소녀가 끝내 치유되지 못하고 여전히 떠돌고 있을 것임을 암시하는 열린 내러티브를 시도했다든지 하는 다채로운 형식적 모색은 분명 모더니즘적이거나 포스트모더니즘적인 예술언어에 진원을 두고 있는 것이다. 그러나 이 영화를 90년대적인 사고방식의 물결 속에 진수시키는 것은 무엇보다도 미친 소녀의 트라우마적 기억을 둘러싼 모호한 결말, 그리고 그 소녀를 찾아나선 지식인들의 무기력, 무능력한 초상이다. 이러한 부분들은 80년대의 민중적 저항운동을 회고하는 90년대의 패배주의적 태도를 솔직하게 노출하고 있기 때문이다.

이미 지적했듯이 80년대 변혁운동의 뿌리에는 광주민중항쟁이 있었다. 하지만 그 '5월 광주'는 한국 현대사의 가장 고통스런 상처이자 가장 명예로운 기억이라는 이중적 상징성 때문에라도 쉽사리 재현하기 어려운 과제였다. 게다가 90년대의 변화된 정치사회적 환경은 이 사건을 80년대식 선전선동의 무기로 호출하는 것도 허용하지 않았다. 따라서 〈꽃잎〉이 원작소설을 따라 선택한, 미친 소녀의 조각난 기억들의 재구성이라는 형식은 90년대 중반에 이 사건을 회고하기에는 여러 모로 유효적절한 것이었다. 기억의 주체가 이미 미쳐 있다는 전제는 기억해내야 하는 사건에 대한 자유로운 접근과 재해석을 용인해주기 때문이다.

그렇다면 기억한다는 것은 무엇인가. 그것은 현재와 융합될 수 있도록 과거를 여과하는 것, 즉 어떤 사건을 연대기적 질서로 플롯화된 스토리로 말함으로써 '내러티브화'하는 것이다.[27] 하지만 이러한 내러티브 기억으로의 통합에 저항하는 기억이 있으니 저 미친 소녀의 기억과도 같은 '트라우마적 기억'이 그것이다. 이 트라우마적 기억의 주목할 만한 특징 중 하나는 "문장으로 표현되는 게 아니라 트라우마 희생자에게 전체로서 오는 장면으로, 감정과 이미지들로 구성된 플래시백으로"[28] 표현된다는 점이다. 플래시백은 순간 흘깃 보는 것처럼 나타날 수도 있고 고통과 공포와 통제할 수 없는 감정을 실어 홍수처럼 몰려올 수도 있다. 트라우마적 장면이나 사건으로의 이러한 플래시백은 예고 없이 갑자기 반복되어 일상을 교란한다. 그러므로 트라우마적 기억이 재현되고 진술되고 설명되고 공유될 수 없는 어떤 것으로 남아 있는 한, 요컨대 내러티브화되지 않는 한, 그러한 기억의 소유자는 자기 자신을 통합된 전체로서 유지할 수가 없다. 하지만 일단 트라우마적 기억이 말해질 수만 있다면, 내러티브 기억으로 통합될 수만 있다면 기억의 주체는 트라우마적 증상을 벗어날 수 있게 된다.[29] 물론 현재 시점에서 재배열되고 통제되게 마련인 그 기억된 이야기 속에 적당히 자리잡을 수 없는 과거의 일부는 포기될 것이고 망각될 것이다. 그리하여 결국 과거는 노스탤지어(죄의식 없는 역사)로서, 혹은 유산(자부심 느끼는 역사)으로서 기념될 것이다.[30]

여기서 다시 저 미친 소녀와 그녀의 트라우마적 기억을 떠올려보자. 적어도 소녀가 자신의 트라우마적 기억들을 재구성하는데 이르기까지는 이 영화는 이 문제에 관한 일반이론에 충실한 편이다. 소녀의 트라우마적 기억의 단편들은 그녀가 낯모르는 남자들에게 강간을 당할 때마다 불쑥불쑥 잠재의식으로부터 솟아나와 그녀의 고통을 배가시킨다. 결국 묘소 앞에서의 신들린 듯한 독백 장면에 와서 소녀는 트라우마적 기억의 단편들을 온전히 다 회상하여 기워 맞추어내는데, 영화는 그러한 내러티브화의 성공에도 불구하고 소녀가 끝내 정상적 삶의 질서를 회복하지 못하고 여전히 떠돌고 있음을 암시하며 막을 내린다. 그렇다면 이처럼 모호한 결말의 의미는 무엇인가? 소녀를 유린당한 민중의 은유로 읽을 수 있다면 그것은 여전히 민중들의 고통은 사라지지 않고 있다는 뜻일 것이다. 혹은 소녀를 역사의 은유로 읽을 수 있다면 그것은 여전히 역사가 반듯이 세워지지 못하고 있다는 뜻일 것이다. 혹은 소녀를 혁명의 은유로 읽을 수 있다면 그것은 여전히 정의가 강물처럼 흐르고 있지 못하다는 뜻일 것이다. 그렇게 소녀의 존재는 우리 사회의 엄연한 '적대'를 증거함으로써 우리의 거짓된 평안을 위협한다.

하지만 소녀를 그토록 고결한 위치에서 끌어내리는 원죄가 있었으니 그것은 바로 그녀가 죽어가는 엄마의 손을 뿌리치고 도망갔다는 사실이다. 애초에 소녀의 트라우마의 핵심 또한 거기에 있었다. 그러므로 그 치명적인 죄의식을 어떤 식으로든 해결하지 못하는 한, 소녀는 현실의 질서 속에 편입되지 못하고 여전히 자기를 위협하는 악몽처럼 끔찍한 기억에 시달리며 떠돌 수밖에 없다. 이렇게 그녀와 나머지 인물들은 기묘한 먹이사슬 관계를 이룬다. 그녀는 자기 자신의 실재적 경험으로 인해, 그녀가 거쳐간 다른 인물들은 그들 모두의 실재적 경험인 그녀와의 만남으로 인해 영구적으로 행복을 박탈당한 것이다. 결국 〈꽃잎〉은 우리를 올바른 삶에의 의욕으로 충전시켜줄 순결한 이상(적 존재)의 원천이 더 이상 어디에도 존재하지 않는 시대를, 그리고 그 시대를 살아가는 인간들의 악순환적 관계들을 펼쳐 보여주고 있다. 그 속에서는 한때 전위를 자처하던 지식인들조차 소녀를 찾아 나섰다는 핑계로 끝없는 자기 연민에 빠져 허덕이는 정처 없는 방랑자일 뿐이다.

■

지금까지 〈아름다운 청년 전태일〉의 '80년대성'을 더듬어보았다. 그것은 『전태일 평전』의 전기(傳記)적 성격을 배제하고 〈파업전야〉의 관습적 형식을 경계하는 가운데 이루어진 것으로서 노동자계급에게서 여전히 사회변혁의 희망을 보고 있다는 점에서, 불과 몇 개월의 시차를 두고 개봉했음에도 불구하고 더 이상 그 무엇도 순결한 신념의 대상이 될 수 없음을 진술하는 영화 〈꽃잎〉과는 근원적인 역사의식의 차이를 드러내는 것이었다.

발터 벤야민에 따르면 역사주의자는 "역사의 여러 상이한 계기 사이의 인과관계를 정립하는 것으로 만족"[31)]하는 자, 승리자 혹은 지배자의 개선 행렬에 동참하는 자이고 동질적이고 공허한 시간을 관통하는 역사의 직선적, 연속적 진보를 믿는 자이며 과거의 '영원한' 이미지를 나타내는 자이다. 반면 역사적 유물론자는 "과도기로서의 현재의 개념이 아니라 시간이 그 속에 머물러 정지 상태 stasis에 이르고 있는 현재의 개념을 포기할 수 없"[32)]는 자이고 언제나 전통을 싸워서 빼앗으려는 자이며 억압된 일회적 과거에서 유일무이한 혁명적 신호를 포착하는 자이다. 따라서 역사를 기억하는 것은 '승자의 서사'를 확증하기 위해서가 아니다. 그것은 무한한 역사적 '생성'의 시간 속에 내던져진 혁명 주체가 경험했을 '실존적 막힘'과 선택의 책임이 갖는 무게, 그리고 그 선택을 가능케 한 열정을 오늘의 역사 속에서 반복해서 가시화하기 위해서여야 한다. 이것이야말로 역사주의로부터 역사성을 구해내는 길이다.

그렇다면 80년대를 기억하는 〈아름다운 청년 전태일〉은 이러한 역사성의 반복에 성공한 영화였던가? 80년대에 관한 역사주의적 관성으로부터 80년대성을, 그 혁명성과 사건성을 구해내는 데 성공한 영화였던가? 이 영화는 일견 '전태일'이라는 이름이 표상하는 80년대적 혁명성이 전태일이 죽은 후에도, 김영수가 늙은 후에도 여전히 살아 숨쉬어야 한다는 강권인 듯 보인다. 하지만 '삐삐밴드'의 노래가 흘러나오는 청계천, 그곳을 다시 찾은 늙은 김영수(어쩌면 지금은 '정치인'이 되어 있을지도 모르는)가 그 자신이 쓴 책을 들고 가는 노동자와 조우하는 나른한 오후를 보여주는 마지막 시퀀스는 우리를 당혹케 한다. 그것은 이 영화가 자기 세대의 피와 땀을 부어 성취한 현재의 자유와 평등에 대하여 스스로에게 긍지를 돌리는 김영수의 나르시시즘적 회고의 연대기였음을 고백하는 장면이기 때문이다. 그러므로 〈아름다운 청년 전태일〉이 그토록 80년대적인 것들에 의존함에도 불구하고 그 80년대가 영화 속에서 현재를 채색하는 '아름다운 과거'로서만 기억되고 있는 한, 나아가 95년에 이르러 전태일도 김영수도 더 이상 사회적 적대의 표상이 아니게 되었음을 기념하는 것으로써 내러티브가 종료되고 있는 한, 우리는 이 영화에 도무지 '80년대성'이란 없다고 말하지 않을 수 없다.

1995년에 〈아름다운 청년 전태일〉을 만들며 80년대의 시선으로 90년대를 낙관할 수 있었던 때까지만 해도 그것은 아직은 순진무구하나마 간절한 신념의 초지일관일 수도 있었다. 하지만 뉴 밀레니엄의 탄생을 목도한 것도 벌써 5년 전의 일이 된 지금, 정희성 시인의 말대로 "세상이 많이 달라져서 / 저항은 어떤 이들에겐 밥이 되었고 / 또 어떤 사람들에게는 권력이 되었지만 / 우리 같은 얼간이들은 저항마저 빼앗겼다". 라캉주의적으로 풀자면 80년대는 독재자의 담화인 주인 담화와 저항 담화인 히스테리 담화가 경합하던 시대였다. 한때 히스테리 담화의 주창자들이었던 이들 중 일부는 대학 담화의 시대, 즉 전문가 담화의 시대인 90년대를 맞아 지난날의 저항 경력을 살려 밥과 권력의 새로운 주인이 되었다.[33] 그러니 95년에 만들어진 〈전태일〉을 2005년에 다시 보는 일은 이토록 착잡하다. 80년대에 대한 저토록 태평한 무반성이 새로운 주인의 시대를, 그것도 스스로를 충복이라고 일컫는 주인의 시대를 낳았음을 알고 있기 때문이다.

▮ 주석

1) 이효인, 「문화과학으로서의 영화」, 『새로운 한국영화를 위하여』, 이론과 실천, 1988, p. 17.

2) 전태일 기념관 건립위원회 엮음, 『어느 청년 노동자의 삶과 죽음』, 돌베개, 1983.

3) 조영래 저, 『전태일 평전』, 돌베개, 1991, p. 10.

4) 같은 책, p. 9.

5) 같은 책, p. 29.

6) 같은 책, p. 30.

7) 같은 책, p. 9.

8) 윤건차 저, 장화경 역, 『현대 한국의 사상 흐름: 지식인과 그 사상 1980-90년대』, 당대, 2000, p. 27.

9) 같은 책, p. 47.

10) 이와 관련하여 박명진은 "80년대 이후 영화에서 리얼리즘에 대한 인식은 네오리얼리즘적인 것에서 루카치의 진보적 리얼리즘적인 것으로 전환이 이루어지는 것을 보게 된다"고 진단하고 있다. 박명진, 《영화에서의 리얼리즘 그 의미》, 『영화』, 1991년 9월호, p. 22.

11) 예컨대 이효인의 다음과 같은 주장을 보라. "계급적 관점과 대중적 관점을 견지하면서 실제 작품 창작에 들어갔을 때 전형화의 요소는 그러한 과정을 반영하면서 그것을 더욱 발전시키는 역할을 한다. … 전형적 환경을 통하여 역사와 사회를 구조적으로 설정하고, 전형적 인물을 통하여 살아 있는 인물, 현실감 있는 인물을 드러내 보이고, 전형적 사건을 통하여 총체적, 구조적인 현실을 극대화하여 표현할 수 있게 된다"(이효인, 「민족영화

의 당면 과제와 임무: 미학과 창작 방법론을 중심으로」, 민족영화연구소 엮음, 『민족영화 I』, 친구, 1989, p. 37-38).

12) 이효인, 「민족영화의 당면 과제와 임무: 미학과 창작방법론을 중심으로」, 민족영화연구소 엮음, 『민족영화 I』, 친구, 1989, p. 38.

13) 이해영, 「영화운동의 방향에 대하여」, 『레디고』, 이론과 실천, 1986, p. 43-45.

14) 다음과 같은 진술을 참조하라. "80년대에 들어서서 '영화운동'이라는 용어가 사용되기 시작한 것은 광주항쟁 이후 대학가에서부터이다. … 이러한 시대적 분위기 속에서 대학 영화패의 성원들 사이에서는 소박하기는 했지만 영화를 운동의 일환으로 파악하려는 경향이 나타나기 시작했다. 당시의 정황을 추론하건대 국내 주재 외국문화원이나 대학가 주변에서 누벨 바그, 프리 시네마 등의 반할리우드적인 영화를 접하게 되면서 '대안적 영화'에 대한 동경을 가지고 있었던 것으로 보인다"(서울영상집단 엮음, 『변방에서 중심으로: 한국 독립영화의 역사』, 시각과 언어, 1996, p. 20).

15) '서울영화집단'이 엮은 『영화운동론』(화다, 1985)은 제3세계 민중영화운동의 소개와 제3세계 영화인과의 대담' 등을, 『레디고』는 '세계 영화의 현재'라는 코너에서 「이탈리아 영화의 새로운 황금기」와 「제3영화의 미학과 정치학」, 「밀로스 포만의 영화 세계」 등을, 『새로운 한국영화를 위하여』(이론과 실천, 1988)는 '칠레의 모든 기록'이라는 시나리오를 소개하고 있다.

16) 마당극 형식의 적극적 차용에 관해서는 이미 장선우가 '열려진 영화'의 가능한 형식으로 주목한 적이 있으며(장선우, 「열려진 영화를 위하여」, 『새로운 영화를 위하여』, 학민사, 1983), 〈파업전야〉에 관한 비평에서 이정하도 이 영화의 마당극적 요소를

긍정적으로 지적하고 있다(『민족영화 II』, 친구, 1990, p. 198). 민족적 형식에 관한 기타 제안에 관해서는 『민족영화 II』의 「특별좌담: 현단계 영화운동의 점검과 모색」 참조.

17) 『민족영화 I』은 「북한의 영화이론」과 「베트남 영화운동 소사」를, II권은 「중국 공산당 활동과 영화운동」이라는 글을 싣고 있다. 이 밖에 『북한영화의 이해』(백지한 편, 친구, 1989)도 비슷한 시기에 출간되었다.

18) 조재홍, 「한국 영화산업의 변화와 독립 제작의 현 주소: 〈파업전야〉의 경제적 측면과 작품 분석을 중심으로」, 『영화언어』, 제6호, 1989년 여름호, p. 34.

19) 이용관, 「〈파업전야〉, 민족민중영화의 현 주소와 미래 주소」, 『민족영화 II』, pp. 186-87.

20) 같은 글, p. 188.

21) 「대담: 〈파업전야〉 연출자 장동홍과 제작자 이용배」, 『민족영화 II』, p. 178.

22) 신강호, 「집념과 도전의 작가정신: 유영길의 영상세계의 변화과정」, 이용관 편저, 『아름다운 인간 유영길』, 미컴, 1998, p. 81 참조.

23) 이충직, 「유영길의 촬영 미학: 열린 화면에 담긴 사실주의」, 같은 책, pp. 43-44.

24) 같은 글, pp. 53-54.

25) 이는 라스트 씬에서 1995년의 히트 송인 〈딸기가 좋아〉가 디에게시스적(diegetic) 사운드로 흘러나오고 있다는 데서 유추할 수 있다.

26) 이해영 편, 『1980년대 혁명의 시대』, 새로운 세상, 1999, 『현대

한국의 사상 흐름』, p. 25에서 재인용.

27) "기억하기에 대한 최상의 유비는 스토리텔링이다. 기억의 은유는 내러티브이다"(Ian Hacking, *Rewriting the Soul: Multiple Personality and the Sciences of Memory*, Princeton, 1995, p. 253).

28) Ian Hacking, 같은 책, p. 125.

29) "완전한 회복의 경우에 그 사람은 플래시백이나 행동의 재현 등의 형태로 트라우마적 기억들이 다시 나타나는 것에서 더 이상 고통받지 않는다. 그 사람은 일어났던 일을 되돌아볼 수 있다. 그는 그 스토리에 자기 삶의 역사 속의, 자신의 자전적 이야기 속의, 그럼으로써 그의 개별성 personality 전체 속의 한 장소를 부여한 것이다"(B. A. van der Kolk and Onno van der Hart, "The Intrusive Past: The Flexibility of Memory and the Engraving of Trauma," *American Imago* 48, no. 4(1991), p. 447, Michael S. Roth, "*Hiroshima Mon Amour*: You Must Remember This," *Revisioning History : Film and the Construction of a New Past*, ed. by Robert A. Rosenstone, Princeton Univ. Press, 1995, p. 94에서 재인용).

30) 노스탤지어와 유산의 개념에 관해서는 Daniel J. Walkowitz, "Re-screening the Past: Subversion Narratives and the Politics of History," *Screening the Past : Film and Representation of History*, ed. by Tony Barta, Praeger Publishers, 1998, p. 49 참조.

31) 발터 벤야민, 「역사철학 테제」, 『발터 벤야민의 문예 이론』, 반성완 역, 민음사, 1983, p. 355.

32) 같은 책, p. 354.

33) 네 가지 담화에 관한 자세한 논의는 슬라보예 지젝 저, 이성민 외 역, 『이라크』, 도서출판 b, 2004, pp. 170-187을 보라.

2

숭고한 청년 전태일, 마인드스크린과 자유간접화법에 비친 역사의식

문 재 철

영화운동, 뉴 웨이브, 그리고 박광수

〈아름다운 청년 전태일〉은 영화 자체의 내용이나 완성도를 떠나 의미가 남다른 작품이다. 우선 이 영화는 제도권 내에서 만들어졌지만 제도권으로부터 일정 정도 거리를 두는 대안적 제작 형태를 취하고 있었다. 국민주 방식으로 제작비를 조달함으로써 일정 정도 자본으로부터의 독립을 이뤄낸 것이다. 그 밖에 이 영화는 제작 전부터 사회의 관심을 끌었는데, 특히 진보 진영의 열렬한 관심과 후원을 받았으며 개봉되었을 때는 노조가 단체로 관람을 하는 등 집단적 영화로서의 운동적 성격을 강하게 보여 주었다. 아마도 한국영화 역사상 전태일 만큼 진보 진영의 뜨거운 성원을 받으며 사회적 현상이 되었던 영화는 흔치 않을 것이다.

〈아름다운 청년 전태일〉이 지니고 있는 이와 같은 특징을 보다 잘 이해하기 위해서는 80년대에서 90년대 초반으로 이어지는 영화운동에 대해 살펴보아야 할 것이다. 80년대에서 90년대 초반까지는 한국영화 역사상 가장 강력하고 전면적인 영화운동이 일어난 시기로, 한마디로 말해 새로움과 변혁에의 열정이 지배하였던 시기였다. 충무로로 대표되는 기존 한국영화를 거부하고 새로운 영화를 모색했던 당시의 영화운동을 하나의 틀로 묶을 수는 없겠지만, 영화의 사회적 역할을 강조하면서 영화를 변혁운동과 연결해 생각하고 있었다는 점은 대체적으로 일치하고 있었다. 대학과 비제도권을 중심으로 전개되었던 영화운동은 독립영화, 민중영화, 대안영화 등 다양한 형태로 나타났고 급기야는 제도권 영화의 변화를 이끌어 내는데 큰 역할을 하게 되었는데, 이른바 '코리언 뉴 웨이브'의 등장이 그것이다.

박광수는 뉴 웨이브를 대표하는 감독 중 한 명이다. 서울대 영화동아리 '얄라성' 출신인 그가 제도권 영화에 진입해 만든 첫 번째 영화 〈칠수와 만수〉는 당시 한국영화계에 상당한 충격을 주었다. 한국사회의 정치적 현실과 역사의 모순을 깊이 있는 작가적 시선으로 그려낸 이 영화는 유현목의 〈오발탄〉에 비견되면서 한국영화의 잊혀진 리얼리즘을 회복했다는 소리를 들을 정도였다. 이후 〈그들도 우리처럼〉, 〈베를린 리포트〉, 〈그 섬에 가고 싶다〉에 이르기까지 박광수는 정치적 억압, 분단, 계급 갈등, 탈식민성 등 한국사회의 모순을 다루며 영화의 사회적 역할에 대한 진지한 고민을 계속했다. 〈아름다운 청년 전태일〉은 이러한 맥락에 놓여 있는 작품으로, 전태일의 삶과 죽음을 통해 근대화의 폭력성을 되돌아보면서 역사의 새로운 희망을 그리고 있다.

한편 이 영화가 개봉된 1995년은 한국영화가 구조적 재편을 겪으며 새로운 국면으로 바뀌기 시작하던 때였다. 기획 영화가 도입되고 대기업 자본이 제작에 참여하는 등 영화산업은 보다 체계적이 되고 합리화되었지만 더욱 자본에 종속되기 시작했다. 여기에 영상세대라 불리는 새로운 관객이 출현했으며 이전 세대와는 다른 영화적 감수성을 지닌 감독들도 등장하였다. 그리고 부산영화제가 시작되면서 한국영화는 보다 글로벌한 프레임에서 인식되기 시작했다. 이러한 흐름 속에서 뉴 웨이브가 보여주었던 사회 비판적 문제의식이나 리얼리즘은 점점 힘을 잃어갔고 감각적인 취향의 장르영화가 대세를 이루기 시작했다. 이와 같은 상황을 감안할 때, 여전히 대안 영화의 정신을 고수한 〈아름다운 청년 전태일〉은 흔치 않은 영화였고 그래서 일부의 뜨거운 호응을 얻을 수 있었다. 어쩌면 이 영화는 뉴 웨이브의 마지막 영화라 할 수 있을 지도 모른다.

비록 운동적이고 집단적인 측면에서 소통된 감이 크지만 이 영화는 박광수 개인의 영화이기도 하다. 박광수의 말을 들어보자. 그는 이 영화에 대해 모 일간지와의 인터뷰에서 다음과 같이 말했다.

> "이 영화는 한 인간의 삶을 담는 전기 영화는 아니다. 노동운동가를 영웅적으로 그리는 영화는 더더욱 아니고… 그냥 박광수 영화다. 70년대 중반 긴급조치 9호가 서슬 퍼렇던 때 한 지식인이 본 건강하고 아름다웠던 청년 전태일이 그려질 것이다. 이를 통해 오늘의 우

리가 잊고 사는 역사들을 다시 보며, 인간은 뭐고 자연은 무엇이냐, 노동은 무엇인가를 묻는 예술영화다… 소재보다는 작품의 질과 형식으로 승부하고 싶은 영화다"

소재보다 작품의 질과 형식을 강조한다는 말에서도 알 수 있지만 사실 그의 영화에 있어 형식은 내용 못지 않게 중요했다. 그의 영화들이 진보적이고 사회 참여적인 내용을 다루었지만, 그의 정치적 발언은 내용의 차원에만 국한된 것이 아니라 형식의 차원에서도 함께 이루어졌다. 기존의 관습적인 형태를 벗어난 영화 언어가 그것으로, 이는 그의 모더니스트로서의 면모를 보여주는 것이다. 가령, 브레히트 소격 효과에 의거한 자기 반영적인 미장센과 롱-테이크 등은 이전의 한국영화가 보여주던 관습적인 영상 언어와는 구별되는 것으로 관객의 능동적 참여를 요구하면서 지적인 관람 행위를 이끌어 낸다. 이와 같은 거리두기는 때로 지나치기도 해 엘리트적이라거나 혹은 관객과의 소통을 무시한다는 비판을 받기도 했지만 그것은 일종의 정치적 혁신의 시도였다.

여하튼 앞의 박광수 감독의 인터뷰는 이 영화를 운동론적 입장에서보다는 한 감독의 작가적 세계라는 측면에서 이해하게 한다. 다시 말해 이 영화가 8, 90년대 영화운동의 연장선에 놓여 있다고 하더라도, 또 한국사회의 역사적 문제에 대한 참여적 성격을 강하게 지니고 있다 하더라도 그와 같은 측면들이 어떻게 박광수의 개인적인 스타일과 세계관을 통해 드러나고 있느냐 하는 것이 중요하다는 것이다. 박광수 감독은 다음과 같이 말한다.

"난 내가 모르는 것을 이야기할 수 없다. 내가 다른 사람의 입장을 대변할 수 있느냐에 것에 대해 회의적이다."[1] 이 말 역시 영화의 사회적 비판 기능이나 진보적 내용성도 작가의 고유한 스타일이나 세계를 통해서만 이루어진다는 것으로 결국 영화의 사회적 역할 못지 않게 자신의 예술적 비전과 개인적 주관성이 중요하다는 것을 말해주는 것이라 하겠다.

이 글은 이와 같은 관점에서 이 영화에 나타난 역사의식을 살펴보고자 한다. 단순히 이 영화를 진보적 영화나 리얼리즘 영화, 전태일에 대한 전기 영화가 아닌 박광수 개인의 역사의식이 투영된 영화로 보고 그와 같은 역사의식이 어떻게 나타나고 있는지를 살펴볼 것이다. 그런데 앞서 말한대로 이것은 무엇보다 이 영화가 어떻게 전태일을 재현하고 있느냐 하는 문제와 깊숙이 연결되어 있는 것이기에 이 영화가 구사하는 형식적 장치에 우선 주목할 것이다. 아마도 박광수 감독의 작가론적 세계에서 이해될 이와 같은 특징들은 그의 영화가 비록 리얼리즘 영화나 진보적 영화라는 범주 안에서 소통되었지만, 그의 역사의식이 이보다 좀 더 복잡한 것임을 이해하게 해 줄 것이다.

역사의식으로서의 마인드스크린과 자유간접화법

영화 〈아름다운 청년 전태일〉은 과거의 역사적 사실을 다루고 있지만 일반적인 역사영화나 전기영화와는 거리가 멀다. 앞서 박광수 감독이 말한 바대로 이 영화는 역사 속 인물의 영웅적

행위를 극화한 고전적 형태의 역사영화가 아니며, 또 역사적 실존 인물에 대한 다큐드라마의 형식을 취하고 있지만 그렇다고 전태일의 삶 자체를 복원하는 데 목적이 있지 않다. 나아가 이 영화가 70년대 억압적인 정치 현실을 배경으로 하고 있지만 시대의 모순을 역사적 관점에서 파악하고자 하는 것도 아니다. 이 영화는 전태일이라는 역사적 사건을 다루되, 제목 그대로 전태일의 인간적 면모에 더 관심이 많다. 투사로서, 노동운동가로서, 시대의 어둠에 온몸으로 저항한 불꽃이라기보다는, 작은 것에 가슴아파하고 함께 웃고 우는 청년의 아름다운 모습에 관심이 있다. 비인간적인 노동 현실이나 계급 적대는 이에 비해 부차적인 것으로 보인다.

하지만 이 영화의 중심은 전태일이 아니라 전태일의 전기를 쓰고 있는 김영수의 내면이다. 김영수는 반정부 활동으로 수배 중인 인물로 여자 노동자 정순과 숨어 살면서 도피 생활을 한다. 회사에서 노조 설립에 적극 가담한 정순은 기관에 끌려가 고초를 겪고, 이러한 상황에 적극적으로 대처하지 못하고 오직 지켜만 보아야 하는 김영수는 자신의 처지에 대해 고통스러워한다. 이 고통 속에서 그는 전태일의 삶과 분신의 흔적을 쫓으며 전기를 써나간다. 마치 전태일이 자신의 고통과 깊게 결부되어 있고 동시에 그 고통에서 자신을 구원해 줄 존재인 양 그에게 몰두해 있다. 따라서 전태일은 객관적으로 제시되는 것이 아니라 김영수의 심리에 비쳐 제시된다. 그러므로 중요한 것은 전태일이 아니라 그 전태일을 상상하는 김영수의 심리나 주관성이다.

이 영화가 김영수의 심리적 상태에 의거해 전태일을 재현하고 있음은 과거 장면과 현재 장면이 서로 화답하며 진행된다는 데서도 알 수 있다. 전태일이 고난에 처했을 때 김영수도 고통에 처해있다. 정순과의 단란한 장면에는 새로 재단사 보조일을 시작하는 전태일이 보이다가 정순이 집에 돌아오지 않는 대목에선 전태일은 실직 상태에 있고, 정순이 고초를 겪어 김영수가 심리적으로 괴로울 때 전태일 역시 힘든 시기를 겪다 끝내는 분신을 결심한다. 그리고 분신 이후 김영수는 얼마간 수배의 압박에서 벗어난 듯 보인다.

영화에서 인물의 주관성을 드러내는 수단은 몇 가지가 있다. 가령 대표적인 것이 보이스-오버 내레이션이나 시점쇼트일 것이다. 보이스-오버 내레이션은 독백을 통해 인물의 생각을 드러내며, 시점쇼트는 광학적 차원에서 인물의 주관적 시각을 보여준다. 김영수의 위치에서 이야기를 끌고 가는 이 영화도 이와 같은 보이스-오버 내레이션이나 시점쇼트를 활용해 김영수의 주관성을 드러내고 있다. 그런데 주목할 것은 이 영화에 사용되는 시점쇼트가 광학적 차원에서 정보를 제공하는 수단을 넘어 과거를 들여다보는 수단으로 활용되고 있다는 점이다. 예를 들어 김영수가 전태일이 일했을 것으로 짐작되는 청계천 평화시장을 찾아 작업장 내부를 살펴보는 장면을 보자. 복도를 지나 작업실 문을 슬그머니 열어 내부를 쳐다보면 일하는 여공들의 모습이 그의 시점쇼트로 잡힌다. 그리고 다시 화면이 바뀌어 김영수의 얼굴이 보이고, 그러다 다시 화면이 바뀌어 작업장 내부를 보여주면 이제는 흑백의 과거 장면으로 바뀌어 있다. 이것은 마치 김영수가 시점쇼트를 통해 과거를 바라보는 것과 같은 효과를 준다. 하지만 그것은 말 그대로 시점쇼트가 아닌데, 왜냐하면 김영수가 과거를 바라볼 수도 없을 뿐더러 카메라가 다시 역쇼트(reverse shot)로 바뀌면 거기에 서있는 인물은 김영수가 아니라 전태일이기 때문이다.

그렇다면 이 시점쇼트는 무엇인가? 김영수가 옥상을 살펴보는 장면을 살펴보자. 김영수가 작업장 내부를 둘러보다 계단을 지나 옥상에 오른다. 이때 카메라는 김영수를 객관적 쇼트로 잡고 있다. 그러다가 화면은 김영수의 시점쇼트로 바뀌어 패닝하면서 옥상의 구조물들을 보여준다. 카메라가 360도 패닝하여 다시 원래의 위치로 돌아오면 뭔가를 골똘히 생각하는 김영수가 보인다. 그러고 나서 화면이 바뀌면 이제는 과거 장면으로 전태일이 옥상에서 동료들과 휴식을 취하고 있다. 이 장면은 김영수의 시점쇼트가 단순히 과거를 바라보는 수단으로 활용되고 있는 것이 아니라 김영수의 마음을 들여다보는 수단으로 사용되고 있음을 말해준다. 다시 말해 이 장면에서 우리는 김영수의 육체적 눈을 통해 과거를 보는 것이 아니라 그의 마음의 눈을 통해 과거의 전태일을 본다. 요컨대 시점쇼트가 광학적 눈이라기보다는 마음의 눈으로 사용되고 있다는 것이다.

그런 점에서 이 영화에 재현된 과거 장면은 브루스 카윈(Bruce Kawin)이 말한 '마인드스크린(mindscreen)'에 해당되는 것이라 할 것이다. 비록 카윈이 주관성을 드러내는 수단으로 보이스오버와 같은 구두적 표현과 광학적 차원의 시점쇼트, 그리고 정신적 사유가 영화화된 마인드스크린 이렇게 세 가지를 별도로 구분해 언급하고 있지만, 존 오르(John Orr)가 지적한 바 있듯이 마인드스크린 개념은 구두적 내레이션이나 시점쇼트까지 포함하는 것으로 볼 수 있다.[2] 그러니까 마인드스크린이란 마음속이 시·청각적 수단을 통해 드러난 것을 말한다. 그렇다면 이 영화의 경우, 전태일이 나오는 과거 장면이란 플래시백으로 재현된 객관적 과거가 아니라 김영수가 마음속에 상상한 이미지, 즉 마인드스크린이라 할 것이다.

한편, 과거를 직접적으로 제시하지 않고 이와 같이 관찰자를 내세워 제시하는 겹 구성은 박광수의 영화가 보여주는 특징이라는 측면에서 이해될 수 있다.[3] 박광수 영화에서 관찰자는 대개 지식인 남성이 차지하고 있는데, 〈그들도 우리처럼〉의 수배자 기영, 〈베를린 리포트〉에서 기자 성민 등이 그 사례이다. 이들 인물들을 단순히 스토리 속 인물로만 볼 수 있지만, 작가주의 관점에서 볼 때 이처럼 지식인 관찰자가 반복해서 등장한다는 점에서 박광수의 분신이라고 해도 될 터이다. 그렇다면 김영수가 바라본 전태일, 혹은 김영수의 마인드스크린은 등장인물의 주관적 세계를 드러낸 것이지만 동시에 감독 자신의 세계를 드러낸 것이기도 하다.

이 영화가 전태일에 대해 취하고 있는 이와 같은 거리(인물을 통한 간접적 접근)는 일종의 자유간접화법을 통해 설명될 수 있다. 자유간접화법은 등장인물의 주관성을 인정하면서도 거기에 자유스럽게 감독의 주관이 개입하는 화법이다. 영화의 자율성을 인정하면서도 감독 자신의 예술적 비전을 동시에 드러내기 때문에, 자유간접화법은 작가의 표현성을 중요시하는 서구 모더니즘 영화나 예술영화에서 중요한 수단이 되었다.

이 영화에서 자유간접화법이 사용된 사례로 비오는 날 정순이 우산을 쓴 채 앉아 화분을 돌보는 장면을 들 수 있겠다. 이 장면의 시작은 창문의 클로즈업으로 시작한다. 화면이 커트되면 전경에 그 창면을 바라보는 김영수가 있고 후경에는 빗속에서 우산을 쓰고 화분을 돌보는 정순이 있다. 이윽고 서서히 카메라가 정순 쪽을 향해 움직이기 시작하면 장면은 자연스럽게 김영수의 시점쇼트가 된다. 하지만 정순을 바라보는 김영수를 관객이 바라본다는 점에서 단순히 김영수의 주관적인 쇼트는 아니다. 그것은 또한 객관적 쇼트이기도 한 것이다. 김영수는 우산을 쓰고 행복해 하는 정순을 지긋이 바라본다. 관객은 그와 같은 김영수의 시점에서 정순을 바라보지만 동시에 그러한 상황 자체를 객관적으로 보기도 한다. 인물의 주관적 쇼트이지만 동시에 객관적이기도 한 이 쇼트는 일종의 자유간접화법으로 정순에 대한 김영수의 시선을 빌어 박광수 자신의 태도를 드러내는 것이라 할 수 있다.[4]

하지만 〈아름다운 청년 전태일〉에서 사용되는 자유간접화법은 단순히 하나의 스타일적 수단이거나 감독이 자기를 드러내는 모더니스트적 장치만으로 끝나는 것은 아니다. 이 영화에서 자유간접화법은 마인드스크린과 더불어 일종의 역사의식과 연결되어 있다고 볼 수 있는데, 역사의식이란 단순히 말하자면 과거를 바라보는 의식이나 태도를 말한다. 다시 말해 어떠한 관점에서 그리고 어떠한 방식으로 과거를 바라보느냐 하는 것으로 물론 이는 영화에서 스타일과 형식의 문제와 연결되어 있다. 이 영화의 경우 마인드스크린이나 자유간접화법을 통해 전태일을 재현하는 것은 곧 역사에 대한 태도라 할 것이다.

이것이 어떠한 역사의식인가 하는 것은 우선 기존의 리얼리즘이나 사회비판적인 영화의 경우와 비교해보면 드러난다. 객관적 역사에 대한 믿음이나 직선적인 현실 재현을 고수하는 리얼리즘 영화의 역사 재현과 달리 이 겹쳐지는 시선의 자유간접화법과 마인드스크린은 역사적 사건에 대한 객관적 시선이나 역사의 진보에 대한 확실한 믿음에서 나온 재현 양식과는 다르기 때문이다. 이는 박광수 영화의 특징이다. 그는 현실을 직접적으로 재현하면서 문제를 드러내기보다는 그 현실에 거리를 둔 채 대상을 바라보거나 아니면 돌려 말한다. 가령 〈칠수와 만수〉나 〈베를린 리포트〉가 그 사례일 것이다. 〈칠수와 만수〉, 〈그들도 우리처럼〉은 남한 사회의 모순을 제한된 공간에서 압축적인 인물들을 통해 드러내고 있지만, 여기서 정치적 갈등, 계급과 분단, 식민의 문제는 다소 둘러서 말하고 있다. 〈베를린 리포트〉 역시 남북한의 이데올로기적 대립의 문제를 입양아 남매를 통해 알레고리적으로 말하고 있다. 이와 같은 태도가 〈아름다운 청년 전태일〉에서는 마인드스크린과 자유간접화법에 의해 나타나고 있는 것이다. 이것은 역사 재현에 있어 이미지와 현실의 직접적 연결을 회의하면서 역사를 비껴 바라보고자 하는 태도로 보인다.

창문, 사이, 우울

김영수는 바라보는 존재다. 그는 끊임없이 바라본다(물론 그것은 육체적 눈만이 아닌, 마음의 눈까지 포함하는 의미에서이다). 그는 전태일을 마음의 눈을 통해 바라보고 있으며, 정순을 지켜보고 있으며, 후배의 야학을 몰래 바라보고, 학생 데모를 바라본다. 심지어는 자신의 안전을 위해서도 주변을 늘 살펴야만 한다. 가령, 식사하는 할아버지를 방 안에서 훔쳐보는 것도 그렇다. 이러한 바라봄이 가장 극적으로 표현되는 장면은 영화의 마지막 부분에서 임신한 정순을 지하철 차창을 통해 바라보는 장면일 것이다. 출산을 앞둔 정순을 경찰의 눈을 피해 몰래 쳐다보고 짧게 시선을 교환하는 장면은 그가 근원적으로 바라보는 존재임을 말해준다.

그런 점에서 창은 중요한 시각적 모티브로 기능하고 있다. 빈번히 등장하는 집안의 창문은 말할 것도 없고, 야학을 하는 후배를 방문했을 때도 대화하는 두 인물은 창문 너머로 보인다. 김상진의 죽음으로 학생들이 데모를 할 때도 김영수는 창가에서 있다. 이런 식으로 창을 활용하는 것은 일종의 거리두기일 것이다. 대상과의 직접적인 감정적 교류를 차단하고자 하면서 인식의 계기를 확보하고자 하는 일종의 브레히트적 기법으로 이는 박광수의 작가적 특징이기도 하다. 하지만 창문은 단순히 이와 같은 거리두기를 위한 장치로만 그치지 않는다. 이 영화에서 창문은 캐릭터의 심리, 나아가 영화 전체의 테마까지 함축하고 있으며, 앞서 언급한 역사의식을 읽어낼 수 있는 시각적 상징으로까지 읽힌다.

그렇다면 이와 같은 바라봄은 어떤 의미일까? 영화 이론에서 본다는 것의 문제는 복잡한 이론적 논쟁거리였는데, 통상 욕망과 권력의 문제로 이해되어 왔다. 다시 말해 시선의 소유자는 시선의 대상에 대해 지배적인 위치를 점하고 권력을 행사한다는 것이다. 가령, 여성을 대상화하는 남성의 시선이 페미니즘 영화 이론가들로부터 비판을 받았던 것도 이러한 이유에서였다. 주류 영화에서 남성은 늘 시선의 소유자이고 여성은 그 대상으로 제시되곤 하는데, 이러한 시선 구조에는 여성을 욕망의 대상으로 바라보는 가부장제 이데올로기가 작동하고 있다는 식이다.

하지만 이 영화에서는 '시선의 소유자는 능동적이고 보여지는 자는 수동적'이라는 기존의 관습은 적용되지 않는다. 또한 본다는 것이 늘 욕망의 문제이지만 그러나 이 영화에서 김영수의 시선은 욕망의 일방적 투사가 아니다. 그것은 동시에 보여지는 것이기도 하다. 여기서 폴 윌만이 말한 '제 4의 시선'은 유용하다. 영화이론가 로라 멀비(Laura Mulvey)에 따르면 영화에는 카메라가 전영화적 사건을 바라보는 시선, 관객이 이미지를 바라보는 시선, 등장인물들 간의 시선 이렇게 세 가지가 있다. 윌만은 이러한 세 가지 시선 외에 네 번째 시선이 존재한다고 주장하며 이미지가 관객을 바라보는 시선을 추가한다. 그는 이러한 시선을 라깡이 말한 응시나 사르트르가 말한 타자의 응시와 연관시키며 이를 '제 4의 시선'이라 부른다.[5)] 이 시선이란 드러나 있지는 않지만 타자의 자리에서 관객이 상상할 수 있는 시선이다. 즉 우리가 바라보는 대상이 직접 우리를 바라보고 있지는 않는다 하더라도 그 대상이 우리를 보고 있다고 상상할 수 있는데 바로 이 응시가 네 번째 시선이라는 것이다. 즉 보는 관객 역시 보여지고 있는 것이고 이때 보여진다는 것은 사회적 책임감 등이 작용하고 있음을 말한다. 다시 말해 우리가 어떤 대상을 볼 때 사회적 의무감이나 이데올로기, 도덕적 판단 등에 의해 영향을 받는다는 것이다.

이와 같은 관점을 따를 때 이 영화에서 김영수의 바라봄에는 제 4의 시선이 작용하고 있다. 다시 말해 김영수의 시선에는, 특히 전태일을 바라보거나 정순을 바라보는 시선에는 사회적, 역사적 책임감에 따른 죄의식과 안타까움이 함께 한다. 물론 이는 한편으로 자신의 무능함을 확인해주는 시선이기도 하다. 그는 그들의 고통을 바라보나 그들처럼 행위할 수는 없다. 더욱이 이와 같은 무능함을 더욱 강조하는 것이 그 시선에 비친 순진함과 무구함이다. 그리고 대상이 더욱 순수할수록 그리고 그 순수한 대상이 고통받을수록 그 대상을 바라보며 느끼는 주체의 무능함과 죄의식은 더 커진다. 김영수가 전태일의 전기에 매달리는 것은 일종의 역사적 부채의식에서 비롯되는 것으로, 여기에는 바라보는 자로서 그가 느끼는 역사적 책무와 그에 수반되는 죄의식이 있다.

그러한 의미에서 김영수의 시선에는 동일시의 욕망 혹은 모방의 욕망이 작용하고 있다고 할 수 있다. 물론 정확히 말하자면 이 동일시의 욕망은 전태일에 대한 욕망이 아니라 전태일의 위치 즉, 계급적 위치에 대한 욕망이다. 김영수는 끊임없이 전태일의 위치에 선다. 그를 추적하며 그의 흔적을 더듬으며 그가 일했던 자리, 그의 입장에 상상적으로나마 서본다. 전태일이 어린 여공들을 돌보았듯이 그 역시 정순과 함께 하고 있으며, 전태일이 우산을 팔았듯이 그 역시 우산을 사 경찰관에게 건넨다. 이러한 동일시는 과거와 현재를 연결한 장면에서 두 인물들의 위치가 동일하다는 데서 확인할 수 있다. 평화시장을 두 번째로 방문한 장면을 보자. 복도의 풍경이 김영수의 시선으로 보이다가 쇼트가 역쇼트로 바뀌면 김영수가 아닌 전태일이 서있다. 김영수와 전태일이 같은 위치에 서 있는 것이다. 정순을 만나러 지하철을 타고 가는 장면에서도 마찬가지다. 김영수의 얼굴이 보이고 그의 내레이션이 들리면 카메라가 차창으로 패닝한다. 그러다 다시 원위치로 카메라가 돌아오면 그 자리엔 전태일이 앉아 있다.

하지만 이와 같은 위치에의 동일시는 실패할 수밖에 없다. 왜냐하면 김영수는 전태일을, 정순을 바라볼 뿐 행위하지 못하기 때문이다. 아니 행위 자체가 봉쇄되어 있기 때문이다. 그는 오직 숨어서 지켜볼 뿐이다. 이에 반해 전태일은 행동해야 한다고 동료들에게 말한다. "이제 우리 삼동회는 평화시장의 불법적이고 비인간적인 노동 현실을 세상에 알려야 해, 행동해야 된다고." 정순 역시 노조 설립에 적극 가담함으로써 행동한다. 더욱이 바라보는 자의 숙명은 늘 대상과 거리를 두어야 한다는 것이다. 바라본다는 것은 거리를 전제로 하는 것, 그 거리는 결코 좁혀질 수 없는 것이다. 글을 쓰는 것 역시 바라보는 행위의 일종이라고 할 수 있다. 그는 전태일의 전기를 쓰며 전태일을 마음속에 상상하고 바라본다. 그럴수록 그는 더욱 더 부채의식에서 벗어날 수 없다.

그렇다면 창문이 은유하는 것은 구분이라 할 것이다. 창문은 그와 다른 이를 구분하는 경계이자 단절을 의미한다. 그는 한편으로 지배 권력과 구분되어 있고(예컨대 기관원으로 의심되는 동사무소 직원이 찾아와 김영수의 방을 들여다 볼 때도 창문을 통해 방 안을 본다), 다른 한편으로는 정순으로 대표되는 노동자들로부터도 단절되어 있다. 이것은 존재와 의식의 불일치, 행위와 인식의 분리를 말해주는 것으로 김영수와 노동계급 간의 직접적 관계의 불가능성, 김영수와 전태일, 김영수와 정순 간의 존재론적 심연을 말해준다. 하지만 엄밀히 말하자면 김영수에게 있어 창은 분리나 구분이라기보다는 사이, 문턱, 중간을 의미한다. 구분된 경계의 한쪽에 존재하고 있지만 끊임없이 창문을 통해 다른 쪽을 바라본다는 점에서 일종의 경계에 서있는 것이다. 그러나 그는 그 경계 너머를 바라볼 수는 있으나 그 경계를 뛰어 넘을 수 없다. 존재 이전의 열망은 열망으로만 남는다.

멜랑콜리는 여기서 생긴다. 분리되어 있기에, 아무리 동일시하고자 해도 절대적 외재성으로 남을 수밖에 없기에 멜랑콜리한 것이다. 아마도 이와 같은 멜랑콜리가 극명하게 드러난 장면은 지하철에서 차창 너머로 정순을 바라보는 장면일 것이다. 전태일의 죽음 부분의 집필을 앞두고 김영수는 임신한 정순을 만나본다. 하지만 기관원이 미행하고 있어 건너편 지하철에서 차창을 사이에 두고 정순과 시선을 교환할 수밖에 없다. 여기서 지하철 유리창은 둘의 시선을 충분히 교환시켜줄 정도로 투명하지만 그러나 둘을 갈라놓고 있다. 즉 시각적으로는 가능하나 육체적으로는 불가능한 이 만남에서 김영수는 극도의 멜랑콜리를 느낀다.

그러므로 김영수의 시선은 지배의 시선, 권력의 시선이 아니다. 그것은 무능력과 죄의식을 일깨우며, 욕망을 불러일으키는 것이 아니라 욕망의 좌절에서 오는 상실감을 불러일으킨다. 이는 어쩌면 박광수 영화가 종종 보여준다고 일컬어지는 지식인의 패배적 감상주의일 수도 있다. 하지만 이는 무엇보다 대상에 자신을 합체하려는 미메시스적 욕망이 불가능하다는 것을 말해주는 것으로 타자와의 연대를 욕망하나 그것의 불가능성을 인식하고 있는 것이다. 앞에서 인용한 박광수의 말, "난 내가 모르는 것을 이야기할 수 없다. 내가 다른 사람의 입장을 대변할 수 있느냐에 것에 대해 회의적이다"는 이러한 의미에서 이해될 수 있다. 이것이 바로 이 영화의 역사의식이다. 지나간 역사의 상처를 부채의식과 죄의식 속에서 멜랑콜리하게 바라보고 있는 것이며 마인드스크린과 자유간접화법은 이를 드러내는 수단이다.

반복으로서의 역사, 숭고한 청년 전태일

이 영화는 과거와 현재로 나누어져 있다. 과거는 비록 김영수의 마인드스크린으로 제시되고 있을지라도 현재와 명확히 구분되어 있는데, 여기서 색채는 이 둘을 구분하는 기본적인 장치로 사용된다. 그리하여 흑백의 과거와 칼라의 현재가 대조된 채 병렬구조로 교대되는 것이다. 그런데 이 영화에서 흑백은 과거의 객관성이나 진실성을 나타내주는 식의 관습적인 방식과는 다소 거리가 있다. 이는 흑백 장면이 사실주의적 조명보다는 표현주의적 조명 속에 제시되고 있는 데서 알 수 있다. 평화시장 작업실의 공간은 강한 콘트라스트의 로우-키 조명으로 찍히고 있어 질식할 것만 같은 폐쇄성을 더욱 강조한다.[6)] 채석장 숙소도 마찬가지다. 노동자들이 잠들어 있는 방 안에 전태일만이 홀로 깨어 앉아 있고 창밖 너머로는 비가 쏟아지고 있다. 로우 앵글로 찍힌 이 장면의 표현적 조명은 전태일에게 주어진 고난과 의무를 상징하면서 그의 의연한 태도를 강조하고 있다. 이런 식으로 이 영화에서 흑백의 이미지로 제시되는 과거는 어둠과 고난, 폐쇄성을 상징한다.

이러한 고난과 관련해 주목해볼 시각적 모티브는 비다. 이 영화에서 여러 번 반복되는 비 역시 전태일의 고난과 관련되어 있는데, 어렸을 때 우산을 팔다 모욕을 당할 때 내리는 비, 노동청에서 무시를 당하고 나왔을 때 건물 앞에 쏟아지는 비, 채석장에서 힘든 노동을 하다 누워 맞는 비 등이 그 사례일 것이다. 우산은 이와 같은 비를 막아주는 의미를 지닌다. 어린 전태일이 우산을 파는 것, 정순이 비오는 날 우산을 쓰며 화분을 돌보는 것 등은 우산이 지닌 의미를 짐작하게 한다. 특히 김영수가 경찰관에게 우산을 사주는 장면에서 우산의 의미는 더욱 특별해진다. 정순이 끌려간 날 숨어서 지켜볼 수밖에 없었던 김영수는 하루종일 심한 심적 고통을 겪는다. 하지만 경찰관에게 우산을 줌으로써 전태일을 기억하고 자신의 고통을 넘어서고자 한다.

이와 같은 흑백의 어둠과 빗물의 차가움에 대비되는 것이 바로 전태일의 분신이다(물론 김영수의 현재 장면이 비록 색채로 표현되고는 있으나 그 색채의 톤이 푸른빛을 주로 띠고 있어 이 역시 차가움과 고난을 나타내 준다). 분신 장면의 뜨거움은 시종일관 이 영화를 지배했던 어둠과 차가움에 강렬한 시각적 대비를 이룬다. 특히 붉게 타오르는 불꽃은 죽음을 통한 부활, 희망과 생명을 의미한다.

한편 이 영화에서 과거와 현재가 이와 같이 대비되고 있지만, 완전히 단절된 것으로 제시되고 있지는 않다. 우선 영화는 편집을 통해 연속성을 만들어 냄으로써 과거와 현재라는 시간적 분리감을 극복해 낸다. 예를 들어보자. 전태일이 노동법을 알게 되어 서점에서 노동법 책을 보는 장면이다. 화면 밖 사운드로 다음과 같은 노동법 조항이 들린다. "근로기준법 제 45조 사용자는 근로자에 대하여 일 주일에 평균 1회 이상의 유급휴가를 주어야 한다." 장면이 바뀌면 이 소리는 '사운드 브릿지(sound bridge)'임이 드러난다. 김영수의 후배가 야학에서 학생들에게 한자를 가르치며 노동법 조문을 읽히고 있는 것이다. 이처럼 이 영화는 시간의 갭에도 불구하고 시점의 일치나 기타 공간의 매치를 통해 분리된 시간이 연결되어 있음을 애써 보여주려 한다. 평화시장 작업장에서 관리자가 여공들이 너무 화장실을 자주 다닌다고 꾸짖는("일을 변소 다니듯이 열심히 해봐라") 장면도 그렇다. 화면이 현재로 바뀌면 아이들이 화장실 문을 두드리며 떠들고 있고 그것을 김영수가 듣고 있다. 시간의 간극을 사운드 매치를 통해 통일적으로 연결하고 있는 것이다.

이것은 공간적 통일성을 인위적으로 만들어내는 환영 효과를 노린 것이라기보다는 과거와 현재의 동일성을 부각시키기 위한 의도로 보인다. 다시 말해 단순히 과거와 현재가 연결되어 있다는 것이 아니라 현재는 과거의 반복이라는 것을 말해주기 위함이다. 전태일로 인해 현재의 우리가 존재한다는 식의 혹은 과거의 고난으로 인해 현재의 풍요가 가능했다는 식의 인과론적 역사가 아닌, 현재가 여전히 과거를 반복하고 있음을 강조하고 있는 것이다. 앞에서 살펴본 옥상 장면을 다시 보자. 카메라를 김영수의 시점에서 패닝하면서 옥상의 곳곳을 보여주는 장면이다. 그러다가 김영수가 생각에 잠기면 화면은 흑백의 과거로 바뀌는데, 이 과거의 장면 역시 앞의 패닝과 똑같은 각도와 반경으로 패닝하면서 옥상을 보여준다. 이는 5년 전의 그곳을 다시 반복하는 효과를 낸다. 김영수가 전태일의 위치에 동일시하는 것도 과거를 반복이라는 견지에서 바라보게 하는 효과를 내고 있다고 할 수 있다. 그리고 무엇보다 "정순이가 전태일이야"라는 김영수의 말은 역사가 여전히 반복되고 있음을 말해준다. 여전히 정순은 전태일의 고통을 반복하고 있고, 이는 마지막 장면에서 『전태일 평전』을 들고 가는 이름 모를 노동자 청년도 마찬가지일 것이다. 여전히 현재는 과거의 고통이, 역사의 모순이 작용하고 있다는 것이다.[7)]

역사를 반복으로 보고자 하는 이와 같은 시도는 그러나 박광수 감독의 작가적 특징이라고 할 휴머니즘적 경향 속에서 변형된다. 전태일이 의미하는 것은 반복으로서의 역사이겠지만 동시에 그 반복 속에서 전태일은 어떤 숭고한 정신, 보편적 휴머니즘의 가치로 승화되고 있는 것이다. 그리하여 정치적 억압, 계급적대와 같은 근대화의 과정에서 빚어진 역사적 모순이, 사회과학적 프레임이나 역사 유물론적 틀 속에서 강렬한 정치적 인식으로 되살아나기보다는 종교적 수난으로 간주되면서 그 결과 정치적 급진성이 누그러뜨려진다. 전태일은 혁명적 투사가 아니라 '아름다운' 내면의 소유자, '아름다운 청년'이라는 것이다.

이것은 영화 중간 김영수의 말이나 전태일의 독백에서도 확인되는 바, 전태일이 예수와 비교되거나 그의 죽음이 순교와 비교된다. 하지만 자신의 죽음을 통해 형제들을 구원하겠다는 이 순교 정신은 그를 아름다운 청년이라기보다는 오히려 '숭고한' 청년으로 만들고 있다. 예수의 죽음이 아름다운 것이 아니라 숭고하듯 그 역시 마찬가지다. 그는 단순히 우리의 오성으로 이해할 수 있는 존재가 아니라 그 영역을 넘어서 있는 재현 불가능한 대상이다. 그는 역사, 그 고통스러운 반복 너머에 자리한 숭고한 존재인 것이다. 분신 장면의 슬로우 모션은 그렇게 읽힌다. 정상적 시간의 흐름을 벗어나면서 시간을 늘이는 이 슬로우 모션은 마치 역사를 초월하려 하는 것 같다. 더욱이 흑백에서 칼라로 바뀌는 색채의 변화는 이를 더 강조하면서 전태일을 물리적 시간, 반복의 역사를 넘어서는 초월적 존재로까지 격상시키는 효과를 낸다. 게다가 그 깨어진 시간 속에서 클로즈업으로 포착되는 기름에 적신 검은 옷, 일그러진 얼굴, 검고 둔탁한 그의 피부의 이미지, 붉게 너울대는 불꽃 등은 라캉적 의미의 사물(the Thing)을 연상시킨다. 한마디로 가장 높은 극적 밀도와 역사성을 지닌 이 장면이 탈역사의 순간으로 변모되는 것이다.

이와 같이 전태일을 탈역사화하는 것은 어쩌면 간극, 그러니까 자유간접화법과 시선의 거리에서 나타난 주체의 혼란을 다루는 하나의 해결책일 수 있을 것이다. 주인공 김영수는 갈수록 고통스러운 정순과의 관계에서 다음과 같이 전태일의 죽음을 빌어 희망을 역설한다. "전태일의 죽음을 남겨놓고 나는 먼 발치에 서나마 정순이를 잠시나마 봐야 할 것 같았다. 뱃속의 아이도. 전태일과 함께 죽음의 그 어두운 터널을 통과하기 위해서 나 자신 정순이한테서 희망을 보고 싶었는지 모른다. 희망, 새 생명은 분명 그 어둠 너머에 있을 것이다." 이렇게 전태일의 죽음은, 그 숭고함은 이제 구원이 된다. 이것이 고통스러운 역사의 반복을 벗어나는 길인지, 아니면 건널 수 없는 타자와의 존재론적 심연을 메우는 수단인지는 알 수 없다. 하지만 이는 박광수 영화가 자주 끌어들이는 결말짓기이다. 〈그들도 우리처럼〉, 〈베를린 리포트〉, 〈그 섬에 가고 싶다〉 등에서 알 수 있듯이 그의 영화에서 희망은 늘 역사의 고통에서 마술처럼 등장한다. 아마도 그것은 좌절과 우울, 죄의식과 역사적 부채를 해결하는 하나의 방식일 것이다.

마치며

전태일이라는 역사적 인물을 다룬 이 영화는 소재의 상징성뿐만 아니라 국민주 모금이라는 새로운 방식으로 인해 사회의 지대한 관심을 끌었고 비평적으로도 좋은 반응을 얻었다. 물론 이 영화가 호응을 이끌어 낸 것은 한국영화계에 여전히 작용하고 있는 진지한 사회비판적 영화에 대한 선호때문일 수 있다. 더욱이 진지한 사회비판적 영화가 찾아보기 힘들어진 당시의 상황에선 더욱 각별한 영화였을 것이다.

하지만 이 영화는 박광수의 개인적인 스타일과 문제의식을 잘 보여주는 영화이기도 하다. 특히 역사의식이라는 관점에서 볼 때 이 영화는 기존의 리얼리즘적 태도나 운동론적 관점과는 차이가 난다. 과거의 역사적 사건을 다루고 있지만, 그것도 역사의 트라우마를 다루고 있지만, 한국사회의 정치경제학적 맥락에서 그것을 이해하거나 아니면 객관적 재현을 목표로 하지 않는다. 요컨대 전태일과 전태일의 분신을 사회 역사적 차원에서 들여다보지는 않는다. 이는 박광수 감독의 작가적 특징으로, 그의 영화는 역사적 현실의 모순 그 자체보다 그 속에서 살아가는 인간의 문제에 관심이 더 많다. 그런 점에서 그는 냉정한 리얼리즘적 시선으로 역사적 관계와 권력 관계를 분석하기보다는 휴머니즘적인 시선으로 인간에 대해, 그 인간의 희망에 대해 말한다. 영화의 말미가 다소 작위적이지만 희망을 역설하는 것이 그렇다.

박광수의 영화가 전통적 리얼리즘이나 사회비판적 영화와는 다른 또 하나의 이유는 객관적 재현 가능성에 대한 혼란에 있다. 물론 그는 역사적 총체성이나 민중적 역량의 가능성을 부정하지는 않는 것 같다. 그렇지만 그의 영화에 있어 주체는 늘 혼란스럽다. 이것이 주체와 타자의 간극이 되었건, 계급 간의 존재론적 차이가 되었건, 혹은 역사의 모순에서 빚어진 정체성의 혼란이 되었건 이와 같은 틈새에서 빚어지는 주체의 혼란에 주목한다. 이 영화에 사용된 자유간접화법과 마인드스크린은 이와 같은 감독 개인의 문제의식을 강조하는 장치로 도입되고 있다. 특히 이와 같은 수단은 과거의 사건을 재현하는 장치로 사용되면서 동시에 그 역사적 사건에 대한 감독의 태도를 드러내고 있다. 여기서 드러나는 것은 과거에 대한 부채감과 죄의식, 그리고 거기서 비롯되는 우울함이다.

박광수는 이와 같은 우울함과 거리를 인간에 대한 믿음이나 희망과 같은 휴머니즘적 가치를 통해 해결하고자 한다. 이것이 진보적인 것인지 아니면 감독의 낭만적 믿음인지는 그리 중요한 문제가 아니겠지만, 지식인 남성이 느끼는 주체의 혼란을 역사에 대한 인간주의적 희망으로 유예시키는 것은 분명해 보인다. 물론 이러한 태도가 지배이데올로기와 쉽게 공모하는 익숙한 것은 아니다. 여기에는 박광수 개인의 예술적 비전과 역사의식의 고민이 개재되어 있다. 그에게 있어 고민은 시대 속 인간이다. 그는 시대를 말하되 늘 그 시대속의 개인의 고통을 말하고 그 속에서 인간적인 것을 발견하고자 한다. 〈아름다운 청년 전태일〉은 이와 같은 박광수 영화의 특징을 그대로 간직하고 있다.

▮주석

1) "남의 눈으로 진실을 볼 수 없다", 《씨네 21》, 1995. 12. 18자, 22쪽.

2) John Orr, *Contemporary Cinema*, Edinburgh Univ. Press, 1997, p. 12.

3) 물론 이것은 대상에 대해 일정한 거리를 두는 효과를 낸다. 이 영화가 보여주는 지적인 건조함도 대상에 대해 직접적인 접근을 차단하는 이와 같은 거리에 의한 영향이 크다. 이런 거리두기는 일종의 브레히트의 소격 효과와 결부지어 이해할 수 있는데, 관객의 몰입을 차단하는 브레히트적 기법은 초기 영화부터 〈이재수의 난〉에 이르기까지 다양하게 구사된다.

4) 앞에서 언급한 옥상 장면의 경우도 그렇다. 처음에 김영수를 보여주는 객관적 쇼트가 편집없이 카메라 움직임을 통해 주관적 쇼트로 바뀌다가 다시 인물을 보여주는 객관적 쇼트로 바뀐다. 그러다가 장면이 커트되면 화면은 흑백으로 바뀌고 옥상에는 5년 전 전태일과 그 동료들이 점심시간을 이용해 휴식을 취하고 있는 모습이 보인다. 편집하지 않은 채 카메라 움직임을 이용해 하나의 쇼트를 객관적 쇼트에서 주관적 쇼트로 그리고 다시 객관적 쇼트로 변형함으로써 인물의 주관성을 살리되 그 주관성을 오로지 인물만의 것으로 제한하지 않고 감독 자신의 세계를 드러내는 수단으로 활용하고 있는 것이다.

5) Paul Willeman, *Looks and Frictions: Essays in Cultural Studies and Film Theory*, BFI, 1995, p. 107.

6) 이와 같은 공간적 고립과 폐쇄감은 박광수 영화의 특징으로, 〈칠수와 만수〉의 고층빌딩 옥상, 〈그들도 우리처럼〉의 탄광촌, 〈그 섬에 가고 싶다〉의 섬 등이 그러하다. 영화에서 공간은 단순히

이야기가 전개되는 배경만이 아니라 인물의 정신적 풍경을 말해준다. 그런 점에서 고립되고 폐쇄된 박광수 영화의 공간은 인물들의 심리적 고립과 정체성의 위기를 말해준다. 인물들은 그 고립된 공간에서 타인과 소통하고자 한다. 〈전태일〉에서 어둠 속에 갇혀 있는 김영수, 청계천의 다락방, 질식할 것만 같은 그 폐쇄된 공간은 이들 인물들이 마주하고 있는 거대한 억압과 단절감을 말해준다.

7) 분신 장면도 그렇다. 영화의 프롤로그 장면(시위 장면)과 에필로그(『전태일 평전』을 들고 가는 청년 장면)를 빼면 실질적으로 이 영화는 전태일의 분신 장면에서 시작해 분신 장면으로 끝난다. 그런데 이 분신은 시간적으로 과거이면서 동시에 현재로 그려지고 있는데 이는 현재가 과거와 동일하다는 것을 말해주기 위함이다. 즉 전태일의 죽음은 지나간 과거의 사건이 아니라 현재의 사건이라는 것, 혹은 현재에도 여전히 반복되고 있다는 것이다.

3

一觸卽發, 到來靑年
〈아름다운 청년 전태일〉과 1990년대 문화정치학

이 종 은

일촉즉발, 불이여 나를 태우라

한 청년이 비장한 표정으로 라이터를 켜는 장면이 보여진다. 흑백에서 컬러로 바뀐 스크린에는 또 다른 청년을 좇아가며 내레이션이 흘러나온다. "1975년 많은 사람들이 민청학련 또는 인혁당 사건으로 교도소에 갇히거나 사형을 기다리고 있었다. 어디에도 희망의 빛은 보이지 않았다. 그 무렵 수배당하고 있던 나는 한 노동자의 이야기를 글로 쓰고 있었다. 전태일. 5년 전 자신의 짧은 인생을 살다간 그의 이름을 세상 사람들은 벌써 잊어버리고 있었지만 나는 멀리있는 봄을 기다리듯 그를 생각하고 있었다."

1970년 11월 13일, 평화시장에서 "우리는 기계가 아니다, 근로기준법을 준수하라"라고 외치며 분신자살한 노동자, "내 죽음을 헛되이 하지 말라"며 지켜지지 않는 근로기준법을 자기의 몸과 함께 불태움으로써 부당한 노동자들의 현실을 고발하고 노동운동을 점화시킨 불꽃이 된 22세의 청년. 전태일에 관해 가장 먼저 떠올릴 수 있는 것은 바로 불길에 휩싸인 채 죽어가는 이미지일 것이다. 뿐만 아니라 그 이미지는 전태일에 관한 어떤 이야기에도 빠지지 않는다. 그러나 전태일의 삶에 관한 이야기가 대부분 그의 죽음의 이미지에 빚지고 있음에도 불구하고, 실제 이미지는 복제가 이루어진 적이 없기에 가시화 된 적이 없다. 다시 말해, 전태일의 분신 장면은 당시 현장에서 그의 죽음의 장면을 목도한 사람들을 제외하고는 본 적이 없는, 이야기를 통해 전해진 이미지이다. 많은 사람들에게 전태일을 기억하는 매개가 되었던 조영래의 『전태일 평전』 역시 예외가 아니다[1].

〈아름다운 청년 전태일〉은 바로 전태일을 둘러싼 이야기와 이미지 사이의 간극으로부터 시작한다[2]. 영화에서 다루고 있는 인물이 전태일인 동시에 전태일에 대한 글을 쓰는 영수인 것은 실체가 존재하지 않는 이미지를 구체적인 이야기로 전환시키기 위해서는 매개 인물이 필요하기 때문이다. 전태일은 영수의 시선을 벗어나서는 존재할 수 없으며 영화에서 보여지는 전태일 장면들은 영수가 글을 쓰는 과정 내에서만 의미를 지닌다. 물론 영화 내에서 전태일이 등장하는 장면들은 그가 청계피복에 들어가서 부당한 노동 현실을 깨닫고 이를 시정하기 위한 노력 끝에 분신자살에 이르기까지의 장면을 압축적으로 보여줌으로써 그 자체로 하나의 이야기가 되긴 하지만, 그것이 영수가 후에 탈고할 『청년 전태일의 삶과 죽음』의 내용과 일치하는지는 알 수 없다. 조영래의 『전태일 평전』을 고려한다면, 영화 속의 전태일 장면들은 극히 일부에 지나지 않을 뿐 아니라, 영수가 전태일이 직접 써놓았던 수기를 읽거나, 전태일의 어머니 이소선씨를 비롯한 주변 인물들에게 들었던 이야기들을 참조하여 머릿속으로 재현해낸 것에 가깝다. 극적인 요소를 최대한 배제하고 있는 것이다. 그런 의미에서 영화의 주인공은 중심인물 전태일을 가시화하기 위해 만들어낸 인물 영수라 할 수 있으며, 이는 이 영화가 지식인을 떠나서는 존재할 수 없는 전태일 사후의 삶이 구성되는 방식에 관해 이야기하고 있음을 보여준다. 영수는 허구의 인물지만 거기에는 실제 『전태일 평전』의 작가 조영래를 비롯한 7, 80년대 반정부 운동을 했던 지식인들과 학생들의 모습이 합해져 이상적인 지식인상을 구현하고 있다.[3] 따라서 영화가 아무리 전태일에 대한 탈신화화를 시도하고 있더라도, 역설적으로 관객에게 전태일을 매개하는 영수는 결국 영화가 역사를 객관적으로 재현하는 것이 실질적으로는 불가능하다는 것을 드러내는 대리자(agency)의 역할을 하고 있다. 따라서 영수가 이상적이고 허구적이라면, 그의 눈을 통해서 보여지는 전태일은 가상적이며 개념적이다. 잘 알려져 있듯이 전태일의 죽음은 노동운동의 기원이 되었을 뿐 아니라, 학생운동이 노동운동과 서로 연계될 수 있는 지점을 마련해주었다는 점을 고려할 때, 이후 지식인과 민중이 연계되는 구도는 전태일을 통해 이루어진 것이라 해도 과언이 아니기 때문이다. 그렇기에 전태일과 영수는 서로가 서로를 지시하는 구조를 가진다. 영수가 전태일을 가시화시키기 위한 매개로서 당시의 여러 지식인들의 모습들이 합쳐져 이상적인 모습으로 탄생되었다면, 그들의 목소리가 합쳐져 신화화된 전태일의 기존 이미지는 영수를 통해 해체된다. 영화는 전태일에게 씌워졌던 여러 지식인들의 감상들을 제거하는 과정을 통해 전태일에 대한 탈신화화를 이루려 하는데, 이는 영화가 진행되는 동안 생겨나게 될 감정의 선들을 상당 부분 배제하는 결과를 가져온다.

영화는 전태일을 글로 형상화하려는 영수의 노력을 보여주는 만큼 영수와 정순의 사적인 관계를 다루고 있지만 감정적인 효과를 배제하려 한다. 영수의 야학 제자이자 연인이며, 영수의 아이를 임신하고 있는 노동자 계급의 정순은 "정순이가 곧 전태일이야"라는 영수의 말 그대로 전태일로 다가서기 위한 장치다. 영수가 민청학련 사건으로 당국의 수배를 받는 상황에서 자신을 불태워 희생한 전태일을 널리 알리기 위해 숨어서 그의 전기를 쓰는 동안, 정순은 동료들과 함께 노동조합을 조직하려 시도한다. 관객들에게 영수가 전태일의 삶과 죽음에 다가가기 위한 매개라면, 정순은 영수가 전태일의 죽음을 넘어서서 다시 삶에 다가갈 수 있는 매개의 역할을 한다. 그리고 그 관계망이 형성되는 동안 인물들 사이의 감정은 서로의 관계를 통해 확인되는 것이 아니라 다른 인물에게로 전이된다.[4] 정순을 만난 이후에야 비로소 영수의 머릿속에서 완성되는 전태일의 분신 장면은 영수가 전태일을 형상화해내는 방식 뿐 아니라 영수라는 인물이 구성되는 방식을 드러내고 있다. 그런 점에서 전태일이 분신하기까지의 과정을 묘사하는 흑백 장면이 글을 쓰는 영수의 장면으로 커트되고, 전태일의 몸이 불타는 장면이 다시 칼라 장면으로 반복되는 것은 역설적으로 영화가 재현하는 이미지와 실제 이미지 사이의 차이[5]를 생각하게 한다. 즉, 전태일의 분신 장면에 색이 입혀진 장면은 영수의 시선을 벗어나서, 영화가 '상상해낸' 실제의 장면인 것이다[6]. 이를 통해 지금까지 관객이 보아온 전태일은 전적으로 영수의 관점으로 보여졌다는 점을 암시하고 있다. 영수가 전태일을 형상화해내는 것이 결국 전태일의 죽은 이미지로부터 정순을 매개로 피와 살을 가진 삶의 이야기로 만드는 과정과 다름이 아니라면, 영화는 그 과정을 보여줌으로써 역사를 재현하는 주체에 관해 이야기하고 있는 것이다. 그런 의미에서 칼라로 보여지는 전태일의 분신 장면은 '재현(represent)'이라기 보다는 디제시스 공간을 벗어난 '제시(present)'에 가깝다. 이 장면은 전태일을 영수의 시선으로 봉합시켜버림으로써 의도적으로 디제시스 공간 안에 관객의 자리를 배제시켰던 영화가 관객들과 다시 마주하는 순간이다. 그러나 이 순간이 단지 역사 재현의 주체와 그 한계에 관한 논의로 끝날 수 없는 것은 전반적인 분신 상황을 묘사한 흑백 장면과는 달리 얼굴이 강조된 칼라 장면에서 전태일이 마치 관객들을 바라보려 하듯 고개를 들기 때문만은 아니다. 〈아름다운 청년 전태일〉에서 충격적인 것은 분신 장면이 아니라 오히려 그것이 마무리되는 방식이다. 다시 말해, 영화는 거기서 끝나지 않기 때문이다.

〈아름다운 청년 전태일〉의 마지막 장면은 전태일의 분신 장면이 아니다. 영화에 처음으로 등장하는 전태일 장면이 그가 분신 직전 라이터를 켜는 장면이지만 프롤로그처럼 등장하는 영화의 첫 장면은 민주노총 노동자 대회인 것처럼, 영화의 마지막 장면은 영수가 노동자 청년 전태일에 관한 글을 완성하고 시간이 한

참 흐른 후 전태일이 분신을 했던 그 자리를 다시 찾는 장면이다. 거기서 영수는 (그가 쓴 책으로 예상되는) 『청년 전태일의 삶과 죽음』을 들고 지나가는 한 청년의 뒷모습에서 전태일을 본다. 그리고 영화는 전태일의 모습을 하고 뒤돌아본 그 청년이 관객을 향해 미소를 지으며 정지되는 장면으로 끝난다.

에필로그처럼 덧붙여진 이 장면은 감독에 따르면, 1995년 현재, 민주노총 노동자 대회를 다녀온 영수가 전태일을 되새기며 청계천을 다시 찾는 장면이다. 세월이 지나 전태일의 죽음으로부터 시작된 노동운동은 지난한 투쟁 끝에 민주노총 설립이라는 새로운 단계에 접어들었지만, 그다지 희망적이지 않은 세상은 지금 이 순간에도 그의 죽음을 헛되이 하지 않기 위해서는 살아있는 전태일이 필요하다는 영화의 메시지를 관객들에게 재확인하게 하는 장면인 셈이다. 그러나 이 장면이 그보다 훨씬 과도한 의미를 갖게 되는 것은 영수의 시선을 통해 관객들에게 말을 걸고 있던 이 영화의 구조를 넘어서는 지점이 있기 때문이다.

관객을 응시하는 전태일의 시선은 직접적으로 관객을 영화 안으로 불러들이는 효과를 만들어내고 있을 뿐 아니라, 영화가 취하고 있는 영수의 플래쉬백 구조는 관객의 공모가 영화적인 재현 공간에서가 아니라 시간적 차원에서 일어나고 있다는 점을 암시한다. "전태일의 일대기를 그린 〈아름다운 청년 전태일〉은 소재만 놓고 보자면 1970년대적이지만 1990년대 중반 전태일을 영화화함으로써 1970-80년대를 관류했던 전태일의 상징성을 확인 하고 있다는 점에서 주목의 대상"[7]이라는 지적에서도 드러나듯, 에필로그의 시간에서 관객들이 마주할 수밖에 없는 것은

1980년대이며, 역사적인 부채감이다. 영화는 그것을 말하지 않지만, 관객들의 마음속에 숨어있던 부채감은 시간이 흘렀다기 보다는 거의 20여 년에 가까운 시간이 없어져버린 듯 현재에 당도해버린 마지막 장면에서 갑자기 출현하게 되는 것이다. 관객은 영화적 재현 장치로 인해 생겨나는 빈 공간을 통해서 뿐 아니라, 영화가 삭제하고 있는 시간을 통해서도 공모할 수 있는 것이다. 이것은 영화가 취한 시간 구조이긴 하지만, 어쩌면 극장을 벗어난 문제이기도 할 것이다. 그럼에도 불구하고 이를 그저 간과할 수 없는 것은 영화가 비워놓은 그 자리를 채우는 목소리가 다름 아닌 소설이라는 점이다. 이것은 당시 대부분의 영화평들이 영화의 '객관적인' 시선을 알리바이로 이 영화가 관객들에게 의미있게 다가가기 위해서는 영화가 말해주지 않는 이야기를 관객이 자발적으로 채워넣어야 한다는 주장을 한 것과 매우 대조적이다.

끝나지 않는 영화, 전태일과 광주

김영하의 소설 『전태일과 쇼걸』[8](1997)은 '그'가 〈아름다운 청년 전태일〉을 보러갔다가 6년 전에 헤어졌던 애인을 우연히 만나는 이야기이다. 좀 더 구체적으로 그는 1980년대 운동권 학생으로 과거에 대한 부채감 때문에 영화를 보러갔지만 시간이 맞지 않아 영화는 보지 못 하고 거기서 우연히 그녀를 만나서 헤어지기까지에 관한 단상들이다. 또한, 소설의 표현을 그대로 빌자면, "전적으로 우연한", "그러나 어찌 보면 '전적으로 우연한' 일이란 없는 것"에 관한 이야기일 수도 있다. 그가 〈아름다운 청년 전태일〉를 혼자 보러 간 것은 학원 강사인 그에게 그 시간은 별달리 할 일이 없는 무료한 시간이며, 요즘과 같은 시대에 마땅히 같이 보러갈 사람이 없어서이다. 그러나 그것은 표면적 이유이고, 전태일은 '조국과 민족, 혁명을 입에 달고 살았던' 시절을 상기시켜주는 부채감이기도 한데, 어차피 변한 세월, 그것은 영화를 보는 행위를 통해 해소할 수 있다고 생각하기 때문이다. "그저 인적 드문 월요일 아침, 극장 의자에 몸을 깊게 파묻고 전태일을 처음 접하던 그 '빛나던' 시절을 회상하면 그 뿐, 그리고 눈물 한 방울 흘리면 그 뿐"인 것이다. 그에 따르면, 전혜린을 동경하였지만 시대적 분위기에 휩싸여 학생운동에 헌신하였던 그녀 역시, 미루어 짐작하건대, 마찬가지였을 것이다. 하지만 그 뿐만이 아니다.

극장 앞에서 헤어진 옛 애인을 만나게 되는 상황이 결국 공유된 과거로부터 인과관계를 찾을 수 있기에 우연을 가장한 필연일 수 있는 것처럼, 〈아름다운 청년 전태일〉과 〈쇼걸〉이 한 극장에서 동시개봉한 일도 그러하다. 미국에서도 NC-17등급을 받을 정도로 노출의 수위가 높았던 〈쇼걸〉과 전태일 기념사업회와 공동제작했던 전태일의 전기영화인 〈아름다운 청년 전태일〉은 사실 한 날, 한 극장에서 동시에 개봉했다는 것을 제외하고는 그다지 상관 없는 영화로 보인다. 그러나 이 상관 없는 두 영화가 함께 있는 풍경은 "두 영화가 서울극장에서 동시에 상영되는 바람에 묘한 대비를 이루고 있었다"는 기사거리가 될 정도의 파장을 가지고 있었다. 그 '묘한 대비'가 혹자에게는 곧바로 '충격적 대비'로 번역될 수 있음은 이 소설이 가지고 있는 전제이다.

〈아름다운 청년 전태일〉과 〈쇼걸〉이 한 프레임 내에 공존하고 있는 '사실'은 1990년대 문화의 달라진 단면을 상징적으로 나타내는 '사건'이며, 소설에서 보여지는 헤어진 옛 애인과의 만남은 "그 충격적인 현상을 감추기 위한 장치일지도 모른다"는 것이다[9]). 즉, 소설에서 형상화하고자 하는 것은 "사회의 변화를 드러내는 1980년대와 90년대의 대비점들"이며, 절대 공존할 수 없는 것으로 인식되던 이러한 대비들이 시대의 변화를 통해 문화자본과 상품문화에 통합되는 과정이라는 것이다. 그래서 그가 "엘지 죽염 치약으로 이빨을 닦고 아이보리 비누로 세수를 하고 존슨즈 베이비 로션을 바른 후에 아래층으로 내려와 홍차의 꿈, 실론티를 마셨"으며, "균형을 유지하기 위해" 동시에 보고 있는 한겨레신문과 조선일보 기사에서 〈아름다운 청년 전태일〉의 개봉을 알게 되었고, "손목에 매어달린 빨간색 베네통 시계"를 보아하니 시간이 되어 "질레트 이중날 면도기로 수염을 깎고 올드스파이스 로션을 탁탁 쳐서 바른 후에 '옷 잘 입는 남자', 트루젠을 걸쳐 입고" 영화를 보러 나서기까지의 묘사, 또는 "이젠 휴대폰도 패션이죠 그래서 전 노키아 232입니다. 오전엔 작품 구상, 오후엔 백화점 매장, 저녁에는 패션쇼, 잦은 출장… 이리저리 바삐 움직이는 제게는 휴대폰이 사무실인 셈이죠"처럼 이야기의 흐름을 끊고 중간중간에 등장하는 고딕체의 광고 문구는 그 누구도 더 이상 빠져나갈 수 없는 문화자본의 구조를 상징적으로 보여주고 있다는 것이다.

그러나 이 소설이 〈아름다운 청년 전태일〉을 "서울극장이라는 문화자본에 의해 〈쇼걸〉과 어떤 의미의 차이가 아니라 돈으로 등가교환 가능한 상품"으로 재배치하는 것을 보여주는 과정만큼이나 중요하게 다루고 있는 것은 〈아름다운 청년 전태일〉과 의미의 차이를 가지고 있는 〈쇼걸〉을 통해 광주에 대한 기억을 불러들이는 방식이다. 그가 〈아름다운 청년 전태일〉을 보러가던 날의 신문 일면에 실린 톱기사인 "민주자유당의 김영삼 총재가 강삼재 사무총장을 불러 점심을 함께 하면서 5·18 특별법을 제정하라고 지시했다는 이야기"는 사실상 "약 서너 페이지의 신문을 휙휙 넘겨서 보게 된" 문화면의 두 기사, "호주까지 날아가서 분신 장면을 완성시킨 박광수 감독의 〈아름다운 청년 전태일〉이 화제가 되었다"와 "공연윤리심의위원회라는 단체와의 지난한 싸움 끝에 폴 버호벤 감독의 〈쇼걸〉이 드디어 막을 올렸다" 사이에 생겨나는 대비와 또다시 대비를 이룬다. 〈아름다운 청년 전태일〉과 〈쇼걸〉이 서로 연관되는 것은 또 다른 기사를 통해서 "두 영화가 서울극장에서 동시에 상영되는 바람에 묘한 대비를 이루고 있었다"고 직접적으로 설명된다면, 우연찮게 같은 날 기사화된 〈아름다운 청년 전태일〉과 광주 5·18 특별법이 서로 연관을 이루게 되는 것은 그의 기억 때문이다.

〈아름다운 청년 전태일〉을 통해 한동안 기억의 저편에 있던 "전태일을 처음 접하던 그의 '빛나던' 시절"에 대한 추억이 되살아났다면, 〈아름다운 청년 전태일〉을 보러가서 우연히 만난 그녀는 그에게 "행정구역이라기 보다는 일종의 슬로건에 가까웠던" 광주를 환기시킨다. 한 달 전, "정직한 젊은이들이 입는 체이스

컬트 카디건에 게스 청바지를 입고" "아버지 소유의 쏘나타 II 승용차에 후배 C를 태우고" 비엔날레를 관람하기 위해 찾은 광주에서 그녀와 함께 했던 7년 전의 여행을 생각했던 것을 떠올린다. 그는 아무리 생각해도 "왜 하필 그때 광주로 여행을 떠났는지, 그리고 망월동으로 올라갔는지 기억해낼 수 없"지만, 그러나 확실한 것은 "광주, 라는 곳에서 그 남자와 그 여자는 섹스를 하지 못했다는 사실"이다. 그의 희미한 기억에 따르면, "섹스를 꿈꿀 때조차도 NHK판 광주 비디오를 떠올리는 시대, 그런 시대를 살았"을 뿐이다. 그런데 현재의 광주는 '비판적 지지'라는 개념처럼, 뭔가 잘 융화되지 않는 '광주 비엔날레'를 치루고 있으며, "불쾌한 이질감에 슬몃 당혹해 하며" 망월동 묘소를 참배하고 나서 담배 한 대 피는 그의 눈 앞에는 "선글라스와 찢어진 청바지 같은 전혀 안 어울리는 옷차림을 한 젊은이들이 오락가락하고 있었다." "〈너에게 나를 보낸다〉 같은 포르노를 찍다가도 〈꽃잎〉 같은 작품을 찍어도 아무도 뭐라 하지 않고" "촬영을 한다니깐 충장로와 금남로에 교통을 통제하고 시민들이 자발적으로 엑스트라가 되었던" 광주항쟁을 배경으로 한 장선우 감독의 영화 촬영팀이었던 것이다.

한 문학평론가의 지적대로, "1980년대적 감수성의 기원들 가운데 하나는 전태일이며, 1980년대의 중심적인 이미지는 광주"[10] 라는 점을 극명하게 보여주는 이 소설은 말하자면, 전태일과 광주가 1980년대에 대한 기억 속에서 하나가 되는 이야기이기도 한데, 여기서 주목할 점은 그 과정에서 보여지는, 어떤 어긋남이다. 어떤 면에서, 전태일과 광주가 연결되는 것은 그가 보고자 했던 영화 〈아름다운 청년 전태일〉을 보지 못하고 우연히 그녀만을 만나고 되돌아간 데 기인한다고 볼 수도 있다. 영화를 보지 못한 그 시간 동안, 그녀를 통해 광주를 생각하는 것이다. 즉, 서로 다른 시차를 가지고 있는 전태일과 광주가 그의 기억 속에서 서로 만나는 계기는 다름 아닌 그녀와의 우연한 만남이다. 그가 그녀를 처음 만난 것은 "그때는 흔했던, 지은이도 없는 이상한" 『어느 청년 노동자의 삶과 죽음』을 "후배에게 던져줄 처지가 되었을 때"였다는 것이다. 그의 기억 속에서는 "자신이 마치 전태일의 '대학생 친구'라도 되는 듯한 품으로 책을 던"졌지만 이미 고등학교 때 전태일을 읽은, 사람들은 "결의 높은 운동가"로 보지만 그에 따르면, "본질은 전혜린이었을 뿐"인 그녀에게 "자신에 대한 좋은 추억이나 회상시켜볼까 하는 얄팍한 심사"로 장황하게 떠들어댄 광주비엔날레의 이야기는 그의 입장에서는 다소 충격적인, 현장에 들어가서 "가끔 사람을 패는 것 빼놓고는 괜찮은 남자"인 한 노동자와 살았다는, 그녀의 개인사에 다다른다. 전태일과 광주에 대한 그의 기억은 모두 그녀와의 연애사에 한정되는 것이다. 말하자면, 〈아름다운 청년 전태일〉에서 영수에게 정순이 전태일이었던 것처럼, 다소 다른 맥락이긴 하지만 현재 그에게 〈아름다운 청년 전태일〉은 그녀인 것처럼 보인다. 그녀는 영화를 보지 못한 그에게 영화에 대한 일종의 대체물이기도 한데, 이는 "자신을 조롱하기 위해 꾸며대는 것처럼 느껴졌"던 그녀의 이야기처럼 〈아름다운 청년 전태일〉이 자신이 용인할 수 있는 추억의 범위를 벗어날지도 모른다는 불안을 암묵적으로 드러내고 있는 듯하다. 그래서 "더 이상 그녀와 나눌 이야기가 별로 없다는 것을 인정"하고 서둘러 자리를 뜨는 것처럼 〈아름다운 청년 전태일〉을 회피하고 있는 것처럼 보인다.

김영하의 『전태일과 쇼걸』은 〈아름다운 청년 전태일〉이 건너뛴 시간에 대한 응답이기는 하지만, 그 응답의 과정에서 전태일은 실종되어 버린다. 좀 더 정확히 말하자면, 이를 통해 소설이 파괴하는 것은 영화의 시선을 대변하는 이상적인 지식인이다. "'근로기준법을 준수하라'는 전태일의 마지막 외침보다는 '내게 법대생 친구가 있었더라면'이라는 말이 더 가슴이 아팠"지만, "설령 당시에 또 다른 전태일이 그에게 다가왔다 하더라도 노동자의 친구는 될 수 없"는 건 물론, "그 여자가 아무리 『자본론』을 통독하고, 『독일이데올로기』의 서문을 달달 외우며, 러시아 혁명사에 달통하며, 노사협의회 하나도 없는 사업장에서 강력한 노조를 구축할 수 있는 사람이었다 해도" "노동자인 여자와 결혼해서는 살 수 없는" 것을 '일찍이' 알고 있었다고 '이제야' 고백하는 그에게 뒤늦게 나타난 영화 속의 영수는 불편한 존재일 것이다.[11] 영화의 빈 시간에 끼어든 소설이 자신의 부채감을 해소하기 위해 결국 관객의 위치에서 영화가 만들어놓은 이상적인 지식인상을 파기시키고 있는 것처럼 보이는 것도 우연이 아닐 것이다[12].

공론장으로서의 영화와 소비 주체의 부상

〈아름다운 청년 전태일〉에서 정순의 구속 이후, 영수가 형사들을 피해 간신히 몸을 숨긴 곳은 다름 아닌 극장이다. 영화가 상영되는 스크린으로부터 시선을 떨구고 있는 영수의 모습은, 극장이 한때 도바리치던 청년들에게는 그저 은닉의 장소였다는 점을 상기시켜준다. 영화 속의 극장 장면은 〈아름다운 청년 전태일〉이 〈쇼걸〉과 등가교환이 가능한 상품으로 개봉했지만, 일종의 '국민영화'가 되었다는 점과 더불어 역시 '묘한 대조'를 이룬다. 당시 서울 관객 30만 명이 채 안 되었던 〈아름다운 청년 전태일〉이 '국민영화'로 지칭될 수 있었던 데에는 무엇보다도 8천여 명에 이르는 일반 시민들이 제작비 모금을 통해 제작 과정에 참여하였을 뿐 아니라 "그의 숭고한 삶을 보여줌으로써 '청계천의 전태일'에서 '노동자의 전태일'로, 나아가 '국민의 전태일'로 새롭게 태어난 계기를 마련해주었다"[13], "이제 운동권의 전태일에서 국민 모두의 전태일로 돌아왔다"[14]와 같은 반응에서 볼 수 있듯이 암울했던 시절 노동 현장에서마저 불온시 해왔던 전태일이 분신 25주년이 되던 해 '영화를 통해' 비로소 대중화가 되었던 점이 크게 작용한다[15].

영화 속의 장면과는 달리 더 이상 극장은 '도바리치는' 장소가 아니라 문화적 투쟁의 장으로 변모할 수 있는 가능성을 보여주고 있는 것이다. 〈아름다운 청년 전태일〉은 운동의 기억조차 상품으로 변화시키는 문화지형의 변화를 나타내기 보다는 오히려 3S 정책으로 인해 1980년대 한국영화가 잃어버렸던 공론장으로서의 역할을 회복한 대표적인 예를 제시한다. 그런데 영화가 한동안 상실했던 사회비판적 기능들을 회복해서 공론장으로 부상할 수 있었던 것은 1990년대의 남한이 본격적인 소비의 시대로 접어들었다는 데 기인한다는 점을 주목해야 한다.

〈아름다운 청년 전태일〉이 제작되고 개봉되었던 1995년은 이데올로기 시대의 종식이라는 인식과 함께 소비문화가 절정에 이르렀던 시기이며, 정치가 아니라 문화가 화두였던 시기였으며, 한편으로는 민주노총이 탄생하지만 한편에서는 소비의 팽창이 동시에 일어나던 시기이기도 했다. 전태일을 비롯한 청년들의 죽음으로 만들어진 현재의 시간은 명실상부하게 자본이 지배하는 세상이다. '애국심'이라는 명분으로 노동자들을 착취하여 실현된 남한 경제의 고도 성장은 부의 편중을 막지 못 하였다. GNP 1만 불 시대, OECD 가입으로 인해 선진국 대열에 들어서고 있다는 환상을 지탱하기 위해서는 소비의 확산을 필요로 하였다. 즉, 국민 개개인은 소비 주체로 재탄생할 필요가 생기는데, X세대로 일컬어지던 새로운 세대는 바로 새로운 수요층을 창출하기 위해 광고가 호출한 이미지였다는 점은 가장 대표적인 예일 것이다. 이는 영화 속에서 전태일이 청년으로 호명되는 것이 의미심장하게 여겨지는 근거가 될 수 있다.

영화 속에서 영수는 "나의 죽음을 기억하라"라는 전태일의 유언을 전달하는 메신저이지만, 영화가 그것을 들어야 하는 대상으로 설정한 것은 오늘의 청년이다. 청계천 노점상의 레코드를 타고 들려오는 삐삐밴드의 "딸기가 좋아"를 가로지르며 나타나는 청년이 영수의 눈을 통해 전태일의 이미지와 겹쳐지는 마지막 장면은 이 영화가 다음 세대에게 말거는 영화임을 암시한다. 그러면서 아이러니하게도 〈아름다운 청년 전태일〉이 이상적인 관객으로 설정하고 있는 것은 1980년대의 기억을 공유한 자들이다.

하지만 〈아름다운 청년 전태일〉에서 1980년대가 끼어들 자리가 없는 것처럼 보인다. 이것은 『전태일과 쇼걸』이 우회적으로 지적했듯이 '이상적인' 지식인과 1980년대의 살육의 시간은 공존할 수 없다는 인식 때문일 것이다. 그런 점에서 전태일이 어느 청년 노동자를 넘어서서 아름다운 청년으로 호명되어야 하는 것은 역사적인 부채감에 대한 우회적인 대답이라 할 수 있다.

▮ 주석

1) 『전태일 평전』의 시작은 다음과 같다. "우리가 이야기 하려는 사람은 누구인가? 전태일. 평화시장에서 일하던, 재단사라는 이름의 청년 노동자. 1948년 8월 26일 대구에서 태어나 1970년 11월 13일 서울 평화시장 앞 길거리에서 스물둘의 젊음으로 몸을 불살라 죽었다. 그의 죽음을 사람들은 '인간선언'이라고 부른다."

2) 이와 같은 간극은 영화의 한글제목과 영문제목 사이에서도 생겨난다. 한글제목인 '아름다운 청년 전태일'은 『전태일 평전』의 초판 제목이었던 『어느 청년 노동자의 삶과 죽음』으로부터 빌려왔다면, 영문제목은 박광수 감독의 영화를 해외 영화제에 지속적으로 소개해온 평론가이자 영화제 프로그래머인 토니 레인즈에 의해 불꽃이 점화되는 이미지를 의미하는 'Single Spark'로 정해졌다. 이는 2003년 전태일의 동생 전순옥의 번역으로 출간된 『전태일 평전』 영문판의 제목이 되기도 했다.

3) "김영수란 인물에서 나는 한 이상적인 지식인을 그려보고 싶었다. … 많은 부분은 조 변호사를 본떴지만, 그 시기 청년학생운동을 한 많은 사람들의 이야기를 '이상적'으로 조합해넣었다. 조 변호사 부인께서 "이 영화는 '전태일 영화'가 되어야지 '조영래 영화'가 되면 안 된다"며 '실명화'를 극구 반대한 영향도 없지는 않았다. 이소선 어머니를 만나 "대학생 친구가 하나만 있었으면"하던 전태일의 평소 이야기를 듣는 건 장기표씨, 오둘둘(5·22)이라고 흔히 말하는 김상진 추모 시위를 '배후 조종'한다는 건 김근태씨의 이야기일 수도 있고, 뭐, 그런 식이다. 여성노동자와 동거한다는 설정은 지식인 운동과 노동운동의 결합에 대한 상징이었다. 또 그 여성 노동자 신정순을 통해 전태일의 분신으로 활발해진 한국 노동운동의 진전 상황을 제시할 수 있었다." 박광수

감독 인터뷰, 「한겨레 신문」 1995년 11월 28일 18면.

4) 물론 다음과 같은 견해도 존재한다. "이 영화의 정점은 전태일의 분신 장면이 아니라 임신한 부인에 대한 사랑을 먼 발치에서나마 확인하지 않고서는 그 죽음을 기록할 수 없는 김영수의 정말로 인간적인 고뇌의 시퀀스다. 그때 시점의 끊임없는 교차와 단속적인 드라마 전개로 관객의 편안한 영화 몰입을 방해했던 박광수의 지적인 연출이 공연히 어깨에 힘주는 현학이 아님이 밝혀진다. 그리고 노동자의 죽음을 생명에의 축복으로 해석한 영화의 거대한 주제가 드러나게 된다.", 강한섭, 「동아일보」 1995년 11월 23일 35면.

5) "전이 영화가 전태일의 죽음을 낭만적으로 그리고, 그 의미를 극화하려는 화자(narrator)의 권위에 대해 의혹의 시선을 보낸다 하더라도 박광수가 그리고자 했던 실제적인 죽음 역시 허구적인 재현일 수밖에 없다. 관객들이 두 장면을 볼 때 그 차이를 구별하기 보다는 모두 드라마틱한 감정을 느끼는 것은 관객들의 능력 부족이라기 보다는 모든 죽음의 이미지, 특히 자기 희생을 담은 죽음의 이미지는 관점에 관계 없이 쇼킹하기 때문이다." 전태일의 마지막 분신 장면이 "전태일의 '실제 죽음'과 그에 대한 영수의 재기술 간의 차이를 드러냄으로써 기억과 재현의 문제를 제기하고 있다"는 주장은 김경현의 *Remasculization of Korean Cinema*에서 참조한 것이다.

6) 이 외에도 영화 내에서 전태일이 칼라 화면으로 제시되는 경우는 전태일이 절망을 극복하기 위해 삼각산으로 떠나는 장면이다.

7) 김동식, "한국영화에 등장하는 1980년대의 이미지", 한국영화의 미학과 역사적 상상력, 2003.

8) 김영하, 『호출』, 1997.

9) 김용규, "하위문화론, 어떻게 수용할 것인가", 한국현대 문화의 이해, 2003.

10) 김동식, 같은 글.

11) 이런 점에서 '그'는 장선우 영화들에서 많이 보여지는 지식인들과 동일선상에 놓일 수 있다. 그런데 흥미로운 점은 포르노를 찍다가 역사물을 찍을 수 있느냐는 비아냥과는 대조적으로 광주는 그에게 '그녀와 아무 일도 없었던 곳'으로 기억된다는 점에서 『전태일과 쇼걸』은 사실 포르노적인 상상력에 빚지고 있다고 볼 수도 있다.

12) 감독 역시 최근 인터뷰에서 다음과 같이 밝히고 있다. "〈아름다운 청년 전태일〉 같은 경우 노동운동 이야길 하자는 건 아니었고 그 시대의 지식인을 화두로 던져보겠다고 한 건데 논의가 전혀 안 됐다. 영화의 영향력에 대해 자문하게 된 계기였다."

13) "이제 국민의 '전태일'로: 특별한 관객 3명이 이야기하는 영화 〈아름다운 청년 전태일〉"(〈씨네 21〉 1995년 12월 12일자)에서 청계피복 노조 전 위원장이었던 황명진씨의 견해이다.

14) 전태일 분신 당시 서울대 법대 학생회장이었던 장기표씨의 시사회 소감이다. 「한겨레 신문」 1995년 11월 14일 23면.

15) 「한겨레 신문」 1995년 11월 29일자 11면, "『전태일 평전』, 영화 바람타고 불티".

4

네버 엔딩 에필로그

정 여 울

1995년 가을 vs 2005년 가을

반드시 맞아야 할 매를 덜 맞은 느낌. 그것이었다. 스무 살 새내기에게 〈아름다운 청년 전태일〉은 그렇게 다가왔다. 다음 페이지를 넘겨보기가 두려웠던 『전태일 평전』, 그리고 선배들과의 세미나를 통해 전해 들었던 이야기들. 그것만으로도 이미 가슴은 막장까지 타들어 가 있었지만, 그때의 나는 조금 더, 조금 더 아파야만 한다고 믿었던 것 같다. 어서 때려주길 바라는 관객의 마음에 영화의 한 컷 한 컷은 너무 덜 아픈 매였다. 영화는 '아름다운 청년'을 그리느라 '어느 청년 노동자의 삶과 죽음'에는 상대적으로 무심한 것 같았다. 영화 〈아름다운 청년 전태일〉은 처음부터 출발이 달랐던 것일까. 다른 영화들이라면 작품성이나 오락성 등의 영화적 척도만이 작용했겠지만, 전태일에 대한 자기만의 알록달록한 경험을 가슴에 안고 있었던 관객들에게는 '영화 이상'의 무언가가 목말랐던 것 같다. '이제는 그를 만나고 싶다'고 생각했던 많은 사람들은 '여전히 이곳에 없는 그'를 발견해야 했을지도 모른다.

그러나 이 막연한 허기와 갈증을 달래준, 기대하지 않았던 장관이 펼쳐졌다. 영화가 끝나고 나서야 비로소 영화보다 더 큰 영화가 시작된 느낌. 그것은 이 영화의 엔딩 크레딧이었다. 이 영화의 제작자는 대기업의 자본가가 아니라 7,544명의, 전태일을 사랑하는 사람들이었다. 커다란 스크린을 가득 메우며 올라가는 수천 명의 이름은 그렇게 수많은 사연과 시간과 공간을 불러내고 있었다. 어쩌면 '관객'이라는 이름으로 불리는 '우리'는 전태일을 핑계로 저마다의 70년대를, 저마다의 잃어버린 시간을 만나고 싶었는지도 모른다. 그리고 다음과 같은 뉴스들은 우리가 이 영화를 통해 만난 것은 전태일이라는 한 사람의 인물 뿐 아니라 수많은 '영화 밖의 영화들'임을 일깨워준다. "7,554명의 제작자가 만든 영화", "'함께 만드는 영화'를 모토로 제작비 모금 1년 3개월 만에 제작위원 956명과 후원인 6,692명이 힘모아 뜻모아 3억여 원을 돌파했다.(95년 10월 현재)", "어느 여고 2년생은 10년 동안 저축한 저금통을 털어 100만 원을 냈고, 꼬깃꼬깃한 1천 원짜리 20장을 조심스럽게 내밀거나, 구구절절 편지를 동봉 제작진의 사기진작을 잊지 않는 등 가지가지 사연과 눈시울을 적시는 정성들이 모아졌다." "세계영화사상 가장 많은 제작자들이 한마음 한뜻으로 만들어낸 영화가 된 것이다."

그후 10년. 중학생 글쓰기 교실에서 나는 아이들에게 〈아름다운 청년 전태일〉에 대한 영화감상문을 써보라고 주문했다. 아이들은 '전태일이 누구냐'라는 뜨악한 반응이었고, 『난쟁이가 쏘아

올린 작은 공』 독후감보다도 오히려 이 숙제를 버거워 했다. 우선 비디오 테입을 구하기가 어려워 영화 감상문 대신 『전태일 평전』의 독후감을 쓴 아이들이 더 많았고, 그보다 더 많은 아이들은 숙제를 까먹었다며 시치미를 뚝 뗐다. 아이들은 불과 30여 년 전의 이야기를 싸이보그나 외계인의 이야기보다 더 머나멀게 느끼는 눈빛들이었다. 아이들의 반응은 크게 두 가지였다. '너무나 가엾다', 혹은 '이런 일이 정말 있었다는 사실이 믿어지지 않는다'. 나는 잠시 논술 수업임을 잊고 아이들에게 70년대의 노동현실에 대해 설명해주었고, 아이들은 별나라 공주의 이야기를 듣는 듯 멍한 눈빛으로 내 두서 없는 이야기를 들어주었다. 아이들이 전태일에게 느끼는 감정이 '가엾거나 못 믿거나'였다면, 내 귓속을 울리는 낯선 이명(耳鳴)은 한 아이의 비수와 같은 질문이었다. "전태일이 그렇게 대단한 사람이예요?" 아이의 눈에는 평전이나 영화로 만들어질 만한 인물이란 흔한 위인들처럼 비범한 출생담이나 화사한 영웅담으로 버무려져 있어야 했나보다. 그러나 그 아이의 질문이야말로 〈아름다운 청년 전태일〉을 10년 만에 다시 마주해야 하는 내 번민의 핵심을 날카롭게 도려내는 것이었다. 나는 여전히 이 영화 자체에 대해 이러쿵저러쿵 말할 수 없었다. 전태일의 '대단함'은 10년 동안 내 안에서 더욱 무성하게 자라나 있었던 것이다. 나의 일상이 안정되어 갈수록 전태일의 신화는 아름답기에 다다를 수 없는 화석으로 굳어져갔다.

이제는 영화관이 아니라 비디오방에서 새로이 만난 영화 〈아름다운 청년 전태일〉. 그런데 그 10년의 간극은 생각보다 훨씬 치명적인 것이었다. 이상하게도 기억나는 장면이 별로 없었다. 변하지 않은 것은, 10년 전이나 지금이나 내가 가장 아름다운 장면으로 꼽는 장면이 일치했다는 점 뿐이었다. 전태일이 최초로 결성한 노동자 조직 바보회 회원들이 다같이 바닷가에서 노래를 부르다가 누가 먼저랄 것도 없이 발가벗고 바닷가로 뛰어드는 장면, 여성 회원들이 손바닥으로 눈을 가리며 부끄러워하는 모습. 전태일이 가장 행복했던 장면이 나에게도 가장 행복한 장면이었다. 그러나 그 한 가지 사실만을 제외하곤, 영화를 보는 내 시선 모두가 가파르게 변해버린 것을 발견했다. 내가 10년 만에 조우한 것은 〈아름다운 청년 전태일〉이 아니라 10년 동안 새록새록 디지털 미디어 시대의 감각에 철저하게 길들여진 내 자신이었다. 충격과 감동을 줄 수 있는 자극의 임계점이 터무니 없이 높아진 내 눈과 귀에, 이 영화의 자극은 너무 밋밋하고 싱거워져 버린 것이었다.

게다가 10년 만에 다시 본 이 영화는 더 이상 전태일의 일대기로 보이지 않았다. 이 영화는 영화 속의 지식인 문성근이 연기한 김영수(아마 『전태일 평전』을 집필한 조영래 변호사를 모델로 한 인물이겠지만)의 시점에서 너무 많이 걸러지고 윤색된 전태일의 이야기로 보였다. 즉 영화에서 날 것의 전태일의 삶은 거의 느끼기 어려웠으며, 전태일을 향한 반투명한 유리벽이 전보다 훨씬 견고하게 느껴지는 것이었다. 더 정확하게 말하면 김영수의 시점이라기보다는 '전태일과 조영래 변호사'를 바라보는 감독의 시점이 더욱 날카롭게 도드라져 보였다. 영화의 내용보다는 영화의 시점이 더욱 두드러지는 영화, 그 시점의 두터운 벽을 뚫지 않으면 아무 것도 제대로 보이지 않는 영화. 그것이

10년 만에 조우한 〈아름다운 청년 전태일〉의 이미지였다. 더욱 불편한 것은 영화 전체를 가로지르고 있는 어떤 희미한 미학주의였다. '아름다운'이라는 수식어는 전태일에 대해 아무 것도 말하지 않으면서 모든 것을 말하고 있었다. 이 영화에서는 '전태일이 아름답다'는 캐릭터의 해석보다는 '전태일이 가장 아름답게 보이는 앵글로 영화를 찍겠다'는 감독의 미학적 시선이 더욱 돌출되어 보였던 것이다. 전태일의 '아름다움'을 오려내기 위해 영화는 무엇을 도려내야 했던 것일까.

'아름다움'에 갇힌 전태일이 잃어버린 것

영화 한 편을 통해 한 사람의 삶이 온전히 복원될 수 있다는 믿음이야말로, 어리광 섞인 환상에 지나지 않을 것이다. 특히 〈아름다운 청년 전태일〉의 경우, 감독이 인물의 모든 핵심적 에피소드를 찍어주기를 기다리는 것보다는, 관객 스스로 영화가 미처 말하지 못한 여백을 채워나가는 것이 더 바람직한 감상 포인트일지도 모른다. 전태일을 소재로 영화를 만들었다는 사실 자체의 힘이 영화 자체만큼이나 커다란 화제가 되었기 때문이다. 실제로 많은 관람객들은 영화가 말하지 않은 것, 혹은 영화의 여백을 각자의 체험들로 메우며 감동적인 에피소드를 자아내고 있었다. 게다가 한국 영화사상 거의 유래가 없는 '비영리적' 작업 방식은 그 자체로 충분히 아름다운 풍경들이었다. 화염방지복도 입지 않고 분신 장면을 직접 찍었던 홍경인의 열연, 정교하게 재현된 70년대 평화시장의 모습, 노동운동에 관련된 수많은 활동가들과 전태일을 사랑하는 사람들이 영화 제작 뿐 아니라 엑스트라로도 적극 참여한 점, 거의 노 개런티로 기꺼이 촬영에 임해준 수많은 배우들의 열정 등등. 이 영화의 미덕은 굳이 열거할 필요도 없이 소중하고 애틋하다. 그러나 잃어버린 전태일의 시간을, 그리고 잃어버린 '우리'들의 70년대를 찾기 위해 무엇이 필요한가를 더듬어 보는 일도, 지금쯤이면 가능하지 않을까. 전태일을 영화한다는 것 자체만으로 혁명적인 일이 될 수 있었던 시기가 90년대 중반이었다면, 지금은 영화가 미처 말하지 못한 것들을 찾아나설 수 있는 시기가 아닐까.

이 영화에서는 노동자 전태일과 변호사 김영수 사이, 관객과 전태일 사이, 30여 년 전과 지금의 시간 사이에 어떤 투명한 갭이 지워지지 않고 있다. 영화는 전태일의 시간과 김영수의 시간의 빛깔을 분리하기 위해 흑백 영상과 컬러 영상을 교차시키고 있다. 전태일의 삶은 흑백으로, 김영수의 삶은 컬러로 채색됨으로써 과거와 현재는 영화 속에서 함께 흘러간다. 전태일의 시간은 차분하고 냉정한 흑백필름 속에 담김으로써 숙연함을 자아낸다. 숙연함은 자연스럽게 전태일과 관객 사이에 일정한 간극을 벌려 놓는다. 컬러 영상과 대비되는 흑백 영상은 상대적으로 절제된 미학을 구현한다. 그러나 그 절제가 때로는 지나친 나머지 전태일의 삶은 서사적 연관성을 얻지 못하고 커다란 에피소드 중심으로 얼기설기 조각나는 인상을 준다. 특히 전태일을 영화로 처음 만나는 관객들은 더욱 그 단절감을 깊게 느꼈을 것이다. 개봉 당시 〈시네 21〉에서 실시한 〈아름다운 청년 전태일〉

감상문공모에서 우수상을 받은 여고생 김미경씨의 감상문은 그러한 단절감을 잘 표현하고 있다. 그녀는 영화가 준 감동과 충격을 묘사한 후 아쉬웠던 점을 이렇게 표현하고 있다. "그러나 이 영화를 보고 정말 아쉬웠던 것이 있다. 전태일이 죽음에 이르는 과정이었다. 전태일이 죽을 수밖에 없었던 절박한 상황을 묘사하는데 미흡했다. 그의 행동이 돌발적인 것이 아니었는가 하는 생각이 들었다. 그리하여 그가 왜 죽음을 택할 수밖에 없었는가의 물음을 통해 그의 죽음을 인정할 수밖에 없었다."

영화 속에서 딱 한 번, 죽은 전태일은 생생한 컬러의 질감으로 되살아난다. 그의 일대기를 기록하기 위해 발 벗고 뛰어다니던 김영수가 수배생활 중 가장 힘겨운 시간을 보내고 있었을 때, 자신의 아이를 가진 동거녀가 직장에서 노동운동을 주도하다가 검거된 후, 그는 홀로 보일러공으로 일하며 대학노트에 전태일의 삶을 기록한다. 아무런 사전 지식도 없이 홀로 노조 설립을 기획하고 노동운동을 이끌어갔던 전태일은 입버릇처럼 "대학생 친구가 하나 있었으면 좋겠다"고 말했다. 전태일의 어머니 이소선씨가 김영수씨에게 전태일의 회고담을 들려주며 이렇게 말한다. "태일이한테 이제야 이렇게 똑똑한 친구가 생겼네." 김영수가 단순한 기록자를 넘어 죽은 전태일의 친구가 되었다고 느끼는 순간, 전태일은 보일러공으로 일하고 있는 김영수의 눈에 생생한 컬러의 영상으로 나타난다. 어쩌면 감독의 입장에서 전태일의 시간과 김영수의 시간을 영화 속에서 함께 흘러가도록 하기 위해서는 흑백과 컬러의 단절이라는 기법이 불가피했을지도 모른다.

그러나 문제는 흑백과 컬러 영상의 단절 자체가 아니라 관객이 이 영화를 향해 끝내 '관찰자'의 위치에 머물 수밖에 없는 상황에 있을지도 모른다. 영화는 전태일의 입장에 지나치게 몰입하거나 김영수의 시각에 완벽히 젖어있지도 않았지만, 그리하여 전태일을 영웅적으로 미화하거나 신화화하는 실수는 범하지 않았지만, 그럼으로써 지극히 건조하고 중립적인 관찰자의 시선에 관객을 가두어버린 것은 아닐까. 이 영화는 전태일의 삶을 바꾼 커다란 계기들을 에피소드적으로 포착해내긴 하지만 그의 일상적 남루와 고뇌를 미세한 촉각으로 잡아내는 일에는 상대적으로 소홀하다. 2년 전 어떤 건축잡지에서, 복원되기 이전의 청계천을 화면에 담으며 줄곧 흑백사진을 사용한 것을 보고 당황했던 적이 있다. 그 잡지의 다른 모든 사진은 화려하고 미세한 컬러의 질감을 지니고 있었지만, 유독 청계천의 사진들만이 흑백으로 처리되어 있었다. 편집자의 의도가 그렇지 않다 하더라도 저 홀로 흑백의 프레임에 갇힌 청계천의 모습은 청계천만의 남루함과 함께 청계천 특유의 생동감마저 앗아간 느낌을 주었다. 흑백으로 처리된 전태일의 시간 역시 그렇게, 남루함에 대한 미학적 거부감의 표현으로 읽혔다.

청계천에서 남루함을 제거한다는 것은, 전태일의 삶에서 남루함을 도려낸다는 것은, 청계천과 전태일에 대한 '우리'의 부채감 혹은 이물감을 회피하는 미학적 장치일지도 모른다. 나는 〈아름다운 청년 전태일〉이 선물하는 흑백의 화면이 자아내는 그 침착한 아름다움이 못내 불편했다. 불사조의 불꽃날개처럼 아름답게 타오르던 전태일의 마지막도, 그 턱없는 아름다움 때문에 더더욱 불편했다. 당시 한겨레신문에 실렸던 또 한 편의 영화감상문은 '아름다운 청년 전태일'을 그리기 위해 지워지고 생략된 '무언가'에 대한 아쉬움을 이렇게 표현했다. "왜 전태일 영화에 문성근이 더 많이 나오는지, 왜 좀 더 투쟁적이지 못한지, 고리끼의 어머니보다 더 훌륭한 투사 이소선 어머님이 왜 저렇게 비중 없이 다뤄졌는지, 왜 개봉이 좀 늦더라도 올해 민주노총 창립대회를 넣어서 열사의 뜻이 오늘날 어떻게 계승되었는지를 분명히 보여주지 못했는지, 인간 전태일을 그렸다더니 인간 전태일이 투사 전태일과 어떻게 다르기에 그렇게 영수와 정순의 그늘에 가리게 두었는지, 7천 명의 제작자가 나오는 그 장관을 영화 끝난 직후에 넣었더라도 소식을 미처 듣지 못한 사람들이 스태프 자막이 나올 때 나가지는 않았을 텐데…. 하다 못해 홍경인의 코가 조금만 더 낮았더라면 하는 것까지 불만이었다."[1] 물론 이 영화에서 생략된 그 '무언가'는 관객의 가슴마다 각기 다른 공백으로 남아있을 것이다.

그러나 여전히, 문제는 영화 '바깥'에 있는지도 모른다. 전태일의 아름다움을 영화라는 액자 속에 담아 넣는 데는 성공했지만, 이제는 노동자의 분신 자체가 연예인의 가십 기사 만큼의 무게도 가지지 못하는, 무거운 액자 밖의 현실이 진정한 문제일지도 모른다. "첫 출근인데도 9시까지 잔업 하라는 반장의 말을 뒤로 하면서, 더 이상 분신이 뉴스가 되지 못하는 시대이지만 아직도 세상은 수많은 전태일을 필요로 한다는 생각을 나는 잠깐 해본다. 하루 일당 1만 1천 원, 점심시간 겨우 40분에, 머리가 빼근하도록 신나 냄새를 맡아야 하고, 하루종일 먼지를 먹어야 하는, 첫 출근해서 입은 내 새 작업복을 부러워하는 여공들…. 아직도 이런 여공들이 세상에 너무 많다는….”[2] 전태일이 분신한 지 35년이 지난 2005년 가을에도 여전히 또 다른 전태일‘들’이 화염 속으로 사라지고 있다. “유류가 인하 등을 요구하며 분신자살했던 화물 노동자 고 김동윤씨가 한 달여 만에 땅에 묻히게 되었다.(…) 고 김동윤씨는 9월 10일 오전 신선대부두 앞에서 분신자살을 시도했고, 동아대병원에서 치료를 받다가 13일 0시 40분경 사망했다.”[3] 그래서일까. 전태일의 마음속에 울리고 있었던 말, 영화에서는 발화되지 못했지만 그의 수기 속에는 또렷이 새겨진 그 말이 내내 머릿속에서 아픈 귀울음이 되어 서걱거린다. 35원짜리 우산을 파는 소년 전태일에게 잘 차려입은 여자가 던진 “이 거지 같은 자식아!”라는 폭언을 들으며, 어린 전태일이 마음속에 담아 둔 그 말. “그래요. 나는 태어날 때부터 거지예요. 댁에서는 태어날 때부터 그렇게 도도한 집안에서 태어났고요. 내내 도도하십시오.”[4]

클리셰가 되어버린 기적들

평화시장의 3만 노동자들이 다락방 작업실에서 잠 안 오는 주사를 맞으며 하루 열여섯 시간씩 재봉틀을 껴안고 있는 동안, 그렇게 “내내 도도했던” 세상을 향해, 수많은 기적들이 일어났다. 서울대 전체수석으로 합격한 천재 법대생 조영래씨가 전태일의 삶과 죽음을 발견하고 그가 못다 한 삶 속으로 걸어 들어간 것,

어머니의 눈 앞에서 죽어가는 아들이 남긴 유언 한 마디를 지키기 위해 평생 노동운동의 뒷바라지를 했던 이소선씨의 삶, 전태일의 평생 소원이었던 다락방 작업실 철거는커녕 환풍기 하나도 설치해주지 않았던 수많은 중소 자본가들이 비로소 노동자들을 진정으로 두려워하기 시작했다는 점 등등. 그리고 〈아름다운 청년 전태일〉의 모태가 되었을 텍스트, 『전태일 평전』이 쓰여진 상황 자체도 기적이었다. 조영래씨는 민청학련사건으로 6년 동안 피신생활을 하는 과정에서 『전태일 평전』을 썼다. 당시 이 책은 『어느 청년 노동자의 삶과 죽음』이라는 제목으로 익명 출판되었고 발간 즉시 판매 금지 처분을 당했으나 이미 '입소문'이라는 원시적 미디어만으로도 보이지 않는 베스트셀러가 되었다. 그는 끝내 이 책의 '저자'가 되지 못한 채, 이 책의 개정판이 나오기 며칠 전에 폐암으로 세상을 떠났다. 2005년의 시점에서는 그저 심상한 역사의 한 페이지에 지나지 않는 모든 것들이, 그때는 기적, 그 자체였다. 영화의 프레임은 지금은 고정된 역사적 사실로 굳어져버린 그때-거기의 기적을 생생히 불러내기에는 너무 비좁고 헐거웠다.

그러나 가장 커다란 기적은 전태일이라 불리는 어느 평범한 노동자의 삶을 만들어갔던, 낱낱의 과정이었다. 우선 그가 세상을 향해 던진 첫 번째 충격은 자신의 몸전체를 태워 "우리는 기계가 아니다"라는 메시지 하나를 피워 올린, 아무도 예상치 못했던 육탄 폭격이었다. 조영래 변호사의 말처럼, "세계의 어떤 곳, 어떤 시대의 노동운동과 역사에서도, 분신자살을 투쟁 방법으로 택한 예가 아마도 없었을 것이다. 목숨을 걸고 싸운 노동운동가들이 없었던 것은 아니지만, 스스로의 목숨을 스스로 끊음으로써 노동운동을 전진시키려고 한 노동자는 없었다."[5] 그의 죽음은, 세상의 모든 죽음이 그렇듯이, 어떤 '자살 동기'로도 유형화될 수 없었다. 자살을 둘러싼 신문기사는 흔히 '생활고 비관' '신병비관' '가정불화' '실연', '비사교적 성격' '성적에 대한 스트레스' 등으로 건조하게 유형화된다. 그러나 그 어떤 '자살 동기 유형화의 달인'도 전태일의 죽음을 범주화시키지는 못했다. 어떤 정교한 언어의 그물도 그의 죽음의 의미를 깔끔하게 걸러낼 수는 없었다.

하지만 한 노동자의 삶과 죽음이 진정 기적으로 읽힐 수 있었던 것은 그 센세이셔널한 죽음의 방식 때문이 아니었다. 그가 죽음을 선택했기 때문에 그의 삶이 아름다운 것이라고는 더더욱 말할 수 없다. 그는 자신의 '삶'에는 아무도 귀기울여주지 않았기에, '삶이 아닌 방식'으로 그토록 "내내 도도한" 세상에 말을 걸었을 뿐이다. 전태일을 이야기할 때 그의 죽음에 포커스를 맞추는 것은, 혹은 〈아름다운 청년 전태일〉을 이야기할 때 분신 장면이 '압권'이라는 식의 평가는, 그의 죽음을 연막으로 삼아 그의 삶을 은폐하는 일로 느껴질 뿐이다. 진정한 기적은, 오히려 그의 죽음에 가려 보이지 않는 그의 삶의 과정들이다. 나는 그 '죽음의 아름다움'을 찬양하는 일 대신, 그가 너무 빨리 세상을 떠남으로써 보지 못한 '세상의 아름다움'을, 그에게 보여주고 싶다. 그 죽음의 위대함을 추앙함으로써 면죄부를 얻는 대신, 세상의 아름다움이라곤 한 번도 보지 못하고 죽어간 전태일'들'을 기억해냄으로써 면죄의 기회를 외면하고 싶다. 내 귀를 간질이는 또 다른 이명(耳鳴)은 이것이다. 『설국』으로 노벨문학상을 수상한 가와바따 야스나리의 해맑은 유언, "나는 세상의 아름다움을 보고 간다." 전태일을 알고 난 뒤 10여 년 동안, 그에게 가장 미안했던 것은 그것이었다. 그가 세상의 아름다움을 한 번도 보고 가지 못했다는 것, 그에게는 저렇게 아름다운 유언조차 사치였다는 것, 세상의 아름답지 못함에 맞서다가 자신의 아름다움까지 벗어놓은 채 고독하게 타 죽어가게 했다는 것.

이렇게 그의 죽음에 대해 이야기하면 할수록 우리는 어떤 감정의 블랙홀로, 이성의 공황 상태로 빠질 수밖에 없다. 사실 이 영화를 보는 내내 나는 〈모터 사이클 다이어리〉 같은 영화를 부러워했다. 혁명가의 참혹한 죽음이나 엄혹한 투쟁의 파노라마가 아닌, '그들도 우리처럼' 평범하고 실수 투성이였던 젊음을 보여주는 것. 그것만으로도 그 어떤 장엄한 영웅서사시보다 묵직한 감동과 발랄한 웃음을 줄 수 있다는 것이 놀라웠다. 영화적 컨텐츠의 핵심을 말하기 위해 끝도 없이 서사의 디테일을 치밀하게 파고드는 것만이 능사는 아닐 것이다. 전태일의 삶을 말하기 위해 '그가 왜 죽어야만 했는가'를 굳이 인과론적으로 구성할 필요는 없을 것이다. 전태일의 이야기가 어차피 우리 사회 구성원들이 대체로 알고 있는 팩트라면, '힘들어도 다시 한번' 전태일의 삶의 필름을 되감는 일은 역사교과서나 사회과학이론서의 동어반복일 수도 있다.

〈모터 사이클 다이어리〉가 체 게바라의 위대함을 말하지 않고도 체 게바라를 이보다 더 아름다울 수 없게 만들 수 있었던 것은, 영화만이 가진 표현의 도구들을 다채롭게 활용했기 때문이다. 말하자면, 이 영화에는 수많은 사람들이 체 게바라를 향해 들어갈 수 있는 셀 수 없는 틈새들이 있다. 체 게바라의 삶에 무심하거나 적대적인 사람들조차도, 심지어 체 게바라를 모르는 사람들조차도, 이 영화 속으로 몰입하여 웃고 울 수 있는 계기들이 곳곳에 도사리고 있다. 영화가 활용할 수 있는 감동의 증폭기들은 수없이 많다. 특히 인물의 일대기적 구성을 가진 영화들의 경우, '3인칭 전지적 시점과 순차적 구성'이라는 전형적 구도야말로 관객의 몰입을 방해하는 요소일 수 있다. 한 가지 시점, 한 가지 시간의 흐름, 한 가지 태도("이 인물의 삶을 이해하고 감동받아 봐, 그게 이 영화의 목적이야"라고 말하는 듯한)야말로 관객을 수동적 관점에 묶어두는 사슬의 목록들이다. 영화로 만들어졌다는 사실만으로도 충분히 아름다웠던 이 영화에 대해, 10년 후, 20년 후에도 더 많은 사람들이 다채로운 '뒷북'을 울리기 위해서는, 〈아름다운 청년 전태일〉에 대한 좀 더 다양한 형식적 고민이 필요했던 것은 아닐까.

'인물의 일대기'로서 벤치마킹할 수 있는 영화적 형식 또한 각양각색일 것이다. 〈칼리토〉는 영화가 시작하자마자 주인공의 처연한 죽음을 보여준다. 이 영화는 주인공이 살아온 시간을 거꾸로 거슬러 올라가는 형식을 통해 영화의 묘미는 반드시 '다음 장면에서는 무슨 일이 일어날 것인가'에 있지 않음을 보여주었다. 중요한 것은 시간을 거슬러 올라갈수록 관객은 칼리토를 점점 사랑할 수밖에 없다는 것, 그것은 칼리토가 남긴 업적의 훌륭함이나 인생역정의 드라마틱함 때문이 아니라는 것이다. 이 영화는 자칫 전형적 갱 영화의 문법에 갇힐 수도 있는 '평범한 서사'를 독특한 시점과 시간의 힘으로 낯설게 만들었다. 〈카프카〉의 경우 카프카의 실제 일대기와 카프카의 소설을 융합함으로써 일대기 영화의 실험적 형식을 창조했다. 레이 찰스의 일대기를 그린 〈레이〉나 짐 모리슨의 삶과 죽음을 그린 〈도어스〉는 주인공이 만든 음악의 아우라를 극대화시켜 일대기적 구성의 밋밋함을 넘어섰다. 〈나의 왼발〉이나 〈캐치 미 이프 유 캔〉, 〈에린 브로코비치〉 등의 영화는 서사 자체의 흥미로 일대기적 구성의 전형성을 정면돌파한 경우다. 〈아름다운 청년 전태일〉을 만든 것은 제작진 뿐 아니라 90년대 중반 한국의 문화적/사회적 맥락 전체이기도 하다. 그때 그곳을 살았던 우리들은, 전태일의 삶을 영화한다는 사실에 흥분하거나 강박된 나머지 '영화적 형식'을 고민할 여유가 없었던 것일까.

그늘에서 또 다른 그늘로

새내기 때 선배들이 부대끼는 술잔과 함께 더듬더듬 배웠던 노래들은 쉬 잊혀지지 않는다. 그런 검붉은 노래들 중에 이런 가사로 시작되는 노래가 있었다. "너의 죽음으로 더욱 아름다워진 저 푸른 하늘을 보아라 가슴 벅찬 세상 보아라…." 〈전태일 민중의 나라〉라는 제목의 노래, 눈이 예쁜 선배의 애절한 기타 반주와 함께 코가 시큰해지며 배웠던 그 노래. 선율이 너무 아름답고 애잔했기에, 그때는 몰랐다. 그 노래의 가사가 그토록 잔인한 줄은. 누군가의 죽음으로 인해 세상이 아름다워질 수 있다면, 그 세상은 얼마나 잔혹한 공간인가. 누군가는 죽음으로밖에 자신의 삶을 증명할 수 없다면, 그 삶은 또 얼마나 생생한 아수라인가.

청계천의 수많은 기억들을 밀어내고 깎아낸 후 새로운 청계천이 '복원'되었다. 청계천이 복원되면서 지워진 삶의 흔적들 사이로 전태일 동상이 세워졌다고 한다. 어느 새 어린이와 청소년들, 연인들의 촬영 명소가 되었다는 전태일 동상은 웃음도 울음도 아닌 심상한 표정으로 청계천 디카 사진의 배경 화면이 되고 있다. 2003년 1월 박노자는 한 인터뷰에서 광화문에 전태일 동상이 세워지기를 바란다고 말했다. 만약 정말 전태일 동상이 광화문에 세워진다면 그것이야말로 한국이 정상적인 국가가 되었다는 신호가 될 것이라고. '이제 정말 바뀌었다', '이제 정말 당신들이 주인이다'라는 메시지를, 도시의 상징적인 중심인 광화문 네거리 동상에 담아낼 수 있을 것이라면서. 그는 자신 있게 덧붙였다. "물론 그런 일은 없겠지만요." 아직 광화문은 아니지만, 그만큼이나 많은 사람들이 지나다닐 청계천에 전태일 동상이 세워졌다. 하지만 동상은 말 그대로 상징적인 중심일 뿐, 아직도 여전히 현재형인 그의 죽음 앞에서 우리가 곱씹을 수 있는 말은 이미 10년 전에 〈모래시계〉의 태수가 전해준 것만 같다. "그 다음이 중요한 거야. 그리고 그 다음에 어떻게 사는지."

한 인간이 있었다. 그래, 그는 단지 한 인간일 뿐이었다. 그가 아주 조금 남다른 점이 있었다면, 타인의 아픔과 자신의 아픔의 크기를 비교하여 자신의 아픔이 더 클 때조차도 자신의 아픔을 돌보는 방법을 몰랐다는 점이었다. 그에게는 어떤 참고문헌도 없었다. 본받을 만한 삶을 참고하기 위해 책을 살 돈도 없었다. 당연히 그는 맑스나 레닌도 몰랐다. 하지만 그는 똑똑한 대학생 친구의 도움도 없이, 살가운 애인의 입맞춤도 없이, 그 자체로 충분한 하나의 이데올로기를 창조했고, 스스로 만든 이데올로기를 다만 조용히 실천하기 위해 마지막 방법을 택했다. 그는 처음부터 죽음을 염두에 둔 것은 아니었다. 그는 살아서 할 수 있는 모든 일을 고민했고 실천했다. 그는 자신과 친구들의 삶을 모델로 한 소설도 구상했다. 자비를 털고 일수빚까지 내어가며 조직을 꾸렸다. 이상적 노동 공동체를 치밀하게 구상하고 실천하기 위해 뛰어다니기도 했다. 가진 것이 없는 그는 자신의 한쪽 눈을 팔아 자신의 구상을 실현하고 싶었다. 그러나 그 눈을 사주겠다는 사람조차 찾을 수 없었다. 아무도 가르쳐주지 않은 길을 혼자 만들고 걸어간 그는, 살아서는 고독했지만 죽어서야 수많은 친구들을 만났다. 그가 죽음으로써 삶을 증거한 그날부터, 세상은 그토록 밉살스레 "내내 도도했던" 굳은 표정을 풀기 시작했다.

어쩌면 영화를 생각하고 곱씹고 다시 보는 내내 갑갑했던 사실은 단 한 가지였다. 왜 〈꽃잎〉의 화자도 〈아름다운 청년 전태일〉의 화자도 '문성근'이라는 당시 가장 지적인 배우의 '매개'를 통해서였는지. 그 이상 완벽할 수 없는 캐스팅이었던 문성근, 그가 연기한 두 캐릭터는 왜 그리도 데칼코마니처럼 닮아 있었는지. 왜 우리는 '믿을 만한 화자'의 중개를 통해서만 진실과 대면해야 하는지. 광주와 전태일이라는 공동체적 트라우마는 왜 매개자를 통하지 않고서는 씻김굿을 치를 수 없는 것인지. 왜 우리는 날 것의 전태일, 생살의 광주와는 마주할 수 없는 것인지. 하지만 6년 동안 원고노동자로 살아왔던 내가 맞은 최대의 난관이었던 이 글을 통해, 비로소 깨달은 것이 있다면, 내가 결코 이 글을 '정상적인 피날레로' 끝낼 수 없으리란 것이다. 내가 전태일에 대해서도, 전태일을 다룬 영화에 대해서도 끝내 말을 맺지 못하는 것처럼, 1990년대 중반의 우리들에게도, 다른 방법이 없었던 것 같다. 세상에는 수많은 전기 영화들이 있지만, 우리에게는 아직 〈칼리토〉나 〈모터사이클 다이어리〉처럼 세련되고 창의적인 영화적 프리즘이 가능하지 않다는 것. 그것은 우리의 '무능'이기도 하지만, 그 오갈 데 없는 무능함이야말로 우리의 소중한 '진실'이기도 하다.

먼 훗날 혹시, 그의 삶이 다시 한번 영화로 만들어진다면, 우리는 그가 죽고 나서야 비로소 시작된 그의 삶을 어떻게 이야기할 수 있을까. 만약 내 친구나 후배가 새로운 전태일의 영화를 만든다면, 그에게 부탁하고 싶은 것이 생겼다. 나는 그가 겪어보고 맛보고 입어보고 만져보지 못한 행복의 빛깔로 다시 한번 〈전태일〉이 만들어지기를 꿈꾼다. '그가 왜 분신을 택할 수밖에 없었는가'를 밝히는 연대기적 구성이 아니라, 그가 미처 다 누리지 못한 사소한 행복의 무늬들로, 전태일의 가장 행복한 시간을 그린 영화를 보고 싶다. 영화와 전기를 뒤지는 내내 끝까지 나를 괴롭혔던 상념 하나는, 그가 그 흔한 미팅 한 번 못해봤다는 사실, 『전태일 평전』을 아무리 샅샅이 뒤져도 그가 '연애 비스름한 것'을 한 흔적을 찾아볼 수 없다는 것이었다.

하지만 다시 한번 『전태일 평전』을 구석구석 뒤엎은 결과, 비로소 전태일이 가장 행복했던 장면을 하나 찾아냈다. 조영래 변호사는 전태일이 청옥고등공민학교 시절을 얼마나 소중하게 여겼는지를 들려주며, 이렇게 속삭이고 있다. “청옥 고등공민학교. 아마도 여러분은 이 이름을 들었을 대에 초라한 건물에서 배워 봤자 크게 ‘성공’할 가망도 없는 답답한 인생 지각생들이 다니는, 한 평범한 학교를 머릿속에 떠올리는 외에는 별다른 감흡을 느끼지 못할 것이다. 그러나(……) 저 모란공원 묘지 한구석에 자리잡은 그의 무덤, ‘삼 백만 근로자 대표 전태일’이라고 새겨진 비석 앞에 서서 누군가가 가만히 소리내어 ‘청옥고등공민학교’라고 말한다면, 그는 아마도 잡초가 우거진 무덤 위로 전태일의 은은한 미소가 떠오르는 것을 느낄 수 있을 것이다. 청옥에서 보낸 일 년도 채 못 되는 학창시절, 그것을 뒷날 전태일은 ‘내 생애에서 가장 행복하였던 시절’이라고 회상했다.”[6] 끝내 이 글을 어떻게 마무리해야 할지, 마땅한 비상구를 발견하지 못한 나는, 내가 어설피 각색한 짧은 장면 몇 컷을 전태일에게 선물하며, ‘〈아름다운 청년 전태일〉론’이라는 불가능한 임무를 회피해야 할 것 같다.

Scene No. 1

어머니: 태일아, 이제 너도 재봉틀만 끌어안고 있을 것이 아니라 공부를 해야 쓰지 않겄냐? 네 나이도 벌써 열다섯인데, 아직 중학교에도 가지 못했으니….

태일: (제 귀를 의심하는 표정, 그러나 이미 설렘과 흥분이 가득 묻은 표정)

어머니: 우리 행팬에 일반 중학교는 힘들고…. 큰아부지 댁에서 들었는데, 청옥고등공민학교라던가, 행팬이 어려워 중학교에 들어가지 못한 아이들을 받아준다든가….

태일: 엄니, 어디든 상관없어요. 공부만 할 수 있다면….

어머니: 야간학교라든디, 괜찮긌냐?

태일: 저, 내일부터 나가도 되지라?

어머니: 낮에는 아버지 재봉일 꼭 붙어서 도와드려야 한다?

태일: 더 열심히 할거구만요, 다림질도 더 많이 할거구만요.

Scene No.2

태일, 원섭: 재철아, 아직 안 끝났냐? 빨랑 나와!

재철: 알았어. 신발은 신고 나가야할 것 아녀.

(15살의 사춘기 소년 태일, 원섭, 재철, 아령과 역기를 들고 몸을 푼다. 앞산 비행장까지 뜀박질을 하며 주린 배를 움켜쥐고 벙싯거린다. 누가 먼저랄 것도 없이 땀범벅이 되어 공터에 벌렁 누운 세 사람.)

원섭: 태일아, 낮에는 재봉일 하고 밤에는 학교 댕기고, 그렇게까정 그 재미없는 공부를 꼭 해야겄냐.

태일: 아녀. 정말 요새 같아선, 하루하루가 나를 위해서 존재하는 것 같구먼.

재철: 에헤, 요놈 자슥. 뭔 말을 그리 어렵게 해부린다냐. 예옥인가 뭐시긴가, 그 예쁜 여학생 땀시 그러는구만?

태일: (검게 그을린 얼굴이 붉어지기까지 한다) 아니, 예옥이는 부실장인께. 박천수 가가 학교에 못 나오게 되었웅

께. 아, 박천수 가가 낮에는 철공소 다니고 밤에는 학교 나오느라 무쟈게 힘이 들었는 갑드라고…. 인자 나가 실장이 되었응께, 실장과 부실장이 사이좋게 지내는 거이 뭐가 이상한 일인감.

원섭: 아따, 뭘 그리 더듬어쌌는감? 좋으면 좋다고 사나이답게 고백해부러.

Scene No.3

좁은 방, 벽에는 영어 단어를 빼곡히 적은 메모가 다닥다닥 붙어 있고, 태일은 재봉틀을 돌리고 있는 아버지 곁에 앉아 다림질을 하고 있다. 다림질을 하면서도 조그만 소리로 영어 단어를 속삭이고 있다.

태일: t-e-a-c-h-e-r, 티쳐, 티쳐. s-t-u-d-e-n-t, s-t-u-d-e-n-t, 스뚜-던트, 스뚜-던트.

아버지: 아따, 옷감 타겄다. 싸게싸게 뒤집으랑께.

태일: (손이 다리미에 닿자 화들짝 놀라지만, 살짝 데인 손가락을 돌아볼 틈도 없이 영어 단어를 계속 외운다) m-o-r-n-i-n-g, 모오닝, 모오닝…. (다림질 하고 있는 옷 위로 새빨간 피가 뚝뚝 듣는다. 코피다. 태일은 행여 옷에 묻은 피를 아버지가 발견하실까 두려워, 잽싸게 피를 닦아내고 마냥 행복한 표정으로 단어를 외운다.) a-f-t-e-r-n-o-o-n, 애프터 누운, 애프터 누운…. h-a-p-p-y, 해피, 해피…. b-e-a-u-t-i-f-u-l, 뷰티푸울, 뷰티푸우울….

Scene No.4

아버지: (방금 재봉틀로 박아낸, 똑같이 생긴 운동용 빤스 세 장을 재철, 원섭, 태일에게 나누어주며) 꼭, 일등 먹어야 한다이!

태일: 아부지, 마라톤 하면 이 큰 아들 아니겠습니까? 걱정 붙들어 매시씨오! 청옥고등공민학교 이름을, 오늘 대구 바닥 전체에 날려 버리고 올랍니다!(런닝셔츠에 붙어 있는 청옥고등공민학교의 다이아몬드 마크를 자랑스럽게 가리켜 보인다.)

태일의 내레이션: (다시는 구두통 메고 돌아다니면서, 삼발이를 만들어 팔면서, 신문 배달을 하면서, 학교 가는 아이들을 부러워하지 않았으면…. 이 행복한 날들이 영원히 끝나지 않았으면.)[7)]

Scene No.5

태일의 일기장. 낡고 너덜너덜해진 일기장의 누런 페이지를 비춰주며, 태일의 내레이션.

태일: 아홉 번째 서브까지 성공시키고 게임이 끝났습니다. 시합장엔 요란한 박수갈채와 승리의 개가가 퍼지고 나는 일약 오늘 이 게임에서 마스코트가 되었습니다. 맑은 가을 하늘은 구름 한 점 없이 깊었으며, 그늘과 그늘로 옮겨 다니면서 자라온 나는 한없는 행복감과 인간만이 누릴 수 있는 특권인 서로 간의 기쁨과 사랑을 마음껏 음미할 때 내일이 존재한다는 것이 얼마나 즐거운 일이

며 내가 살아 있는 인간임을 어렴풋이나마 진심으로 조물주에게 감사했습니다…. 점심시간에는 나는 학교 주최측에서 제공하는 식당에서 다른 선수들과 나란히 자리를 같이 하면서 남녀 선수들과 같이 즐거운 대화를 나눌 때 문득 내가 아직도 서울에서 방황하고 있었으면 어떻게 되었겠나를 생각할 때 가슴이 뭉클하면서… 어떻게든지 공부를 끝까지 해서 지금도 서울에서 고생하고 있는 친구들을, 그리고 거리에서 허기진 배를 움켜쥐고 5원의 동정을 받고 양심까지도 다 내어 보여야 하는, 언제든지 밑지는 생명을 연장하려고 애쓰는 불쌍한 사람들을 위해 일하리라고 막연하게 생각을 했습니다.[8] 이제 나는 더 이상 거리를 떠돌며 남이 흘리고 간 음식을 주워 먹는 거지가 아닙니다. 이제 나는 더 이상, 우연히 주운 10원짜리 지폐를 남이 볼까 두려워 허둥지둥 구겨 넣고 분식집으로 달려가 라면을 먹어치우는 파렴치한도 아닙니다. 이제 나는 더 이상 무임승차를 하고도 잡혀갈 가치조차 없어, 승무원에게 끌려가지도 못하는 인간 아닌 인간이 아닙니다. 이쪽 그늘에서 저쪽 그늘로, 저쪽 그늘에서 또 다른 그늘로만 옮겨 다니던 태일이는, 이제야 비로소 내가 기필코 지켜야 할 사람들, 지켜야 할 사랑을 발견했습니다.[9]

▌주석

1) 이선옥, 〈시네 21〉〈아름다운 청년 전태일〉 감상문 공모 우수작, 「한겨레신문」 1995년 11월 28일자.

2) 위의 글.

3) 「오마이뉴스」 2005년 10월 7일자.

4) 비가 오는 날이었지. 그 억센 비를 맞으며 하나라도 더 팔려고 "우산!" 하는 소리에 한달음에 3층까지 뛰어올라 갔었지. "우산 한 얼마니?" "예 35원입니다." "왜 35원이야, 전에는 30원 주고 샀는데." "아녜요. 30원이면 본전도 안 됩니다." "밑지기는 뭐가 밑져, 얘들은 왜 곧 죽는 소리야? 기분 잡치게 …… 아니 이거 헌 우산 아니야! 자루가 이게 뭐야. 곰팡이가 슬고, 이거 헌 거로구나!" "아-, 아닙니다. 천만에요, 이건 분명히 제가 이제 금방 받아온 거예요. 변명은 말아! 너희들이 그런 지저분한 변명을 하니까 밤낮 그 모양 그 꼴이야. 이 거지 같은 자식아!" 그래요. 나는 태어날 때부터 거지예요. 댁에서는 태어날 때부터 그렇게 도도한 집안에서 태어났고요. 내내 도도하십시오. -전태일의 수기 중에서-

5) 조영래, 『전태일 평전』, p. 274, 돌베개, 1990.

6) 조영래, 『전태일 평전』, p. 51

7) 이 네 개의 장면은 『전태일 평전』에서 태일의 고등공민학교 시절 묘사 부분을 필자가 나름대로 재구성하고 윤색하여 본 것이다. 사투리나 대화의 구체적 내용은 필자가 허구적으로 구상한 것이다.

8) 조영래, 『전태일 평전』, pp. 54~55.

9) 이 부분은 『전태일 평전』에서 알게 된 전태일의 생애를 자료로 필자가 상상 속에서 재구성한 전태일의 독백이다.

5

말해야 하는 것, 말해도 되는 것, 말하지 못하는 것

영화 〈아름다운 청년 전태일〉과 전태일에 대한 네 편의 텍스트

조 윤 주

처음 〈아름다운 청년 전태일〉에 대한 이 글을 시작할 때는, 영화와 전태일에 대해 여러 사람의 인터뷰를 해서 글에 넣고 싶었다. 영화와 전태일에 대한 기억이 있는 3, 40대의 평범한 사람들에게 영화에 대한 질문을 던지고, 그 대답들을 이용해서 글을 엮어보려 했던 것이다. 그러나 그 계획은 시도의 첫 단계에서 벽에 부딪혔다. 많은 사람들이 영화에 대해서나 전태일에 대해서, 아무 말을 하려 하지 않았기 때문이다. 개중에 호의적인 반응이라고 해봐야 '대답하기 곤란하다', '대답할 말이 없다'는 정도였으니까. 그래서 이 글은 애초의 기획 의도를 접어두고, 영화 〈아름다운 청년 전태일〉과 전태일의 생을 다룬 네 편의 텍스트들을 교차하며 진행하려 한다. 처음의 기획 의도에 비해 맥 빠지는 결과물이 되고 만 셈이지만, 인터뷰를 시도하는 과정에서 얻은 문제의식, 즉 '왜 전태일에 대해서 말하려 하지 않는가'라는 의문은 이 글을 이끌어나가는 단초가 되어 주었다.

전태일의 생애를 다룬 텍스트들 중 2005년 가을 시중에서 구입할 수 있는 것은 모두 네 종류다. 1988년 초판 1쇄가 발행된 도서출판 돌베개의 『내 죽음을 헛되이 말라 — 전태일의 일기·수기·편지 모음』과 1983년 초판이 나온 이후 1991년 개정판이 발행된 고(故) 조영래의 『전태일 평전』(돌베개), 2002년 대통령 선거 기간 중 인터넷 신문 프레시안에 연재된 글을 다시 손질해 2003년 초판이 발행된 김정환의 『남자, 여자, 그리고 영화 — 전태일에 대한 명상』(웅진북스), 2003년 민주화운동기념사업회에서 발행하고 김기선이 글을 쓴 '시대의 불꽃 시리즈' 중 『전태일』이 그것이다. 이 네 가지 텍스트의 정확히 한가운데, 영화 〈아름다운 청년 전태일〉 (1995, 감독 박광수)이 있다. (위기철이 글을 쓰고 안미영이 그림을 맡은 『청년노동자 전태일』이 최근 출간되었으나 어린이를 위한 도서인지라 이 글의 논의에서 제외하였다.)

동일한 인물의 삶을 다루고 있음에도, 이들 텍스트는 서로 구별되는 뚜렷한 특징이 있다. 전태일이 직접 남긴 자료를 모은 『내 죽음을 헛되이 말라』가 전태일에 관한 모든 텍스트 — 영화를 포함한 — 의 출발점이 되고 있음은 새삼 다시 말할 필요가 없을 것이다.

그에 비해 한 시대를 풍미했으며 현재도 독자들의 꾸준한 반응을 얻고 있는 『전태일 평전』은 '평전'이라는 제목에 걸맞게 저자의 비판적 시각이 시종 뚜렷하게 유지되고 있는 것이 특징이다. 이 책이 '어느 청년 노동자의 삶과 죽음'이라는 제목에서 '전태일 평전'이라는 제목을 갖게 되기까지의 과정과 조영래라는 저자의 이름이 명기되기까지의 사연은 이미 널리 알려져 있다. 그리고 인권변호사로서 길지 않은 생을 살다 간 조영래의 삶 또한 기록으로 나와 있다. (『진실을 영원히 감옥에 가두어 둘 수는 없습니다—조영래 변호사 남긴 글 모음』, 창비, 1996과 어린이를 위한 책인 『인권변호사 조영래』, 사계절, 2001이 있다.) 1980년대 이후 수많은 젊은이들이 『전태일 평전』을 읽었고, 시대를 아파했으며, 이 책 덕분에 그들의 삶에서 전태일이라는 이름은 지울 수 없는 것이 되었다. 이 책이 가진 수많은 미덕, 즉 집필에서 출판까지의 지난한 과정과 독자들에게 미친 막대한 긍정적 영향력, 전태일에 대한 최초의 평전이며 가장 권위 있는 텍스트라는 점 등은 그대로 인정하고 수긍할 만하다. 그러나 이 『전태일 평전』은 '평전'이라는 바로 그 제약과 이 책이 가지고 있는 당대적인 의의로 인해, 즉 스스로의 미덕으로 인해, 텍스트에서 전태일이라는 인물을 지웠다는 혐의를 받을 수 있다. 저자는 평전의 집필 방향과 의도에 따라 전태일이 남긴 1차 자료들을 취사선택한다. 그 과정에서 남는 전태일은 어두운 시대에 자신의 한 몸을 불살라 이 땅의 역사를 진보하게 만든 노동자다. 물론 전태일이 그런 인물이었음은 부정할 수 없는 사실이다. 하지만 전태일 스스로가 남긴 기록에서 찾을 수 있는 '살아 있는 청년 전태일'이 가진 삶의 풍부한 에너지와 입체적인 성격은 평전에서 저자의 전지(剪枝) 과정을 거쳐 어느 정도 평면적으로 변하고 만다. 이런 평면화의 사례는 영화 〈아름다운 청년 전태일〉을 말하는 과정에서 다시 언급하겠거니와, 성급하게 정리한다면 『전태일 평전』은 '말해야 하는 것'에 밀려 '말해도 되는 것'이 사라진 경우라고 볼 수 있다. 물론 이런 판단이 이 책이 가진 미덕과 의의를 부정하는 것이 아니며 이 책의 감동을 희석시키고자 하는 의도에서 비롯된 것도 아님은 먼저 밝혀둔다.

여기쯤에서, 전태일이라는 인물에 대해, 이 글을 쓰는 나의 기본적인 입장을 말하는 것이 좋을 것 같다. 전태일은, 21세기의 한국에서 아직도 많은 사람을 침묵에 빠지게 만들 수 있는 이름이다. 글의 모두에서 밝혔듯이, 당신은 전태일에 대해 어떻게 생각하느냐라는 질문은 종종 망설임과 머뭇거림을 담은 침묵으로 돌아오곤 한다. 그 상대방이 양심에 따라 살아가기 위해 노력한다고 자부하는 사람이라면 침묵은 더 두터워질 것이며, 그가 전태일에 관련된 책이나 자료들을 직접 접해본 적이 있는 사람이라면 그 침묵은 이제 무거워지기 시작할 것이며, 그가 대학을 졸업하여 전태일이 살아생전 그토록 필요로 했던 '대학생 친구'였던 경험이 있는 사람이라면 그의 침묵은 죄의식에 가까워질 것이다.

죄의식. 그렇다. 나는 죄의식이라고 말했다. 전태일을 두고 오늘을 살아가는 많은 사람들이 침묵할 수밖에 없는 이유는, (이 글을 쓰고 있는 나를 포함한) 많은 이들이 그에 대한 죄의식을 공유하고 있기 때문이다. 물론, 그 원죄에서 자유로운 이들은 전태일에 대해 자유롭게, 그리고 떳떳하게 말한다. 전태일 정신을 이어가자고, 전태일 사상을 오늘에 실천하자고 주장하며 그 주장을 실천에 옮기기 위해 노력하는 많은 이들 — 전태일의 어머니 이소선 여사와 전태일의 누이, 그리고 수많은 노동자와 노동운동가들 — 이라면, 전태일이라는 이름 앞에서 오히려 할 말이 많아질 것이다. 그리고 당연히, 그 이름 앞에서 할 말이 많아지는 삶이 더 '바람직한' 삶일 것이다.

평범하게 하루를 살아가는 수많은 우리는, 여러 가지 이유로 인해 그렇게 '바람직한' 삶을 영위하지는 못한다. 하지만, 그런 우리일지라도 바람직한 삶이 어떤 것인지는 알고 있으며 또한 전태일이 생명을 걸어 이루려 했던 세상이 그의 죽음 이후 삼십 년이 훌쩍 넘는 시간이 흘러도 이 땅에 오지 않았다는 사실 또한 알고 있기 때문에, 그의 이름 앞에서 침묵하거나 발언을 꺼리게 된다(전태일 기념상의 제막을 알리는 2005년 9월 30일 자 인터넷 신문 프레시안의 기사에 따르면 이용득 한국노총 위원장은 제막식에서 "70년대의 참혹했던 노동자의 삶이 오늘날 비정규직 노동자에게 재현되고 있다"고 지적했으며, 이수호 민주노총 위원장은 "오늘날에도 자기의 권리를 찾기 위해 희생하는 수많은 전태일들이 매일 태어나고 있다"고 말했다).

'나는, 또는 우리는, 그에게 빚이 있으며 그에 대한 죄의식을 공유하고 있다'라는 말을 입 밖에 내는 것조차도 실은 상당한 시간과 고민이 필요한 일이라고 말한다면, 그에게 또 한 번 죄를 짓게 되는 것일까? 나는 가능하다면, 전태일에 대해 생각하지 않고 살아가고 싶다. 피할 수 있다면, 피할 수 있는 데까지 피하고 싶다. 아니면 차라리, '소싯적에 『전태일 평전』을 몇 차례나 읽었노라, 읽을 때마다 눈물을 흘리면서 술을 마셨노라'라고 남들에게 공개적으로 말하면서 실제로는 자본주의에 제대로 안착하여 잘 살아가는 누군가처럼 살 수 있으면 좋겠다. 그러나 나는 전태일에 대해 안다고 말할 수 없다. 그를 젊은 시절의 낭만적인 기억과 함께 회고할 수도 없다. 비록 내가 세상에 이토록 흔해빠진 386세대의 일원이긴 하지만 말이다. 나는 전태일을 위하여 울어본 적이 없다. 그에 대한 책을 읽고서 또는 그가 남긴 글을 읽고서 만일 내가 울었다면, 그건 나 자신을 위한 눈물이었을 것이다.

말하자면 전태일은, 21세기의 대한민국에서 그런대로 제도와 타협하면서 살아가는 방법을 익힌 우리에겐, 그야말로 완벽한 인물이다. 그에게서 흠결을 찾아내거나 그를 비난하는 것은 원천적으로 불가능하다. 실제로 그의 삶에선 우리의 비난을 받을 여지를 찾기 어렵다. 어린 나이부터 처절한 가난과 싸웠으며 세상으로부터 거절당하면서도 희망을 버리지 않았던 청년, 가난 때문에 배우지 못한 것이 한이 되어 공부가 유일한 꿈이었으며 세상과 인간에 대해 한없는 사랑을 품었던 청년, 스무 살에 찾아온 풋사랑의 감정도 싹이 트자마자 꺾어버리고 올바른 세상을 만들기 위해 온몸으로 노력했던 청년, 노동운동을 조직화하고 성공시키기 위해 개인을 희생한 청년, 그리고 스물세 살 나이에 가장 극단적이고 비타협적인 방법으로 세상과 인간을 위해 삶을 버린 청년. 이 청년 전태일에게 '아름다운'이라는 말 외에 어떤 관형어를 붙일 수 있단 말인가. 누가 이 청년에 대해 왈가왈부할 '자격'이 있다는 말인가. 세상에 수많은 위인전이 있다 하나, 이토록 흠 없는 위인의 삶이 있다는 말을 나는 들어본 적이 없다. 더구나 그는 우리 나이로 스물세 살, 청년이라는 말보다는 소년이라는 말이 더 어울리는 나이에 몸을 불살랐다.

전태일이 죽음을 맞았던 나이보다 훌쩍 나이가 더 든 지금, 전태일에 대한 자료를 다시 읽으면서 내가 느낀 전태일은 사색적이고 내성적이며 문학적이고 이상적이고 조금은 몽상적인 청년이다. 그에게 세상은 끊어지지 않는 강철 고리의 영원한 순환으로 느껴지지 않았을까. 태어나서 죽을 때까지 그가 바라는 것은 아무 것도 이뤄지지 않았다. 어려서 한때 피난지 부산에서 아버지의 사업이 번창하던 시절을 제외하곤 그는 대한민국의 빈민 중에서도 가장 극빈한 빈민으로 살아야 했다. 학교에 다닌 것은 평생 동안 삼 년이 전부. 집안의 기둥이 되어주지 못한 아버지, 가난과 병고에 시달리는 어머니, 그리고 입 벌리고 먹이를 기다리는 배고픈 새끼 새들 같았을 동생들. 닥치는 대로 거리에서 돈을 벌던 그가 평화시장의 노동자가 되었어도 자본주의의 차가운 강철 고리는 여전히 그의 목을 죄었을 것이다. 나 하나 부지런히 일해서 기술을 익히고 돈을 벌면 공부도 할 수 있고 극빈층을 벗어날 수 있을 것이라는 소년의 소박한 희망은, 그가 노동자로서 '각성'할수록 절망으로 변했을 것이다. 나 하나 열심히 정직하게 살아간다 해도 평화시장이라는 체제는 변하지 않는다는 깨달음, 그 평화시장은 더 큰 권력 – 전태일이 한때 믿고 의지하려 했던 공권력 – 과 하나로 결탁되어 있다는 사실을 알았을 때 그가 느꼈을 개인의 무력감은 어떠했을까. 그럼에도 불구하고, '나 하나 죽으면 이 세상이 바뀔 것이다'라는 그의 믿음은, 나날이 더욱 더 간교해지고 힘세지는 자본주의 사회에서

멀쩡히 살아 나이 들어가는 내가 바라보기에는, 눈물겹도록 소박하고 정직하다.

'내 죽음을 헛되이 하지 말라'는 그의 외침은 물론, 많은 것을 이루어냈다. 그의 죽음으로 인한 노동운동과 사회운동의 변화는 '전태일 이전'과 '전태일 이후'를 나눠야 할 만큼 선명하다. 그렇지만 그는 죽기 얼마 전까지－즉 삼각산에서 노동과 명상을 하며 자신의 죽음을 결심한 이후－이상적인 봉제회사를 건설할 꿈을 포기하지 않았고, 자신이 안구를 기증하여 사회에 여론을 불러일으키면 그 회사의 창립을 위한 자본을 구할 수 있을 것이라 믿었다. 독지가의 희사라는 사회면 미담 기사적인 방법으로 말이다. 1969년 11월에 쓴, 전태일이 당시의 대통령에게 쓴 편지에서 그는 삼선개헌을 대통령의 희생 어린 결단으로 이뤄진 존경할 만한 것이라고 말하면서, 대통령에게 노동 조건을 개선해줄 수 있는 능력과 의사가 있다고 믿어 의심치 않았다. 무엇보다도 그가 불꽃 속에서 죽으면서 외친 구호는 '근로기준법을 준수하라!'였다. 근로기준법 자체에 대해서는 의문과 회의를 품지 않았던, 목숨을 건 순정하고 위험한 신뢰였다.

전태일에 대한 이런 생각들은, 나만의 것일지도 모르겠다. 영화 〈아름다운 청년 전태일〉과 전태일을 둘러싼 네 편의 텍스트들에선, 전태일의 삶에 대해 아쉽게 생각하는 부분을 쉽게 발견할 수 없었으니 말이다. 이 텍스트들에 나타난 전태일은 한결같이 흠 없는 완벽한 인간으로서, 현재를 살아가는 저자와 독자를 가위 눌리게 하는 존재(특히 『남자, 여자, 그리고 영화』에서는 전태일의 생애가 등장인물에게 커다란 심리적인 중압감을 주고 그 결과 정신질환이나 정서 장애를 겪고 있다)로 드러난다. 살아서 고민하고 때로는 약한 모습과 순진한 모습을 보여주며 어떤 때는 미숙한 판단이나 순진한 몽상을 보여주기도 하는 인간 전태일은 보이지 않는다. 그리고 이 텍스트들의 어떤 부분에선 심지어, 전태일이 사라지고 없는 경우도 있다.

영화 〈아름다운 청년 전태일〉은 다섯 편의 텍스트 가운데에서 전태일이 사라진 정도가 가장 심한 텍스트다. 영화평론가 정성일은 1998년 키노 9월호에서, 이 영화는 '전기영화가 아니라 다시 돌아보는 70년대의 시간에 대한 의식이며 기억에 대한 지속의 믿음'이라고 말한 바 있다. 그의 지적은 옳았다. 이 영화는 전태일에 '대한' 영화가 아니라 전태일을 '바라보는 시선에 대한' 영화다. 영화의 주인공은, 『전태일 평전』을 쓰는 영수다. 전태일은 텍스트 속 텍스트의 주인공으로서 영수, 앞에 현현하는 과거의 인물이다. 한 편의 영화로서 〈아름다운 청년 전태일〉을 본다면, 이런 시도는 정직하다고 말할 수 있다. 박광수 감독은, 그리고 이 영화의 시나리오를 감독과 함께 맡은 '김정환, 이창동, 이효인, 허진호'(가나다 순)은 그야말로 대한민국 문화예술계의 대표급 지식인들이다. 그 / 그들은 자신이 노동자 전태일의 1인칭 시점으로 녹아들어갈 수 없다는 점을 시작부터 명백히 하고 이 영화를 만든 것처럼 보인다. 영화는 되도록이면 전태일의 감정에 이입되지 않으려 애쓰는 것처럼 보이기도 한다. 흑백으로 처리된 전태일의 모습과 그 전태일이 컬러 화면으로 전환되는 장면에서 나타나는 친절한 의도는 이런 가정을 뒷받침해주었다. 전태일은 몸에 불을 붙인 이후의 장면, 그리고 (아마도) 1990년대의 청계천을 걸어가는 평범한 청년 노동자의 모습으로 현현하는 장면에서 컬러로 등장한다. 전태일의 '현재성'과 '영원성'을 보여주려는 자상한 의도였을 것이다.

어쩌면, 그 / 그들은 자신이 전태일의 시점이 되거나 전태일에 초점을 맞출 자격이 없다고 생각했을지도 모른다. 전태일 이후의 수많은 지식인들이 그러했던 것처럼. 심지어 DVD에 삽입된 감독 인터뷰에서, 박광수 감독은 자신이 '노동운동에 특별한 관심이 없으며, 전태일을 영화로 만든 것은 그 시대의 모순이 가장 집약된 지점이 노동운동이고 전태일이었기 때문'이라고 다소 위악적인 발언을 한다. 그는 영화 전반을 통해서, 영화에 대한 인터뷰를 통해서 자신이 보여줄 수 있는 최고의 미덕이 '정직'이라고 믿는 사람 같아 보인다.

이런 일견 정직한 시도는, 그러나, 〈아름다운 청년 전태일〉이라는 영화가 부득이하게 책임져야 하는 영화 외적인 배경을 생각한다면, 조금은 손쉽고 안이한 타협으로 보이기도 한다. 이 영화는 아직도 많은 사람들이 기억하고 있듯이, 배우들도 출연료를 받지 않았고 수많은 사람들이 '국민기금'이라는 형식으로 영화 제작에 참여했다. 영화가 끝난 후 올라가는 검은 자막 위로 흐르는 수많은 개인과 단체, 노동조합의 하얀 이름은, 영화가 만들어진지 10년이 지났음에도 불구하고 여전히 감동적이다. 그렇다면 영화는 이들에게 책임을 져야 할 의무가 있지 않은가.

2000년대를 살아가는 우리 모두가 알고 있듯이 (상업) 영화는 자본주의의 꽃이다. 자본주는 영화제작에 돈을 투자하고 그 투자에 상응하는 이윤을 추구한다. 프로듀서와 제작, 기획팀은 자본의 논리에 충실하면서 감독이 추구하는 작품세계를 최대한 구현하려 노력한다. 욕먹을 일인지도 모르겠지만, 이 글을 쓰고 있는 나는, 상도덕이 지켜져야 한다고 믿는 사람이다. 투자자가 이윤을 추구하는 것이나 관객이 자신이 쓴 돈(입장료)에 상응하는 영화를 기대하는 것은 당연한 일이다. 마찬가지로, 많든 적든 자신의 돈을 이 영화에 투자한 수많은 '자본주'들은 이 영화에서 어떤 '특별한' 이윤을 기대했을 것이다. 자신의 삶에 지표가 되어주었을 전태일을 현재(1990년대)에 살려내는 것, 그리하여 그를 영원히 살게 만드는 것이야말로 국민기금에 참여한 많은 사람들의 단순하고도 유일한 소망이 아니었을까. 이 영화는 개봉 당시 '의외로' 흥행 기록이 좋아서 50만 명의 관객을 동원했다. 이 관객들이 영화에서 보고 싶었던 것은 무엇일까? 이 영화를 만든 사람들은 그 소망에 책임을 졌어야 옳을 것이다. 자신(들)의 정직을 유지하면서 영화를 만드는 것도 물론 중요하다. 하지만 '내 돈'이 아닌 '남의 돈'으로 무슨 일을 벌였을 경우에 일반적으로 지켜야 할 윤리가 있다. '남의 돈'으로 살아가는 종교인이나 정치인들의 삶이 지극히 윤리적이어야 마땅한 것처럼 말이다.

영화 〈아름다운 청년 전태일〉에 나타난 전태일의 삶은 평면적이고 단순하다. 흑백 화면에서 단절적으로 나타난 전태일의 삶을 재구성해본다면 이렇다. 인격적 수모를 당해가며 우산을 팔던 청년 전태일은 어느 날 벽보를 보고 미싱사가 된다. 평화시장에서는 어린 소녀들이 인간 이하의 삶을 살고 있으며 그 속에서 그는 온정을 베풀려 노력한다. 그러던 어느 날 함께 밥상에 앉아 있던 아버지가 근로기준법이라는 게 있다고 알려준다. 그는 책을 산다. 또 어느 날 재단사 친구가 그에게 함께 놀러가자고 권한다. 노동에 찌든 청춘남녀들이 바닷가로 놀러간 자리에서 그는 바보회를 만들자고 제안하고, 노동청에 평화시장의 실태를 알리려 하지만 좌절당한다. 노동운동에 눈을 뜬 그는 업주에게 쫓겨난다. 그는 삼각산으로 들어가 노동을 한다. 그리고 다시 어느 날, 그 유명한 '나는 돌아가야 한다'라는 결단을 읊으며 산에서 내려온다. 더 활발하게 노동 현실을 알리려는 그의 시도는 업주와 공권력의 교묘한 술책 앞에서 좌절당한다. 그리고 그는 죽음을 택한다.

전태일의 삶을 이미 다 알고 있는 사람이라면, 전태일의 삶을 영화 화면에서 만나는 것만으로도 의미는 있다. 영화 〈아름다운 청년 전태일〉이, 전태일을 다룬 첫 번째 한국영화라는 의의를 가지고 있음은 부정할 수 없다. 하지만 이 영화만으로 전태일이라는 청년이 과연 아름다운지, 아름답다면 왜 아름다운지를 알기는 힘들다. (전기적인 사실과 영화 속에 재현된 정황이 일치하지 않는 몇몇 부분을, 영화의 극적 구성을 위한 것이라 양해하고 받아들인다 해도) 영화 속에는 그의 처절한 배고픔도 절망도 눈물도 드러나 있지 않다. 뜨거운 각성과 고민의 밤도 보이지 않는다. 정제되고 단편적인 흑백 화면의 영상 속에서 '아름다운 청년 전태일'은 사라지고, 주인공 영수의 시선만이 남는다.

참으로 단순한 생각이긴 하지만 이 영화의 제목은 아름다운 '청년' '전태일'이다. 흐르는 시간과 함께 살아남아, 자신이 젊은

날을 바쳐 완성한 책을 들고 걸어가는 청년 노동자를 목격하는, '중년'의 '영수'가 아닌 것이다. 설사 이 영화를 만든 사람들의 입장이 '영수'의 상황이었다고 할지라도 영화의 제목이 '아름다운 청년 전태일'이었다면, 많은 사람들이 이 영화에서 만나고 싶었던 인물 역시 '아름다운 청년 전태일'이었다면(다시 한번 돈 이야기를 해서 미안하지만, 그 많은 사람들의 바람이 크든 적든 돈이라는 형태로 영화에 보태졌다면), 영화는 마땅히 전태일을 보여주었어야 했다. 영화를 만드는 이들의 죄의식과 자의식이 아닌, 살아 있는 전태일을 구현했어야 옳다고, 나는 믿는 것이다.

불가능한 일이었을까? 정직하지 못한 일이었을까? 그럴 수도 있다. 지식인들이 견디기 힘든 말은 '네가 전태일에 대해서 무엇을 알아? 네가 전태일에 대해 말할 자격이 있어?'일 것이기 때문에. 만약 이 영화가 전태일의 시점에서 만들어졌거나, 관객이 영화 주인공으로서의 전태일에게 감정이입할 수 있는 형식으로 만들어졌다면 감독과 제작진은 예의 '네가 뭘 알아?' 류의 질문을 당연히 받아야 했을 것이다. 그리고 전태일의 일대기를 정직하게 보여주는 형식을 취했더라면 '이건 싸구려 선전영화다' '영화로서의 미학이 없다'라는 비판을 받았을지도 모른다. 수많은 종교영화나 선전영화가 그러하듯이 말이다.

그렇다면 〈아름다운 청년 전태일〉이 선택할 수 있는 형식은 원천적으로 막혀 있었던 것일까. 이렇게 만들든 저렇게 만들든 어차피 욕을 먹을 수밖에 없는 것이었을까. 그렇다면 애초 비판을 받을 것이 뻔한 일을 굳이 시작하는 사람들의 심리는 무엇일까. 그 / 그들에겐 뭔가 다른 복안과 의도가 있지 않았을까. 아니면 그/그들이 발견하지 못한, 이 영화를 만들어낼 수 있는 제3의 형식이 있었던 것일까.

영화 속 주인공인 영수가 전태일에 대한 글을 쓰고 있다는 점에서, 그리고 영화의 후반부에 등장하는 책이 『어느 청년 노동자의 삶과 죽음』이라는 점에서, 이 영화는 『전태일 평전』이라는 텍스트와 어쩔 수 없이 이어져 있다. 박광수 감독은 DVD판 감독 인터뷰에서 '영수는 조영래, 장기표, 김근태 세 사람을 모델로 해서 만들어낸 인물'이라고 밝히고 있다. 실제로 책을 쓴 조영래를 형상화한 것이 아니라 세 사람의 실존 인물을 모델로 했다는 사실에서, 영수를 특정한 개인이기 이전에 소위 '진보적 지식인'의 전형으로 설정했다는 점을 쉽게 유추해낼 수 있다. 영수는 긴급조치가 발효된 서슬 시퍼런 1970년대, 법대를 나와 (아마도) 수배 중인 신세로 전태일에 대한 글을 쓰고 있고, 노동운동에 적극적으로 개입하고 있는 '여공'(예의 DVD판 인터뷰에서 박광수 감독이 쓰는 호칭) 정순—야학에서 영수가 가르친 학생으로 짐작되는—과 함께 살고 있으며, 책을 쓰기 위하여 청계천을 돌아다니고 전태일의 어머니를 만난다. 간간이 함께 사회운동을 하는 선후배를 만나기도 한다. 그리고 정순이 검거된 이후에는 보일러실에서 일을 하며 숨어 지낸다. 영화 속 주인공 영수는 —어쩌면 문성근이라는 배우가 주는 이미지 때문이기도 하겠지만— 다분히 회의적이고 나약한 지식인의 모습에 가깝게 형상화되어 있다. 이런 영수의 태도는 『전태일 평전』의 화자가 보여주는 강인하고 단호한 태도와는 매우 다르다.

영수의 머뭇거림과 침묵—이런 모습이 곧 감독과 시나리오 집필진의 전태일에 대해 가지는 태도와 이어지는 것일까? — 앞에서 '아름다운 청년 전태일'은 사라진다. 남는 것은 그저 시간 앞에 던져진 채 노출된 영수의 독백이다. 영수는 1990년대 청계천에서 전태일— 이라고 할 수도 있고 아니어도 좋은 '어느 청년 노동자' — 을 만나고 흐린 미소를 지어준다. 오늘날 우리 — 전태일에 대한 죄의식을 공유한 채 살아남아 자본주의 체제에 적응한 나를 포함한 우리 — 가 전태일을 만난다면 흐린 미소를 지어주는 일 말고 무슨 일을 더 할 수 있을까? 물론 이는 패배주의적인 생각이다. 전태일을 기억하며 일상의 삶에 변화와 진보를 만들어내기 위하여 노력하는 것, 이런 삶이 옳다. 말할 나위도 없다. 스스로에게 전태일의 삶이라는 '순결하고 엄격한 잣대'를 들이대어 부끄럽지 않은 사람이라면 죄의식 없이 전태일을 반갑게 맞이할 수 있을 것이다.

그럼에도 불구하고, 이런 태도는 우리 개인의 삶을 올바른 방향으로 정립하기 위한 가치관의 밑바탕이 되어야 옳지, 영화 〈아름다운 청년 전태일〉을 이끌어가는 시선이 되어서는 안 된다. 위에서 말했듯이 국민모금으로 만들어진 이 영화는 1990년대 문화예술계 지식인들의 고해성사를 위한 자리가 아니기 때문이다. 영화는 '정직'과 '죄의식'이라는 개인의 윤리학에 사로잡혀, 자신이 유지했어야 할 책임과 명분을 저버린다. 말하자면 사회적인 윤리를 소홀히 한 것이다. 영화 외적 맥락에서 〈아름다운 청년 전태일〉이라는 영화는 '말해야 하는 것'이 뚜렷한 영화였다. 아무리 뻔한 말이고 정해진 각본이라 하더라도, 사람에겐 '말해야 하는 것'을 말해야만 하는 때가 있다. 그러나 이 영화는 그

'말해야 하는 것'을 차마 '말하지 못하는 것'으로 바꾼다.

반면, 『전태일 평전』은 글의 초반에서 잠깐 말했듯이 '말해도 되는 것'을 '말하지 못하는 것'으로 바꾼 텍스트다. 이 책은 전태일이라는 한 청년의 삶을 어떻게 풀어나갈 것인가에 대해 미리 분명하게 결정하고 있다. 그리고 그 기준에 따라 전태일이 남긴 기록과 삶을 취사선택하여 재구성한다. 저자의 개입이 뚜렷하다는 것이 이 텍스트의 특징인 셈인데, 그런 개입이 잘 드러난 구절들을 인용해 본다.

전태일의 정신적인 성장과정 가운데에서 이 당시에 이미 자신을 거부하는 '부한 환경'의 현실에 대한 비판, 그리고 그 현실과 싸워 이기려는 분명한 의지가 고개를 들기 시작했다고 한다면, 우리는 그가 남들처럼 고등교육을 받을 수 없었던 것을 슬퍼할 필요가 없을 것이다.(81쪽)

그러나 그는 모든 발버둥에도 불구하고 어느 한 시기까지는 도저히 이러한 좌절과 절망의 늪 속에서 헤어 나오지를 못했다. 그가 (…) 좌절과 절망을 근본적으로 극복할 길을 발견하고(…) 나날의 삶의 보람을 되찾게 된 것은(…) 인간에 대한 "타의적인 구속" 그 자체에 도전하여 그것을 제거할 것을 확고하게 결심하게 되었을 때 이후였다. (135쪽)

『전태일 평전』은 집필 의도가 책의 초반부에 분명하게 명시되어 있다. 저자는 '참으로 전태일은 죽었는가?'라는 질문을 던지면서 '전태일은 죽지 않았다. 전태일의 불꽃은 결코 환상이 아니었다. 전태일 투쟁은 절대로 패배하지 않으며 절대로 끝나지 않는다. 이러한 것이 우리의 대답이다'라고 밝히고(30쪽) 책의 서술을 이끌어나간다. 그런 점에서, 『전태일 평전』이라는 텍스트는 시종일관 정직하고 윤리적이다. 이 텍스트가 유지하고 있는 정직과 윤리는, 영화 〈아름다운 청년 전태일〉이 보여주는 정직과 윤리와는 완전히 다른 것이다. 『전태일 평전』의 저자는 영화의 화자와는 달리 머뭇거리거나 침묵하지 않는다. 그는 '말해야 하는 것'을 말했다. 그것도 매우 친절하고 강건한 어조로, 분명하게. 이 과정에서 '말해도 되는 것'은 사라졌다. 전태일이 지닌 인간적인 약점 – 보는 이에 따라서 인간적인 풍부함이라고 볼 수도 있었을 – 이나 그가 보여주는 시대적인 한계 같은 점은 『전태일 평전』에서 논의되지 않는다. 이 책의 원제는 '어느 청년 노동자의 삶과 죽음'이었다. 하지만 역설적으로 이 책은 그의 삶이 아닌 죽음을 이야기한다. 죽음을 말하기 위하여 삶을 빌려 온 형국이라고 할 수 있을까.

『전태일 평전』이 왜 '말해도 되는 것'까지 '말하지 못하는 것'으로 바꾸어야 했는지에 대해서 우리는 이해할 수 있을 것이다. 이 책이 놓인 텍스트 외적인 맥락을 감안한다면, 그리고 '말해야 하는 것'을 가장 선명하게 수많은 독자들에게 전달하기 위해서라면, 저자의 이런 선택은 불가피한 것이었을 터이다. 이 책이 2004년 11월에 개정판 15쇄를 찍으며 오늘날까지 보여주고 있는 생명력은, 저자의 선택이 주어진 상황에서 최선이었음을, 그리고 독자들은 그 최선의 의도에 공감할 능력이 있다는 사실을 증명한다.

김정환의 책, 『남자, 여자, 그리고 영화』는 저자가 영화 〈아름다운 청년 전태일〉의 시나리오에 참여했을 뿐 아니라 저자 스스로 이 책이 '시나리오 혹은 원작소설의 개념을 뛰어넘는, 그리고 가시적인 가시화(가시화)의 한계를 뛰어넘는, 읽는 영화'(작가의 말 중에서)를 지향했다는 점에서 또 다시 영화와 불가분의 관계를 가진다. 이 텍스트는 영화와 대비해서 볼 때 더 풍부하게 읽을 수 있는데, 영화와 달리 소설의 주인공은 전태일 전기를 내내 준비하면서도 끝내 쓰지 못하는 인물이다. 소설 속 등장인물 가운데 세 명이 전태일로 인하여 미쳐간다(작가가 묘사하는 여성 주인공은 비록 정신질환을 앓지는 않지만 파행적이고 극단적인 인격으로 변해 가는데, 이 역시 미쳐가는 과정으로 보아도 큰 무리는 없을 것 같다). 이 소설은 사실, 전태일의 중압감에 시달린 지식인들 — 영화와는 달리 소설의 여주인공도 음악을 전공한 대학생 출신이다 — 이 서로 다른 방식으로 직접 전태일이 되고자 하는 과정이라고 거칠게 정리할 수 있다. 그러나 이들은 근본적으로 전태일이 될 수 없다 — 최소한, 작가 김정환은 그렇게 생각하는 것으로 보인다. 될 수 없는 것이 되고자 하는 소망이 너무 간절해지면 사람에겐 '죽거나 미치거나'의 두 가지 방법이 남을 뿐이다.

『남자, 여자, 그리고 영화』는 〈아름다운 청년 전태일〉이 형상화한 개인적인 윤리와 정직을 극단까지 추구하고 있는 텍스트라고 할 수 있다. 이 작품 속에 등장하는 지식인들은 전태일을 말해야만 하는 입장에 놓인다. 하지만 그들은 자신이 전태일에 대해 이야기할 '자격'이 없다는 것을 안다. 그들에게 전태일은 어깨를 짓누르는 억압이다. 노동자의 자유, 나아가 인간의 자유를 위해 몸을 던진 젊은 청년을 그들은 감당할 수 없다고 느낀다. 그들이 재현하는 전태일은 평면적이고 도식적이다. 바로 그런 이유로, 그 평면적인 전태일은 소설의 주인공들을 정신 병리학적 질환에 시달리게 만드는 억압기제로 작용한다.

그렇다고 해서 『남자, 여자, 그리고 영화』의 등장인물들이 전태일이 아닌 스스로에 대해 말할 수 있는 것도 아니다. 영화 〈아름다운 청년 전태일〉에서 전태일이 사라지고 대신 스스로에 대해 말하고 있는 작가—감독과 시나리오 집필진—만 남는다면, 『남자, 여자, 그리고 영화』의 작가는 자신마저도 텍스트에서 지워버리고 부정하려 하는 것처럼 보인다. 그리고 그런 자기부정이 곧 전태일을 현대에 되살려낼 수 있는 길이라고 믿는 것처럼 보인다. 따라서 이 텍스트는 영화 〈아름다운 청년 전태일〉에서 사라진 전태일을, 소설 속 등장인물에게 육화된 모습으로 다시 불러내려 한다. 그 과정에서 전태일에 대해 '말해야 하는 것'이나 '말해도 되는 것'은 모두 '말하지 못하는 것'이 되어버린다. 소설 『남자, 여자, 그리고 영화』는 전태일에 대해 말하지 않음으로써 전태일을 말하려는 텍스트이기 때문이다. 이 글에서 앞서 썼던 표현을 써서 다시 말한다면, 개인적인 윤리를 극단까지 추구한다면 사회적인 윤리와 정당성을 얻을 수 있다고 믿는 텍스트인 것이다.

이 소설이 왜 영화가 완성되고 난 직후가 아니라 2002년의 대통령 선거 기간에 연재되었는지에 대해서도 이런 맥락에서라면 설명이 가능하다. 2002년의 대통령 선거는 대한민국 근대사에서 최초로, 대통령 선거가 범국민적인 이벤트이며 축제의 성격을 가지고 치러졌다는 특징이 있다. 미디어를 이용한 홍보전과 이벤트, 인터넷을 이용한 국민의 참여가 선거 결과를 좌우했으며, 개표 과정과 선거 결과를 국민들이 공공장소에 모여 함께 참관하며 이 과정을 축제로 만들었다. 가장 개인적인 동시에 집단적인 영향력이 막대한 매체인 인터넷, 그리고 한자리에 어울려 있으되 개인의 차원에서 즐기는 단체 관람 – 관람이라는 말을 쓸 수밖에 없는 – 이라는 특성. 이것은 거대담론이 사라진 후 한동안 사소한 일상에의 몰두가 휩쓸다가, 결국 '지극히 개인적인 것들이 세상을 바꾼다'라는 믿음이 지배하고 있는 21세기 대한민국의 현실을 투명하게 반영하는 것이다. 『남자, 여자, 그리고 영화』가 전태일을 말하기 위하여 선택한 형식 역시 이 맥락에서 바라볼 수 있을 것이다.

전태일에 대한 또 하나의 텍스트인 『전태일』을 가장 단적으로 설명할 수 있는 말은, '『전태일 평전』에서 평(評)을 뺀 전(傳)'일 것이다. 이 책은 고전적인 일대기형 전기 형식에 충실하여, 전태일의 아버지에서부터 이야기를 시작하여 전태일의 죽음에 이르기까지의 일생을 연대기적으로 서술, 정리하고 있다. 이 책을 기획하고 쓴 작가는 2003년 대통령 선거가 끝난 이후 경제, 사회적 상황이 달라진 대한민국에서 『전태일 평전』이 보여주는

'평(評)'의 시각은 시대에 부합하지 않다고 보았을 수 있다. 민주화운동기념사업회 출간의 『전태일』에서 작가는 가급적 자신의 역할을 축소하고 목소리를 낮춘다. 심지어 표지에도 작가의 이름이 명시되어 있지 않을 정도다. 물론 이런 현상은, 이 책이 '민주주의 전령들의 삶과 투쟁과 죽음을 지금 여기에 되살리고자'(책 표지 날개에 시린, 시리즈 소개 글 중에서)하는 의도로 씌어졌기 때문에 생겨난 것이기도 하다. 하지만 동시에, 이제 『전태일 평전』이 유지하고 있는 저자의 목소리가 '교훈적'으로 느껴지는 시대가 되었다는 뜻일 수도 있다.

전태일의 생을 다룬 텍스트들을 검토하는 과정에서, 이 텍스트들이 공통적으로 보여주는 특징 중에서 의문을 제기하고 싶은 특징이 있다. 이 특징들을 여기에서 문제 삼는 것은, 앞서 텍스트를 읽으면서 이용했던 '말해야 하는 것'과 '말할 수 없는 것'이라는 범박한 틀이 이 특징들과도 관련이 있기 때문이다.

첫 번째 특징은, 이 텍스트들이 '여성'을 다루는 방식이다. 『전태일 평전』과 〈아름다운 청년 전태일〉, 민주화운동기념사업회의 『전태일』에서 전태일의 어머니는 전형적인 한국의 모성상으로 구현된다. 물론 전태일의 어머니 이소선 여사 — 이소선 어머니라는 명칭으로 더욱 잘 알려진 — 는 2005년 가을 현재까지도 전태일의 사상을 실천하고 노동운동에 참여하면서, 그야말로 타의 모범이 되는 삶을 살아가고 있다. 그러나 이 텍스트들에서 전태일의 어머니가 가지고 있을 입체적이고 현실적인 여성성이 '모성'이라는 추상성으로 축소된 것은 그리 바람직하지 않아 보인다.

특히 〈아름다운 청년 전태일〉과 『남자, 여자, 그리고 영화』에서 등장하는 여자 주인공들의 형상화와 비교해 볼 때 이 점은 더 문제가 될 수 있다. 〈아름다운 청년 전태일〉에서 영수는 정순이라는 '여공'과 함께 사는데 영수와 정순의 관계는 연인 또는 동지라기보다는 스승과 제자에 더 가깝다. 정순은 영수를 선생님이라 부르며 경어를 쓰고, 영수는 기실 정순의 수입에 기대어 살아가는 입장이면서도 정순의 보호자로 형상화된다(정순이 직장에서 파업을 하다 강제 해산 당한 이후의 장면에서 이 점은 분명해진다). 정순은 영수를 존경하고 따르며 그의 아이를 임신하고 낳음으로써, 영수가 '생명'과 '희망'에 대해 말할 수 있게 해준다. 이런 설정이 1970년대의 진보운동의 모습이라기보다는 1980년대의 그것에 더 가까워 보인다는 인상은 차치하고서라도, 대체 정순이 영화에서 맡은 역할은 '모의 – 전태일'이 되어줌으로써 영수를 구원해주는 것밖에 없는 것일까 라는 의문이 생긴다. 영수는 정순에게 '네가 전태일이다'라고 말하지만, 그렇다면 왜 영수가 아닌 정순만이 공권력에 짓밟히고 희생당해야만 하는 것일까. 공권력에 희생당한 노동자 정순이 아이를 낳음으로써 – 전태일과는 달리 죽음이 아닌 – 삶과 미래를 보여주는 것은, 그야말로 수많은 영화에서 쓰여온, 여성에 대한 구태의연하고 전형적인 이미지가 아닐까. 왜 영수는 청년 노동자 전태일을 직접 만나지 못하고 여성의 몸이라는 '모의 – 전태일'을 만나야 했을까. 그에게 전태일을 직접 만날 용기가 없었다면 여성, 특히 자신보다 계급과 학력이 열등한 여성은 용기 없는 채로도 만날 수 있는 존재란 말일까. 영수 자신이 계몽시키고 각성시켜 '올바른' 길로 이끌고 - 영화 속에서 정순은, 야학에서 자신이 처음에 공부는 안 가르쳐주고 왜 노동법 같은 이상한 것들만 가르쳐주느냐고 항의했던 추억을 회상하면서 영수에게 자신이 바보 같았느냐고 묻는다. 영수는, 웃으면서 그랬다고 말한다 - 그 대가로 영수에게 노동계급과 함께 한다는 심리적 면죄부와 생명의 구원을 줄 수 있는 존재라는 말이 되는 것일까.

『남자, 여자, 그리고 영화』에서 구현되는 여성의 이미지 역시 그리 바람직하지 못하다. 소설 속 여자는 자신의 삶과 가치관을 남성에 의해 결정하는 존재로 등장한다. 남자 주인공을 '뒷바라지'하다가 - 소설의 초반 부분에서 여자 주인공이 전태일에 대해서는 아무것도 모르는 인물이라는 점이 명시되어 있다 - 남자 주인공의 삶을 뒤틀어놓은 장본인인 '선배'를 만나면서 그 남자의 정치적인 입장을 따르고, 나중에는 극단적이고 비타협적인 사회운동가의 삶을 산다. 그리고 그런 변모와 변화는 병적이고 히스테리컬한 것으로 묘사된다. 그리고 역시 이 여자 주인공도 아들을 낳는데, 그 아들을 부정하다가 종국엔 아들에 대한 그리움이 이 여자를 '망쳤음'이 은연중에 드러난다. 여자는 다른 남자들을 만나면서 자신이 '너덜너덜'해졌다고 표현하며 소설의 후반부에서 '타락'한 여자의 모습을 묘사하면서 이 표현은 다시 등장한다. 이런 모든 것들이 혹시 자본주의와 공권력에 의해 휘둘리고 희생당하는 노동계급의 모습을 작가가 상징적으로 표현한 것일까? 아니면, 1990년대 이후의 진보 진영 내에서도 여전히 유지되는 남녀의 성적 불평등이 작품에도 구현된 것이라고 보아도 되는 것일까. 이들은 여성에 대해 당연히 '말해야 하는 것'을 말하지 못한다. 아니 사실은, 여성에 대하여 어떤 내용을 말해야 하는지 알고 있지 못한 것으로 보인다. 이 텍스트들에서 여성은, '어머니', '생명', '희망', '미래', '민중'과 동의어로 쓰이고 있을 뿐이 아닌가.

이런 의문은, 이 텍스트들이 다른 사람 아닌 전태일을 다루고 있다는 점을 감안해볼 때 더욱 커질 수밖에 없다. 전태일의 인간관은 융합적이고 비폭력적이었다. 그는 '그대들의 전체의 일부인 나' '나의 나인 그대들' '덩어리가 사라지고 전체가 용해되어 있는 상태'라는 표현을 썼고, 자신이 죽어도 자신의 일부인 다른 사람들 속에서 살아 있다고 믿었다. 인간에 대한 한없는 신뢰와 애정을 보여주는 이 인간관 어디에도 성별에 따른 차별이나 고정관념은 보이지 않는다. 더구나 다른 성에 대한 폭력적인 전형화가 들어갈 자리는 처음부터 이 인간관에 없었던 것이다.

전태일에 대한 몇몇 텍스트들이 여성에 대해 이렇게 고정적이고 차별적인, 무례하다 못해 폭력적인 시선과 묘사를 보여주는 것에 비해, 이 텍스트들이 한결 같이 긍정적으로 묘사하고 있는 지점이 있다. 바로 전태일이 살아생전 '대학생 친구'를 간절히 필요로 했다는 구절이다. 이 부분은 〈아름다운 청년 전태일〉에서는 전태일 어머니의 육성으로 등장하고, 다른 텍스트들에서도 비중 있게 다뤄지고 있다. 전태일이 대학생 친구가 있기를 바랐다는 것은 사실일 것이다. 대학교육을 받은 이들도 읽고 이해하기 힘든, 한자투성이의 '축조근로기준법 해설'을 읽어야만 하는 처지라면 그런 말이 나오는 것이 당연하다. 그러나 이 사실을, 노동자가 노동 관련 법규를 제대로 읽고 이해할 수 없도록 만들어 놓은 현실에 대해 비판하는 근거로 삼을 수도 있다. 이해하기 쉬운 근로기준법 해설서 하나 없었던 상황을 먼저 반성해야 하는 것이다. 문맥 그대로 전태일에게 가장 필요한 존재는 '대학생 친구'였다고 보는 것은, 대학 출신자들의 오만이 낳은, 한정된 독해일 수도 있다. '오만'이라는 표현이 심하게 느껴질지도 모른다. 전태일의 죽음 이후 지식인들이, 전태일에게 친구가 되어주지 못했던 점을 죄스러워했기 때문에 이 구절이 반복적으로 여러 텍스트에서 재현되고 있다고 말할 수 있을지도 모른다(전태일의 죽음 직후 발표된 서울 시내 각 대학생들의 연합 추도회에서 발표된 추도문에서부터 이 구절은 인용된다). 하지만 냉정하게 말해서 이 죄의식은, 자신이 전태일의 친구가 되었더라면－또는 되어'주었더라면'－전태일의 삶 / 죽음이 달라졌을지도 모른다는 오만에서 비롯되는 것이기도 하다. 전태일이 죽지 않고 살아남았더라면 지식인인 자신이 전태일에게서 많은 것을 배울 수 있었을 텐데, 라는 반성은 찾아보기 어렵다. 만약 이 죄의식이 진정한 죄의식이라면 지금까지 등장한 여러 텍스트들에서처럼 그렇게 반복되어 재현되기는 어려웠을 것이다. 왜 이 텍스트들은 굳이 말해도 되지 않거나 강조하지 않아도 되는 것을 굳이 강조하여 말해야 했을까. 이 글을 쓰는 내가 오만이라고 표현한 이 '죄의식'에 굳이 죄의식이라고 불러야 한다면, 그것은 '달콤한 죄의식'이라 불러야 마땅하지 않을까.

한동안 노동계 내부에서만 운위되던 전태일이라는 이름이 2005년 갑자기 언론매체에 오르내리고 있다. 이명박 서울시장의 청계천 개발사업–'복구'나 '복원'이라는 말로는 도저히 표현할 수 없는 이 건설 행위에 가장 어울리는 이름은 역시 '개발'인 것 같다–으로 인해 청계천이 언론의 관심 대상이 된 덕분이다. 평화시장 앞 청계천 6가에 놓이는 다리 이름을 전태일 다리로 하자, 할 수 없다, 그 거리를 전태일 거리로 부르자, 그럴 수 없다, 조형물을 설치하겠다, 안 된다, 된다 등의 수많은 논의가 지난 1년간 이어졌다. '개발'과 '건설' 전문가인 현 서울시장에게 '과거'와 '기억'의 문제를 형상화하라고 요구하는 것은 사실 좀 무리한 요구였을지도 모른다.

어쨌든 수많은 우여곡절을 거쳐 2005년 10월 1일 개발된 청계천에는 물이 흐른다. 그리고 청계천 6가에 놓인 다리는.'버들다리'라는 이름으로 결정되었지만 '전태일 다리'라고도 불리게 되었으며, 전태일 기념상과 기념 동판이 설치될 수 있게 되었다. 비록 공사 허가를 다리 개통 3일 전까지 내주지 않는 덕분에 동판과 기금 조성이 끝나지 않은 채로 개통을 맞게 되긴 했지만 말이다.

이런 결과가 나오기까지의 과정은, 결과 못지 않게 흥미롭다. 처음 전태일기념사업회 측에서 발표한 안에 따르면, 청계천 6가 입구에 세워질 동상은 전태일 기념상이 아닌, '말꽃'을 든 소녀의 조각상이었다(2005년 7월 중순 여러 언론매체에 발표된 기사를 참조). 전태일이라는 인격이 '말'–즉 근대적 이성(理性)과 남성성의 상징으로 볼 수 있는–로 축소된 채로 '소녀'의 손에 들려 있다는 점은, 이 글에서 논의한 바의 맥락과 상통하는 바가 있어 보인다. 전태일은 사라지고 여성은 고정된 이미지–희생자인 동시에 생명을 품은 존재–로 형상화되는 것이다.

애초 발표되었던 이 소녀상의 안은 그 결과가 어떻게 되었는지 모르겠으나, 2005년 9월 말 개막식을 가진 전태일 기념상은 실제의 인물보다 훨씬 더 큰 사이즈의 반신상이다. 나는 이 반신상이 2005년 현재 지식인이 가지고 있는 전태일에 대한 고정관념을 적나라하게 시각화하고 있다고 생각한다. 전태일은 키가 그리 크지 않았고 마른 편이었다고 한다. 불덩어리가 되어 더 사그라졌을 작은 몸은 이제, 새로워진 청계천변에서 오가는 사람들을 내려다볼 만큼 큰 사이즈로 만들어졌다. 이순신 장군이나 세종대왕 같은 위인의 기념상에서 느꼈던 권위적인 위압감을 굳이 전태일 기념상에서까지 느껴야 했을까? 만약 전태일이 오늘날에도 살아 있어야 한다고, 또는 살아 있다고 믿는다면 그는 당연히 등신대(等身大)의 모습으로 우리에게 돌아왔어야 한다. 이 작은 체구의 청년이 어떤 일을 해냈는지를 생각할 때의 감동은, 우리가 실물보다 커다란 전태일을 올려다보며 느끼는 존경심에 비할 것이 아니었으리라. 더구나 완성된 기념상은 반신상이다. 전태일의 하반신은 땅속에 갇힌 형상인 것이다. 이것은 절반만 자유로운 상태인 전태일을 해방시켜야 한다고 주장하는 작가 임옥상의 의도인 것일까? ―그가 『남자, 여자, 그리고 영화』의 출판 작업에 참여한 사실은 왠지 이런 맥락에서 뭔가 시사하는 것처럼 보인다. 이미 생전에 한없이 자유롭고 인간적인 사상을 가졌던 청년은 왜 죽어서 (지나치게) 거룩해지고 묶인 채로 구속되어야 하는 것일까.

새로 건립된 전태일 기념상의 이런 모습 역시 영화 〈아름다운 청년 전태일〉이나 『남자, 여자, 그리고 영화』처럼, 전태일을 다루고 있으면서도 전태일을 지우고 있는 것으로 보인다. 이런 텍스트들 속에서 전태일은 묶여 있다. 한때 살아 있었고 지금도 살아 있는 인간 전태일은 어디로 간 것일까. 그리고 전태일이 사라진 자리, 그에 대해 '말해도 되는 것'과 '말해야 하는 것'을 말하지 못하는 빈자리에 지식인의 공허한 시선과 자의식만이 남아 있다고 보이는 건 왜일까.

전태일을 둘러싼 텍스트들은 앞으로 계속 생산될 것이다. 그리고 시대와 상황의 변화에 따라 텍스트들의 형식과 시각도 바뀔 것이다. 그러나 그것이 어떤 형식의 텍스트이건 간에 지식인의 자의식과 죄의식을 씻으려는 의식(儀式)이 되지 않기를 바란다. 전태일에 대한 텍스트는 전태일을 말해야 한다. 그 텍스트 안에 전태일이 존재해야 하는 것이다. 왜 이런 원론을 새삼 확인해야만 하는 것인지 답답하기도 하지만, 여러 텍스트들을 개별적으로 살펴보면서 그 안에서 전태일이 지워지거나 사라진 경위에 대해서 (수긍은 할 수 없었지만) 이해는 할 수 있었다. 하지만 여전히, 글을 맺는 지금에도 나는, 말해야 하는 것은 말해야 한다고 믿는다.

전태일이 분신한 장소에는 꽤 오랫동안 작은 동판이 땅에 박혀 있었다. 그 위로 수많은 사람들이 무심히 지나갔고 각종 노점상들이 그 곁에 무심히 노점을 설치하곤 했다. 청계천이 개발된 지금 그 동판은 어떻게 되었을지, 문득 궁금해진다.

6

‘전태일 이야기’와 영화 〈아름다운 청년 전태일〉의 제작·수용 과정

천 정 환

서: ‘전태일 이야기’의 전국민성

오늘날 한국에서 ‘전태일 이야기’는 시대를 건너 사회 구성원들에게 집단적으로 수용되는 ‘공동체-이야기’의 하나이고, 영화 〈아름다운 청년 전태일〉은 ‘전태일 이야기’의 일부이다.

최근에 한국사회에서 전태일이 갖는 ‘국민적 상징’으로서의 의미를 극적으로 보여주는 일 하나가 있었다. 서울시에서 복원한 청계천에 ‘전태일 거리’와 ‘전태일 다리’가 생긴 것이다. 서울시는 원래 궁색한 핑계를 대며 전태일 기념 거리를 청계천 복원 구간에 만들라는 〈전태일기념사업회〉[1]의 요구를 거부했었다. 〈전태일기념사업회〉가 전태일이 일하고 목숨을 버린 청계천 주변에 기념 조형물을 설치해 줄 것을 요구한 것은 2000년부터였다. 그러다 지난 2005년 7월 초, 당시 이명박 시장이 〈전태일기념사업회〉의 요구를 전격적으로 수용한 것이다.

이 일은 '전태일 정신'[2]과 정반대되는 정신을 가진, 혹은 전태일이라는 역사적 희생자를 만들게 한 장본인인 한국의 지배계급(또는 그 중 한 블록)조차 전태일이 국민적 상징임을 받아들일 수밖에 없음을 보여준다. 서울시장 이명박은 2006년 가을 현재 유력한 '대권' 후보 가운데 하나인데, 그의 대중적인 이미지는 '불도저', 즉 무자비하고 독선적인 '개발자'이다. 그래서 그는 청계천 복원이라는 야심 찬 계획의 현실화를 앞에 두고, '전태일'이라는 상징을 전유함으로써 자신의 이미지에 '민주주의'의 요소를 섞고 싶었을 것이다.[3]

조영래 변호사가 쓴 『전태일 평전』은 80년대부터 지금까지 대학가의 '필독도서'일 뿐 아니라, 고등학생들 사이에서도 널리 읽히는 책이다.[4] 그리고 이제 '전태일 이야기'는 초등학생들도 안다. 2005년 7월에 초등학교 5-6학년용 어린이용 '위인전'으로도 『청년 노동자 전태일』이라는 책이 발간된 바 있고 어린이들이 보는 잡지에도 전태일 이야기를 만화화한 작품이 있다.[5] 그래서 청계천 주변에 전태일 거리가 조성된 경위는 한국 사회에서 전태일이라는 표상이 겪어온 변화의 과정을 압축한 것이라 하겠다. 즉 한국의 지배계급과 피억압계급 사이의 상징 투쟁이 '전태일'이라는 표상을 사이에 두고 벌어져 왔고, 그 싸움의 추이는 곧 70년대 이후 지금껏 이어져오는 한국사회의 변화와 깊은 관련을 지닌다. 이 과정을 반추해보는 일이 필요하다. 왜냐하면 영화 〈아름다운 청년 전태일〉의 탄생과 수용 또한 이와 긴밀한 관련을 맺고 있기 때문이다.

전태일 상징의 소사(小史)

1983년 조영래 변호사가 『전태일 평전』을 최초로 출간하였을 때, 이 책의 제목은 지금과 달랐다. 책은 "어느 청년 노동자의 삶과 죽음"이라는 제목을 달고 있었다. '전태일'이라는 이름을 앞에 내세우지 않고 '어느 청년 노동자'라는 모호한 제목을 붙였던 것이다.

우선 '어느 청년 노동자'라는 말은 아주 복잡한 뉘앙스를 품는다. 이는 한편으로는 '전태일'이 한국 노동자 계급의 대표단수라는 적극적인 의미도 내포하지만, 다른 한편으로는 그와 정반대로 '노동' 혹은 '노동자'라는 언어가 한국 현대사에서 쓰고 있던 굴레를 보여준다. 한국사회에서 '노동자'는 1987년의 '노동자대투쟁'과 '민주화' 이전까지 '가시화'된 주체가 아니었다. 즉 노동자는 '스스로 발언하지 못하는' 서발턴(subaltern)일 뿐이었다. '노동자' 자체가 공식적인 언론이나 매체에서는 별로 사용되지 않았던 말이었다. '노동자'는 '노동'과 마찬가지로 레드콤플렉스와 결합된 연상을 만드는 '불편한 어휘'였다. 대신 '노동자'는 지배계급이 부여한 명칭인 '근로자'로 공식적으로 지칭되거나, '공돌이/공순이'라는 비어(卑語)로 불렸다.[6] 오히려 지금은 거의 사용되지 않게 된 이러한 비어는 노동자계급의 문화적·정치적 소외를 상징한다. 그와 같은 사회적 맥락을 '어느 청년 노동자'라는 말이 품고 있다. 그래서 『전태일 평전』은 노동자 계급 스스로가 아니라, 변호사이자 헌신적인 지식인인 조영래가 '어느 청년 노동자'를 대신하여 '그들'의 이야기를 들려주는 구조로 되어 있다.

또한 이 제목은 레드콤플렉스를 이용하여 일체의 민주적 노동운동을 금압했던 박정희-전두환 군사정권 시대에 '전태일'이라는 이름이 일종의 금기이자 '불온'의 상징이었다는 것을 보여준다. 그러나 바로 그러했기 때문에 '전태일'은 '대항-표상'이 되어 민주주의와 노동운동의 상징으로 자리매김될 수 있었다. 즉 오늘날 전태일이 성인(聖人)이나 영웅의 의미를 띠게 되는 가장 중요한 역사적 계기는 전태일과 정반대편에 있는 독재권력이 제공한 것이다.

이런 과정과 유사하게 1983년 『전태일 평전』은 "어느 청년노동자의 삶과 죽음"이라는 제목을 달고 나오자마자 문화공보부에서 판매 금지 조치를 시킨 '금서'가 되었지만 오히려 그랬기에 대학가를 중심으로 이 책은 몰래, 그러나 열광적으로 읽혀 당시에 이미 "당대의 고전"[7)]이 되었다. 그리고 책은 전두환정권에 대한 전면적 민중저항이 시도된 1987년 6월항쟁과 노동자 대투쟁 이후에 더욱 많이 팔려서 90년대 초반에 이미 10만부쯤 팔렸다. 그리고 영화 〈아름다운 청년 전태일〉이 나온 90년대 중반 이후에도 책에 대한 관심이 유지되어서 현재까지 약 30만부 이상이 팔린 것으로 보인다.[8)]

80년대에 『전태일 평전』은 대학생과 노동자들의 윤리 교과서처럼 읽혔다. 대의와 타인을 위해 제 목숨을 버린 전태일처럼, 80년대의 운동가들도 극악한 탄압 앞에서 비상(非常)한 윤리적 결단을 요청받았기 때문이었다. 예컨대 민주노총 위원장을 거쳐 현재 민주노동당 국회의원인 단병호는 "자신은 책을 별로 읽지 않"아, 나이 40 가까이에 노동조합 활동을 막 시작했던 1987년 10월경에 『어느 청년 노동자의 삶과 죽음』을 처음 읽었다고 한다. 이 책은 그로 하여금 "노동운동을 시작하게" 했다. 책은 "나의 가슴을 뜨겁게 고동치게 했고, 끝내는 40년에 가까운 잘못된 삶의 굴레를 끊고 새로운 삶을 살아가도록 하기에 충분했"[9)]다.

이상주의적이며 '어떻게 살 것인가'를 근본적으로 고민하는 세대적 특징을 지닌 젊은이와 대학생들에게 80년대의 기성세대와 제도교육은 해답이나 모범을 전혀 보여주지 못했다. 오히려 억압된 사회와 군부독재는 대학생들로 하여금 기성의 가치와 윤리에 대해 근저에서부터 불신하고 회의하도록 하였다. 그랬기 때문에 '대학생 친구가 한 명만 있었으면 좋겠다'는 말을 남긴 '전태일'은 '존재 이전'을 통해 '민중의 벗'이 되기를 꿈꾸거나 실천적인 지식인이 되려는 젊은이들에게 절대적인 영향력을 지니게 된 것이다. 또한 『전태일 평전』의 배경이 된 열악한 노동 현실은 80년대에도 그대로 재생산되고 있었기 때문에, 대부분 중간층 출신인 한국 대학생에게 책에서 그리고 있는 '현실'은 자체로 엄청난 충격을 줄 수 있었다.

이와 같은 과정을 통해 『전태일 평전』과 전태일은 한국의 민주화운동, 노동운동, 사회주의 운동의 정신적·윤리적 준거점으로 자리매김할 수 있었다. 다시 말해 80년대의 '전태일'은 혁명가나 사회운동가의 원형이며 모범이며, 또한 삶의 의미를 근본적으로 성찰하는 기준으로서의 의미를 지니게 된 것이다.

그런데 '민주화' 이후, 한국의 국가 지향은 크게 달라졌다. 민주주의와 인권 등과 같은 가치가 전면에 부각되었고, 국가는 오히려 이런 가치 지향을 선도하는 역할을 하게 되었다. '노동'도 무조건 불온시되지는 않게 되었다. 그래서 군사독재의 지배 하에서 탄압을 당했던 민주화운동의 주체와 그 희생자들은 국가적 기념의 대상이 되기 시작했다. '전태일 이야기'와 '전태일' 표상의 사회 문화적 맥락이 달라지게 된 것도 이와 깊은 관계가 있다.

〈아름다운 청년 전태일〉 영화화 과정

영화 제작 논의의 최초 단계와 〈オモニ(어머니)〉

이 절을 통해 영화 〈아름다운 청년 전태일〉의 제작과정 자체가 하나의 '사회 운동'이었다는 점을 강조하고자 한다. 현대 자본주의국가에서 주류 영화의 제작·유통 과정은 대규모의 자본이 투여되어 대상화된 '소비자'의 기호를 자극하는 상품을 만들고 관객이 그것을 소비하여 다시 자본을 회수하는 흐름에 다름 아니다. 이에 비추어 볼 때 〈아름다운 청년 전태일〉은 경우는 세계적으로도 매우 드문 것이다. 그것은 전적으로 한국 민주화운동의 전통과 이념, 그리고 그 '시민화' 과정 때문에 가능했다. 그리고 이러한 제작과정이 영화 〈아름다운 청년 전태일〉 수용의 성격도 결정했다.

'전태일 이야기'로 영화를 만들자는 논의는 〈아름다운 청년 전태일〉이 처음도 아니고 유일한 것도 아니라는 것을 먼저 지적할 필요가 있다.[10] 그 자신 노동운동가이자 사회학자인 전태일의 여동생 전순옥 박사 증언에 의하면, 최초로 전태일의 삶과 투쟁을 소재로 영화를 만들자는 논의를 시작한 것은 1988년 경이다.[11] 이때 문익환 목사를 비롯한 재야인사와 이소선·민종덕

등 〈전태일기념사업회〉 측의 전태일 유족과 활동가들, 그리고 김지하·김민기·장선우 등 문화예술계의 인사들이 '전태일 이야기'를 영화로 만들면 좋겠다는 생각을 공유했다. 그리고 일본에서 전태일과 그 어머니 이소선을 소재로 만든 〈オモニ(어머니)〉라는 작품이 있다는 사실이 알려진 뒤에 영화 만들기에 대한 논의는 더욱 촉발되었다. 전순옥은 일본에서 영화 〈オモニ〉를 입수해 온다.

거의 알려지지 않은 이 〈オモニ〉라는 영화의 존재는 '전태일사(史)'에 있어 묻혀버린 하나의 중요한 장면이다.[12] 이 영화는 일본에 있는 반박정희-민주화 운동 단체였던 〈한국민주회복통일촉진국민회의(한민통)〉[13]가 만든 1978년의 작품이다. 〈한민통〉은 유신 선포 이후 김대중의 망명 도일을 계기로 진보적인 재일 한국인들이 결성한 단체이다. 일본의 민주세력과 연합하여 박정희 군사독재의 학정과 유신의 억압성을 고발하는 활동을 하여 해외의 대표적인 '반한' 단체로 꼽혔다. 박정희-전두환 군사정권은 김대중을 비롯하여 이 단체와 연관이 있는 인사들에게 '간첩' 혐의를 씌우려고 애썼다.

〈한민통〉은 김대중 납치사건(1973년) 이후 일본 내에서 그 활동력을 높여가다가 1978년, "노동자들을 비롯한 일본의 광범한 각계 각층 단체와 시민들에게 군부통치하의 한국의 실정을 보다 정확히 그리고 전면적으로 인식시키고 한민통에 대한 지원을 강화하기 위해 한국 노동운동의 선구자 전태일씨의 평전을 형상화한 영화 〈어머니〉를 제작하여 전태일 분신자살 8주년에 맞춰 상영운동을 전개하였다."[14] 〈한민통〉이 노동계급을 비롯한 한국 각

계 민중들의 투쟁을 그린 영화 제작은 〈オモニ〉가 처음이 아니라 네 번째였다. 상영운동의 결과 〈オモニ〉는 일본 전국 700군데서 상영되었다고 한다.[15)]

이 영화는 재일동포 김경식(金慶植)과 일본인 감독 나카오 준이치로(中尾駿一郎)가 공동 감독한 95분 길이의 극영화로서, 일본 유명배우들이 타이틀롤을 맡았다. 영화는 아들의 죽음 이후 민주화운동의 투사로 전신하는 전태일의 어머니 이소선(磯村みどり, 이소무라 미도리 분)이 화자로 등장하여 전반부에서는 전태일의 투쟁과 죽음까지의 과정을 그리고, 후반부에서는 전태일 분신이 촉발시킨 70년대 학생운동과 재야운동에 초점을 맞췄다.

영화는 〈아름다운 청년 전태일〉에 비하면 기법적으로 훨씬 거칠지만, 전태일이 한국 학생운동과 노동운동 등에 끼친 영향을 사실적으로 재현하고 박정희 정권의 폭압성을 폭로하는 데 성공하고 있다. 장기표 같은 반유신운동의 대표적인 인물도 등장시키고 김대중 납치사건과 대학생들의 반유신시위 뉴스릴을 삽입하여 표현의 사실성을 높였다. 영화에는 70년대 중후반의 한국의 절박한 상황이 살아있다.

그래서 〈オモニ〉는 『어느 청년노동자의 삶과 죽음(전태일 평전)』보다 먼저 서사화된 '전태일 이야기' 형상화(및 해석)의 중요한 사례이자 〈아름다운 청년 전태일〉의 상호텍스트로 취급될 만하다. 영화는 직접적이고 선동적인 방식으로 '전태일 이야기'와 반유신투쟁을 형상화함으로써 〈아름다운 청년 전태일〉이 택하지 않은 길을 갔기 때문이다.

영화 제작 과정

그러나 1988년의 논의는 성과없이 중단되었다. 영화 제작에 대한 논의가 다시 시작된 90년대에는 적어도 세 그룹의 인사들이 '전태일'의 영화화를 논의했다. 〈아름다운 청년 전태일〉은 이런 흐름이 한 줄기로 수렴된 결과이다.

〈파업전야〉(1990)의 '책임 연출자' 중 한 사람이자 〈장산곶매〉의 주요 활동가였던 장동홍의 말에 따르면, 〈장산곶매〉에서 전태일 이야기를 영화화하자는 논의가 시작된 것은 〈파업전야〉 개봉 직후이다. 이들은 1990년도 말부터 1992년도까지 꽤 오랜 기간 시나리오 작업을 했으나 만족스럽지 못하다는 내부의 논란이 있었고 〈장산곶매〉 자체가 조직적 전망을 새롭게 해야 하는 상황 속에서 지지부진에 빠진다. 와중에 〈장산곶매〉의 활동가들은 유인택과 장기표를 매개로 〈전태일기념사업회〉와 접촉을 하기도 했다.

한편 이효인(전 영상자료원장)이 관련된 〈민족영화연구소〉가 독자적으로 전태일 영화화를 기획한 것은 1989년 경이었다고 한다. 이 계획은 꽤 구체적으로 추진되어 촬영도 시작했으나 제작비 문제 때문에 곧 중단되고 말았다. 그러다가 90년대 이후에 상황이 변하고 〈전태일기념사업회〉가 영화제작을 추진할 때 이효인은 다시 여기에 참여했다. 이때는 '전태일 영화'를 16 mm 영화로가 아니라 '제대로 잘' 만들어야 한다는 명제에 동의하며 참여하게 됐다. '제대로 잘'은 영화 〈아름다운 청년 전태일〉 제작 주체들에 의해 자주 운위된 말로서, 상징적인 의미를 갖고 있다. 변화한 상황에서 '전태일 영화'는 '80년대 방식'이 아닌 방식으로 만들어져야 한다는 공감이 있었다는 것이며, 바로 그러한 결과물이 〈아름다운 청년 전태일〉이기 때문이다.

90년대 이후 〈전태일 기념사업회〉를 위시한 재야 쪽에서 논의를 주도한 사람은 노동운동가 민종덕·장기표·정인숙 등이다. 그중 장기표는 독립영화운동을 하던 인사를 모으고 논의를 확산하는 데 중대한 역할을 하였다.[16] 그리고 이들이 '충무로'의 제작자 유인택과 감독 박광수, 그리고 문성근 등에게 제안하여 영화가 만들어지게 된 것이다.[17] 장기표의 제안에 따라 '사업 추진용' 시나리오 한편을 쓴 것은 이효인이었다.

따라서 논의에 그치다가 현실이 된 전태일 이야기의 영화화는 재야 민주화운동과 독립영화운동의 흐름이 '충무로 제도권'의 힘과 조우한 결과라 할 수 있다. 개봉 당시 평론가 이정하가 이 영화의 탄생이 "독립영화운동의 위대한 승리"[18]라 지칭한 맥락도 여기서 주어진다.

그런데 '충무로'의 유인택·박광수·문성근 등도 70년대 이래의 '운동권'이었거나 민주화운동에 동정적인 인사들이었다. 제작자 유인택은 1980~90년대 한국 영화사의 한 자락을 보여주는 전형적인 인물이라 할 수 있다. 그는 '운동권'에서 영화판으로 몸을 옮긴 많은 사람들 중의 첫 세대에 속한다. 유인택은 유신말기에 긴급조치 9호 위반으로 구속된 적이 있는 '긴조세대'로서, 80년대에는 문화운동에 투신하여 1988년에 〈민예총(한국민족예술인총연합회)〉 사무국장을 역임했다. 그는 1989년에 광주항쟁을 다룬 독립영화 〈오, 꿈의 나라〉를 제작 상영하여 영화법·건축법 등을 위반했다는 혐의로 구속되었으나, 그해 정식으로 영화사에

입사하여 상업영화의 기획자로 변신했다. 〈결혼이야기〉(1992), 〈헐리우드키드의 생애〉(1993), 〈너에게 나를 보낸다〉(1994) 등이 그가 히트시킨 작품들이다.

유인택은 영화 제작의 최초 단계에서 "전태일에 대한 영화는 가치관의 아노미시대에 살고 있는 관객들에게 삶의 문제, 가치관의 문제, 진실의 문제를 다시 한번 되돌아보게 할 것이라는 점에서 반드시 만들어져야 할 영화"라고 했다.[19] 그리고 이는 공식적으로 〈전태일기념사업회〉가 표방한 영화 제작의 동기, "전태일 열사의 고귀한 인간 사랑의 정신을 청소년 및 일반 대중을 중심으로 알리고자"[20]한다는 것과도 부응하는 것이다. 이런 언술은 영화 〈아름다운 청년 전태일〉이 만들어진 90년대에 달라져야 했던 전태일 표상의 의미를 상징적으로 보여주는 한편, 영화 제작에 참여한 민주화운동 세대의 90년대에 대한 태도를 보여주는 것이다.

90년대 중반의 사회 문화적 맥락

유인택이 말한 '가치관의 아노미'라는 것은 '민주화' 이후 시작된 '포스트모던' 시대의 문화적·이념적 변화를 뜻한다. 〈아름다운 청년 전태일〉이 만들어진 90년대 중반의 한국은 70년대 이래의 마르크스주의의 지적·윤리적 헤게모니가 해체되고, 그 빈 자리를 개인주의와 다원주의가 본격적으로 메우기 시작하던 시점이다. '민주화'가 지상(至上)의 가치였던 세대·주체의 시각에서 보면 이는 '아노미'로 여겨질 수도 있다.

1993년에 출범한 김영삼 정권은 자유주의부르주아와 군부 독재의 잔존 세력이 결합해서 창출된 정권으로서 한계를 지녔지만, 30여년 만에 회복한 '민간 정부'로서의 의의 또한 적지 않았다. 이 정권은 특히 출범 초기에 '개혁'에 성공했다. 무소불위의 권력집단이었던 군을 민간의 통제 하에 두는 데 성공했으며, 군사정권 시대의 부패와 비리를 단죄했고, 절차적 민주주의를 확대하고 금융실명제 등의 개혁조치도 단행했던 것이다. 이러한 일련의 '개혁'은 민주화운동이 겨냥했던 '가시적인' 민주화의 적(敵) 자체가 사라지게 하여 '민주 대 반민주'의 구도가 와해되게 하는 효과를 만들었다. 물론 여기에 '사회주의권의 몰락'으로 약술되는 이념적 변화가 보태졌다.

대신 민주화운동은 금기와 '투쟁'의 영역에서 나와서 '시민화'되기 시작했다. 즉 민주화운동의 이념은 80년대처럼 사회주의로 급진화되기를 멈추고 시민적인 이념으로 변화해야 했다. 그 조직과 실천의 방식도 바뀌어야 했다. 경실련, 참여연대, 환경운동연합과 같은 시민운동조직의 정치적 영향력은 급속히 확대되었으며 이들의 영향력은 시민의 일상적인 영역에까지 미치기 시작했다. 또한 무엇보다 전 시대의 운동가들은 직업인이 되거나 제도권의 영역으로 인입되었다. 80년대의 급진적 이념과 조직은 변질되어 직장과 가정과 일상의 공간으로 스며들었던 셈이다.

그리고 1994~95년의 상황은 정치와 하부구조 사이의 매개로서 '문화'가 그 상대적 독자성을 확연하게 크게 키우는 상황이었다. 대중문화의 위력이 커짐에 따라 이전 시대의 민중문화와 대항문화는 그 독자적 존재 의의를 잃어가고 있었다. 지배계급문화와 민중문화의 이분법적 대립구도가 사라진 자리에 젠더·사이버공간·영상·새로운 도시성 등의 항이 밀려들었다.

한국영화는 '90년대 문화'의 아주 뚜렷한 한 자리를 차지하며 새로운 전기를 맞고 있었다. 충무로의 제작 시스템이 달라지고, 새로운 인력이 영화계로 몰려 이전과는 다른 지적·정치적 배경을 지닌 감독과 제작자들이 등장하고 있었다. 대기업의 자본도 영화계에 유입되기 시작했던 것이다.[21] "한국영화의 가능성에 대한 믿음이 확산돼 영화제작이 활기를 띨 것이라는 게 영화계의 지배적인 전망"[22]이 되었다. 90년대 이후의 '한국 영화 르네상스'가 예비되기 시작했던 것이다. 〈아름다운 청년 전태일〉은 80년대의 썰물과 90년대의 새로운 사회·문화적 풍토의 밀물이 조우한 시공간에서 탄생한 영화이다.(90년대 관객층의 변화에 대해서는 이후에 상술.)

집단창작? 제대로 잘!

80-90년대 독립영화의 상당수는 '집단창작'되었다. 예컨대 대표적인 독립영화 〈파업전야〉의 크레딧에는 '이은기·이재구·장동홍·장윤현' 네 사람의 '감독' 이름이 보이는데 이는 기성 영화의 제작 방식을 거부하고 집단 창작의 이념에 따라 영화가 만들어졌음을 표나게 밝힌 것이다. 특히 〈장산곶매〉는 의식적으로 제작과 창조의 책임이 집중되는 한 사람인 '감독' 대신에 '책임연출'이라는 방식을 택했다.[23] 원래 '집단 창작'은 창작이라는 과정이 내포하는 쁘띠부르주아성·개인주의를 극복하고 집단의 이념과 계급의 당파성을 구현하기 위한 민중예술운동의 '창작방법론'이다. 80년대의 문화 영역 전체에서 '집단 창작'의 산물이 나타났

는데 이는 문화운동에서 가장 급진적인 반-부르주아 예술운동의 의미를 지닌다. 그리고 공연예술과 영화는 그 장르 특성상 집단 창작이 가장 용이한 장르였고 80년대 독립영화운동에서 집단 창작은 한국 독립영화운동의 핵심적인 방법론이었다.[24)]

〈아름다운 청년 전태일〉의 경우는 어떠한가? 이 영화는 집단 창작과는 거리가 먼 방식으로 제작되었다. '각본'에 이창동·김정환·이효인·허진호 등의 유명한 이름이 함께 박혀 있고[25)] 많은 배우와 스텝이 단순히 '출연'이 아니라 그야말로 '참여'하는 방식으로 이 영화를 만들었으나 이미 이념적인 '집단 창작'의 논리가 통할 시대나 조건이 아니었다. 그러나 집단 창작의 의미가 이 영화에는 다른 방식으로 구현되어 있다고도 볼 수 있다. 아래에서 그 과정을 살펴보자.

1994년 5월 1일에 〈영화 아름다운 청년 전태일 제작위원회〉가 발족해서 이른바 '프레임 쌓기 운동'이라는 이름으로 노동조합, 시민 사회단체, 개인들이 참여하여 영화 제작비를 조달하는 운동을 벌이기 시작했다. 제작사 〈기획시대〉는 5억원 여의 예산안을 세우고 2만 원에서 1천만 원에 이르는 정액가의 '영화 전태일 제작 범국민후원회' 증서를 판매했다. 이 증서 구입액은 영화 상영이 끝난 뒤 흥행 실적에 따라 개인별로 반환하기로 했다. 당시 서울 개봉관 관객 수가 10만명 이상이면 원금의 50%, 20만명 이상이면 100%를 반환하겠다는 약속을 한 것이었다.[26)] 이 운동에 무려 7천 6백 여 개의 개인과 시민 사회단체들이 참여했다. 이는 사실상 한국의 재야·노동조합·시민단체가 총망라된 것이라 할 수 있다. 뿐 아니라 소방서·학교 등이 조직적으로 이

운동에 결합한 사례도 아주 많다. '전태일 영화화'는 '국민적 운동'이었던 것이다.

제작자인 유인택은 당시 충무로 영화 자본의 주류 자리를 잡아가던 삼성나이세스, 대우영상산업단, SKC 등 재벌기업과 직접 연관을 지닌 대자본이 노동운동의 정신을 고무하는 영화에 투자할 리 없다고 판단하여 프레임쌓기 운동을 시작했다고 회고했다. 처음에는 막연히 "전태일을 아는 40대 지식인 출신들이 이제 사회에서 자리를 잡았으니 좀 도와주지 않을까?"라 생각했으나 반응은 전혀 기대이상이었다. "뜻있는" 방송국 PD들이 문성근과 유인택을 텔레비전과 라디오에 출연시켜 모금운동을 홍보하게 해주었으며, 한겨레를 위시한 언론사가 밀어주자 전국적으로 이 운동이 "이름 없는 일반대중"에게까지 "들불처럼 번졌다".[27] 각종 단체의 일상적인 활동 공간에서 모금이 이루어졌을 뿐 아니라 서울과 지역에서 이 모금을 위한 행사가 따로 기획되기도 했다.[28]

적극적인 사회 참여로 유명한 배우 문성근이 이 영화 제작에 주도적인 역할을 한 것은 그의 부친 문익환 목사(1918~94) 때문이었다. 상징적인 재야 지도자였던 문익환 목사가 생전 〈전태일기념사업회〉 측 인사들과 함께 전태일에 관한 영화를 만들어야 한다는 생각을 나누었기 때문에, 문성근은 영화 참여를 "아버님의 유업을 완성하기 위해 해야 할 일"[29]로 생각했다는 것이다. 문성근은 노개런티로 출연하고 영화 제작기금 모금 운동에도 앞장을 섰다. 영화 제작기금 모금 운동이 활발해지자 홍경인 등의 다른 배우와 촬영감독 유영길 등도 개런티의 일부를 기금으로 내놓았다.

이 영화의 주연배우 캐스팅도 공개적으로 이루어졌다. 기획사 측은 한겨레신문에 크게 광고를 내고 영화에 참여할 배우를 모집했다. 오디션에는 연극배우와 영화배우 뿐 아니라 교사, 회사원, 학생 등 "전태일을 너무나 잘 아는 사람부터 하나도 모르는 사람에 이르기까지" 각계각층에서 응모했으며 어떤 응시자는 혈서까지 쓰는 해프닝을 벌이기도 했다.[30] 또한 영화의 서울대 촬영 씬에는 서울대생 3백여 명이 무보수 엑스트라로 참여했다.

국민적 참여와 재벌의 투자

1995년 4월 27일에 세종문화회관에서 열린 영화의 제작발표회는 〈아름다운 청년 전태일〉이 갖는 '국가적' 의미를 보여주기에 충분했다. 발표회에는 당시 민주당 김근태 부총재, 박계동 의원, 민자당 손학규 의원 등 정계 '유력 인사'와 최민 한국예술종합학교 영상원장 등이 참석했다. 김영삼 대통령은 화환을, 김대중 아·태재단 이사장은 축하 메시지를 보냈다. 그리고 김도현 문화체육부 차관이 축사를 했다.[31]

영화의 촬영과정도 '참여'로 이루어졌다. 예를 들면 촬영팀은 1995년 5월 서울대에서 열린 메이데이 기념 전국 노동자대회를 필름에 담기 위해 대회장에 갔고, 촬영하던 와중에 촬영팀이 단상에 불려나가 자신들을 소개하고 참석한 노동자들로부터 격려 박수를 받았다. 또한 청계천의 마찌꼬바 작업 씬을 찍을 때는 청계피복노조 출신의 시민들이 당시 마찌꼬바 작업장의 분위기를 증언하고, 여공역을 연기한 어린 여성배우들에게 미싱 작업을 가르쳤다. 또한 영화의 클라이막스 씬인 분신 장면을 청계천 상가에서 촬영할 때에는 주변의 노동자와 상인들이 영업과 작업을 중단한 채 지켜보고 촬영이 끝날 때 박수를 보내주었다 한다.[32)]

영화의 제작기간은 당시의 보통 한국영화에 비하면 상당히 긴 것이었다. 1994년 4월부터 자료조사가 시작되고, 1995년 5월에 크랭크인하여 9월에 촬영을 마치고 후반작업을 했다. 이 영화가 기술적인 완성도를 높이기 위해 호주에서 후반 작업을 했다는 사실도 당시에는 큰 화제였다.

이처럼 높은 관심 아래 영화가 제작되고 있었으나 결정적인 문제가 있었다. 영화 제작비가 예상보다 훨씬 높아져서 시민 모금으로 충당되지 않았다. 제작사는 처음에 제작비로 5억을 예상했고 국민 모금액은 그의 절반인 2억 5천만 원 뿐이었다. 최종적으로 영화 총 제작비는 16억 원이었다. 결국 대우영상산업단의 자본이 50 % 투자되어 영화 제작이 가능했다.[33)]

재벌 '대우'는 영화가 어느 정도 흥행하리라는 것과 또 투자함으로써 얻는 수익 이상의 것이 있다는 것을 간파하고 투자를 결정했을 것이다. 재벌의 돈으로 전태일 이야기가 영화화되었다는 것은 상징적이다. 거의 '전국민적 운동'을 벌여 시민과 재야단체들이 십시일반 모금한 몇 억이란, 기실 '제대로 잘' 만들어져야 했던 영화 1편을 만들기에는 턱없이 부족한 돈이었던 것이다. 이는 〈아름다운 청년 전태일〉이라는 영화의 문화사적 위치를 말해준다.

결국 영화는 완성되어 시사회가 전태일 분신 25주기인 11월

13일에 맞춰 열렸다. 이 자리에도 강삼재 민자당 사무총장 등 정·관계의 유력인사들과 박형규 목사, 백기완 통일문제연구소장, 김승훈 신부, 이돈명 변호사 등등 민주화 운동과 연관된 상징적인 인물들이 참석했다. 또한 이틀 뒤 서울대에서는 따로 서울대생들을 위한 시사회가 열리고 감독·배우와 학생들 사이에서 영화에 대한 토론회도 벌어졌다.

영화가 끝난 뒤 이 영화제작에 후원금을 낸 시민 7천 5백 44명의 이름이 자막으로 올라가자 시사회 참석자들의 기립박수가 터져 나왔다. 전태일 분신 당시 서울대 법대 학생회장이었으며 관련 시위를 주도했던, 그리고 영화 제작의 산파역을 한 장기표는 "이제 운동권의 전태일에서 국민 모두의 전태일로 돌아왔다"고 말했다. 또한 〈전태일기념사업회〉의 김금수 회장(전 노사정위원장)은 "오늘 이 영화 한편은 묻혀진 한 역사의 단순한 복원이 아니라 전태일 정신의 부활을 의미한다"며 "인간다운 삶이란 무엇인가 하는 그의 질문은 90년대인 지금도 계속되고 있다"고 했다.[34] 그렇게 〈아름다운 청년 전태일〉의 '공식적인 의미'는 부여된 것이다.

〈아름다운 청년 전태일〉의 관객과 수용 과정

영화의 이원 구조와 관객 설득 전략

그러나 애초에 영화는 흥행에 대한 기대를 모으지는 못했다. 영화제작 그 자체는 나름대로 화제가 되었지만 개봉 1주일 전까지 개봉관을 잡지도 못할 정도로 '업계'의 흥행예상은 나빴던 것이다. 제작자 유인택은 먼저 스크린쿼터 일수가 모자라는 대한극장을 섭외했으나 관계자가 영화를 보고나서 대관을 거절했다. 그래서 유인택은 그해 자기 회사가 제작한 〈너에게 나를 보낸다〉로 "톡톡히 재미를 본" 서울극장에 달려가서 "무릎을 꿇고 부탁"하여 스크린을 잡았다.[35)]

영화는 과연 기법적으로 세련되고 완성도가 높았다. 하지만 '전태일 이야기' 자체가 아직 일반 관객에게는 낯설고, 흑백과 칼라로 병진되는 두 개의 이야기를 따라잡기는 어려웠다는 점이 '흥행' 예상에 회의적인 사람들의 판단 근거였다. 비평가들에 의해서도 이런 점이 여러 차례 지적되었다.

> 장면들마다의 큰 간극이 객석을 더 고통스럽게 만든다. 그러므로 김영수가 전태일을 부활시키고자 흑백과 천연색의 봉합을 꾀하는 만큼 관객도 적극적으로 두 사람의 숭고한 삶을 오늘의 시점으로 승화시켜야 한다. 한국영화사상 가장 적은 쇼트(1백 79개)로 구성된 이 별난 텍스트의 간극들은 당당하게 그렇게 요구한다.[36)]

〈아름다운 청년 전태일〉은 『전태일 평전』에 그려져 있는 전태일의 숭고한 삶과 죽음, 그리고 그것의 후경이 되었던 박정희 정권의 폭압과 노동 현실에 초점을 맞추지 않고 있다. 또한 영화는 이해하기 쉬운 선조적인 시간 진행을 지닌 서사구조를 의식적으로 회피하고 아예 두 가지 이야기가 병진되게끔 극단적인 방식의 교차 편집을 이용했다. 이는 한편으로는 『전태일 평전』에 나타나 있는 '전태일 이야기'를 보여주고, 한편으로는 『전태일 평전』이 씌어지게 한 70년대 지식인 운동에 대한 이야기를 하기 위한 장치이다.

김영수의 시선, 또는 김영수에 의해 해석된 전태일의 삶이 영화의 사실상 주제이다. 그래서 나쁘게 말하면 이 영화는 '전태일 이야기'에 대한 지식인적 전유의 한 전형일 뿐이다. 〈아름다운 청년 전태일〉의 전태일은 노동자계급이나 '우리 모두'의 전태일이 아니라 지식인들의 전태일이라고 말할 수도 있다.

필자도 1995년 11월에 처음 이 영화를 보았을 때 당혹스러웠다. 필자는 당시 구로구 가리봉동에 있는 한 노동자문화단체의 일을 돕고 있었는데, 그곳의 노동자들과 함께 이 영화를 보러 갔었다. 퇴근한 후에 일부러 시간을 내어 영화관에 간 그들 노동자들은 고졸에 20대 중반 정도의 연령대의 남녀들이었고, 사무직과 생산직이 섞여 있었다. 『전태일 평전』을 읽지 않은 사람들이 대부분이었던 것으로 기억되며 '영화 마니아'가 아닌 평범한 '젊은' 관객이었다. 이들은 제작기금 모금 운동을 알고는 있었지만 참여하지는 않았다.

필자 스스로도 영화가 '예상 밖'이어서 당황했다. 분명 아름답지만 낯설기도 한 영화의 이야기 구조에 적응하는 데 꽤 오랜 시간이 소요되었다. 그것은 내게 충격을 주었던, 그리고 다시 보고 싶었던 '전태일 이야기'가 아니었다. 한데 영화를 보면서 예상했던 대로 노동자들도 전혀 '감동'을 받은 눈치가 아니었다. 그들과 같이 영화를 보러 간 이유는 무엇이었겠는가? '감동'을 공유하기 위해서가 아니었겠는가?

영화를 보고 난 뒤에 나눈 대화를 세밀하게 기억할 수는 없지만 그들의 대체적인 반응은 '어려웠다'는 것이었다. 그들에게 조영래라는 지식인은 중요하지 않았고, 『전태일 평전』이라는 책이 어떻게 씌어졌는가는 중요한 점이 아니었을 것이다. 또한 영화의 낮고도 침착하기 그지없는 톤이 낯선 것이었을 수 있다.

이 영화가 채택한 감정 발전의 구조는, 다수의 관객에게 익숙한 이른바 '아크 플롯'과는 거리를 둔 것이다. 흑백과 칼라를 통해 교차 편집한 영화 속 두 개의 이야기는 각각 감동적인 면을 갖고 있다. 분신에까지 이른 전태일의 삶이나 영수(문성근 분)와 정순의 사랑은 다 아름답고 비극적이기에 격한 감정적인 반응과 동일시를 이끌어낼 만한 힘을 가진 이야기이다. 그러나 영화의 교차 편집은 관객이 어느 쪽 이야기에도 몰입해가는 것을 막는다. 이는 철저히 의도된 것이기도 하다. 박광수 감독은 수차례에 걸쳐 영화가 '신파'나 '선동적'으로 되는 것을 피하고자 했다고 밝힌 바 있다.[37]

따라서 영화 〈아름다운 청년 전태일〉은 관객의 지성에 호소하는 이런 종류의 영화가 가진 '억압'을 가지고 있다. 분신자살 또는 수배 생활 중의 사랑과 같은 이야기는 영화를 감상하는 주체의 일상적 경험을 훨씬 뛰어넘는 성질의 것이다. 관객의 경험의 제한성을 넘어 전태일과 김영수의 시대를 이해하게 만들고 이야기에 개재된 뜨거운 감정과 비범함에 관객이 몰입되고 감정이입되게끔 만드는 것은 영화 서사구조가 꾀할 수 있는 '대중적' 최선일 것이다. 이는 박광수가 말한대로 '신파'나 '선동'이 곧잘 취하는 감정 발전의 구조임에 분명하나, 그 자체로 좋거나 나쁜 이야기 구조라 할 수 없다. 해피엔딩이나 비극적 결말 자체가 영화의 완성도를 결정해주지 않는 것과 마찬가지로 말이다.

박광수 감독은 "지금 한국 상황에서" 이야기를 그렇게 만드는 것이 효과적일지 의문이라며 "인간의 이야기를 한 것도 그 때문"이라 부연한다. 그러면서 영화의 '바보회 엠티' 장면을 예를 들며, 노동자들이 토론을 끝내고 춤추고 놀다가 갑자기 옷을 벗고 바다로 뛰어드는 장면에 그려진 바, "'자연'으로서의 맨몸의 인간이 자연 그 자체인 바다와 하나되듯이 인간의 노동도 그러해야 한다는 것이 전태일이 꿈꾼 노동 아니었을까. 그렇게 관객들이 읽어주기 바란다."고 말하였다.[38)]

여기서 읽을 수 있는 것은 오히려 감독이 부담하고 있는 모순된 두 가지 힘과 관념성이다. '지금 한국 상황'에서 '선동' 같은 구조가 불가능하다는 것은 '지금 한국 상황'에 대한 과잉 해석이다. 80년대가 종언된 시점이건 탈-이데올로기의 시대이건 감정이입의 힘과 보편성은 없어지지 않는다. 오히려 감독은 '이데올로기의 종언'이라는 90년대 중반의 지배이데올로기를 내면화하고 있는 것이다. 그러면서 정반대로 감독은 '자연과 인간의 노동이 하나여야 한다는 것이 전태일의 생각이며 관객들도 그렇게 읽어야 한다' 고 했다. 이는 여전히 지극히 계몽적인 자세를 취하고 있다는 증거가 아니겠는가. 다음 절에 나타난 관객의 반응은 이와 같은 감독의 의도와 무관하게 이야기가 수용된 양상을 보여준다.

수용자 (1): 눈물을 흘린 지식인

영화는 첫날부터 같은 날 개봉한 할리우드 블록바스터 〈쇼걸〉

을 누르고 승승장구하며 흥행 행진을 했다. 영화는 서울 관객 기준 20만을 동원했고 연말 '크리스마스 특선작'에게 스크린을 양보하는 날까지 계속 선전했다. 지방에서도 관객을 모으는 데 성공했다. 예상을 완전히 뒤집는 결과가 나온 것이다. 이 영화의 흥행 성공요인, 그리고 관객의 반응은 여러 가지로 설명할 수 있을 것이다. 세 가지 부류의 수용자들을 통해 이를 추론해볼 수 있다.

첫 번째 수용자들은 이 영화의 서사 자체가 가진 설득력 자체에 감득했던 부류의 관객이다. 아래의 두 인용문을 보자. 이는 각각 70년대와 80년대의 노동 현장과 학생운동을 경험한 소설가와 변호사가 쓴 감상문이다. 가히 한국을 '대표'한다 해도 될 이들 '지식인'은 영화를 보며 '눈물'을 흘렸다고 토로하고 있다.[39)] 이들에게는 감독이 피하고자 했다던 '신파'의 요소가 그대로 수용의 원리로 작동했다는 것을 알 수 있다.

> 전태일의 죽음은 헛되지 않았다. 그는 노동자들의 청년예수였다. 그의 죽음을 나눠먹은 수많은 노동자들이 자기자신들을 사랑하기 시작했고, 인간적인 삶을 위해 세상과 싸우기 시작했다. 나 또한 전태일의 죽음을 받아먹고 용기를 가진 언니들 곁에서 한 때를 보냈다. 그러나 나는 그 때 너무 어렸고 오로지 학교에 가야한다는 생각 뿐으로 전태일의 후예들이 나눠주는 리본하나 제대로 가슴에 달지 못했다. **영화를 보는 동안 내내 여성노동자 신정순에게서 눈길을 뗄 수 없었던 것도, 그녀의 어떤 몸짓에서 그만 눈시울을 붉히고 말았던 것도 그때 고단한 싸움을 벌이던 그들의 우수가 내 가슴에 흘러들어서였다.** (중략) 나는 이 영화의 제작이 나의 일처럼 기쁘고 가슴 설다. **한때**

노동자였던 나를 나는 사랑하지 못했다. 자기 자신을 사랑하지 못하는 사람이 자기 계층을 사랑할 수는 더욱 없었다. 어떤 연유가 있었든 이것 또한 배반이다. 이 글은 그들을 나의 자랑스런 친구들이라고 부르는데 17년이나 걸린 사람의 슬픔같은 것이며 박광수에 의해 다시 살아난 그들이 세상과 아름답게 섞이길 바라는 마음의 발로다.(강조는 인용자)

– 신경숙, "〈아름다운 청년 전태일〉을 보고", 「중앙일보」, 1995년 11월 10일

'아름다운 청년 전태일'을 보면서는 눈물샘이 마를 만큼 울었다. 그 영화가 좋은 영화인지, **그저 그런 영화인지는 아직도 모른다. 그저 전태일 이야기라는 것만으로 울었다. 10여년 전 조영래 변호사가 쓴 '전태일 평전'을 보면서도 울었는데, 어렴풋이 어떤 다짐을 했던 것 같다.** 나는 영화를 보며 공장으로 가버린 대학선배와 내게 무언가를 기대하던 씩씩했던 노동자들을 그리워했다. 그리고, 지키지 못한 다짐과 내 헝클어진 삶을 혐오했다. **그 눈물은 기껏해야 자기연민이었겠지만 이 누더기같은 영혼이 세상에게 무엇을 양보했고, 무엇을 아직 내주지 않았는지를 알게 했다.**(강조는 인용자)

– 조광희, "내 인생의 영화 – 아름다운 청년 전태일", 「동아일보」, 1999년 7월 30일

이 글을 쓴 사람들은 '전태일 이야기'와 조영래 변호사의 삶에 대해 익히 알고 있는 이들이다. 그리고 결정적으로 이른바 386세대 혹은 민주화운동세대에 속하는 이들이다. 그래서 영화의 서사구조가 이야기에의 몰입을 가로막건 말건, 이들은 영화의 서사에서 추출된 재료를 통해 아주 정확하게 혹은 참으로 소박하게 자신의 삶과 이야기를 관련시킨다. 그렇게 할 수 있었던

이유는 '사실'들로부터 추출된 그 비극적인 이야기들 자체가 진정성을 갖고 있기 때문이겠지만, 그리고 더 결정적으로 중요하게는 수용하는 주체들이 그 사실들이 있던 시대를 직접 체험했기 때문이다. 이야기의 진정성은 그와 같은 경험을 통해 증폭되며 온전히 주관화된다.

그리고 이들의 감상에 있어서 '전태일'은 윤리적 준거점으로 작용하여 '나'를 반성하는 기제가 되고 있다. '여공' 경험을 갖고 있는 신경숙은, 당시의 많은 '여공'들이 실제로 그랬듯 자신이 '여공'이었음을 부끄러워했다 한다. 그런데, 전태일은 노동자계급의 "청년예수"로서 그러한 자기비하를 극복하는 데 결정적인 매개가 되었다는 것이다. 이러한 자기의식에 대한 회고가 영화를 보며 슬픔을 자아내게 한다. 신경숙은 유능한 소설가답게 자신의 슬픔을 "그들을 나의 자랑스런 친구들이라고 부르는 데 17년이나 걸린 사람의 슬픔"이라 적확하게 의미화 했다.

한편 조광희는 영화가 "전태일 이야기"라는 이유만으로 눈물샘이 마르도록 눈물을 흘렸다면서, 그 눈물의 실내용이 "공장으로 가버린 대학선배와 내게 무언가를 기대하던 씩씩했던 노동자들을 그리워"하는 것이며, 또 다른 한편으로 "지키지 못한 다짐과 내 헝클어진 삶"에 대한 혐오라 설명한다. 역시 그 눈물은 회오(悔悟)와 반성의 눈물이며 스스로가 지적한 대로 자기연민의 눈물이다. 조광희의 경험은 '노동 현장'에 뛰어들었던 많은 386세대 대학생 운동권의 경험과 같은 것이기도 하다.

이들이 작품을 수용하는 방법은 피에르 부르디외가 말한 바, '윤리적 감상'[40]의 길을 충실히 따른 것이다. 부르디외는 노동계급이나 사회 하층계급의 예술작품 감상에서 나타나는 특징이 '윤리적'인 준거에 따라 작품의 호오를 판단하는 방식이며, 이에 비해 중간계층이나 문화귀족의 감상은 '매너'와 기법에 대한 감상으로 특징지워진다고 하였다. 신경숙과 조광희의 경우는 이러한 도식적인 구분이 틀렸음을 증명하는 예가 될 것이다. 이들은 영화가 제시하고 있는 표면의 서사에 대해, 그야말로 '윤리적'으로 반응하고 있기 때문이다.

'윤리적 감상'은 보편적인 것이다. 모든 '눈물'은 주관적이며 윤리적인 반응으로부터 추출되는 바, '신파'처럼 '저급'으로 간주되는 양식에서 추구하는 눈물 또한 이와 본질적으로는 다르지 않다. 어쩌면 이런 지식인들의 감상이 '작품 자체'와는 전혀 무관한 유아론(唯我論)적인 것인 바, 사실 영화의 이야기야말로 이들에게는 그저 자아의 신경증적인 윤리 감각을 위무하기 위한 소재로 소비되었다고 할 수 있다. 그러나 이러한 감상이야말로 매우 자연스럽고 보편적이다. 이른바 '작품성'에 대한 구조적이며 객관적인 감상 또한 수용자의 주관적 경험이나 윤리적 인식의 간섭을 받지 않는 경우란 없다.

따라서 박광수 감독의 오해는 여기에 있다. 다만 그것을 '어떻게' 하느냐에 달린 것이지 '선동이나 신파가 무효한 시대' 같은 건 없는 것이다. 덧붙여 "자연과 인간의 노동이 하나여야 한다는 것이 전태일의 생각이며 관객들도 그렇게 읽어야 한다"는 생각이야말로 '예술가'의 오만이거나 새로운 해석(자연과 노동이 하나? 전태일은 알고 보니 녹색주의자다?)의 탈을 쓴 주관적인, 혹은 계몽적인 자세의 산물일 뿐이다.

신경숙이나 조광희 같은 수용자는 『전태일 평전』의 가장 충실한 독자였을 것이다. 그리고 전태일이 죽고 난 이후에 '전태일의 친구'가 되고자 했던 70년대 운동권이 '전태일사(史)'의 첫 번째 주체들이라면, 이들은 두 번째 주체들이다. 80년대 운동의 정신과 '몸'에 직·간접적으로 자신의 생(生)을 관련시킬 수밖에 없었던 이들은 90년대를 거치며 체제의 일부가 되었다. 체제의 일부가 되어 간 변신의 '기억'은 아픈 것이다. 위 인용문에서 보듯 그 변신은 일종의 "배반"이며 "헝클어진 삶"이기 때문이다. 바로 '전태일'이라는 상징이 그러한 자기성찰의 절대적인 준거점이다. 따라서 시대의 전형성을 지닌 이들의 '반성'은 〈아름다운 청년 전태일〉의 제작 수용과정에 열성적으로 참여한 하나의 세대·계층과 그들의 내적 동기를 설명해준다. 그 참여와 '눈물 흘리며 보기'는 그들에게 지나가버린 '아름다운 청년'의 시절을 조상(弔喪)하는 의례였을 것이다. 문학에서는 '후일담소설'로 현상한 그 조상은 90년대 중반에 전면적으로 가능했다.

수용자 (2): 운동으로서의 전태일 영화 보기

〈아름다운 청년 전태일〉의 두 번째 부류의 관객은 영화 제작과정으로부터 직접 연관된 관중들이다. 앞에서 이 영화의 제작이 또다른 의미의 '집단 창작'이었듯 영화의 수용도 집단적인 면을 띠고 있었다. 제작을 '후원'했던 각종 노동운동·사회운동 단체들은 말할 것 없고 이 영화의 '후원인'이 되었던 개인들이 모두 영화의 관객이 되었다. 그러나 '자발적으로 동원'되거나 '조직적으로' 함께 영화를 본 이들의 상당수는 앞의 지식인 관객과는 다른 사회적 존재들이다. 우선 어떻게 그런 관객층이 만들어졌는지를 살피자.

〈아름다운 청년 전태일〉이 개봉된 1995년은 민주노총의 본부조직과 '금속연맹'과 같은 주요 하부조직이 결성된 해였다. 민주노총은 영화제작을 후원했을 뿐 아니라 지역·업종별로 소속 노동자들이 영화를 보게끔 "결의"했다. '병원노련'의 경우에는 극장에서 조조 시간대에 관객이 별로 없다는 말을 듣고 3교대로 근무하는 간호사들이 "조조를 책임져주겠다"고 결의한 일도 있었다.[41] 영화의 관객은 바로 '조직된 노동자'들이었던 것이다.

영화는 흑자를 남긴 후, 국민모금방식을 통해 참여한 7천여 명이 넘는 후원자들에게 약속대로 후원금을 상환했다.[42] 그리고 그들 중의 상당수는 〈전태일기념사업회〉의 후원회원이 되었다.[43] 그리고 영화의 '후원'에 참여하지 못했던 노동자·학생들도 이 영화를 '함께' 보러갔다.

영화가 상영되고 있던 1995년 12월 당시 「한겨레」 신문에는 서울 공단 지역의 한 '청년회'에서 연 '배움터'의 '영화 교실'에 관한 기사 하나가 있다. 이 강좌는 "노동지원 활동을 주로 펴온 구로청년회"가 연 것으로 이전에는 "역사교실만을 개설해 왔으나 지역 노동자들의 문화욕구에 부응하기 위해" "강좌당 2만~3만원씩의 저렴한 수강료를 받고" 영화 등의 문화 강좌를 신설한 것이었다. 이 강좌에 〈장밋빛 인생〉의 김홍준 감독과 더불어 〈아름다운 청년 전태일〉의 박광수 감독이 강사를 초빙되었다.[44] '일개' 지역 청년회의 '문화 강좌'에서 유명 영화감독을 초청해서 노동자·시민들과 함께 영화에 대해 이야기하는 일은 지금으로서는 신선하게 느껴진다.

지식인은 90년대가 되며 호들갑스럽게 이념과 운동의 시대를 조상하고 있었지만, 한국의 노동운동은 계급적으로 그리고 문화적으로 더욱 성장하고 있었던 것이다. '역사교실만을 운영해오던' 구로청년회가 "지역 노동자들의 문화욕구에 부응하기 위해" 영화교실을 열었다는 구절은 여러모로 상징적이다. 적어도 조직된 노동자계급은 더 이상 이전과 같은 사회적·문화적 소외 계층이 아니게 된 것이며 '영화'는 문화의 핵심 권역으로 자리잡아 가고 있었던 것이다. 〈아름다운 청년 전태일〉이 개봉한 바로 그해 그 달에 민주노총이 '전태일 정신 계승 노동자 대회'를 통해 결성되었다는 사실도 지적할 만하다. 1995년은 여러 가지 면에서 '전태일사(史)'의 한 정점이었던 것이다.

당시 경기도 안양에서 경기노련 소속 지역금속노조의 활동가로 일하던 권미정씨[45]는 평소 알고 지내던 '현장' 조합원들과 함께 〈아름다운 청년 전태일〉을 보러 갔다. 당시 경기노련은 민주노총 건설을 앞두고 벌어진 이런저런 갈등 때문에 '조직'의 상황은 매우 좋지 않았다. 영화 개봉에 맞추어 어떤 활동이 '조직적으로' 준비될 상황은 아니었다. 그래서 권미정씨는 '활동가들이 각자 알아서' 노동자들과 함께 영화를 보러 가든지 하라는 이야기를 들었다. 권미정씨는 '일반 조합원'들 몇 명에게 연락해서 안양을 떠나 수원으로 가서 영화를 보았다. 영화가 그리 재밌지는 않았다. 같이 영화를 본 노동자들 중에는 『전태일 평전』을 전에 읽었던 노동자들도 있고 아닌 사람들도 있었다. 『전태일 평전』을 읽는 것보다는 훨씬 전태일의 삶이 이해하기 쉬웠다고 말한 노동자들이 있었다.

역사적으로 언제나 지식인들은 노동자들에게 책을 읽히고 싶어 안달해 왔지만, 노동자의 독서는 무척 어렵다. 노동자들의 생활세계와 노동일(勞動日)이 조직되는 방식은 결코 '독서'와 친연성을 갖고 있지 않다. 노동자들은 가능한 집중력과 에너지를 노동과정에서 다 소모 당하게 되어 있다. '생산직'일 경우 그 소모는 때로 인간으로서의 생존 자체를 위협하는 경우도 허다하다. 따라서 전통적인 의미의 '노동계급'과 책의 거리는 결정적인 것이다. 그래서 『전태일 평전』과는 다른 차원에서 〈아름다운 청년 전태일〉은 중요하다. 경기도 안양의 '금속노조 일반 조합원'은 영화를 통해서 『전태일 평전』에서보다 더 쉽게 '전태일 이야기'를 이해할 수 있었던 것이다. 앞에서 잠시 필자의 경험을 예로 들기도 했는데 이 영화는 그와 같은 '교육적' 가치를 지니고 있었고 그것은 노동운동의 대의로부터 연역된 것이다. 요컨대 영화는 『전태일 평전』을 읽는 것보다는 쉬웠지만, '전태일 이야기'를 이해하는 데는 어려웠던 것이다.

수용자 (3) – '씨네필'의 등장과 '아름다운 청년'

한편 〈아름다운 청년 전태일〉의 성공은 90년대 중반 한국 영화 관객층의 변화와 직접적인 관계가 있다. 앞에서 충무로 도제 시스템과 무관하게 영화 수업을 받고 영화계에 뛰어든 젊은 층이 야기한 90년대 중반 한국영화 생산의 변화에 대해 지적했는데, 생산의 변화는 곧 관객층의 변화와도 직결된 것일 테다.

박광수 감독은 〈아름다운 청년 전태일〉의 감각이 '젊은 감각'

이었기 때문에 성공했다는 점을 강조하였다. 한 인터뷰에서 "전태일의 이야기가 각광받는 성공요인이 무엇이라고 생각하"냐는 기자의 질문에 박광수 감독은 다음과 같이 답했다.

> 고교생들이 특히 좋아했다. 새로운 영화문법과 방식을 취한 게 그들에게 어필하는 것 같다. 요즘 히트한다는 왕가위 영화를 보니까 역시 일반적인 흥행물로 볼 수 없었다. 모던한 터치가 젊은이들과 맞지 않나 싶다.46)

〈아름다운 청년 전태일〉의 관객 가운데에는 고교생 관객들도 많았던 것이다. '고교생'은 자기 경험을 영화 관람에 직접 결부시키거나 '참여'하는 방식으로 영화를 보았던 관객층 이외의 '제3의' 관객층이 있었음을 상징하는 존재이다. 그리고 이들이 변화하고 있던 한국 영화 관객의 '성층'을 나타내주는 지표라고 볼 수 있다. 이들 '고교생'은 이전까지의 영화 관객과는 사뭇 다른 지적·문화적·세대적 배경을 가진 이들이다. '서태지 세대' 'X세대'라 불린 이들은 그야말로 TV·비디오·컴퓨터를 통해 형성된 90년대 이후의 '영상의 시대'의 첫 번째 아이들이면서, 새롭게 형성된 이른바 '영화 청년'과 '씨네필'과 관련되는 부류이다.

90년대 중반에도 한국 영화의 극장 관객 '수'는 그리 증가하지 않았다. 그러나 대단히 큰 질적인 변화가 일어났음을 보여주는 지표는 여러 가지가 있다. 아마도 훗날 한국 영화사가는 1994~95년에 일어난 관객성의 변화를 특기해야할 것이다.

1994년 1월의 한 신문은 '영화 청년'층의 새로운 확산에 관한 상징적인 기사 하나를 싣고 있다. 전국에서 '시네마테크 운동'이

'대중적으로' 확산되고 있다는 것이다. 서울에서 〈씨앙씨에〉, 〈영화사랑〉, 〈우리마당 영화학교〉 등 10여 개 단체가 활약하고 있으며, 또한 〈민예총〉의 '문예아카데미 영화교실'에는 매기 100여 명의 수강생이 몰린다는 것. 뿐 아니라 부산을 비롯한 지방에서도 〈씨네마테크 1/24〉과 같은 단체들이 새로운 저변 확대를 위해 노력하고 있는데, 이들 단체의 '회원'중 대다수는 학생이지만 교사·회사원 등도 상당수 포함되어 있다 한다.[47] 이와 관련하여 김소영은 90년대 중반의 영화 수용자층의 변화 중에 가장 두드러진 것이, 영화학과 대학원이라는 학문적 제도와 각종 문화강좌를 통해 생산되고 있는 영화 연구자들이 수적으로 급격히 증가하고 영화마니아라 불리는 씨네필리아 cinephilia가 등장했다는 사실이라 했다.[48]

1994년에는 〈투 캅스〉, 〈너에게 나를 보낸다〉, 〈세상 밖으로〉, 〈게임의 법칙〉, 〈태백산맥〉, 〈구미호〉, 〈장미의 나날〉, 〈그 섬에 가고 싶다〉, 〈블루 시걸〉 등 상당히 다양한 장르의 영화가 고루 만들어지고 흥행에도 성공했다. 이는 단지 일시적인 현상이 아니라 넓어진 '저변'이 가능하게 한 일이었다.[49]

그래서 드디어 〈아름다운 청년 전태일〉이 개봉된 1995년에는 90년대 이래 축적되어온 변화가 폭발한 것으로 보인다. 강한섭은 1995년에 일어난 변화를 결산하는 글에서 "한국영화산업의 눈부신 외적 성장 계속됨. 새로운 거대자본이 유입. 신인감독 데뷔 전성시대. 영화잡지 창간 붐. 문학청년 시대에서 영화청년 시대로의 전환 완료됨. 즉 영화적 관심과 영화적 수요의 폭발!"[50]이라 요약했다.

씨네마테크 운동도 '대중화'되었다. 이는 자체가 '한국 영화 보기' 운동은 아니지만, 대단히 다양해지고 넓어지는 관객층의 저변을 보여주는 분명한 지표였다. 씨네마테크 운동이 확산된 결과, 1995년 예술영화 전용관 동숭 시네마텍이 개관하자 젊은이들 사이에 대단한 화제가 되었다. 그리고 이 극장에서 개봉한 안드레이 타르코프스키의 〈희생〉이 무려 3만의 관객을 불러모았다.[51)]

그리고 이 '영화 청년'들이 변영주 감독의 〈낮은 목소리〉 같은 독립영화를 만들어내기도 한 것, 〈중경삼림〉이 개봉되어 젊은 관객들 사이에서 왕자웨이 열풍이 분 해가 1995년이었다는 것도 지적할 만하다. 이처럼 영화를 매개로 한 다양하고 새로운 문화현상에 기반한 새롭고 다양한 영화들 중 하나가 〈아름다운 청년 전태일〉이었다. 물론 이 '영화 청년'과 '씨네필'이 동일한 수용자층은 아닐 것이다. 그들은 출신이 다르고 선호하는 영화가 다를 것이다. 그럼에도 그들이 이전의 '고무신 관객'이나 '호스테스 관객', '단체 관객'과 같은 부류가 전혀 아니며, "영화 텍스트를 생산적으로 읽어내는"[52)] 새로운 관객성의 주체들이라는 점에서는 공통적이다.

서로 표리를 이루고 있는 이러한 사실들을 관류하는 것은 다름 아닌 '문학에서 영상으로'라는 거시적인 문화 변동이다. "문학청년 시대에서 영화청년 시대로의 전환 완료"는 이러한 문화변동이 세대적 변화로 표현된 것이다. 1995년에 『씨네 21』, 『키노』, 『프리미어』 같은 잡지가 창간되고 이들은 창간되자마자 다른 분야 잡지들의 판매부수를 압도했다.[53)] 이들 잡지의 성공이 지닌 의미 또한 작지 않다. 문학계간지가 잡지를 대표하던 시대가 종료되고, 영화라는 매개체가 갖게 된 문화적 보편성을 보여주기 때문이다.

〈아름다운 청년 전태일〉이 '새로운 영화문법과 방식'을 취하고 기술적 완성도를 높이는 전략을 택한 것은 이들 관객의 눈높이에 맞는 화면을 만들기 위함이었던 것이다. 이 '완성도'는 사실 앞서 두 가지 관객에 대한 설득 요인과는 전혀 다른 것이면서, 그것과 길항 관계에 놓인 것이다. 이런 견지에서 볼 때에는 〈아름다운 청년 전태일〉의 이원적 구조는 '전태일 이야기'와 '포스트모던 90년대'라는 어울리지 않는 두 가지 항이 공존하기 위한 타협점이었다 할 수 있다.

결론 – 과도기의 산물로서 〈아름다운 청년 전태일〉

'전태일 이야기'는 보편성과 초역사성을 지니고 있다. 『전태일 평전』에 대한 독후감을 쓰는 2000년대의 대학생들도 전태일이 죽을 당시 자신과 비슷한 나이였다는 사실에 충격받고, '쾌락, 개인적 행복, 순간의 즐거움' 따위에 매몰된 자신의 삶을 '부끄러운 것'이라 성찰한다. 그저 '전태일 이야기'를 '우리나라가 가난했던 먼 옛날의 이야기'라고만 치부하지 않는다. 그래서 80년대의 대학생처럼 '피가 끓는다'고 하는 경우도 있고, 자기 주변의 불의와 무권리를 돌아보고 그것에 대해 침묵하지 않아야겠다고 다짐하기도 한다. 오히려 이러한 선에서 벗어나는 감상을 적어

내는 경우는 극소수에 속한다.[54)]

그래서 '전태일'은 통상의 '국민적 영웅'과는 다르다. 전태일은 영웅이라기보다는 영성(靈性, spirituality)을 지닌 일종의 성인(saint)이며 민중영웅이다. 그는 도덕적 완전함을 지닌 휴머니즘의 화신이며 진전되어온 민주주의의 상징이다. 그럼에도 전태일의 '휴머니즘'은 지배계급의 이데올로기에 다 포섭되지 않는 면을 갖고 있다. 왜냐하면 혁명가나 열사와 같은 존재는 일상의 영역에서 관철될 수 있는 지배이데올로기의 심급을 벗어나는 근본적인 의미를 지니고 있으며, 또한 성스러운 차원에까지 이르는 그들의 이타(利他)와 보살행은 타협으로 구성될 일상적 삶에 '위험한 것'으로 간주되기 때문이다.

'나라를 위하여 절의를 굳게 지키며 충성을 다하여 싸운 사람'이라는 사전적인 뜻을 가진 '열사(烈士)'라는 독특한 말이 있다. 이 말의 내포는 한국 현대사의 전개 과정 때문에 달라졌다. 민주화운동, 노동운동, 통일운동의 와중에서 희생된 사람들을 통칭하는 말로 바뀐 것이다. 그러나 '열사'는 대중성을 지닐 수는 없는 존재이다. 그들은 비극적 패배를 감당한 희생자의 의미가 강하기 때문이다. 자살자가 주는 일반적 혐오감과 공포를 '열사'들도 가지고 있다. 이 혐오와 공포는 열사를 만들어 낸 권력에 대한 혐오와 공포가 전치된 것이기도 하다.

그런데 90년대에 기림의 대상이 된 '전태일 열사'는 그를 넘어서는, 이는 노동운동과 민주화운동이 군사독재에 의해 대중에게 갖는 공포가 해소될 수 있음을 보여준다. '전태일' 앞에 붙은 '아름다운 청년'은 '열사'가 지닌 공포나 '혁명가'가 지닌 비-일상적 이미지를 '아름다운 청년'이라 표현되는 존재가 가진 낭만성과 보편성으로 대체하는 의미 작용이다.

결론적으로 〈아름다운 청년 전태일〉은 문화사적 과도기의 산물이다. 여러 가지 차원에서 그러한데, 우선 영화가 재야민주화 운동의 시민화 과정에서 그리고 독립영화운동이 '충무로 제도권'으로 흡수되면서 만들어진 것이라는 점이 그러하다. 이 영화는 "독립영화 운동의 위대한 승리"[55]이면서 동시에 재벌의 돈이 투여된 '충무로' 영화이다. '민주화 운동'의 물결 속에 있었던 '독립영화' 운동의 정신이 없었다면 〈아름다운 청년 전태일〉 같은 영화 만들기는 불가능했을 것이다. 만약 10년이 지난 지금의 영화 관극·제작 풍토에서라면 국민적 모금운동을 벌여 제작비를 조달하는 일이 가능한 일이겠는가? 영화는 한국영화가 완연히 '산업화' 혹은 '근대화'된 초입에 만들어졌던 것이다. 그리고 그 시점은 앞에서 지적한 대로 '문학에서 영상으로'의 거대한 문화적 변동이 있었던 그때이기도 하다.

▮주석

1) 〈전태일기념사업회〉(1984년 공식 결성)는 한국에서 가장 오래된 재야단체의 하나이다. 전태일과 그 어머니 이소선의 상징성 때문에 1980년대 이래로 이 단체의 영향력은 상당히 크고 '재야'의 중요한 명망가들이 이 단체를 위해 활동했다. 이점은 '전태일 이야기'의 영화화에 중요한 요소가 되었다. 후술.

2) '전태일'이라는 표상을 재제로 하여 만들어진 여러 가지 조어와 상징물 가운데에 '전태일 정신'이 있다. 예컨대 전태일의 기일인 11월 13일 즈음에 열리는 "전국노동자 대회"는 메이데이에 열리는 대회를 제외하면 한국에서 가장 큰 규모의 노동자 대회인데 이 대회가 "전태일 정신 계승"이라는 말을 대회 명칭 앞에 쓴다. "전태일 정신 계승 전국노동자 대회"가 시작된 것은 1987년 노동자 대투쟁 이후부터이다.

3) 보도에 따르면 "이명박은 '우리나라 산업 발전을 이루는데 전(태일) 열사의 공이 컸다'고 전 열사를 높이 평가했다"한다.("고 전태일 열사, 청계천에서 다시 태어난다", 「오마이뉴스」 2005. 7. 11 www.ohmynews.com/articleview/article_view.asp?at_code=267416)

4) 예컨대 책으로 따뜻한 세상 만드는 교사들, 『선생님들이 직접 겪고 쓴 독서 교육 길라잡이』(푸른숲, 2001) 같은 책을 보라. 어떻게 『전태일 평전』을 고교생들에게 읽히고 가르칠 것인가에 대한 교사용매뉴얼도 들어있다.

5) 2003년에 발간되기 시작한 '어린이 교양잡지' 『고래가 그랬어』에는 전태일의 일대기를 그린 연재 만화가 실리기도 했다.

6) 이에 관해서는 구해근 / 신광영 역, 『한국 노동계급의 형성』, 창작과 비평사, 2002, 6장을 보라.

7) 편집부, 「개정판을 내면서」, 조영래, 『전태일 평전』, 돌베게, 1990,

8-9면.

8) 정성기, 「전태일, 전태일의 사람들, 한국사회-사회통합적 노사 관계와 사회 구성을 위한 시론」, 『한국사회경제학』 2006년 발표 예정.

9) 단병호, 「전태일 평전, 40줄 인생 길잡이」, 고은 외, 『내 인생의 책들』, 한겨레신문 출판부, 1995; 정성기, 앞의 글에서 재인용.

10) 이와 관련하여 필자는 〈참여성노동복지터〉의 전순옥 박사, 〈장산곶매〉의 활동가였으며 〈파업전야〉 감독의 한 사람이었던 장동홍, 〈아름다운 청년 전태일〉의 시나리오 작가인 영화감독 이창동, 〈민족영화연구소〉의 활동가였으며 영상자료원장인 이효인을 각각 인터뷰했다. 인터뷰 대상의 기억에 따라서 사실 관계에 오류가 있을 수도 있음을 밝혀둔다.

11) 필자는 전순옥 박사에게 영화 〈オモニ〉의 VHS테이프를 제공받아 볼 수 있었다.

12) 전순옥 박사를 제외한 모든 인터뷰들은 이 영화의 존재 자체를 모른다고 했다.

13) '한국민주회복통일촉진국민회의'은 '반독재 민주화와 조국통일을 위한 민주민족통일한국인연합(한민련)'의 전신으로 약칭은 한민통이다.

14) 「김대중씨 구출 운동과 한통련 (7)」, 『민족시보』 제869호, 1998. 12. 1, www.korea-htr.com/kr/861870/kr869.htm

15) 위의 글.

16) 전태일의 여동생 전순옥 박사 증언에 의한 것임.

17) 이효인의 증언에 의하면 임권택도 감독 제안을 받았으나 고사했다고 한다.

18) 이정하, "신화에서 영화로", 「씨네 21」 제 30호, 1995년 11월 28일, 58면.

19) "전태일 일대기 영화 만든다", 「한겨레」 1994년 6월 3일.

20) 〈전태일기념사업회〉 홈 페이지.

21) "젊은 신인감독 충무로 접수 나섰다," 「한겨레」, 1995년 6월 16일, 15면; "우리영화 황금기 다시 맞는다", 「한국일보」, 1996년 4월 19일, 25면; 조희문, "자신감 얻은 한국 영화", 「세계일보」, 1996년 7월 13일, 5면.

22) "올해 우리 영화는…", 「한국일보」 1995년 1월 5일, 19면.

23) 장동홍은 필자와의 인터뷰에서 이 점을 확인해주었다.

24) 김수남, 『한국독립영화』, 살림, 2005을 보라. 물론 이는 당시 영화제작의 '아마추어적 성격'을 드러내는 양상으로 볼 수도 있다.

25) 이창동 감독은 필자와의 전화 인터뷰에서 〈아름다운 청년 전태일〉의 크레딧 '각본'에 자신의 이름이 첫 머리에 오르게 된 과정을 다음과 같이 회고했다. 이창동은 〈그 섬에 가고 싶다〉의 조감독으로 박광수 감독과 인연을 맺게 되었다. 그러나 그는 〈아름다운 청년 전태일〉의 시나리오 작업에는 참여할 의사가 없었다. 그런데 이전에 나온 시나리오 중에 만족스럽고 적절한 버전이 없다는 결론이 감독부로부터 내려지면서 최종적으로 이창동 감독에게 시나리오 작업이 넘어오게 되었다. 이창동은 이전의 안들을 '엎어졌으니' 조영래 변호사의 『전태일 평전』을 기초로 새로 시나리오를 쓰라는 이야기를 듣고 시나리오를 썼다. 영화가 전태일 이야기의 '보편성'을 구현하도록 만들자는 박광수 감독의 생각에 동의하여 시나리오의 방향을 잡았다.

26) "전태일 일대기 영화 만든다", 「한겨레」, 1994년 6월 3일.

27) "'청년 전태일' 베를린서 기립박수-나의 사업 이야기 유인택 기획시대 대표 6", 「매일경제신문」, 2002년 8월 6일, 35면.

28) 「서울신문」, 1995년 8월 28일, 13면.

29) "영화 '전태일'역 홍경인씨가 맡는다", 「한겨레신문」, 1995년 3월 31일 15면.

30) 김석태, "세계에서 가장 자막이 긴 영화를 만든 이야기-영화 〈아름다운 청년 전태일〉 제작 노트", 민예총, 「민족예술」, 1995년 12월호, 41면.

31) "영화 전태일' 제작발표회 성황", 「한겨레」 1995년 4월 27일 22면; 김석태, 앞의 글, 41면.

32) 김석태, 위의 글, 42~44면.

33) "'청년 전태일' 베를린서 기립박수-나의 사업 이야기 유인택 기획시대 대표 6", 「매일경제신문」, 2002년 8월 6일, 35면.

34) "시사회 우리의 '아름다운 청년 전태일'", 「한겨레」, 1995년 11월 14일, 23면. 11월 15일에는 서울대에서 따로 시사회가 열려 박광수 감독, 문성근·홍경인 등과 서울대생들의 토론이 있었다고 한다. "고 전태일 삶 그린 영화 시사회 15일 서울대서 개최", 「세계일보」, 1995년 11월 10일, 29면.

35) 유인택, "'청년 전태일' 베를린서 기립박수-나의 사업 이야기 6", 「매일경제신문」, 2002년 8월 6일, 35면.

36) 이용관, "영화 관람석-아름다운 청년 전태일", 「한겨레」 1995년 11월 18일, 10면.

37) "영화감독 박광수씨-「청년 전태일」 재조명 돼 뿌듯", 「경향신문」, 1995년 12월 31일 5면.

38) 같은 곳.

39) 신경숙은 1963년생으로 1979년부터 서울에서 공장노동을 했다. 영화가 발표된 1995년에 자신의 '여공' 시절을 다룬 자전적 소설 『외딴 방』을 단행본으로 발표하여 화제를 모았다. 서울대 법학과 출신의 조광희는 『영화인을 위한 법률 가이드』 같은 책을 펴낸 적이 있는 영화·연예 관련 전문 변호사이다. 진보적 변호사 단체인 '민변'에서도 활동했다.

40) p. Bourdieu, Distinction: A Social Critique of the Judgement of Taste(Trans. by Richard Nice), Harvard, 1984. 이러한 입론은 칸트 미학을 비판하기 위한 방략에서 나온 것이다. 이는 경향적으로 맞지만 '윤리적 감상'이 결코 다른 계급 계층의 감상법에 통용되지 않는 것이 아님도 강조될 필요가 있다.

41) "제작노트-7천 6백 48명 땀과 정성이 맺은 결실", 「씨네 21」 29호, 1995년 11월 21일.

42) 유인택은 이 '성공'에 대해 다음과 같이 회고한 바 있다. "대우 측에 5000만 원의 수익도 남겨주었다. 모금한 돈 2억 5천만 원은 기념사업회에 넘겨서 후원자들에게 돌려주든가 기부를 받든가 일임했다. 기획시대는 전태일을 국제적으로 부활시킨다고 베를린영화제 출장경비로 8000만 원을 쓰는 바람에 적자가 됐다. 그러나 그 이상의 값진 명예를 얻었다."

43) 〈전태일기념사업회〉 홈페이지 '연혁'

44) 「한겨레」, 1995-12-17 13면

45) 현재 민주노총 경기중부협의회에서 간부로 활동하고 있다. 전화 인터뷰.

46) "'청년 전태일' 재조명돼 뿌듯-영화감독 박광수씨", 「경향신

문」, 1995년 12월 31일, 5면

47) "좋은 영화 함께 보기-'시네마테크 운동' 확산", 「문화일보」 1994년 1월 28일. 시네마테크 운동에 대해서는 이외에도 김종원, "한국 영화 발전의 희망 '작은 시네마떼끄'들의 연가", 「말」, 1995년 3월호. 김학수, 『스크린 밖의 한국 영화사 2』, 인물과 사상사, 100-101면 재인용.

48) 김소영, 「시네필리아와 네크로필리아」, 현실문화연구 편, 『문화읽기: 삐라에서 사이버문화까지』, 현실문화연구, 1999, 235면.

49) 김화, 「韓國映畵界 總觀」, 영화진흥위원회 홈페이지 '영화연감 통계' http://kofic.or.kr/filebox/industry_material/1994/01. 한국영화산업총관.hwp

50) 강한섭, 『어떤 영화를 옹호할 것인가』, 필커뮤니케이션즈, 1997, 274면.

51) 김종원, 「1995 한국영화산업총관」, 영화진흥위원회 홈페이지, http://kofic.or.kr/filebox/industry_material/1995/01.한국영화산업총관.hwp

52) 김소영, 앞의 글, 229면.

53) 김학수, 앞의 글, 102면.

54) 필자가 관련된 대학의 수업시간에 나온 반응들이다.

55) 이정하, "신화에서 영화로", 「씨네 21」 제 30호, 1995년 11월 28일, 58면.

7

감염된 죽음, '예수의 궤적', 그리고 리얼리즘의 운명

한 창 호

리얼리스트 박광수

박광수 감독은 리얼리스트다. 적어도 〈아름다운 청년 전태일〉이 발표될 때까지는 더욱 그랬다. 〈칠수와 만수〉, 〈그들도 우리처럼〉, 〈베를린 리포트〉 등에서 시작된 감독의 리얼리즘 행보는 〈아름다운 청년 전태일〉에서 그 정점을 맞았다. 그는 이후 리얼리즘에서 조금 비켜난 역사극 〈이재수의 난〉을 발표한 뒤, 지금 6년 만에 다시 신작을 준비 중이다.

그의 영화는 형식 뿐 아니라 내용에 있어서도 당대의 민감한 사회적 문제를 다룬다는 점에서 리얼리즘의 한 전형을 보여줬다. 제도권에서 밀려난 청년들(〈칠수와 만수〉), 운동권 지식인과 노동자들(〈그들도 우리처럼〉), 뿌리를 잃어버린 재외 한인들(〈베를린 리포트〉) 등 감독이 다뤘던 인물과 그들이 펼치는 이야기는 하나 같이 발표 당시 한국사회의 민감한 부분들을 건드리는 문제작들이었다. 90년대 중반까지만 해도 박광수 감독은 장선우 감독과 더불어 우리 영화계에서 리얼리즘의 적자이자 대표적인 감독으로 분류됐다.

리얼리즘, 그런데 이는 어쩌면 지금 폐기되고 있는 미학인지도 모른다. 한때 리얼리스트들이 세계 영화를 주도하던 시절이 있기도 했지만[1], 지금은 뛰어난 리얼리스트들을 찾아내기가 여간 어려운 게 아니다. 리얼리스트들은 요즘 유럽의 영화제에서 가끔 수상하면서 자신들의 창작 활동을 근근이 이어가고 있는 것 같다. 유럽에선 리얼리즘 전통이 강한 이탈리아와 영국 등 두 국가가 아직도 사실주의 작품들을 꾸준히 발표하고 있다. 이탈리아의 마르코 벨로키오, 잔니 아멜리오, 그리고 영국의 켄 로치, 마이클 윈터보텀 등이 대표적인 리얼리스트들이다. 그밖에 벨기에의 '자랑'인 다르덴 형제와 아시아의 압바스 키오라스타미, 허우 샤오시엔 등이 손꼽힌다.[2]

하지만 이들이 비평적 관심 이외의 대중적 소통까지 성공했다고 평가하기는 어려울 것 같다. 대개 이들은 영화제의 주인공들이지, 일반 극장에서도 모시기를 학수고대하는 감독들이 아니다. 유럽과 아시아의 사정이 이러한 데, 제작에서 산업 시스템이 더욱 우세를 점하고 있는 미국에서 '유명한' 리얼리스트를 찾아내기란 여간 어려운 게 아니다. 스파이크 리 정도면 몰라도, 올리버 스톤을 거론하면 동의하는 사람 못지않게 반대하는 사람들도 있을 것 같다. 어쨌든 미국 영화의 세계적인 영향력을 고려하면 리얼리즘의 몫은 아주 미미하다.

이렇듯 세계 영화계에서도 리얼리스트들의 행보는 자꾸 약화되고 있다. 영화는 꿈의 공장으로서의 역할을 충실히 하면 되지,

그 밖의 영역은 넘보지 말라고 심판받은 것 같은 형국이다. 사실, 영화 자본의 문제를 고려하면, 리얼리즘은 더욱 더 미래가 비관적인 영화미학이다. 왜냐하면 영화를 만들게 하는 자본에, 사실상 칼날을 겨누는 미학이 바로 리얼리즘이기 때문이다. 이유는 이렇다.

리얼리즘, 쉬르리얼리즘

리얼리스트들은 표면에 집착한다. 우리 눈에 보이는 표면을, 될 수 있는 한 현실에 가깝게 묘사하고자 한다. 한편, '사실을 넘어'라는 의미를 가진 초현실주의(Surrealism)의 추종자들은 말 그대로, 현실이 아니라 현실 그 너머를, 다시 말해 표면의 내면에 숨어 있는 사실에 더욱 주목한다. 그래서 꿈이나 무의식을 자극하는 이미지들을 즐겨 다룬다. 이들 두 미학의 이미지만을 대조하면, 이들은 극단적으로 달라 보인다. 사실주의자들은 현실의 이미지를 충실히 담아낸 그림들을 주로 보여주고, 반면 초현실주의자들은 현실에선 우리의 시각으로 보기 어려운, 또는 불가능한 장면들을 제시하기 때문이다.

그런데 이들이 '무엇을' 위해 표면과 내면에 집중했는지를 살펴보면, 그 목표는 같은 데 있음을 알 수 있다. 결론부터 말하자면, 이들은 현실의 균열, 더 나아가 현실의 개혁을 노린다. 다시 말해 두 사조 모두 현실에 대한 불만에서 미학적 기초를 찾았다. 사실주의자들은 그 방법으로, 부조리한 현실 자체를 자세히 보여주기만 하면 된다고 생각한다. 지금 우리가 살고 있는 세상이 잘못됐으니, 그 잘못된 표면만 제대로 비출 수 있다면 현실 개혁의 실마리는 잡았다고 보는 것이다. 리얼리즘의 대표적인 이론가인 지그프리트 크라카우어에 따르며 "관객들은 (이런 장면들에)불편함을 느낄 것이고, 곧 이어 우리 사회 구조의 합법성에 대해 의문을 품기 시작한다"[3]는 것이다. 네오리얼리즘이 바로 이런 아이디어에서 출발했고, 그 영향은 올해 칸영화제에서 황금종려상을 수상한 〈아이 *The Child*〉의 감독 다르덴 형제의 작업에까지 이른다. 리얼리즘 이론의 간판격인 앙드레 바쟁이 〈영화란 무엇인가〉에서 밝힌 리얼리즘 옹호는 전적으로 미학적 입장의 설명이라고 일반적으로 해석된다. 다시 말해 바쟁은 리얼리즘의 내용은 제쳐두고 오로지 그 형식에 주목했다는 것이다. 그러나 그가 표면을 충실히 옮기는 재현의 문제에 그렇게 집착한 것도 따지고 보면, 표면 그 자체가 현실을 뒤집는 모티브를 제공한다고 믿었기 때문일 것이다.

반면, 초현실주의자들은 현실이 감추고 있는, 혹은 못보고 있는 내면을 보여주면 우리의 실상을 자각할 수 있으리라 본다. 지고의 가치로 수용되는 국가, 교회, 그리고 가족도 사실은 성적 욕망의 전투장인 것처럼 종종 그린다. 표면은 잔잔하지만 그 내면에는 파도가 치고 있음을 보여주는 식이다. 그래서 루이스 브뉘엘은 〈황금시대〉에서 예수마저 성적 리비도의 화신으로 그려, 관객에게 충격을 주었다. 우리가 당연히, 또는 아주 자연스럽게 받아들이는 사회적 가치들을 초현실주의자들이 회의와 배격의 대상으로 삼는 것은 사실주의자들의 목표와 같다. 사실주의와 초현실주의, 두 미학 모두에 '현실 Real'이라는 단어가 들어 있는 것은 우연이 아니고, 그 현실을 극복하려는 의지가 공통분모로 내재돼 있기 때문이다. 한쪽은 현실을 있는 그대로 보여줌으로써, 다른 한쪽은 현실 그 너머의 비밀을 제시함으로써 기존의 현실에 균열을 내고자 했다. 따라서 두 미학 모두 제도권에서는 꺼려 할 수밖에 없는 전복의 뇌관을 장착하고 있는 셈이다.

영화교과서에 따르면 영화 제작의 3대 축으로 제작－배급－상영을 주로 지적한다. 이 세 가지 부분이 현실적으로는 모두 부의 창조에 직접적으로 관련되어 있기 때문에 미국의 경우 한 회사가 세 가지 모두를 운영하지는 못하게 금지하고 있다. 독점이라는 이유이고, 미국의 경우 그 유명한 '파라마운트 사건'[4]으로 독점 금지의 관행은 지금도 이어지고 있다. 그런데 언제부턴가 세 가지 축에 '투자'가 가세했다. 아니 최근의 제작 환경을 보면 투자가 가장 중요한 변수가 아닐까 하는 의문이 들 정도다. 투자자들의 지원을 받지 못하면 아무리 좋은 아이디어도 빛을 발할 수가 없기 때문이다. 사회의 민감한 문제를 지적하는 리얼리즘 계열 영화들과 투자자들의 궁합이 어떠할지는 어렵지 않게 짐작할 수 있을 것 같다. 〈아름다운 청년 전태일〉도 제작비 마련에 많은 어려움을 겪은 일화로 유명하다. 제작사측은 그래서 일반 국민들의 기부를 받기 시작했고, 영화가 종영될 때 기부금을 낸 사람들의 이름이 빼곡히 스크린에 제시되는 보기 드문 전례를 남기기도 했다.

사회주의 블록이 몰락하기 전에는 리얼리즘이 이렇게 천대받지는 않았다. 90년대 이후, 세계 질서의 유일한 시스템으로 미국적 가치가 사실상 승리를 거둔 뒤부터, 바로 그 시스템에 직간접적으로 시비를 거는 리얼리즘은 점점 제작에서 불리한 위치로 내몰렸던 것이다. 한때 리얼리즘을 대표하던 중국 감독 장예모의 형식주의로의 급격한 변신 등은 세계 정치 상황의 변화와 결코 멀리 떨어져 있는 현상이 아니다. 박광수 감독이 〈이재수의 난〉을 발표한 뒤 무려 6년 만에 새로운 작품을 연출할 수 있는 것도, 할리우드적인 시스템을 추종하는 한국영화계에서는 어찌 보면 피할 수 없는 과정인 것처럼 보인다.

복잡한 시간 구성의 매력

박광수의 〈아름다운 청년 전태일〉은 전형적인 리얼리즘 계열 영화다. 형식면에서 보자면 바쟁이 그렇게도 찬미했던 '오래찍기'가 자주 이용되는 등 현실감을 살리는 장면들이 많다. 카메라는 우리의 눈으로 세상을 보듯 대상을 있는 그대로 잡아내고 있다. 19세기 이후 리얼리즘이라는 미학이 명백히 계급문제를 의식하고 있는 점을 염두에 둘 때, 주인공의 선택은 리얼리즘 미학에서 여전히 중요한 변수다. 리얼리즘 계열 영화들이 대개 그렇듯 〈아름다운 청년 전태일〉도 우리 사회의 하층계급인 노동자를 주인공으로 삼아, 그 사회의 구조적 모순을 바라본다. 하층계급을 등장시키는 것은 리얼리즘 영화의 공식이 된 듯도 한데, 어찌 보면 바로 이 점이 특히 최근 들어 대중들로부터 주목을 덜 받는 요인으로 작동하는 것 같다. 아도르노와 호르크하이머가 '문화 산업'을 비판하며 일갈했던 유명한 말, 곧 "대중은 성공한 사람들보다 더욱 더 성공의 신화에 사로잡힌다"[5)]는 주장이 하층계급을 주인공으로 한 영화의 비흥행성을 잘 설명하고 있는 셈이다. 두 학자의 주장에 따르면 대중들은 자기들의 꿈을 대신 실현하는 허구 속의 성공한 사람들을 보고 싶어 하지, 그들의 존재의 본질에 대해 의문의 눈길을 보내는 비판적인 인물에는 더욱 거리감을 느낀다는 것이다.

〈아름다운 청년 전태일〉은 일종의 전기영화이다. 한 개인의 갈등을 통해 사회의 총체적인 모순을 드러낸다는, 게오르그 루카치의 리얼리즘 미학에도 비교적 잘 들어맞는 작품이다. 그런데 이 영화는 그 전기의 내용을 단선적으로 전달하는 간단한 구조가 아니다. 두 명의 삶이 겹쳐가는 복잡한 구조다. 한 명은 물론 전태일(홍경인)이고, 또 다른 한 명은 그의 삶을 기록하는 70년대의 상징적인 반정부 지식인 김영수(문성근)이다. 김영수는 75년 현재 수배 중인데, 경찰의 추적을 피하는 사이, 5년 전에 분신했던 노동자 전태일의 삶을 기록하고 있다. 기록 속의 전태일의 삶은 기록 중인 김영수의 삶과 나란히 제시된다. 김영수는 그 자신, 수배라는 불안한 조건 속에 있으며, 마치 삶의 어떤 전범을 갈구하듯 전태일의 일생을 또박또박 써나가고 있다. 그러므로 김영수에게 전태일은 사회적인 의미를 가진 인물일 뿐만 아니라 사적인 삶의 사표(師表)이기도 하다. 두 인물의 이야기와 시간을 구분하기 위해, 김영수의 현재의 삶은 칼라로, 전태일의 기록 속의 삶은 흑백으로 그렸다. 그래서 우리는 김영수의 시선을 통해 전태일의 삶을 바라보는 것이다.

바로 이런 복합적인 구조도 개봉 당시 관객과 수월하게 만나는 데 걸림돌로 작용했다. 일반적으로 상업영화는 플래시백을 넣으면, 흥행성은 떨어진다는 속설이 있다. 시간은 앞으로만 단선적으로 흘러야지, 앞뒤로 왔다갔다하면 관객들이 내러티브를 잘 따라가지 못하기 때문이라는 것이다. 오손 웰스의 〈시민 케인〉이 흥행에 성공하지 못한 대표적인 이유로도, 플래식백의 빈번한 사용을 꼽는 사람들이 많다. 시간을 자유자재로 섞을 수 있는 게 영화매체의 큰 장점이기도 한데, 바로 그 장점이 대중성을 확보하는 데는 걸림돌로 작동할 수 있다는 것이다.

〈아름다운 청년 전태일〉은 두 사람의 삶이 겹쳐 제시되는데, 전태일의 삶은 김영수가 플래식백을 통해 보는 것으로 나타난다. 영화는, 김영수가 1975년 수배 중에 전태일의 전기를 쓰는 것으로 시작하여, 그가 1995년 전태일이 분신했던 평화시장에서 자신이 쓴 전기를 들고 지나가는 젊은이들을 바라보는 것으로 끝난다. 그러니 김영수의 일상을 따라가는 도중 번번이 전태일의 삶이 끼어드는 형식이다. 아마도 이런 복잡한 구성 때문에 당시의 관객들은 이야기에 집중하는 데 적지 않은 애를 먹었던 것 같다. 그런데 얼핏 복잡해 보일 뿐이지, 전태일의 삶 자체는 아주 시간순서대로 단순하게 흘러간다. 흑백으로 처리된 전태일의 삶만 따로 떼어 살펴보면, 우산을 팔던 소년이 평화시장에 취직하고, 노동운동을 벌이다, 분신하는, 말 그대로 시간의 흐름에 따라 이야기가 진행된다.

우리 영화사에서 〈아름다운 청년 전태일〉의 경우처럼 시간을 복합적으로 이용하려는 시도 자체가 드물었다는 점에서 볼 때, 이 영화의 복잡한 구성은 평가 받아 마땅한 형식이었다. 이런 식으로 극을 만들면, 관객은 일반적인 상업영화를 보듯 의자에 마냥 기대어 손쉽게 영화를 보기는 어렵다. 최소한 시간이라도 앞뒤가 맞게 스스로 짜맞추어야 하니, 관람 행위 자체가 보통의 극영화를 볼 때와는 달리 적극적으로 변하기 마련이다. 그래서 이런 시간 장치는, 관객들이 전태일의 삶을 스스로 반추하게 하는 데 유용하다. 관객과 주인공 사이에 일종의 틈을 만들어, 자칫 우상숭배로 빠질 수 있는 전기영화의 단점을 잘 메울 수 있는 것이다.

'예수의 궤적'

영화 속에서 김영수는 어느 날 문득 이런 말을 한다. "요즘 같은 때는 전태일의 죽음이 종교적인 순교가 아니었나, 그런 생각이 들어." 전태일의 삶이 예수의 삶과 닮았다는 것이다. 영화 또한 그런 점을 은근히 강조한다. 무엇보다도 전태일은 예수처럼 '희생의 죽음'을 선택하는 비극적인 인물이다. 두 사람은 모두 자신의 이념을 관철시키기 위해 자신의 생명을 거는 영웅이다. 예수처럼 빈민의 자식으로 태어난 평범한 소년이, 어느 날 대의에 눈 뜨고, 자기수련을 거친 뒤, 바로 그 대의를 위해 자신의 목숨을 희생한다는 줄거리는 큰 틀에서 보면 예수의 그것과 크게 다를 바 없는 것이다.

정신분석 영화이론가인 레이몽 벨루르의 '오이디푸스 궤적'(Oedipal Trajectory)[6]이라는 명명법(命名法)을 이용한다면, 나는 예수의 삶과 비교되는 주인공을 내세운 내러티브는 '예수의 궤적'이라고 부르고 싶다. 예수처럼 빈민의 아들로 태어나 생명을 바치는 희생을 감행하는 영웅의 이야기들을 가리키는 용어로 쓸 수 있다는 것이다. 또는 빈민의 자식으로 태어나 자기 의지와는 관계없지만, 결국 자신의 죽음이 태생적 계급의 희생양으로 해석되는 작품들도 '예수의 궤적'으로 묶을 수 있다. 왜냐하면 죽음 자체가 자기 계급에 그 이유를 갖고 있고, 그리고 결국 죽음이 자기 계급을 위한 희생으로 읽히기 때문이다. 이런 '예수의 궤적'을 보여주는 작품들을 주로 발표했던 대표적인 감독으로는 피에르 파올로 파졸리니가 있다. 그의 초기 작품들은 모두 '예수의 궤적'으로 설명이 가능하다. 파졸리니 영화의 주인공들인 부랑자, 포주, 거지, 좀도둑들은 극의 마지막에서 결국 죽고 마는데, 하나 같이 그들의 죽음은 바로 '희생'의 의미로 해석될 수 있기 때문이다. 프롤레타리아도 되지 못하는 사회의 극단적인 변두리인[7]들, 곧 이 사회에서 밀려난 사람들, 이들은 대개 영웅적인 행위와는 거리가 먼 종말을 맞는다. 영웅적이기는 커녕 최하층의 사회적 존재조건 때문에 결국 비참한 최후에 이르게 되는데, 파졸리니는 그런 죽음마저도 예수의 죽음처럼 '희생'으로 해석할 수 있는 여지를 남겼다. 그래서 비평가 아델리오 페레로는 파졸리니의 데뷔작 〈아카토네〉(1961)부터 예수를 직접 다룬 〈마태복음〉(1964)까지의 작품들을 모두 예수의 삶과 비교하며 '성자의 공간'에서 벌어지는 내러티브라고 설명한다.[8]

〈아름다운 청년 전태일〉은 최근의 한국영화 중 '예수의 궤적'을 보여주는 대표적인 작품이다. 가족관계도 전태일은 예수와 아주 비교된다. 예수에겐 어머니의 존재만이 크게 부각돼 있듯, 전태일도 어머니와 특별한 관계를 맺고 있다. 아들 전태일의 희생하는 마음, 정의감에 불타는 성품 등을 동정하며 동시에 자랑스러워하는 사람으로 항상 어머니가 제시된다. 전태일과 어머니는 예수와 성모처럼 연결돼 있는 것이다. 김영수가 전태일의 생전의 모습을 취재하기 위해 일정하게 만나는 유일한 가족도 전태일의 어머니이다. 이 어머니는 시골출신의 아주 평범한 여자였는데, 극이 진행되면서 정치적인 활동 때문에 수배를 받고 있는 김영수와 소통할 정도로 사회화된다. 모르긴 몰라도, 영화가 끝나고 난 뒤, 이 어머니는 전태일의 옛 동료들과 계속 연대의 끈을 유지할 것이다. 마치 수태의 사실에 깜짝 놀라던 평범하고 순진한 마리아가 예수의 죽음 이후에 계속 사도들과 관계를 유지하듯이 말이다.

예수와 오이디푸스, 그리고 전태일

우연하게도, 전태일의 삶에서나 예수의 삶 모두에서, 아버지의 존재는 아주 미미하게 나타나 있다. 나는 파졸리니의 〈마태복음〉을 볼 때마다 예수의 정체성과 오이디푸스의 정체성을 혼동하곤 한다. 아마 나만의 오인이 아닐 것이다. 그만큼 두 남자는 어머니와 단단히 매여 있는 인물이기 때문이다. 그래서인지

예수의 삶에서는 아버지의 존재가 거의 지워져 있고, 오이디푸스의 이야기에서는 잘 알려져 있듯 아버지는 아들에 의해 희생된다. 그 오이디푸스를 더욱 유명하게 만든 장본인인 프로이트의 설명을 따라가다 보면, 오이디푸스의 아버지의 존재도 역시 예수의 경우처럼 거의 지워져 있음을 알 수 있다. 프로이트의 주장은 아버지와의 관계 보다는 '엄마와 아들'의 관계에 더욱 집중돼 있기 때문이다. 〈아름다운 청년 전태일〉에서도 아버지의 존재는 거의 지워져 있다. 영화에서는 아버지가 딱 한번 나온다. 그것도 얼굴은 보여주지도 않고, 스크린을 등지고 앉아 아들에게 '노동법'이라는 법전이 있다는 사실을 말해 줄 때이다. 전태일은 아버지의 그 말 한 마디 덕택에 노동자들의 권리를 규정한 법이 존재한다는 사실을 처음으로 알게 된다. 그러나 아버지의 등장은 그뿐이다. 아들 전태일이 다시 태어나는 과정을 계속 지켜보는 사람은, 반복하지만, 어머니이다. 오이디푸스, 예수, 그리고 전태일은 모두 '엄마와 아들'의 양자 구도 속에 단단히 매여 있는 남자들인 것이다.

전태일은 평화시장에서 자신의 일에 동조하는 동료들을 만난다. 아니 동료들을 조직한다. '바보회'가 그들이다. 전태일의 말에 따르면 "어린 소녀들이 피를 토하고 공장에서 쫓겨나는 데, 아무 말도 하지 못하니 우리는 모두 바보들"이라는 것이다. 자신이 바보처럼 아무 것도 하지 못한다는, '자기의 정체성'을 인식하는 것으로 행동을 시작하자고 다짐한다. 평화시장에서는 "제단사가 되는 게 최고"라고 생각하던 평범한 청년들이 전태일의 말에 귀 기울이기 시작하고, 점점 인간답게 사는 조건에 눈 뜬다. 그러니

'바보회'의 동료들은 12사도와 같은 존재들이다. 처음에는 반신반의하기도 했지만, 결국 전태일의 옆에서 함께 일하고 투쟁하고 또 전태일의 비극적인 죽음까지 목격한다.

이런 전태일의 짧은 삶을 기록하는 김영수는 그러니까 복음서의 저자들 역할을 맡은 셈이다. 그가 기억에서 잊혀져가던 전태일의 삶을 기록함으로써, 전태일은 역사에 남는다. 예수의 삶을 기록하는 것 자체가 위험했듯, 김영수의 작업도 결코 수월한 일이 아니다. 영화에 따르면 김영수는 75년에, 곧 전태일이 죽은 5년 후에 전기를 쓰고 있는데, 그 책은 영화가 개봉될 때인 95년경에야 발간된다. 저술에서 발간까지 무려 20년이 걸린 셈이다.

김영수는 또 감독의 시선이 투사돼 있는 인물이기도 하다. 감독은 전태일에 대한 직접적인 묘사를 피하고, 대신 김영수의 시선을 빌려 노동자들의 영웅, 전태일을 바라보고 있다. 자칫 개인숭배로 흐를 수 있는 전기영화의 단점이 다른 내레이터를 등장시킴으로써 잘 극복됐는데, 아쉽게도 개봉 당시의 많은 관객들은 '영웅적인 인물 전태일'을 더욱 바랐던 것으로 기억난다. 관객들은 전태일과 김영수의 삶이 거의 대등하게 제시된 내러티브 형식에 불만을 품었던 것이다. 게다가 김영수 역으로는 비중 있는 배우인 문성근이 등장하고, 전태일 역으로는 상대적으로 신인급이던 홍경인이 출연해, 주인공이 전태일인지 김영수인지 헷갈린다는 지적도 나왔다.

나는 김영수의 등장이, 복잡한 시간 구성과 더불어, 이 영화의 큰 장점이라고 본다. 바로 그를 통해 95년(개봉 연도, 즉 우리의 시대)과 75년(김영수의 활동 시기), 그리고 70년(전태일의 분신)이 모두 만날 수 있었기 때문이다. 다시 말해 70년의 분신 사건을 다루는 영화가 90년대인 동시대와 소통하기 위해서는 김영수의 존재가 아주 효율적이었다. 그래야 70년대의 사건이 95년 당시에도 현실감을 확보할 수 있는 것이다. 리얼리즘이 매력적인 것은, 먼 과거의 화려했던 영웅담을 늘어놓는 것이라기보다는 그 사건이 바로 동시대에 강한 울림을 가질 때이다. 따라서 한 명의 내레이터를 등장시켜 전태일을 바라보게 함으로써, 영화는 개인숭배의 감상주의도 어느 정도 벗어났고, 또 과거의 사건이 동시대성을 확보하는 데도 일정하게 성공했다. 김영수는 그러니까 감독의 분신이자 우리 관객의 대리인인 셈이다. 다만, 70년대에 비해 90년대의 현재는 상대적으로 짧게 묘사돼, 과거의 사건이 현재와 강력한 소통까지 이뤄냈느냐는 점에서는 의문이 남을 수 있다.

감염되는 죽음

전태일이 예수의 삶과 본격적으로 겹쳐 보이기 시작하는 것은 그가 평화시장에서의 첫 활동이 좌절된 뒤, 어느 채석장에서 막노동을 할 때다. 마치 예수가 산중에서 40일간의 단식기도를 하며 사탄의 유혹과 시험을 이겨내듯, 전태일은 산 속의 채석장에서 노동을 하며 자기단련을 하고 있다. 그는 마치 자신을 학대하듯, 몸을 제대로 가누지 못할 정도로 중노동에 매달린다. 어느 비 오는 날, 전태일은 무덤 같은 큰 구덩이를 파고 그 안에 누워 쏟아지는 비를 맞으며 이렇게 다짐한다. "나는 돌아간다. 불쌍한 나의 형제 곁으로. 나를 버리고 나를 죽이고 가마." 이 장면은 시커먼 구덩이 속에 누워 있는 전태일의 육체를 통해, 다가올 죽음에 대한 강렬한 암시를 드러냈을 뿐만 아니라, 또 그 죽음이 '희생의 행위'가 되리라는 것도 잘 전달하고 있다. 자기가 판 흙구덩이의 무덤 속에 전태일은 누워 있고, 자신의 삶 전체를 정화하듯, 그는 하늘에서 쏟아지는 굵은 비를 무방비 상태로 맞고 있다. 채석장에서의 무덤 장면은 결말 부분의 분신 장면과 더불어 이 영화에서 가장 울림이 큰 부분이었다.

전태일의 이런 삶을 기록 중인 김영수는 1975년 현재 경찰의 수배를 받는 반정부 활동가이다. 유신의 길고 긴 터널에서 한 치 앞이 보이지 않고, "갑갑해"라며 지루하게 시간을 기다리고 있는 중이다. 영화에 따르면 그는 1975년 소위 '5.22 사건'이라는 '김상진 열사 추모식'을 배후에서 조종한다. 1975년 4월 9일, 인혁당 관계자 8명이, 사형선고를 받은 바로 다음날 처형된다. 이틀 후, 유신정권의 도를 넘어선 폭력 앞에 모두 바싹 숨을 죽이고 있을 때, 서울 농대생이던 김상진씨가 유신헌법과 독재정권의 허위성을 고발하는 '양심선언문'을 읽은 뒤 교내에서 할복자살한 사건이 일어났다. 그의 나이는 26살, 한 학생이 목숨으로 독재의 거대한 폭력 앞에 저항한 의거였다. '5.22 사건'은 유신정부에서 쉬쉬하던 김상진 열사의 죽음을 세상에 알리는 첫 학생 시위였고, 영화에선 김영수가 배후조종자로 나온다.

이런 반정부활동 때문에 김영수는 늘 경찰의 추적을 받으며 숨어 산다. 그는 야학에서 만난 여성 노동자 정순(김선재)과 동거 중이며, 그녀의 뱃속에선 두 사람의 아이가 자라고 있다. 시대의 분위기를 암시하듯 김영수는 매번 시커멓고 우중충한 옷을 입고 있으며, 당시의 진지한 학생들의 이미지가 강렬하게 배여 있는 시커먼 뿔테 안경을 쓰고 있다. 70년대 유신시절의 의식화된 학생, 혹은 당시의 운동권 학생 출신의 형상이 김영수의 외모에 잘 드러나 있는 것이다.

그런데, 그의 행동은 동료의 말대로, '계란으로 바위 치기'처럼 효과가 미미하다. 자신은 생명을 대가로 내놓을지도 모를 위험을 감수하며 반정부 활동을 벌이고 있는데, 유신정부의 폭압성은 점점 커져만 가고, 김영수와 그의 동료들이 바라는 민주주의는 더욱 더 멀어만 보인다. 김영수도 아마 포기하고 싶은 마음이 굴뚝같았는지도 모른다. 이처럼 자신의 삶에 회의를 느낄 때, 김영수는 전태일의 전기 쓰기에 더욱 매달린다. 그가 흔들릴 때, 전태일은 마치 유령처럼 나타나 나아갈 길을 열어주는 것이다. 그러니 김영수에게 전태일은 정말 종교적인 인물, 다시 말해 성자에 가깝다.

현실의 표면에서 '불쾌감을 느낀 뒤, 그 현실의 합법성에 대해 의문을 품는' 크라카우어의 리얼리즘에 대한 자각은 김영수의 존재에 많은 빚을 지고 있다. 관객은, 김영수와 동일시하도록 극이 장치돼 있기 때문에, 사실 특별한 노력을 기울이지 않아도 불합리한 현실에 충분히 분노하게 된다. 김영수는 모순으로 가득 찬 현실에 늘 고통 받는 지식인이고, 우리는 그의 고통에 함께 상처를 받도록 극이 장치돼 있다. 그런데, 반복하지만, 아쉽게도 불쾌감이 당대인 90년대 중반의 현실에까지 강력하게 미쳤는지는 여전히 의문이다. 과거의 어떤 시기에 대한 불쾌감에 머물지 않았을까하는 미련이 남는 것이다. 특히 이 영화의 첫 장면은 수많은 노동자들이 거리를 활보하며 노동 관련 시위를 벌이고 있는데, 자칫 현재의 조건이 과거의 불쾌감을 극복한 것으로 오해될 수도 있는 시퀀스였다.

김영수는 전태일의 죽음을 서술하는 마지막 순간을 앞두고 정순을 만나기로 결정한다. 아마 김영수 자신도 죽음의 문제에 지나치게 빠져들었을 것이란 짐작이 드는 부분이 바로 여기다. 매일 매일 자신의 삶을 성찰하듯 전태일의 전기를 쓰고 있던 그가, 분신의 극적을 순간을 앞두고 글을 진행시키지 못할 만큼 긴장해 있기 때문이다. 전태일이 예수의 죽음을 뒤따랐듯, 아마 김영수도 분명 죽음이라는 문제를 두고 주관적인 상념에 빠졌을 가능성이 컸을 것이다. 게다가 그는 할복자살한 대학생 김상진의 추모 시위를 주도한 인물이 아닌가? 전태일에서 시작된 죽음의 비극성이, 김상진에게로, 또 결국 김영수 본인에게로 전이될 가능성이 큰 것이다. 죽음은 감염되고 있는 중이고, 그 감염성이 얼마나 큰지는 80년대 분신시국 때 우리는 목격했었다.

배가 불러온 정순은 김영수의 아버지 집에서 살고 있다. 김영수는 경찰의 추적을 따돌리며 배불러 있는 정순의 모습을 본다. 그리고 그는 새 생명은 "어둠 너머에 있을 것"이라고 말한다. 그 어둠은 사적인 사건, 곧 김영수 자신의 죽음이 될 수도 있고, 공적인 사건, 곧 전태일로 상징되는 한 세대 혹은 한 계급의 죽음도 될 수 있는 것이다. 영화를 처음 볼 때, 김영수도 전태일처럼 죽을 수도 있다는 상상을 한 사람은 아마 나만이 아닐 것이다. 그만큼 김영수는 전태일의 죽음에 관한 서술을 앞두고 긴장했으며, 또 '어둠'과 '새 생명'을 거론할 정도로 비장했다. 전태일, 김상진, 김영수, 그리고 우리 관객에게까지 죽음은 감염되고 있는 중이었다.

전태일의 분신 장면은 약 5분간 이어지는 클라이맥스다. "지켜지지도 않는 근로기준법을 불태워 버리자"던 전태일은 그 법전뿐 아니라 자신의 육신도 태워버린다. 그의 유명한 절규, "근로기준법을 준수하라" "우리는 기계가 아니다"라는 외침은 불 속에 더 큰 울음이 되어 울려 퍼진다. 전태일이 자신의 생명을 희생한 그 해에 아마 정순의 아이가 태어났을 것이다. 김영수의 희망대로 죽음 너머에 새로운 생명이 태어났다. 이 아이는 영화가 개봉할 때면 25살 쯤 되는 청년이다. 그런 청년들이, 곧 죽음 너머의 생명들이 평화시장을 걸어가는 것으로 영화는 끝난다.

다시 리얼리즘으로 돌아와서

자, 다시 리얼리즘의 문제로 돌아가보자. 이제 리얼리즘은 미학의 문제라기보다는 시스템의 문제인 것처럼 보인다. 물론, 이런 상황에서도 독특한 시스템을 구성해 계속 리얼리즘 계열의 영화를 내놓는 감독들도 있다. 저예산은 필수이고, 배급도 일정한 공간에 한정한다. 고정된 팀을 갖고 있는 영국의 켄 로치가 그나마 이런 작업을 '반복'할 수 있는 행운아인 정도다. 다른 감독들은 극장에 작품을 거는 것 자체에 많은 어려움을 겪고 있는 실정이다.

박광수 감독이 최근에 준비하고 있는 영화는 〈컨테이너의 남자〉(가제)로 알려져 있다[9]. 버려진 컨테이너 속에 사는 어느 하층 계급의 이야기라고 한다. 리얼리즘의 냄새가 나는 이야기 설정인데, 한 때 한국영화 리얼리즘의 대표급으로까지 지목되던 박광수 감독이 이번에 어떤 변화를 보여줄지 또 다른 궁금증이 이는 것이다. 왜냐하면 지금의 한국영화 제작 환경은 90년대와는 판이하게 다르게 변했기 때문이다. 투자－제작－배급－상영 등 영화 제작의 네 가지 축 가운데, 과연 시대와의 불화를 빚는 리얼리즘 계열 영화에 우호적인 축이 아직 존재하는 지를 염두에 둔다면, 신작에 대한 궁금증은 더욱 커지는 것이다.

한창호

영화평론가, 전 중앙일보 기자(1988-1997), 이탈리아 볼로냐대학 영화학 라우레아 과정 졸업, 논문으로는 〈에로스와 타나토스: 루키노 비스콘티의 멜로드라마 연구〉가 있으며, 역서로는 〈할리우드 장르의 구조〉(공역)가 있다. 현재 〈씨네 21〉에 '영화와 미술'을 연재 중이며, 한국예술종합학교 영상원에 출강하고 있다.

▮ 주석

1) 아마 마지막으로 리얼리즘이 전성기를 맞은 시기는 프랑스 누벨바그에서 영향을 받은 70년대의 영화들일 것이다. 곧 영국의 '키친 싱크 Kitchen Sink', 독일의 '뉴저먼 시네마', 브라질의 '시네마 노보' 그리고 미국의 '뉴 아메리칸 시네마' 등을 꼽을 수 있다.

2) 여기선 형식과 내용 모두에서 전통적인 의미의 리얼리즘 미학을 고수하는 감독 중 유명인들만 거론했다. 하지만, 프랑스의 올리버 아사야스, 레이몽 드파르동, 브뤼노 뒤몽, 헝가리의 벨라 타르, 포르투갈의 페드로 코스타, 그리고 이란의 모흐센 마흐말바프와 그의 딸 사미라 마흐말바프 등 활발하게 작업을 하고 있는 다른 리얼리스트들의 존재를 폄하하는 것은 아니다. 단지, 대중적인 인지도를 고려했을 뿐이다. 특히 한국에서의 유명도를 염두에 두었다.

3) Siegfried KRACAUER, The Mass Ornament: Weimar Essays, Harvard University Press, Cambridge, 1995, p. 24

4) 1948년 제작사 파라마운트는 제작, 배급 그리고 상영을 모두 운영하고 있었는데, 대법원 판결에 따라 이는 독점금지법 위반으로 해석됐다. 결국 파라마운트사는 제작과 배급만 운영하고, 상영은 포기했다. 이런 독점 금지의 관행은 그러나 미국의 현상이고, 우리의 경우 한 회사가 투자부터 제작, 배급 그리고 상영까지 모두 할 수 있다. 이는 미국 이외의 거의 모든 나라에서 진행되고 있는 실정이다. 독점 금지의 페어플레이는 아이러니컬하게도 자본주의가 가장 진전됐다는 미국에서 지켜지고 있는 현상이다.

5) 테오도르 아도르노, 막스 호르크하이머, 계몽의 변증법, 문학과 지성사, 2001, 203쪽

6) 벨루르는 고전내러티브 영화들의 특징을 설명하며, 남자주인공이

'오이디푸스 궤적'을 따라가는 것으로 이야기가 전개된다고 주장했다. 곧, 주인공은 아버지의 법을 수용하여, 어머니와의 사랑을 지양하고, 다른 여성 타자를 만남으로써 자신의 성적, 사회적 궤적을 성공적으로 완성한다는 것이다. 라캉의 용어를 빌리자면 아이는 상상계에서 상징계로 진입함으로써 정상적인 성장의 궤도를 따라 간다는 것이다. 고전영화의 이런 경향을 벨루르는 '오이디푸스 궤적'이라는 개념으로 설명했다.

7) 파졸리니는 이들을 계급 개념에 포함되는 프롤레타리아도 되지 못한 더욱 아래의 계층으로 분류하고, '프롤레타리아 그 아래'라는 뜻의 '소토프롤레타리 sottoproletari'라고 불렀다.

8) 페레로는 특히 〈아카토네〉, 〈맘마 로마〉(1962), 〈로고팍〉(1963)의 에피소드인 '리코타', 그리고 〈마태복음〉 등 네 작품을 예수의 삶과 연관 지어 설명했다. 그에 따르면, 〈아카토네〉의 주인공의 죽음은 마치 성자가 순교하듯 상징화 돼 있고, 〈맘마 로마〉의 좀도둑 아들은 그의 주검이 마치 르네상스의 화가 안드레나 만테냐의 〈죽은 예수〉처럼 처리돼 두 인물 사이의 연관성이 강하게 암시돼 있다. 또 '리코타'의 주인공은 엑스트라인데 예수 옆에 못 박혀 죽는 인물로 등장하며, 〈마태복음〉은 제목 그대로 예수의 삶을 다룬 전기영화다. Adelio FERRERO, Il cinema di Pier Paolo Pasolini, Marsilio Editori, Venezia, 1977

9) 이영진, '바꿔야지, 감성도… 컴퓨터 게임도 해보고 그랬다', 〈씨네 21〉, 512호, 2005년 7월 26일호.

8

'몸'을 통한 기억과 '오빠'의 나르시시즘

김 창 환

"무엇인가 기억에 남아있도록 하려면
그것을 낙인으로 찍어 넣어야 한다.
지속적으로 고통을 주는 것만이
기억에 남아있는 법이다."

니체, 『도덕의 계보』 중에서

'잃어버린 시간'을 찾아 오래 기억하는 한 방식

1980년의 광주를 기억하는 것은 그것이 공적 차원이든 사적 차원이든 한동안 금기시되었다. 정권에 의해 특정 시공간에 대한 괄호 치기가 강요되었고 그것은 칸트의 논법을 빌어 말하자면 광주에 관한 인식 자체의 불가능을 의미하는 것이었다. 물론 공적 영역에서의 기억과 회상이 자유로워지기 이전에도 그 시공간은 폭력에 희생된 자들의 몸과 영혼에 아로새겨져 있었다. 그러나 그 몸과 영혼의 주체들은 언제나 침묵을 강요당했다. 광주에서 자행된 폭력의 수행자이자 폭력행위의 수혜자였던 정권들이 사라진 이후 비로소 우리는 그 시공간을 공적 차원에서 기억하는 것이 가능해졌다.

광주를 기억하는 것, 그것은 한국 현대사의 '잃어버린 시간'을 찾는 작업이다. 그런데 우리가 이 글에서 살펴볼 '잃어버린 시간'으로 돌아가는 길은 마들렌의 맛과 향이 열어주지 않는다. 그것은 한 소녀의 '몸'을 통해 놓인 길이다. 감당할 수 없는 폭력의 체험은 여린 소녀에게 깊은 상처를 남겼고 의식에는 들일 수 없는 그 끔찍한 체험은 억압되어 무의식 깊숙한 곳에 자리잡는다. 소녀의 몸은 이제 억압이라는 밀랍으로 단단히 봉인해 놓은, 그렇기에 그 고통이 휘발되지 않는 '광주에 관한' 기억의 저장소가 된다. 우리가 살펴볼 영화 〈꽃잎〉은 광주를 재현하는 것이 아니라 광주가 한 소녀에게 남긴 충격, 더 정확히 말하자면 자신이 받은 충격에 대한 소녀의 방어를 보여주고 있다. 이것이 영화가 선택한 광주로 들어가는 우회로이다. 영화는 소녀의 여전히 터져있는 상처를 헤집어 눈앞에 펼쳐 놓음으로써 우리를 그 고통의 자리로 끌어들인다. 회복 불가능하게 벌어져있는 상처를 바라보는 우리의 마음은 균열되고 소녀의 상처는 우리에게 전이된다. 소녀의 몸을 매개로 우리의 몸도 광주의 시공간을 헤매게 된다. 만약 이 영화를 통해 광주에서 일어난 '사건들'이 효과적으로 우리 속에 침잠해 들어왔다면 그것은 기억술의 매체로써 '몸'을 사용했기 때문일 것이다. 이런 의미에서 이 우회로는 지름길이기도 하다. 하지만 모든 지름길이 그렇듯, 광주로 들어가는 이 길도 평탄하고 안전하진 않다. 이 길을 걷는 이는 자신도 모르는 사이에 깊은 심연으로 추락할 수 있기 때문이다. '폭력적 사건의 표상 불가능성'과 표상 불가능한 것에 질서를 부여하려는 '서사에의 욕망'이 길항하며 생성한 그 심연을 간과한다면 가장 빠른 길을 걷던 우리는 광주의 언저리에서 나락으로 떨어져 목적지와는 무관한 곳에서 정체될 가능성이 높다. 이 글은 광주에서의 '사건'을 향해 '몸'이 놓은 길을 살펴볼 것이다. 그리고 그 길에 도사리고 있는 위험한 심연에 대해 숙고해 볼 것이다.

표상할 수 없는 '사건'의 귀환과 찢긴 서사

이 영화의 서사는 복잡하다. 소녀(이정현 분)와 장씨(문성근 분), 소녀의 억압된 기억, 우리들(소녀를 찾아나선 오빠의 친구들)의 서사가 얽혀있기 때문이다. 우리는 이것을 찢긴 서사라고 부를 수 있을 것이다. 이 영화의 서사는 세 가지 방식을 통해 찢겨있다. 첫 번째는, 영화의 전체 서사를 세 가닥으로 직조하는 방식이다 : ① 장씨와 소녀의 서사. ② 소녀가 유최면 상태에 들어갔을 때에만 파편적으로 제시되는 외상적 사건의 서사. ③ 소녀의 행적을 찾아다니는 '우리들(오빠 친구들)'의 서사. 두 번째는 영화 속에 다른 매체(만화)를 삽입하는 방식이다. 충격적인 영상과 음향이 주를 이루는 영화의 진행 속에 간간히 삽입되는 순정만화 톤의 이미지는 영화라는 매체의 투명성으로 인해 더욱 강조되는 광주 사건의 '폭력성'과 충돌하며 생경함을 자아내기에 충분하다. 마지막은 현실의 시간 속에 외상적 사건을 파편적인 이미지로 빈번히 삽입함으로써 직선적 시간의 흐름과는 무관한 정신분석적 시간을 만들어내는 것이다. 이를 통해 '이전'과 '이후'를 잇는 매끄러운 서사는 끊임없이 교란된다. 혼란스러운 서사를 접했을 때 우리는 보통 찢긴 조각보들이 잘 박음질되어 근사한 퀼트를 만들어내는 것처럼 시간이 지날수록 각기 다른 서사가 서로를 보충하며 정교하게 맞물려 돌아갈 것이라고 예상하지만 이 영화의 찢긴 서사는 그런 기대감을 충족시켜주지 않고 있다.

뒤얽혀 너풀거리는 세 가닥의 끈은, 그러나, 한 고정점 즉 소녀가 겪은 외상적 사건 traumatic event에서 출발한다. 그것은 중첩된 두 개의 사건인데, 하나는 시위대에 동참했던 엄마가 진압군의 총에 맞아 소녀의 눈앞에서 죽은 것이고, 또 하나는 총에 맞아 흰자위가 위로 치켜 올라간 채 죽었지만 아직도 갈쿠리처럼 자신의 손을 움켜쥐고 있는 엄마의 손을 떼어내기 위해 결국 엄마의 시체를 발로 밟아 떼어낸 소녀의 체험이다. 이 두 가지 외상적 사건은 소녀에게 있어서 정서적으로 커다란 강도를 지니는 것이지만 의식에는 결코 들일 수 없는 관념이다. 자신도 희생자이지만 여전히 살아남아 있다는 사실은 망자(亡者)에 대한 죄책감을 불러오기 십상이다. 더구나 죽은 엄마를 발로 밟아 뿌리치고 도망쳐 살아남았다는 사실은 더욱 심각한 죄책감을 불러일으킬 수 있다. 소녀는 인정할 수 없는 그 사실, 광주의 끔찍한 기억과 연상의 고리를 이루고 있는 그 사실을 철저하게 억압한다. 그러나 완벽한 억압은 불가능하며 억압된 것의 귀환은 막을 수 없는 일이다.[1] 외상적 사건은 폭력적으로 귀환하고 희생자는 귀환한 그 사건 앞에서 무력할 수밖에 없다.[2] 우리는 작은 시퀀스를 통해 억압된 죄책감의 귀환을 확인할 수 있다. 기차를 타고 광주를 빠져나올 당시 소녀는 기차의 창문에 비친 여귀(女鬼)의 이미지를 보게 된다. 여귀는 엄마를 어떻게 했냐고 소녀를 다그친다. 소녀는 괴성과 함께 유리창에 머리를 찧으며 괴로워하다 실신한다. 이 여귀의 이미지는 무의식에 억압되어 있던 죄책감 때문에 생긴, 자기처벌의 욕구가 외화된 소녀의 도플갱어라고 할 수 있다.[3)] 이처럼 의식에 들일 수 없는 사건은 무의식에 억압되고 이것은 (전)의식과의 교호 속에서 소녀를 휘두르는 병리적 요인으로 끊임없이 작동한다.[4)]

'사건'의 폭력적 귀환은 어떤 매커니즘을 통해 일어나고 소녀에게 구체적으로 어떤 변화를 초래하는가? 우리는 이 질문에 답하기 위해 장씨에서 출발해야 한다. 소녀는 장씨가 오빠를 닮았기 때문에 그를 따라간다. 떠돌이 공사판 막노동자로 일용할 술과 양식으로 근근이 살아가고 있는 장씨는 자신을 따라오는 미친 소녀를 그저 책임감이나 비용을 전혀 요구하지 않는 성욕의 배출구 정도로 대한다. 그런데 의식에 들일 수 없기에 막대한 심리적 에너지를 들여 무의식에 억압해 놓은 소녀의 외상적 사건은 장씨와의 만남을 통해 끊임없이 억압을 뚫고 (전)의식으로 비집고 올라오게 된다. 일상의 경험을 디딤돌삼아 무의식에 억압된 것이 (전)의식의 영역으로 올라오듯이,[5)] 장씨의 폭력과 강간을 매개로 소녀의 억압된 광주의 기억이 의식으로의 침입을 시도한다. 그러나 광주에서의 외상적 사건은 앞에서도 지적한 바와 같이 의식에 들일 수 없는 것이다. 그것은 악몽, 불안 발작 혹은 유최면 상태 hypnoid state에서만 드러나지 명정한 의식에서는 기억될 수도 언어로 표상될 수도 없는 성질의 것이다. 장씨의 폭력이 심해질 때, 다시 말해 소녀가 억압하고 있는 경험과 유사해 질 때 소녀는 심한 광기의 상태로 들어간다.

그런데 더 안타까운 것은 조금은 비일상적이라 할 수 있는 장씨의 폭력 뿐 아니라 일상의 모든 경험이 소녀로서는 광주에서 경험한 근원적 폭력을 환기시키고 '사건'을 소환하는 매개체라는 것이다. 예를 들어보자. 소녀가 동네 꼬마들에게 '미친년'이라고 놀림 받으며 강물에 쫓겨 들어가 허우적댈 때 지나가던 한 농부가 구해준 일이 있었다. 농부의 손에 끌려 경운기 뒤에 올라탄 소녀는 계속 농부의 눈치를 살피다 갑자기 뛰어내린다. 그리고 있는 힘을 다해 달아난다. 모처럼 자신에게 뻗은 도움의 손길임에도 소녀는 그 사실을 인식하지 못한다. 이유는, 농부가 군복을 걸치고 있었기 때문이다. 군복은 당시 일상 속에서 흔히 작업복으로 쓰이는 것이었지만 소녀에게는 진압군을 환기시키는 매개체였던 것이다. 예를 하나 더 들어보자. 옥포 댁의 도움으로 선술집에서 닷새 가량 안전하게 묵고 있을 때이다. 어느 날 밤 소녀는 선술집 앞을 지나가는 한 무리의 노동자들을 보게 된다. 노동자들은 삽과 곡괭이를 들춰 매기도 하고 바닥에 끌기도 하며 지친 걸음을 옮기고 있었다. 소녀는 그 장면을 보고 발작을 일으키고 그나마 안온했던 옥포 댁의 품을 떠나게 된다. 삽과 곡괭이는 피살된 시체들을 땅에 묻기 위해 진압군이 사용했던 도구였고, 이를 통해 시체들에 섞여 구덩이에 던져졌던 소녀의 기억이 환기되었기 때문이다. 농부의 작업복이나 노동자들의 도구는 일상 속에서 흔히 접하는 사물이다. 그러나 소녀에게는 그 일상의 사소한 것들이 간신히 억압해서 묻어둔 외상적 상처들을 전의식으로 끌어 올리는 강력한 기제로 작동하는 것이다. 사정이 이러하다면 소녀가 접하는 일상은 끔찍한 것이다. 장씨의 폭력은 억압된 기억에 가까운 것이므로 예외로 치자. 그러나 일상 자체의 사소한 것들이 모두 끔찍한 경험을 소환하는 것이라면 문제는 심각하다. 우리의 생활세계가 소녀에게는 공포증을 끊임없이 유발하는 세계인 것이다. 끔찍한 일상. 폭력의 체험 이후 소녀에게 있어서 일상은 더 이상 삶의 터전이 아니라 지옥이다. 미쳐야 견딜 수 있는 공포의 세계. 이런 맥락에서 소녀의 광기는 자신을 지키기 위한 방어의 양태이다.

소녀는 희생자이자 생존자이다. 폭력적인 사건에 희생당한 대부분의 생존자가 그렇듯 소녀도 자신이 경험한 사건에 대해서 침묵한다. 그녀의 입술은 굳게 닫혀 있거나 비명과 신음, 의미를 알 수 없는 파편화된 발화만을 흘릴 뿐이다. 여기서 침묵한다는 것 혹은 파편화된 발화만을 흘린다는 것은 그 '사건'은 표상할 수 없다 혹은 서사될 수 없다는 것을 의미한다. 아무리 잘 표상해 낸 '사건'이라 하더라도 그것은 직접 겪은 끔찍한 '사건'의 폭력성에 비하면 턱없이 부족한 것이다. '표상된 사건'은 언제나 직접 겪은 '사건'에 비하면 결여태이다.[6] 그런데 폭력적인 사건의 기억이 고스란히 담겨있는 그녀의 '몸'은 '사건'의 불가항력적 귀환을 반복해서 경험한다. 무의식에 자리잡은 소녀의 심각한 트라우마는 끊임없이 현재의 시간을 침략하여 과거의 끔찍한 경험과 현재를 뒤섞어 버린다. 그 결과 소녀는 대부분의 시간을 악몽, 불안 발작, 유최면 상태로 보내야 한다. 몸과 정신구조에 지울 수 없는 흔적을 남기는 폭력적인 트라우마는 주체가 자신의 경험들을 내러티브적으로 의미를 지니는 통합적 다양성으로서 파악하지 못하게 방해한다. 이때 주체는, 벤야민의 말을 빌리자면, '경험의 심각한 위기'에 직면한다.[7] 이런 맥락에서 영화의 찢긴 서사는 소녀의 정신과 상동구조를 이루며 '사건'의 표상 불가능성을 잘 드러내고 있다. 물론 찢긴 서사는 완결된 서사에 익숙한 관객에게 생경함을 준다. 관객은 자신에게 던져지는 강렬한 이미지들을 재조직하여 유기적인 내러티브를 파악할 수 없다는 사실에 당혹감을 느낄 것이다. 서사들의 산개(散開)는 완결된 서사를 통해 대상을 인식하고 안도감을 느끼려는 관객의 지적 행위를 불가능하게 한다. 찢긴 서사와 그 내용의 폭력성은 광주를 '인식'이나 '이해'의 대상이 아니라 '충격'의 대상으로서 제시하고 그렇게 함으로써 광주를 관객의 기억 속에 깊이 침잠 시키는 전략적 효과를 얻는다. 여기서 효과란, 관객이 찢긴 서사로 인해 인식을 통한 대상의 경제적 처리가 불가능한 상태에 머물게 됨으로써 느끼는 불안과 충격이 기억 속에 장기 지속되는 것을 뜻한다.

서사에의 욕망 혹은 진혼(鎭魂)

우리는 앞에서 찢긴 서사와 소녀의 정신구조가 상동관계임을 지적하였다. 그리고 이 영화가 서사적 질서 속에서 광주를 인식하는 것을 불가능하게 함으로써 오히려 광주를 관객의 기억 속에 깊이 침잠시킨다는 것도 지적하였다. 그러나 이 영화를 힘있게 만들던 이 구조는 소녀의 무덤가 내레이션을 통해 무너진다. 찢겨져서 너덜거리던 서사는 소녀의 독백을 통해 수미일관된 하나의 서사로 매끈하게 봉합되고 불안과 충격으로 일렁이던 관객의 정서는 사건에 대한 전반적 인식과 더불어 급격히 안정감을 되찾는다. 이러한 의외의 변화는 무엇을 의미하는가? 바로 이 지점이 이 글의 첫 머리에서 제시했던 심연의 입구이다. 폭력적으로 회귀하여 희생자를 진탕 흔들어 놓는 '표상 불가능한 사건'과 '서사에의 욕망'이 길항하며 파놓은 심연. 이제 심연을 찬찬히 더듬으며 내려가 보자.

소녀는 공동묘지로 들어선다. 입구 쪽 무덤에 놓여있던 마른 꽃 한 다발을 손에 든다. 그리고 한 가닥씩 뽑아서 무덤들 하나하나에 헌화한다. 한참을 그렇게 헌화하던 소녀는 한 무덤가에 앉아서 독백조로 말하기 시작한다. 그 발화의 청자는 죽은 오빠이다. 소녀는 오빠가 군대에서 죽었다는 통지서를 받던 날의 기억에서 시작하여 뿌리치는 엄마를 억지로 따라나서 금남로에 갔던 일, 엄마의 죽음, 엄마의 시체를 발로 밟아 떼어내던 기억, 정신을 차려보니 시체더미가 가득한 트럭에 실려 어디론가 실려가던 일까지 순행적으로 서술한다. 이것들은 소녀에게 있어 심각한 외상적 사건들이며 소녀의 무의식에 깊숙이 억압해 놓은 것들이다. 그리고 지금까지 그 사건들은 파편화된 이미지로 반복해서 제시되었지만 시간적 질서 속에 표상된 것이 아니기에 관객들로서는 전모를 파악하기 힘든 것들이었다. 그런데 소녀의 내레이션은 무질서하게 파편적으로 재현되었던 이미지에 질서를 부여하고 관객으로 하여금 소녀가 겪은 외상적 사건의 구체적 실상을 인식할 수 있게 한다. 이러한 재현의 전략은 일정 부분 성공적이다. 반복적으로 제시된 파편적인 이미지가 관객의 인식을 방해하는 원심력이었다면 소녀의 내레이션은 외상적 사건을 전반적으로 드러내는 것으로써 흩어져 있던 이미지를 한 점에 집결시켜 인지의 충격을 가하는 구심점 역할을 충실하게 수행하기 때문이다. 그러나 이 구심점은 영화의 내적 논리가 붕괴되는 소실점이기도 하다. 상기한 바와 같이 심각한 트라우마를 지닌 소녀가 자신이 겪은 외상적 사건을 그렇게 완전한 서사로, 언어 표상으로 재현하는 것은 불가능하다.[8] 또한 성마른 봉합은 이 영화의 가장 큰 전략적 성공을 스스로 무화시키는 것이기도 하다. 그것은 광주에 관한 상(像)을 기억 속에 깊이 침잠시키는 대신에 서사를 통해 명료한 의식의 차원으로 끌어올림으로써 '사건'의 폭력성과 위협가능성을 제거하는 것이다. 왜냐하면 관객은 이제 소녀에 관한 모든 것을 이해했고 사건의 전모를 명확히 인식했기 때문이다. 인식한다는 것은, 벤야민의 사유를 빌자면, 대상을 소유하는 것이다. '인식은 소유이다. 인식의 대상 자체는 그것이 의식 속에서 점유될 수밖에 없다는 점을 통해서 규정된다. 소유당한 사물에 있어서 재현은 이차적인 것이다.'[9] 서사를 통해 '사건'에 질서를 부여하는 행위는 그 사건을 유기적 질서를 지닌 것으로 인식하는 것이고 소유하는 것이다. 우리는 잘 알고 있는 것, 소유하고 있는 것에 대해 두려움을 느끼지 않는다. 이런 의미에서 파편화된 서사를 다시 직조해서 질서를 부여하고 재서사화하는 것은 '사건'의 폭력성을 거세하는 것과 다름없다.

이제 소녀가 겪은 광주에서의 '사건'은 더 이상 관객을 불안에 빠뜨리지도 위협하지도 않는다. 그리고 광주에 관한 상은 기억 깊숙이 침잠한 채 잊을 수 없는 것으로 남아있지도 않게 된다. 본래 표상 불가능한 사건을, 그것도 서술 불가능 상태의 소녀의 입을 억지로 벌려 서술하게 한 힘은 다름 아닌 '서사를 향한 강렬한 욕망'이다. 이 욕망은 결과적으로 광주를 향하던 지름길이 끝날 무렵에 심연을 파 놓음으로써 광주의 기억을 단발적인 것으로, 위협적이지 않은 것으로, 곧 휘발될 기억으로 만드는 역설적인 결과를 낳는다.

그러면 서사를 향한 강렬한 욕망은 어디에서 기인한 것일까? 그것은 희생자들의 혼을 달래고자 하는 욕망에 의해 촉발된 것이다. 지금까지 소녀는 희생자이자 생존자로서 제시되었다. 그런데 이 시퀀스는 소녀의 또 다른 정체성을 우리에게 보여준다. 그것은 바로 '진혼자'이다. 소녀의 헌화로 인해 우리는 무덤가에서의 소녀의 언행이 외상적 사건에 대한 진술이며 동시에 희생자들에 대한 진혼(鎭魂)의 행위임을 파악할 수 있다. 소녀는 붉은 원피스를 입고 가벼운 흰 천을 들고 무덤가를 거닌다. 이때 소녀가 들고 있는 흰 천은 살풀이춤의 수건같은 기능을 수행하는 것으로 이해할 수 있다.[10] 비록 춤사위는 없지만 흰 천을 들고 무덤가를 누비면서 소녀는 망자의 혼을 씻기고 원한과 살(殺)을 풀어 지복의 공간으로 보내고 있는 것이다. 원래 살풀이춤은 흰 저고리와 치마를 입고 추는 춤이다. 그러나 지금 소녀는 붉은 원피스를 입고 보이지 않는 춤사위를 펼치고 있다. 희생자이자 비참한 생존자인 그녀는 흰 옷을 입을 수 없다. 상처와 희생을 뜻하는 원형적 색감인 붉은 옷을 입고 흰 천을 들고 희생자들의 넋을 달래며 무덤가를 누비고 있는 것이다.[11] 이 시퀀스에 이르러 영화는 희생자의 외상적 사건을 적나라하게 드러내면서 동시에 희생자들에 대한 진혼제의를 수행한다. 이때 소녀는 희생자이자 진혼자로서 중층 결정된 존재이다. 깊이 침잠해 있는 기억을 '진혼(鎭魂)'을 위해 공식적 차원으로 끌어올리는 과정에서 서사를 향한 욕망은 증폭되고, 진혼이 윤리적 정당성을 가지는 것이라 하더라도 결과적으로 광주를 기억 속에 깊이 침잠시키는 강력한 힘을 거세하는 역설적 상황을 낳는다. 이로서 광주의 '사건'은 현재로 끊임없이 귀환하는 사건이 아니라 전모가 인식된 그리고 진혼제의를 통해 공식적으로 종결된 '과거형'으로 자리매김된다. 과거형으로 자리매김된 '사건'은 현재적 의미를 급격히 잃고 가벼운 기억의 흔적만을 남긴 채 깊은 망각 속으로 떨어지기 쉽다. 광주로 가던 지름길은 심연으로 이어지고 그 길은 끊어진다.

거울에 비친 상(像)과 굴절율

심연이 열어놓은 공간은 진공이 아니다. 그것은 무언가로 충만한 공간 plenum이다. 심연을 채우고 있는 물질을 분석함으로써 우리는 소녀를 통해 광주의 '사건들'에 접근하던 영화가 기이하게 굴절되고 착종된 지점들과 그 결과 영화가 도달한 자리를 확인할 수 있다. 이 작업은 재현 방식의 이데올로기를 분석하는 것이기도 하다. 그러나 우리에게는 잠시 에둘러 가 보아야 곳이 있다. 그것은 이 영화 속에 재현된, 광주의 '사건들'에 얽힌 국가 이데올로기이다. 카메라가 포착하여 재현해 낸 이데올로기와 재현방식의 이데올로기를 모두 살펴보는 것, 비유적으로 말해서 거울에 비친 모습 뿐 아니라 대상을 굴절시키고 변형시키는 거울의 매질 자체까지 살펴보는 것을 통해 우리는 조금 더 진전된 논의를 할 수 있을 것이다.

먼저 거울에 비친 상(像)부터 보기로 하자. 이 영화는 여러 방식으로 (당시의 소수 군부에 의해 장악된) 국가 이데올로기와 대결을 시도한다. 우리는 곳곳에서 태극기가 등장하는 것을 확인할 수 있다. 말할 필요없이 국기(國旗)는 국가 이데올로기의 대표적 기호이다. 그런데 그것은 때로는 진압군의 편에서 때로는 시민군의 편에서 펄럭인다. 이는 광주에서의 사건이 서로 다른 국가이데올로기의 충돌임을 간략하지만 명확하게 보여주는 대목이다. 이때 태극기는 흐르는 기표가 된다. 그 태극기는 흘러가며 순간순간 다른 기의에 정착된다. 애국가도 마찬가지이다. 영화 전체의 기저음으로 사용되는 애국가는 때로는 장조로 때로는 단조로 편곡되어 태극기와 결합함으로써 떠도는 기표인 태극기를 적실한 기의 위에 고정시킨다. 특히 단조로 편곡된 애국가는 5공화국이 폭력과 폭력이 야기한 비극을 모태로 태어난 것임을 명백히 드러내준다. 이런 의미에서 편곡된 형태로 적절히 사용된 애국가는, 영화의 내러티브가 구체적으로 다루지 않고 있는 광주 '사건들'의 정치적 함의를 떠맡아 정면으로 대결을 펼치는 강력한 영화적 도구로 기능하고 있다.[12)] 또한 이 영화는 짧은 시퀀스를 통해 5공화국의 법적 정당성의 문제에 대해서도 다루고 있다. 장씨가 조금씩 소녀의 상처의 진원지에 접근해 갈 무렵의 어느 날, 텔레비전에서 전두환의 대 국민 연설이 방영되고 있었다. 연설의 요지는 국민의 동의와 법에 의거해 개헌과 더불어 자신이 대통령에 취임한다는 것이었다. 이때 TV연설 장면은 미친 듯이 자신의 몸을 씻으며 발작을 일으키는 소녀의 모습과 병치된다. 아무런 연관 없는 두 장면의 병치는 강력한 정치적 해석을 유도한다. 당시 정권의 대표단수이기도 한 전두환이 언급하는 '법'은 소녀가 미친 듯이 씻는 장면을 통해 가장 불결하고 더러운 것으로 전락한다. 왜냐하면 그것은 법이라는 이름으로 자행된 국가폭력을 의미하기 때문이다.

이제 거울의 매질을 살펴볼 차례이다. 이를 위해서는 거울에 비친 상(像)이 어떻게 일그러지는지 자세히 살펴보는 수밖에 없다. 다시 한번 이 복잡한 서사의 겹줄을 들추어 보아야 하는 것이다 : ① 소녀의 엄마는 국가 폭력에 아들을 잃은 분노를 표출하기 위해 금남로에 나섰다. 그리고 진압군의 총에 죽임을 당한다. 엄마가 목숨을 걸고 금남로에 나간 것은 '오빠'의 부재 때문이었다. ② 소녀는 심각한 외상성 신경증의 상태에서 부재하는 '오빠'를 찾아 나선다. 오빠와 흡사하게 생긴 장씨는 소녀에게 있어서 오빠의 대체물이었다. ③ 장씨는 소녀가 경험한 외상적 상처를 (전)의식의 영역으로 끌어올리는 계기로 작용하는 유사 체험의 제공자였다. 그러나 이해하기 힘든 소녀의 증상, 즉 몸을 통한 발화는 노동 현장에서 다른 노동자들의 입을 통해 듣게 된 광주 이야기와 겹치며 조금씩 그 의미가 드러나고, 장씨는 소녀에게 연민을 가지게 된다. 유린하는 자에서 연민과 동정을 느끼는 자로의 변화는 소녀에게서 성적 만족을 추구하는 행위를 그치는 것을 통해 분명하게 드러난다.[13)] 소녀에 대한 연민을 가지게 된 이후 장씨가 보여주는 행동들은 상징적 해석이 가능하다. 장씨와 소녀의 서사에서 가장 인상적인 장면은 장씨가 소녀를 씻기고 푸른색 옷을 입히는 대목일 것이다. 주지하는 바와 같이 소녀의 몸은 광주에서의 상처가 각인된 기억의 저장소이다. 장씨는 그 몸을 씻기려 한다. 하지만 소녀는 극구 장씨의 손아귀를 벗어나려 애쓴다. 소녀의 격렬한 거부는 씻기 싫어서가 아니라 '사건'이 남긴 상처와 기억이 지워지는 것에 대한 거부라고 해석할 수 있다. 이러한 추론은 소녀가 계속 손에 거머쥐고 놓지 않는 흰 보자기를 통해 가능해진다. 그 보자기에는 광주 사건 당시 소녀가 입고 있었던 붉은 색 원피스와 신발이 담겨 있었다. 광주에서 경험한 외상적 사건이 물화된 것이라고 보아도 무방한 붉은 색 원피스[14)]를 단단히 거머쥔 채 장씨의 손길을 거부하는 소녀를 씻긴 후 장씨는 소녀에게 어울리지 않는 크고 푸른 상의[15)]를 걸쳐준다. 하지만 장씨의 그러한 시도는 성공할 수 없었다. 얌전하게 장씨의 행동에 순응하던 소녀는 곧 히스테릭한 웃음을 터뜨린다. 장씨의 애정 어린 돌봄 아래 잠시 유지된 소녀의 정상성은 곧 소멸된다. 이는 소녀가 겪은 '사건'은 희생자에 대한 연민과 동정으로 덮고 지나칠 수 없는, 회복 불가능한 것임을 말해준다. 장씨의 행위를 면밀하게 살펴볼 때 그는 실패했지만 부재하는 '오빠'의 역할을 자청하고 수행한 인물이라고 할 수 있다. ④ '우리들(오빠의 친구들)'은 어떠한가? 그들의 심리적 역동을 한 단어로 표현한다면 그것은 '상실감'일 것이다. 그들은 친구를 잃었다. 죽음은 회복 불가능한 상실이다. 큰 상실감은 외부세계에 대한 관심의 상실로까지 이어진다. 일상의 삶은, 상실한 사람과 관련된 것이 아니라면 무의미한 것이 된다. 그 상실감의 고통을 처리하는 것은 그들에게 있어서 가장 중요하고 시급한 문제가 된다.[16] '우리들'의 상실감 혹은 결여를 보충해줄 수 있는 유일한 존재는 소녀이다. 그래서 그들은 일상의 삶을 접어두고 소녀를 찾아 나선다. 그들의 행동을 우리는 애도 mourning라고 할 수 있을 것이다. 소녀를 찾아 나선 '우리들'의 행동은 애도와 더불어 또 다른 의미를 함축하고 있다. 그들은 죽은 친구를 대리 substitution하기 위해, 다시 말해 '오빠'를 대신해 실종된 소녀를 찾고 돌보기 위해 기약없는 여행을 시작한 것이다.[17] 이렇게 볼 때 영화 속 모든 서사는 오빠가 없기 때문에 생기거나, 오빠를 찾기 때문에 생기거나, 오빠를 대리하기 때문에 생긴 것들이다. 결국 이 영화의 서사들을 가능케 한 궁극적인 힘은 역설적이게도 '부재하는 오빠'인 것이다. 심연의 실체, 그것은 '오빠'였다. 광주로 향하던 우리는 어느새 '오빠'의 미망에 갇힌 채 길 없는 길을 더듬고 있었던 것이다.

붉은 원피스의 마네킹과 '오빠'의 나르시시즘

이 지점에서 세 가지 질문이 꼬리를 물고 떠오른다 : ① 아버지는 누구이기에 혹은 어디에 있기에 '오빠'를 이렇게 찾는가?

② 오빠는 어떤 존재인가? ③ 부재하는 오빠가 궁극적인 존재라면 소녀의 위상은 어떻게 자리매김 되는가? 이 질문들에 답하는 것은 이 영화 텍스트의 무의식 혹은 재현 방식의 이데올로기를 드러내는 작업이 될 것이다. 이 질문에 대한 답변은 가족 로망스의 관점을 취할 때 잘 포착될 수 있다. 이 영화의 서사 속에서 실재하는 아버지는 없다. 하지만 정신분석적 관점으로 보자면 여기서 아버지는 법 혹은 국가권력이라고 할 수 있다. 그런데 이 아버지는 자식들에게 폭력을 행사하는 '나쁜 아버지'이다. 나쁜 아버지의 폭력과 횡포를 감당하고 저지하는 것은 자연스럽게 오빠의 몫으로 남는다. 그런데 문제는 그 오빠가 부재한다는 것이다. 나쁜 아버지의 유일한 대립항이던 오빠는 나쁜 아버지에 의해 이미 제거되었기 때문이다. 오빠의 부재는 훼손당한 누이의 존재를 통해 더욱 커지고 소녀의 상처가 깊어지면 깊어질수록 오빠의 현전에 대한 바램이 더욱 커진다. 소녀의 상처-오빠의 부재-오빠의 현전을 교묘하게 엮어놓은 이 영화는 그 속에 '오빠 = 구원의 표상'이라는 함의를 은밀히 감추고 있다. 이런 매커니즘 속에서 소녀, 장씨, 오빠의 친구들은 모두 나쁜 아버지의 횡포에 의해 사라진 오빠의 부재를 메우려고 애쓰고 있는 것이다. 이런 맥락에서 보자면 이 영화텍스트의 리비도는 소녀에게로 외출했다가 다시 오빠에게 재귀하는 것이다. 우리는 이러한 리비도의 흐름을 '오빠의 나르시시즘'이라고 부를 수 있을 것이다. 광주에서의 '사건'을 비추는 거울은 '오빠의 나르시시즘'이라는 특정한 굴절율을 지니는 것이다. 누이의 상처에 천착하는 카메라의 시선은 결국 나르시시즘적 오빠의 시선을 닮아

있다. 결국 오빠의 시선에 포착된 누이의 상처가 드러내는 것은 누이를 지켜주지 못한, 나쁜 아버지와 제대로 싸우지 못한 오빠의 무기력과 죄책감이다. 훼손된 소녀를 끊임없이 재현하는 것은 소녀를 지켜주지 못한 오빠의 자기처벌적 자해 행위라고 볼 수 있다. 폭력적 사건에 희생당한 여린 꽃잎 같은 누이, 진혼제의를 수행하는 거룩한 누이는 점차 페티시화되고, 오빠의 판타스마고리아를 향해 뻗어있는 거리의 양 쪽에 늘어선 아케이드 안에서 붉은 원피스를 입은 마네킹으로 서 있다. 이것이 광주로 향하는 지름길로 들어섰던 이 영화가 추락한 심연의 끝이다. 소녀의 '몸'과 더불어 광주로 향하던 우리도 주의하지 않으면 원래의 목적지는 잊은 채, 마네킹의 강렬한 자극과 '오빠'의 은밀한 광휘에 눈멀어 심연 속에서 정체될 수 있다. 그리고 이것이 우리가 광주에 관한 '다른 번역'으로서의 '다른 영화'를 기다려야 하는 이유이다.

▮ 주석

1) 억압된 것은 대체물이나 증상과 같이 변형된 형태로 귀환한다. Sigmund Freud, *Repression*, Standard Edition of the complete psychological works of Sigmund Freud Vol.14, The Hogarth Press, 1961, p. 154. 이하에서 프로이트 서지는 「논문명」(Standard Edition 의 권수 : 쪽수)만 표기하기로 한다.

2) 희생자의 침묵과 육화된 기억의 의미에 관해서는 Roberta Culbertson, 「Embodied Memory, Transcendence, and Telling : Recounting Trauma, Re-establishing the Self」, New Literary History Vol. 26, 1995, p. 169와 오카 마리, 김병구 역, 『기억 · 서사』, 소명출판, 2003 참조

3) 프로이트의 '두 번째 심역론'의 용어를 빌리자면 여귀의 이미지는 초자아의 구현이라고도 할 수 있다. 이 시퀀스에서 아쉬운 점은 소녀의 분신을 전통적인 여귀 형상으로 표현한 것이다. 억압된 것의 귀환이 야기하는 '두려운 낯설음 uncanny'을 표상하기에는 무난하지만 소녀의 죄책감을 드러내는 매체로는 부적절하다고 생각된다. 소녀와 조금 더 닮은 모습이어야 할 것이다.

4) 의식에 들일 수 없는 관념은 병리적이다 *Studies on Hysteria* (SE 2 : 225)

5) "Material and Sources of Dream", *The Interpretation of Dreams*, (SE 4 : 165-188)

6) 사건에 대해 발화하지 않는 소녀는 '희생자'로서의 정체성을 드러낸다. 그런데 후반부에 가면 이것은 생존자이자 진혼자로서의 정체성으로 변모한다. 소녀의 정체성 변화는 서사 구조의 변화(찢긴 서사 → 봉합된 서사)에도 영향을 미친다.

7) 여기서 '경험' 개념은 발터 벤야민에게 빌려왔다. 벤야민은 불연

속적 체험 Erlebnis와 내러티브적으로 의미를 지니는 통합적 다양성인 경험 Erfahrung을 구분하고 현대를 '경험의 위기'라고 진단한다. 트라우마로 인한 정신구조의 파편화는 한 주체의 축적된 경험의 내러티브를 해체할 만큼 강력한 것이다. Martin Jay, "Walter Benjamin, Rembrance and the First World War", *Benjamin Studies 1*, Rodopi, 2002, p. 189참조

8) 이론적으로 말해서 무의식에 억압한 기억은 주로 사물표상의 형태를 지닌다. 영화 속에서 그것은 이미지로 제시되었다. 만약 사물표상이 전의식으로 올라와 언어표상과 결합한다면 무의식과 전의식 양쪽 영역에서 리비도 투여를 받아 과잉 투여 hyper cathexis 상태가 된다. 과잉 투여받은 대상은 의식의 영역에 까지 들어올 수 있는데 그렇다면 그것은 억압의 완전한 실패이다. 억압의 목적은 사물표상이 언어 표상과 결합하는 것을 막고 언어 표상에서 리비도 투여를 철회하는 것인데, 이때까지 철저하게 억압했던 외상적 사건을 소녀가 스스로 언어로 재현함으로써 의식으로 끌어올린다는 것은 거의 불가능한 일이라고 할 수 있다. 심각한 외상적 사건은 반복강박적 악몽을 통해 간신히 되새김질 하고 소산시키는 수준에서나 무의식의 지하실에서 끄집어낼 수 있는 성격의 것이다. 그렇지만 굳이 소녀의 내레이션을 가능케 한 근거를 찾으라고 한다면 우리는 장씨라는 존재를 언급하지 않을 수 없다. 소녀에 대한 장씨의 연민과 애정은 소소하지만 그나마 그것만이 소녀의 마지막 내레이션을 가능케 한 유사치료 행위라 할 수 있는 것이다. 이런 관점에서 보면 장씨는 극중에서 여러 가지 기능을 수행하는 캐릭터이다 : 1) 폭력과 강간을 통해 소녀로 하여금 외상적 사건과 유사한 체험을 반복하게 한다. 2) 결과적으로 소녀의 반복 강박을 유도. 3) 소녀의 상처에 공감하면서부터 연민과 애정을 통해 유사치료 행위자 역할 수행. 억압, 언어표상과 사물표상

에 관해서는 *The unconscious*, (SE 14 : 200-201) 참조.

9) Walter Benjamin, trans. John Osborne, *The origin of German tragic drama*, Verso, 1998. p. 29

10) 전통적인 무무(巫舞)인 살풀이춤에서 수건은 매우 중요한 구실을 한다. 살풀이춤의 서무(序舞)에서 연행자는 느리게 거닐면서 이따금 수건을 오른팔과 왼팔로 옮기기도 하고 때로는 던져서 떨어뜨린 다음 몸을 굽히고 엎드려 두 손으로 공손히 들어올리기도 한다. 수건을 떨어뜨리는 동작은 불운의 살이라 할 수 있고 다시 주워 드는 동작은 기쁨과 행운의 표현이라 할 수 있다. 수건의 움직임을 통해 연행자는 희생자의 억울함과 불행, 슬픔과 한의 승화를 재현해낸다. 두말 할 필요없이 수건은 액을 다루고 죽은 혼을 위무하는 춤에 있어서 섬세한 정서를 드러내는데 필수적인 오브제인 것이다. 그래서 살풀이춤을 '수건춤'이라고도 한다. 朴姑美, 「살풀이 춤 연구-수건의 기법에 의한 雲氣 중심으로」, 『민속학술자료 총서 74. 살풀이 1.』, 도서출판 터, 2001년, 27-29쪽 참조.

11) 이때 소녀의 진혼행위에 강력한 힘을 실어주는 것은 음악이다. 소녀가 무덤가에 들어가는 장면에 우리는 징의 긴 울림과 그 울림이 열어놓은 공간 속을 파고드는 해금의 구슬픈 선율을 들을 수 있다. 소녀의 독백과 진혼제의가 환기하는 슬픔의 정서는 해금과 징의 음색을 통해 증폭된다. 이 대목에서 음악은 관객에게 정서적 고정점을 마련해주는 중요한 기능을 수행한다.

12) 이 영화의 음악을 담당한 원일의 음악작가로서의 역량은 높이 평가할 만하다. 우선 국악과 양악의 적절한 배치, 삽입된 음악 하나하나에 함축해 놓은 의미망, 전통국악의 파격적인 편곡은 그저 분위기를 만들어내는 것에 그치기 쉬운 영화음악의 기능을

한층 끌어올려 영화의 서사를 보충하고 의미를 강화하며 시각적 이미지에 지위를 부여하는 강력한 기능을 수행하는 수준으로 끌어올렸다.

13) 그런데 장씨의 이와 같은 연민과 애정은 행복을 보장해주는 그런 사랑이 아니다. 그것은 아픈 사랑이다. 사랑의 대상선택에 있어서 우리는 먼저 동일시의 과정을 거치기 마련이다. 동일시는 대상선택의 예비단계인 것이다. 자아는 동일시를 거쳐 선택한 대상을 그 자체에 통합시키기를 원한다. 그런데 소녀와 동일시를 통해 자아통합의 대상으로 선택한다는 것은 소녀의 심각한 고통과 상처를 자신의 것으로 받아들인다는 것을 뜻한다. 장씨가 고뇌하는 모습은 바로 이러한 동일시 과정에서 소녀의 고통이 자신에게 전이되었기 때문이다. 소녀에 대한 연민과 애정은 기쁘지도 아름답지도 않다. 그것은 소녀의 상처가 자신의 상처로 전이되는 고통스러운 사랑이다. 장씨의 이러한 심리적 매커니즘은 조용필의 질박한 목소리로 적실하게 표현 된다: "누가 사랑을 아름답다 했는가 차라리 차라리 그대의 흰 손으로 나를 잠들게 하라"

14) 소녀가 광주 현장에서 입고 있었던 붉은 원피스는 이중적 의미를 지닌다. 하나는 훼손되기 전의 순수했던 소녀와 오빠의 존재감이 겹쳐있는 기호이고 다른 하나는 광주에서의 끔찍한 경험을 드러내는 기호이다. 붉은 원피스는 여린 꽃잎과 검붉은 피가 압축된 이미지인 것이다. 모순적인 두 표상의 압축인 이 기호는 모순의 간극만큼 중요성을 획득한다. 소녀는 그 옷을 벗을 수 없다. 아니, 심층심리학의 눈으로 보자면 발가벗었다 하더라도 소녀는 그 옷을 입고 있다고 해야 옳을 것이다. 그 옷은 소녀의 '사건' 체험 그 자체이며 소녀의 정체성이기도 한 것이다.

15) 소녀에게 걸쳐준 푸른 옷도 중요한 오브제이다. 붉은 색의 보색인 푸른 색, 그것도 마치 피부처럼 몸에 맞춤한 원피스가 아니라

어울리지 않는 큼지막한 푸른 옷은 소녀의 과거의 아픔과 고통을 해소하고 넉넉히 덮어주려는 장씨의 의도를 상징적으로 드러낸다.

16) *Mourning and Melancholia* (SE 14: 244)

17) 하지만 그들은 끝내 소녀를 찾지 못했다. 소녀를 찾을 수 있는 마지막 실마리였던 장씨를 만났지만 결국 소녀의 행방을 확인하지 못하고 돌아가던 버스 안에서 터뜨린 한 청년의 울음은 친구에 대한, 조금 더 확대하면 광주에 대한 애도가 끝날 수 없는 것임을 보여준다.

9

우리는 그 날을 누구의 기억으로 사유하는가

남다은

기억들 뒤에 감춰진 시선

소녀는 그날을 기억한다. 사람들은 소녀를 기억한다. 그리고 영화 〈꽃잎〉은 소녀와 사람들 사이를 오가며 그 자신 역시 소녀를, 그날을 기억한다. 그것이 한때 충만했으나 지금은 잊혀진 역사이건, 사랑이건, 사람이건, 이상이건, 소녀와 사람들과 영화[1]는 상실의 대상을 찾아 끝없이 헤맨다. 이들은 모두 상실을 애도하지 못하고 상실을 곱씹으며 기억의 회로에 갇혀있다.

기억들의 과잉으로 흘러가는 이 영화에서는 기억의 내용, 그 엇갈림, 혼란이 넘쳐나는 가운데, 기억의 주인이 모호하다. 이것은 곧 시선의 문제이기도 하다. 이 기억들은 누구의 시선에 의해 되살려진 것일까. 그러나 그 슬픔과 고통의 기억이 누구의 것인지에 대한 물음은 피 흘리는 기억의 성찬 앞에 무력하게 압도당한다. 광주라는 상처의 무게와 소녀의 광기를 응시하다 보면, 그리고 세상이 온통 기억으로 도배되어 어느 순간 아무런 기억도 나지 않는 텅 빈 공허감에 맞닥뜨리다보면, 기억의 주체를 구별하려는 시도 자체가 무의미하게 다가오기도 한다. 이 글은 바로 이 지점에서 시작하고자 한다. 문제는 이 수많은 기억의 조각들을 쥐고 있는 주체의 존재가 불명확하다는 사실에 있는 것이 아니라, 영화 〈꽃잎〉이 그 기억들을 나열하는 과정에서 그 기억의 상위에 누군가의 시선이 존재한다는 사실을 감추고 있다는 점에 있다. 이 영화는 소녀의 기억, 사람들의 기억을 반복 제시하는 과정에서 이 기억들을 공공의 기억, 나아가 객관성과 보편성을 획득한 기억으로 확장시킨다. 그리고 그 뒤에 도사리는 또 하나의 지극히 주관적인 기억 혹은 목적을 감춘다. 이 글은 〈꽃잎〉이라는 영화가 '우리 모두'의 아픔이라는 미명하에 인물들의 기억을 전유하여 보편의 기억을 '만들어가는' 과정을 밝히는데 목적을 둔다. 특정한 의도 안에서 소녀의 그 날에 대한 기억과 사람들의 소녀에 대한 기억이 어떠한 방식으로 관계 맺는지를 통해 이 영화가 역사에 접근하는 태도가 드러날 것이다.

무엇보다 주목할 점은 영화가 인물들의 기억을 통해 역사에 접근하는 과정에서 작동하는 젠더 정치학이다. 역사와 여성을 함께 다룬 수많은 영화와 소설이 그러하듯, 이 영화에서도 어김없이 여성의 광기, 여성의 육체, 목소리, 시선 등은 마무리 되지 못한 역사적 구멍, 역사적 징후로 환원되곤 한다. 여성은 역사와 상호적인 관계를 맺지 못하고 언제나 징후로서, 역사의 수면 위에 떠오른다. 여성과 역사의 만남은 늘 뒤늦다. 이 영화에서도 광주의 그날에 대한 소녀의 기억은 소녀의 몸과 언어와 목소리 부분들을 통해 끊임없이 순간순간 파편적으로 드러나고 있다. 그러므로 영화가 소녀의 기억을 통해 역사를 다시 기억해내는 과정에서 그녀의 광기어린 육체와 시선 등에 대한 전유가 필수적으로 뒤따르게 된다. 디제시스 내 장씨와 남자들, 그리고 '우리들'의 시선과 기억 역시 소녀를 대상화함으로서 구성되고 있다. 그리하여 소녀의 육체와 소녀의 기억은 영화 안과 밖에서 이중으로 전유되는 것이다.

영화 〈꽃잎〉은 최윤의 『저기 소리 없이 한점 꽃잎이 지고』를 원작으로 하는 만큼, 게다가 장선우는 내용상 별다른 변화를 주지 않고 영화화하고 있는 만큼, 영화와 원작 소설 사이의 관계를 무시할 수는 없어 보인다. 그러나 이 글에서는 영화적 장치, 예컨대, 보이스 오버, 장면 전환, 카메라의 시선 등을 통해 영화가 소녀의 목소리, 얼굴, 육체를 다루는 방식, 그리고 그 방식을 통해 소녀의 기억을 영화 자신의 기억으로 재구성하는 과정, 나아가 소녀의 광기를 통해 역사에 접근하는 방식에 중심을 두려고 한다. 다만, 영화 〈꽃잎〉의 한계를 지적함에 있어서, 부득이하게 영화와 소설의 차이를 언급할 수밖에 없을 것이다. 물론, 이는 영화와 소설의 매체적 차이에서 비롯된 것이기도 하지만, 이 매체적 차이 이전에, 소녀를 대하는 태도에 있어서 영화와 소설은 서로 다른 시선을 취한다. 그리고 그 시선의 차이가 〈꽃잎〉과 『저기 소리 없이 한점 꽃잎이 지고』 각각의 역사적 태도를 결정한다. 〈꽃잎〉은 원작 소설의 내용을 거의 그대로 가져옴에도 불구하고 전혀 다른 시선을 완성하기 위해 영화의 매체적 특성에 기대고 있는 것처럼 보인다.

그들은 무엇을 기억하는가

이 영화가 기억을 다루는 태도를 풀어내기 위해서는 먼저, 영화에서 소녀가 광주를 기억하는 방식과 사람들이 소녀를 기억하는 방식이 어떠한 관계에 있는지를 살펴보아야 한다. 이 둘의 공통점은 둘 모두에게 있어서 기억의 대상이 모호하다는 점이다. 보다 정확히 말해, 그들은 무언가를 기억하고 있으나, 혹은 기억하려고 애쓰나, 그들이 기억해내려고 하는 그 무엇에는 실체성이 없다. 그들이 기억하는 것은 상실, 그 자체이지 특정한 상실의 대상이 아니다. 그럼에도 불구하고 영화 속 인물들은 그 사실을 부정하고 싶어 한다. 그들은 고정 불변하는 상실의 대상을 만들어내고 그 변하지 않는 상실의 대상을 찾으려고 한다. 이미 변해버린, 혹은 이미 실체가 사라진 실재적 존재를 어떤 객관적 사실, 존재가 두고 떠난 객관적 사실의 껍데기를 근거로 찾으려는 믿음. 프로이트는 상실의 대상을 알지 못하는 주체는 그 대상을 떠나보내지 못하여 멜랑콜리아가 된다고 했다. 그런 의미에서 〈꽃잎〉의 인물들은 집단 멜랑콜리아이다. 그런데 이들은 스스로 상실의 대상을 알고 있다고, 되찾을 수 있다고 착각한다. 그 대상에 불변성과 순결함을 덧붙이면서. 이것이 이 영화의 기억들이 엇갈릴 수밖에 없는 이유이며, 소녀가 우울증을 넘어 아예 상징계의 테두리를 벗어날 수밖에 없던 이유이며, '우리들'의 허탈한 여정이 지속될 수밖에 없던 이유이다. 이들은 언어로 환원되지 않는 상징계의 틈, 그 충격을 대면하지 못하고 대면의 순간을 미룬다.

소녀가 '기억하는' 상실의 대상은 광주의 그날, 어머니, 고향집, 그리고 이 모든 것을 아우르는 오빠의 존재이다. 그녀에게 광주의 이미지는 엄마의 널브러진 시체와 애절한 눈빛을 경유하여 오빠의 존재로 이어진다. 그녀가 엄마의 죽음을 인정하지 못하는 것은 그날, 광주의 죽음을 인정하지 못하는 것이며, 이는 곧 오빠의 죽음을 인정하지 못하는 것이다. 그녀의 상징계는 죽음 이전의 광주, 죽음 이전의 엄마, 그리고 죽음 이전의 오빠에게서 멈춰서 있다. 그러므로 소녀에게 있어서 오빠를 찾는다는 것은 곧 잃어버린 광주와 엄마의 되찾음을 의미한다. 이러한 기억 방식은 소녀를 기억하는 '우리들'에게서 보다 잘 드러난다. '우리들'은 잃어버린 소녀를 찾아 헤맨다. 그들에게 소녀는 죽은 친구이며 친구의 죽음을 지켜주지 못한 살아남은 자의 죄의식, 역사에 대한 부채의식이다. 문제는 그들이 소녀를 기억해내는 방식인데, 이들 역시 소녀의 존재를 고정된 이미지와 고정된 문자 속에 가둔다. 이를테면, '우리들'이 소녀를 찾기 위해 역 부근을 서성이며 들고 있던 피켓을 떠올려보자. 그 피켓 속에는 어린 소녀의 사진과 그녀의 신상을 설명하는 문장들이 있다. 거기에는 역사를 거친 소녀 대신, 변하지 않는 영원한 이미지로서의 소녀가 있을 뿐이다. 그러나 그 장면에서 피켓 속 소녀의 얼굴을 물끄러미 바라보며 알 수 없는 말을 중얼대던 미친 남자의 등장은 소녀가 더 이상 피켓의 글귀로, 우리가 알아들을 수 있는 언어로 설명될 수 있는 존재가 아님을 암시해준다. '우리들'은 순결한 소녀를 찾음으로서, 상처받지 않은 순수한 역사적 주체로서의 자신들을 찾고 싶었을 것이다. 그러나 사람들이 그녀를 어느 하나의 시공간에 가둘수록 그녀는 저만치 달아난다. 김상태가 소녀를 병원에서 치료하여 온전한 모습으로 복구시키려고 하는 순간, 장씨가 소녀에게 깨지지 않은 거울을 사오며 소녀의 모습에서 총체성을 기대하는 순간 소녀는 사라짐을 준비한다. 소녀가 죽은 오빠를 과거에 가두고 미친 듯이 찾아 헤맬수록, 그 날의 광주 역시 더욱 파편적인 형상으로 갑작스럽게 출몰하는 것처럼 말이다.

그리하여 소녀와 인물들은 언제나 부재의 자리만을 목도한다. 이들은 자신들이 애타게 찾는 그 변하지 않을 무엇이 한 때 존재했었다고 믿어지는 그 시공간을 한 발 늦게 뒤쫓는다. 그들은 자신들이 너무 늦게 도착했음을 탓하지만, 사실, 그 변하지 않을 존재라는 것이 애초 존재했을까? 영화는 이들의 뒤늦은 도착, 엇갈림을 보여주는데 주력하고 영화 속 인물들은 언제나 뒤늦은 자신들을 한탄할 뿐, 자신들이 찾는 그 존재에 대해 사유할 순간을 갖지 못한다. 소녀는 오빠 혹은 광주와 자신의 관계를, '우리들'은 소녀와 자신의 관계를 사유하지 않는다. 그저 그들은 다만 찾아야만 하는, 잃어버렸다고 믿어지는 대상일 뿐이다. 영화는 이들이 자신이 상실했다고 믿는 대상에 대해 단 한번도 의심하지 않게 만듦으로서, 그 상실의 고통이 무엇에서 비롯되었는지를 직시하지 않게 만듦으로서, 인물들을 파편화된 기억의 흐름 앞에 무력하게 세운다. 이 불가능한 찾기의 여정이 왜 불가능한지에 대한 사유가 없으므로 오직 나열되는 것은 불가능성 앞에서 좌절하고 미치고 슬퍼하는 사람들의 고통뿐인 것이다. 그렇게 본다면, 〈꽃잎〉은 파편적인 기억들과 플래쉬 백 등을 통해 기억들의 혼란한 만남 속에서 다양한 가능성을 열어두는 복잡한 구조의 영화가 아니다. 이 영화는 매우 명확한 의도를 지녔다. 그 의도가 무엇인지는 이 영화가 소녀의 얼굴, 목소리, 그리고 애니메이션을 사용하는 맥락과 방식을 통해 점차 드러날 것이다.

우리는 누구의 얼굴을 보고 있는가

소녀의 기억 속에 존재하는 수많은 얼굴들은 소녀의 파편화된 기억처럼, 총체적이지도, 조화롭지도 못한 상태로 기억의 구석구석에 흩어져 있다. 금남로에 널브러진 피투성이 얼굴들, 트럭 속 형체를 분간할 수조차 없는 시체더미들 속 얼굴들. 소녀가 과거의 순간들을 떠올릴 때마다, 이 얼굴들은 유령처럼 소녀의 현재를 덮치고 소녀 주위를 맴돈다. 영화는 얼굴들을 흑백 화면으로 처리하여 현재와 분리된 과거의 시공간에 가두지만, 그 얼굴들의 존재감은 현재의 소녀 곁을 떠나지 못한다. 이 죽은 얼굴들에서 과거와 현재를 넘나드는 존재감이 느껴지는 이유는 그것이 단순한 얼굴, 다시 말해, 신체 일부분으로서의 얼굴이 아니라, 하나의 '시선'이기 때문이다. 얼굴은 그 자체가 시선이 되어 살아남은 자를 끈질기게 응시한다. 소녀 주위를 떠나지 못하는 이 얼굴들은 애도되지 못하고 여전히 현재를 부유하는 그 날의 역사, 그 날의 상처를 의미한다. 그런데 문제는 이 영화가 이러한 타자의 얼굴과 소녀의 관계를 다루는 방식이다. 영화는 구멍 난 얼굴들이 현재 소녀의 광기의 근원임을 말하려는 듯, 끊임없이 소녀를 쫓는 얼굴들과 죄의식과 공포에 사로잡혀 끊임없이 도망가는 소녀에게만 관심을 둔다. 마치 흑백과 칼라 화면의 경계처럼, 과거와 현재처럼, 쫓는 얼굴들과 쫓기는 소녀는 언제나 분리되어 있다. 소녀와 이 충격적인 얼굴들 사이에서 내재적인 관계를 찾기는 힘들다. 그 얼굴들은 언제나 소녀 밖에 위치한다. 이 지점에서 어쩔 수 없이 원작 소설이 얼굴들을 다루는 방식을 떠올려 볼 필요가 있다. 소설 속에서 그 날의 얼굴들은 소녀 외부에서 소녀를 쫓지 않고 소녀 내부에서 생성되고 그 안에서 용해된다. 그것은 곧 소녀 자신의 얼굴과 다름없다.

> 그 고통의 박동 속에서 그녀는 수많은 잊어버린 얼굴과 사건을 다시 만난다. 소리 지르는 얼굴, 쓰러지는 얼굴, 위협하고 구타하는 얼굴, 피 흘리고 쓰러지는 수많은 얼굴, 발가벗겨진 채 숭어처럼 팔짝거리며 경련하는 얼굴…. 그녀는 모든 얼굴들을 두서없이, 선택 없이 그녀의 핏속에 용해해서 녹음해가지고 있을지도 모른다. 그녀의 몸은 감당하기 힘든 많은 얼굴들을 녹음해두느라 피폐해버렸을지도 모른다(최윤 225).[2]

> 자 이 얼굴들은 강물아 모두 너의 것이다. 나는 힘이 없고 내 머릿속에는 더 이상 자리가 없으니 내 대신 이 모든 것을 지니고 있으렴. 어느 날 내 머릿속에 장막이 걷히고 내가 나를 그늘 없이 사랑

하게 될 때 다시 돌아올테니 그때까지만 간직하고 있으렴(240).

소설에서 타자의 얼굴들은 소녀를 공격하는 무엇이 아니라, 소녀가 함께 안고 가야 할 역사의 상처, 나아가 소녀의 운명이다. 소녀는 이 얼굴들에 책임감을 느낀다. 그녀는 언젠가 자신이 그 얼굴들을 직시해야만 하는 순간이 올 것을 알고 있다. 그러나 영화에서 얼굴들은 역사화 되는 대신, 그 날의 폭력성을 다만 보여주기 위한 하나의 장치에 지나지 않는다. 그 얼굴들은 소녀에게 그 날의 잔인함을 상기시켜주고, 오히려 소녀를 그 기억의 잔혹성에만 붙들어 매는 폐쇄적인 기능을 한다. 소녀는 타자의 얼굴들과 관계 맺지 못한다.

그렇다면, 영화가 강조하는 얼굴은 무엇일까? 〈꽃잎〉은 타자의 얼굴을 보는 소녀의 영화가 아니라 소녀의 얼굴을 보는 다른 누군가의 영화이다. 타자의 시선을 사유하는 소녀를 보여주는 대신, 영화가 택한 것은 그 소녀를 대상화하는 자신의 시선이다. 이러한 시선은 이 영화의 흐름에 있어서 가장 맥락을 벗어난 것처럼 느껴지는, 그럼에도 불구하고 끊임없이 반복되는 한 장면을 통해 드러난다. 그것은 머리에 꽃을 달고 미소를 짓는 소녀의 얼굴을 정면으로 비추는 장면이다. 광주의 그날 이전, 오빠와 엄마의 죽음 이전, 김추자 노래를 부르던 그 때 그 소녀의 아리따운 모습. 환한 배경 속에서 소녀의 얼굴은 카메라를 응시하며 정지되어 있다. 이 얼굴은 소녀가 점점 더 광기로 치달을수록, '우리들'이 소녀를 찾지 못한 좌절감에 시달릴수록, 앞 뒤의 맥락과 관계없이 삽입되곤 한다. 영화의 극적 긴장을 한 순간 무장해제 시키는, 갑작스럽게 클로즈업된 순수 결정체로서 소녀의 얼굴. 질 들뢰즈(Gilles Deleuze)는 근접화면은 "대상을 시공간적인 모든 좌표들로부터 추상화 시킨다"고 분석한바 있다. 그에 따르면 근접화면은 무언가에 대한 확대가 아니라, 어떤 차원의 절대적인 변화를 의미한다. 그것은 "대상을 실체의 상태로 격상시키는 것"이다.[3)] 그리하여 전혀 다른 시공간에 위치하게 된 얼굴. 물론, 들리즈에게 "실체의 상태로 격상"된 얼굴은 주체의 언어, 주체의 시공간으로 포섭될 수 없는 타자 그 자체로서의 얼굴을 의미할 것이다. 그러나 이러한 "실체의 상태로 격상된" 얼굴과 달리, 이 영화가 반복적으로 보여주는 소녀의 순수한 얼굴은 더 이상 소녀에게 속하지도, 그렇다고 광주라는 역사적 시공간에 속하지도 않지만, 여전히 그날을 바라보는 또다른 전능한 시선에 포섭된다. 영화는 그 얼굴을 구체적인 고통과 구체적인 역사를 지니지 않은 역사 이전, 다시 말해, 그날의 고통으로 분열되기 이전의 총체성으로 만들고 싶은 것이다. 이것이 영화가 소녀를 잃어버린 우리 모두의 꿈으로 추상화시키면서, 소녀 자체의 역사를 밀어내는 방식이다. 영화는 소녀의 얼굴을 소비한다. 미친 소녀의 더러운 얼굴과 몸은 곧 타락한 역사, 무너진 역사의 상징이 된다. 이 영화가 돌아가는 곳은 소녀와 얼굴들 사이에서 야기되는 고통스러운 관계가 아니라, 역사적 흔적을 모두 지운 순결한 소녀의 얼굴이다. 영화는 살아남은 자들에게 끊임없이 돌아오는 실재의 고통대신, 언제든지 자신이 돌아갈 수 있는 영원불멸의 실체를 만들어낸다.

우리는 누구의 목소리를 듣고 있는가

이 영화에서 소녀의 목소리를 알아듣는 것은 매우 힘든 일이다. 그녀의 음성은 울부짖음과 침묵을 오가므로 그녀의 언어를 명확하게 이해하는 일은 쉽지 않다. 그녀는 너무 많이 말하거나, 너무 적게 말한다. 소녀를 스쳐 지나가는 사람들은 해독 불가능한 소녀의 모습에서 그 누구도 가늠할 수 없는 과거의 무게를 본다. 그 해독 불가능성은 상징계의 언어로 해석될 수 없는 것이다. 여성의 광기가 남성 중심적 문화에 조금이라도 위협이 될 수 있다면, 그건 그녀의 언어가 남근 중심적 언어의 구조로 도무지 파악될 수 없는 측면을 가지고 있기 때문이다. 그런데 이 영화는 이처럼 맥락을 파악할 수 없는 소녀의 웅얼거림에 어떻게 접근하고 있는가. 영화에서 소녀의 목소리가 두드러지게 나타나는 때는 그녀가 과거의 기억 속으로 빠져들어 그녀의 음성이 보이스 오버로 처리될 때이다. 즉, 영화는 그녀가 기억하는 광주, 혹은 엄마의 파편들을 흑백 화면으로 처리하고 그 위에 소녀의 음성을 입히고 있다. 이는 무엇을 의미하는가?

그녀의 알 수 없는 웅얼거림과 함께 삽입되는 흑백의 장면들은 흑백 특유의 성격에 의해 마치 다큐멘터리의 화면처럼 일면 객관적이고 사실적인 느낌을 주려고 한다. 그리하여 소녀의 웅얼거림 아래 깔리는 이 사실적 화면은 곧 소녀의 모호한 언어를 해석해주는 역할을 하게 되는 것이다. 카자 실버만(Kaja Silverman)은 여성이 보이지 않고 그녀의 음성이 들리기만 한다면, 여성은 남성의 응시가 통제할 수 없는 곳에 위치하게 될 것이라고 했다. 그러나 실버만은 덧붙여, 대부분의 여성의 목소리가 육체와 완벽히 분리되어, 혹은 영상과 분리되어 존재하는 경우는 드물다고 본다.[4)] 이것은 남성의 보이스 오버가 때때로 신적인 초월성으로 읽히는 경우와 구별되는 것이다.

> 여성의 목소리는 결코 보이스 오버로 기능하지 않는다.… 내레이션은 여성의 육체에 정확히 고정되며, 영화가 계속됨에 따라 육체와 분리되는 내레이션의 모습은 점차 사라진다. … 어떤 의미로, 우리가 듣는 모든 것은 그가 엿듣는 것이며, 그녀의 목소리란 결국 그의 정신적 산물인 것이다(… 우리가 보는 것은 그가 상상하는 것이다).[5)]

위의 논지에 따른다면, 여성의 목소리는 언제나 남성 청취자를 전제로 한다. 메리 앤 돈(Mary Ann Doane) 역시 플래쉬 백의 보이스 오버가 육체와 목소리를 일시적으로 분리시키는 듯하지만, 목소리는 결국 닫힌 서사 구조 내의 육체로 돌아오게 된다고 분석한 바 있다.[6)] 〈꽃잎〉의 소녀의 목소리는 남성의 시선이 포섭할 수 없는 시공간에 존재하는 것이 아니라, 폐쇄된 서사 내로 돌아와 보이지 않는 그 시선의 부름에 귀속된다. 소녀가 아무리 알 수 없는 말들을 중얼거리고 있더라도 그 말들은 결국 남성적 시선에 의해 일방적으로 '해석'된다. 만약, 소녀의 목소리가 상징계의 명확한 언어로 이루어졌어도 그녀의 목소리는 여전히 영화적 공간 내로 봉합되겠지만, 이토록 불명확한 소녀의 음성에 설명적인 장면을 붙여버리는 영화의 태도는 한 발 나아가, 소녀의 기억을 자신의 뜻대로 재구성하려는 의도로 읽힌다. 어느 쪽으로든 그녀의 목소리는 상징계를 벗어나지 못한다.

영화의 이러한 의도가 가장 극명하게 드러나는 장면은 영화의 후반부, 소녀가 무덤가에서 일종의 의식을 행할 때이다. 그녀는 마치 마침내 역사 속 죽은 자들의 넋을 애도하듯, 무덤가를 거닐며, 오빠를 부른다. 그녀는 오빠에게 절박하게 고백한다. 소녀의 과거를 알지 못하는 장씨는 그 뒤에 몰래 숨어 그녀의 광기를 관찰한다. 물론, 여기서도 소녀의 목소리를 표면적으로 이해하기란 어려운데, 이때, 영화는 감정의 고조를 겪으며 정신을 잃어가는 소녀의 얼굴과 소녀의 웅얼거림을 해석해 줄 만한 장면을 교차로 보여주기 시작한다. 그 장면에는 그 날의 금남로, 죽어가는 사람들, 엄마의 시선, 엄마를 뿌리치고 도망가는 소녀의 모습이 차례로 등장한다. 소녀의 숨소리와 음성은 점점 더 거칠게 뿜어져 나오지만, 영화 전반에 걸쳐 혼란하게 흩어졌던 소녀의 기억, 과거는 이 장면들을 통해 점차 하나로 정리되기 시작한다. 프레임을 균열시킬 것처럼 강렬하던 소녀의 파편화된 목소리는 이제 영화가 제시하는 흑백의 기억 장면 속에서 부차적인 존재로 전락하고 만다. 영화는 이러한 방식으로 소녀의 목소리를 해석할 권력을 획득하고 소녀의 광기를 경유하여 역사에 접근하는 태도를 터득한다. 소녀가 모든 목소리를 뱉어내고 무덤가를 떠날 때, 뒤에서 지켜보던 장씨의 모습 또한 예전의 장씨와는 사뭇 달라 보인다. 그는 소녀와 함께 고통스러워 한다. 그리고 소녀가 떠난 무덤가를 말없이 응시한다. 이 장면을 주목해야하는 이유는 장씨의 이러한 행동에서 영화의 의도가 보다 확연히 드러나기 때문이다. 여기서 잠시 또 다시 원작 소설과의 비교가 필요하다. 『저기 소리 없이 한점 꽃잎이 지고』의 후반부에서도 소녀는 무덤가에서 자신만의 의식을 치른다. 그러나 남자는 결코 그녀의 말을 알아들을 수가 없다.

> 남자가 있는 곳에서는 들리지 않는 웅얼거림. 설령 남자가 그녀 가까이 다가간다 해도, 발음되어 나오기 전에 이미 입 안에서 가루가 되어 풀썩거리는 먼지처럼 새어나오는 이 말들을 이해할 수 없을 것임을 남자는 미리 알고 있었다.… 남자는 모로 쓰러져 눈을 감고 그 소리를 들었다. 그러나 그것이 다였다. 다시금 침묵이 찾아왔고, 그는 조금 비틀거리면서 자리에서 일어나는 여자애의 모습을 보았다. 그로서는 한번도 본 적이 없는 평화로운 얼굴을 하고 그녀는 뒤로 돌아서 걷기 시작했다(268, 269).

분명한 점은 원작 소설에서는 남자가 소녀의 목소리를 통해 어떤 전환점에 이르지 않는다는 사실이다. 그는 다만, 소녀의 광기, 그녀의 중얼거림에서 두려움을 느낄 뿐이다. 그의 두려움은 소녀의 세계에는 자신이 영원히 파악해낼 수 없을 무언가가 존재한다는 사실을 깨닫는 데서 비롯된다. 그 두려움은 상징계를 벗어난 "백색의 구멍"(270), 그가 도무지 도달할 수 없을 차원에 대한 것이지, 그 어떤 도약을 위한 발판으로 기능하지 않는다. 이 소설의 구조상, 소녀의 목소리는 남자와의 관계 속에서가 아니라, 독립된 소녀의 독백으로 제시되고 있다. 소녀의 독백은 그 누구에 의해 일방적으로 해석당하지 않는다.

그러므로 영화는 소녀의 목소리가 해석되는 순간, 즉 소녀의 음성을 통해 역사가 전면화 되는 순간을 보여주며, 그 순간을 목격한 인간 장씨에게 역사로 진입할 수 있는 기회를 부여한다. 이 때, 소녀의 고통과 광기와 육체와 얼굴은 외재적으로는 감독에 의해, 내적으로는 장씨에 의해 전유된다. 그녀의 파편화된 언어와 얼굴이 영화에 의해 상징계적 틀에서 내적 총체성을 얻을수록, 역설적으로 그녀의 존재는 껍데기만 남는다.

애니메이션 속, 소녀를 쫓는 것은 무엇인가

이 영화에는 몇 번의 애니메이션이 등장한다. 광주의 집을 떠올리는 소녀의 보이스 오버와 함께 등장하는 애니메이션에서 어린 소녀는 빈 집을 구석구석 돌아본다. 그것은 잃어버린 과거에 대한 그리움을 소녀의 환상, 꿈으로 드러내는 방식이다. 두 번째 애니메이션이 삽입되는 지점은 보다 문제적이다. 영화의 중반, 소녀가 광주의 그날, 트럭의 시체들 틈에 누워있던 순간을 회상하며 고통스러워하는 모습에 이어, 장씨가 소녀의 몸을 덮치는 장면이 나온다. 카메라가 소녀의 얼굴을 비추면, 화면은 다시 과거 숲을 헤매던 소녀의 기억으로 전환되고, 숲 속의 장면은 곧 애니메이션으로 바뀐다. 이 애니메이션에서는 갑자기 등장한 거대한 괴물 같은 벌레가 소녀를 뒤쫓는다. 그런데 어느 순간, 백마를 탄 젊은 남자가 나타나 소녀를 안아서 그 벌레로부터 구해준다. 지극히 판타지적인 이 애니메이션에서 벌레가 광주를 짓밟았던 군부와 소녀를 짓밟았던 남자들을 의미하고, 백마 탄 남자가 오빠를 의미함은 자명해 보인다. 영화는 이 둘 사이를 구별하고 있지만, 소녀가 장씨를 줄곧 '오빠'라고 호칭했던 점, 그리고 영화 마지막에 등장하듯, 장씨가 소녀의 오빠와 외관상 닮았다는 점은 장씨와 오빠 사이의 미묘한 경계를 암시한다. 영화는 물론, 여기에 천착하지는 않지만, 오빠의 존재에 내포된 이중성을 인식하고 있는 것처럼 보인다. 그럼에도 불구하고 이 영화가 애니메이션을 통해 악한 존재로서의 벌레와 선한 존재로서의 오빠를 대치시키는 이유는 무엇일까. 판타지까지 동원하여 오빠의 존재에 의존하는 이유가 무엇일까. 이 역시 원작 소설로 돌아가 비교해 볼 필요가 있다.

영화에서 이 끔찍한 벌레는 소녀의 광기를 야기한 악, 끊임없이 소녀의 숨통을 조이는 역사의 검은 그림자, 오직 오빠만이 물리칠 수 있는 무엇으로 그려지고 있다. 그러나 소설에서는 전혀 다른 의미의 벌레가 등장한다.

> …그 점들이 두꺼비만한 징그러운 딱정벌레로 늘어나 엉금엉금 기어서 내 뒤를 쫓아오는 걸 보고 나는 더 힘을 내서 뜀뛰기를 했지. … 동굴에 들어서자마자 내 힘이 상상도 할 수 없을 만큼 세져서 내가 손가락만 대고 조금만 힘을 줘도 돌들이 쩍쩍 갈라져 떨어져서 나는 그 돌들로 한 마리씩 한 마리씩 마구 딱정벌레의 양미간과 가슴팍을 목표로 정하고 그 괴물들을 때려눕히기 시작했어(229).

> 그래. 나는 동이 틀 때까지 목을 놓고 울었어. 공포에 질려서, 검은 어둠에 대고, 풀벌레의 울음에 뒤섞여서 나중에는 내 이마에 더듬이가 생기고 어깻죽지에 녹색 날개가 생길까 봐, 그것이 무서워서 더 소리를 높여서 울었지(233).

소녀의 위와 같은 독백에서 나타나듯이, 소설에서 소녀가 때려 눕히는 저 벌레는 소녀의 외재적 존재가 아니다. 자신의 몸에 더듬이가 생길까봐 두려워하는 소녀에게 벌레는 소녀가 결코 대면하고 싶어 하지 않는 자아의 일부분에 가깝다. 그것은 피투성이 역사에서 홀로 살아남은 자의 죄의식이 극단으로 치달은 순간에 대한 상상이다. 그녀는 스스로에게 돌을 던지고 있다. 그녀는 자신을 뒤쫓는 벌레를 피해 도망가고 있는 것이 아니라, 스스로 벌레가 되어가는 순간으로부터 도피하고 있는 것이므로, 그러한 그녀를 구원해줄 이는 당연히 오빠가 될 수 없다. 결국 소녀에게 문제가 되는 것은 오빠도, 벌레도 아닌 "검은 휘장"으로 드러난다. 엄마가 쓰러지는 순간 소녀의 눈을 덮은 검은 휘장, 죽어가는 엄마를 볼 수 없게 만든 검은 휘장은 소녀로 하여금 역사적 순간의 증언대로부터 거리를 두게 만든다. 그 검은 휘장은 소녀의 죄의식을 덜어주고 소녀가 역사와 대면할 순간을 미루도록 도와준다. 그러나 소설의 후반, 소녀는 자신과 역사 사이에 놓인 검은 휘장이 단 한번도 존재한 적 없었음을 깨닫는다. 소녀는 "내가 내 마귀 같은 손으로 검은 휘장을 짜서 두껍게 쳐놓았던"(271)것임을 인정한다. 역사적 순간, 언어화되지 않는 그 고통의 순간을 소녀는 환상 없이, 오빠 없이 대면해야 함을 알게 된 것이다.

> 자 이제는 무섭지 않아. 검은 휘장을 뜯어내고 내 흉악한 얼굴을 달처럼 무덤 위에 떠올리는 거야. 모든 사람이 다 볼 수 있도록 내일 다시 곰팡이 난 내 몸을 햇볕에 말려야지. 그리고 오빠에게 모두

를 말해야지. 사방에서 서성거리는 무수한 오빠들, 무덤 속에서 기지개를 켜고 일어나 앉아 그들이 다른 행사에 몰두하기 전에(283, 284).

소녀가 역사를 마주한 순간, 그녀는 자신의 얼굴을 마주하고, 자신이 밟고 지나간 수많은 타자의 얼굴을 마주한다. 소녀의 기억 속에서 광주와 그날은 날 것 그대로 떠올려지고 재구성된다. 이 재구성되는 기억에는 소녀의 자기반성이 있다.

그러나 영화 속에 등장하는 외적 존재로서의 벌레는 소녀를 유약하게 만든다. 소녀는 영원한 피해자이며 끊임없이 역사를 피해, 그 순간을 피해 달아날 수밖에 없다. 극단적으로 사실적이던 화면이 갑자기 우화적이고 판타지적인 애니메이션 속으로 종적을 감추었듯, 영화 속 소녀는 악한 벌레를 피해 이미 죽은, 실체 없는 오빠에게로 도피한다. 소녀는 끝내 역사 앞에 선 주체가 되지 못하고 오빠와 벌레 사이를 오가며, 끊임없이 침묵당하고 있다. 영화는 상처가 새겨진 소녀의 몸과 목소리를 재현하는 과정에서, 소녀의 살아있는 언어와 몸짓을 제거하고 그 위에 자신의 언어를 덧입혀 소녀가 겪은 어떤 역사와는 다른, 자신만의 기억을 구성하고 있는 것이다.

"상호 주관적 기억"의 은폐된 진실

박성수는 〈꽃잎〉의 마지막 무덤가 쇼트들을 분석하는 과정에서, 소녀의 실성한 신음 소리와 삽입 화면이 반복될수록 내레이션의 주체는 점차 객관적인 화자의 성격을 부여받게 된다고 보았다. 그는 이 영화의 광주 장면 전체를 "개인적인 회상에서 상호 주관적인 기억으로의 이행"으로 볼 수 있을 것이라고 말한다.[7] 여기서 그의 논리가 중요한 이유는 그가 이 영화의 의도를 아무런 여과 장치 없이 그대로 수용하고 있다는데 있다. 그가 말하는 객관성과 상호 주관성은 무엇을 기준으로 하는 것인가? 박성수가 분명 지적하듯이, 상호 주관적인 기억이 획득되는 지점은 무덤가 소녀가 거의 완벽한 실신 상태에 빠지면서 전개된 광주의 장면에서, 그 기억들이 소녀의 주관적 서술을 벗어날 때이다. 그렇다면, 여기서 제기되어야 할 문제는 상호 주관적인 기억 그 자체가 아니라, '상호 주관적'이라고 여겨지는 그 기억을 획득하기 위해 이 영화는 어떠한 경로를 거치는가에 대한 것이어야 한다. 박성수는 이 "상호 주관적인 기억"이라는 용어 속에는 소녀의 기억, 소녀의 서술, 소녀의 시선을 배제시키는 영화의 의도가 포함된다는 것을 지적하지 않았다. 영화는 자신의 시선을 상호 주관적인 기억으로, 말하자면, 보편적인 기억으로 둔갑시키기 위해, 소녀의 광기와 육체, 그리고 소녀의 기억을 나열하고 전유하고 있다. 이 역사에 있어서 상호 주관성의 획득은 자연적일 수도, 필연적일 수도 없다. 그러니까 영화는 소녀를 매개체로 스스로에게 역사성을 부여하고 있는 것이다.

박성수는 이 지점에서 흑백영화의 관람 체험, 이를테면, 흑백이라는 색채는 색상을 제거함으로서 그 현실에 대한 비판적인 해석을 요구한다는 사실을 환기시킨다.[8] 소녀의 실성한 음성에 교차로 편집된 이 흑백의 광주 장면은 그럼으로써 마침내 그 역사적 순간들에 대한 관객의 비판적 사고를 끌어낼 수 있다는 것이다. 그에 따른다면, 여기서 이 장면은, 나아가 영화 전반에 삽입된 흑백의 기억 장면들은 보편성을 획득하게 된다. 그러나 위에서 지적했듯, 이 장면들이 어떤 보편적인 동의, 혹은 감정적 동일시를 유발할수록 소녀의 개별적 기억은 역사로부터 멀어진다. 그러므로 다소 거칠게 말해, 이 영화는 파편화된 기억들의 혼란 속에서, 각 기억들의 주관성을 밀어내며 하나의 일관된 구조를 세우는 과정으로 진행되고 있다.

영화의 이러한 의도는 영화 중반, 장씨→'우리들'→소녀→장씨로 이어지는 장면 전환에서 잘 드러난다. 장씨의 장면으로 시작해보자. 그는 공사장 인부들이 5·18에 대한 갖가지 소문을 이야기하는 모습을 무심히 멀리서 듣는다. 그리고 이어지는 '우리들'의 장면. '우리들'은 김상태가 마련해 준 집에 거처하는데, 카메라는 텔레비전을 보는 설경구를 뒤에서 비춘다. 카메라는 곧 집 위에서 설경구를 내려다보고(이때, 텔레비전 속에서 전두환의 목소리가 흘러나온다), 이어서 화면 전체가 제5공화국 헌법공포식에서 국민의 찬성을 읊어대는 전두환으로 채워진다. 이어지는 소녀의 장면. 소녀는 미친 듯이 손과 몸을 닦고, 미친 듯이 바닥의 녹물을 닦는데, 장씨는 멀리서 이를 지켜보고 있다. 장씨의 장면. 여기서 광주에 대한 소문을 이야기하는 인부들과 장씨의 모습이 다시 나온다. 그런데 이번에는 인부들과 멀리 떨어져 이야기를 흘려듣는 장씨가 아니라, 인부들을 바라보는 장씨의 시점쇼트가 중심이 된다. 이 시점쇼트는 광주의 소문을 상기하는 인부들의 말소리와 함께 매우 흔들린다. 이어지는 장면은 장씨의 현재. 소녀가 앉아서 녹물을 닦던 자리에 소녀는 없고 장씨가 바닥의 녹물을 닦아내고 있다. 다음 장면은 소녀와 금남로. 폐허가 된 금남로 위를 홀로 울며 걸어가는 소녀의 뒷모습이 나타난다. 그 위로 장씨가 바닥을 닦을 때 나던 기괴한 쇳소리가 덮인다.

장면들의 이러한 배치는 매우 상징적이다. 이 장면들의 시공간은 분리되어 있으나, 한 장면에서 다음 장면으로 이어질 때마다, 이들 각각은 하나의 맥락을 타고 연결되고 있다. 이 맥락의 저변에는 감독 혹은 영화의 일관된 의도가 자리잡고 있다. 이를테면, 5·18에 대한 소문을 흘려듣던 장씨. 그는 비역사적 인물이다. 말없이 전두환의 헌법공포식을 지켜보는 '우리들'은 역사적으로 무기력하다. 그리고 전두환의 헌법공포식 다음에 바로 이어지는 장면에서 소녀가 보여준 행동은 영화가 소녀의 몸에서 역사의 부패한 그림자를 찾고 있음을 알려준다. 소녀 몸의 더러움, 바닥의 더러운 녹물은 전두환의 그 뻔뻔한 음성과 연결되며 곪아버린 역사의 상처를 의미하게 된다. 그런데 여기서 주목할 것은 바로 이 장면 뒤, 다시 등장한 장씨의 장면이다. 광주에 대한 소문을 멀찍이 떨어져 흘려듣던, 그러니까 역사 주변을 서성이던 장씨가 바로 그 중심에서 5·18의 이야기들을 다시 '듣고 있다.' 동일한 장면이 시점을 달리하여 반복된 후, 미친 듯이 바닥의 녹물을 닦는 장씨의 모습을 보자. 그는 더 이상 소녀의 행위를 관망하던, 인부들의 이야기를 흘려듣던 장씨가 아니다. 그와는 아무런 상관이 없던 외적 사건이 어느 한 순간, 그의 모든 것이 되었다. 그러므로 금남로를 걸어가는 소녀의 뒷모습과 장씨가 바닥의 녹물을 지우는 소리가 결합되는 순간은 장씨가 마침내 역사로 걸어들어 가는 바로 그 순간이 아닐까. 이러한 장면의 나열을 통해서 영화는 장씨가, 나아가 영화가 역사적 주체로 탄생하는 순간을 보여주고 있다. 소녀의 광기로 얼룩지던 영화는 그 광기를 매개체로 역사에 진입하는 남성 주체를 탄생시킨다. 그래서 이 영화에서 고통의 흐름은 소녀의 육체와 언어로부터 역사에 눈 뜬 남성 주체로 전이된다. 그것은 앞서 언급했듯, 역사를 대면한 소녀의 자기반성이 아니라, 소녀를 매개로 뒤늦게 역사적 주체가 된 장씨, 그리고 영화의 자기반성이다. 이것이 박성수가 표현한 상호 주관적인 기억으로의 전환이다.

그렇다면, 이 영화를 구성하는 그 수많은 모호한 기억들은 결국 하나의 이야기를 하고 있는 셈이다. 그것은 소녀에 관한 이야기도 아니고 '우리들'에 관한 이야기도 아니다. 그것은 역사를 재구성하는 남성 주체에 관한 이야기이다. 영화의 후반, 무덤가의 소녀는 다시 현실로 돌아와 애국가에 경례를 하고 있는 사람들 틈을 지난다. 모두가 서 있는 정지된 화면 위로 홀로 움직이며 사라지는 소녀의 뒷모습이 보인다. 소녀의 파편적인 기억이 무덤가 신을 지나며 "상호 주관적인 기억"으로 전환되자, 영화는 더 이상 소녀의 존재를 필요로 하지 않는다. 상징계의 규범을 충실히 이행하는 사람들 틈을 지나 소녀는 상징계로부터 사라진다. 그리고 소녀를 찾지 못한 무력한 '우리들'도 그 시절을 떠난다. 그 역사의 끝에서 장씨는 소녀를 통해 외적 세계와의 조우를 경험했고 '우리들'은 소녀를 매개로 자신들의 역사적 부채의식을 충분히 슬퍼했다. 그러므로 '우리들'이 일상으로 돌아오는 기차 안에서 목격한 소녀의 환영은 의미심장하다. 이 장면에서야 영화는 소녀의 존재가 다만 현실의 존재들에게 역사적 경험을 불어넣어주는, 그 자신은 실체가 아닌 '환영'에 불과했음을 제시하고 있는 것이다. 그런 의미에서, 영화의 마지막, 한 때 소녀가 머물렀던 무덤가 위에 펼쳐지는 설경구의 보이스 오버 내레이션은 이 영화의 중요한 마무리이다. 혹시 소녀가 당신의 눈에 띄더라도 모른 척 지나가 달라는, 어느 날 그녀가 쫓아와도 무서워하지 말고 그저 관심 있게 보아 달라는 이 내레이션은 소녀의 존재를 역사의 상처, '우리들'의 부채의식으로, 하나의 영원한 추상으로 규정한다. 이 지점에서 비로소 피와 살로 이루어졌던 소녀의 존재는 역사적 구멍으로 환원되고, 영화는 그 구멍을 관조하고 경험하며 그 날 그 고통의 순간들을 떠난다. 영화는 그렇게 자신의 서사를 봉합한다. 소녀를 광주로 등치시키는 과정 속에서 광주를 '기억'하는 소녀를 배제시키는 과정. 이것이 이 영화가 자신의 역사적 시선을 완성하고, 그 역사의 주인이 되는 방식이다.

주석

1) 여기서 '영화'란 영화 속 소녀와 사람들의 기억을 경유하여 자신의 기억을 재구성하는 상위의 시선을 의미한다. 필자는 이 영화가 후반부로 갈수록, 그 상위의 시선에서 남성 주체의 시선을 드러내고 있음을 밝히려고 한다. 물론 이 영화에도 내레이션을 맡은 '우리들'이라는 화자가 있으며, 마치 이 화자가 영화 전체의 시선을 대리하는 것처럼 보이기도 한다. 그러나 일면 객관적이고 남성적인 목소리로 대변되는 '우리들' 뿐만 아니라 '장씨'라는 남성 캐릭터가 감독의 시선, 혹은 영화의 시선과 동일하다고 볼 수는 없다. 〈꽃잎〉은 소녀의 기억, 혹은 그녀의 캐릭터를 전유하는 '우리들'과 '장씨'를 경유하여 5·18에 대한 자신의 시선을 재정립하는 영화다. 뒤에서 밝히겠지만, 영화는 '우리들'과 '장씨'가 소녀를 통과하여 역사 속으로 진입하는 순간을 형상화하며, 남성 주체로서의 영화 자신의 위치를 공고히 하고 있다. 이 과정에서 〈꽃잎〉의 젠더 정치학을 논할 수 있을 것이며, 이를 바탕으로 역사에 대한 남성적 기억이 형성되는 과정 또한 분석할 수 있을 것이다. 그러므로 이 글에서 '영화', '영화적 시선' 등의 단어는 이처럼 상위의 시선을, 때로는 직접적으로 감독의 시선을 지칭하는 맥락에서 사용될 것이다. (이에 대한 아이디어는 Seymour Chatman, *Coming to Terms: The Rhetoric of Narrative in Fiction and Film* (Ithaca and London: Cornell Univ. Press, 1990)에서 참고했음을 밝힌다.)
2) 최윤, 『저기 소리 없이 한 점 꽃잎이 지고』(문학과 지성사, 1992). 이하 인용문들은 페이지 수만 밝힌다.
3) 질 들뢰즈, 유진상 옮김, 『시네마 I : 운동-이미지』(시각과 언어, 2002), pp. 182-183.
4) Kaja Siverman, "Dis-Embodying the Female Voice", *Re-Vision:*

Essays in Feminist Film Criticism, eds. M. Doane, p. Mellencamp, L. Williams (Los Angeles: American Film Institute, 1984). 여기서는「육체에서 분리된 여성의 목소리」, 김소영 책임 편집, 『시네-페미니즘: 대중 영화 꼼꼼히 읽기』(과학과 사상, 1995), p. 254에 번역 수록된 것을 참조함.

5) 위의 책, p. 255에서 재인용.

6) Mary Ann Doane, "The Voice in the Cinema: The Articulation of Body and Space", *Narrative, Apparatus, Ideology: A Film Theory Reader*, ed. Philip Rosen (New York: Columbia University Press, 1986), pp. 340-341.

7) 박성수, 『들뢰즈와 영화』(문화과학사, 1998), p. 144.

8) 박성수, p. 145. (여기서 그는 페데리코 펠리니가 *Cahiers du Cinema*, n. 14, mars 1965, p. 13에서 전개했던 논지를 수용하고 있다.)

10

꽃잎의 무게

역사적 트라우마와 폭력의 재현[1)]

사이토 아야코

참을 수 없는 꽃잎의 무거움

2002년 도쿄에서 한국의 영화연구가인 김소영이 "〈박하사탕〉—'우리'의 이름으로 날 부르지 말아요"라는 제목으로 강연을 했다. 〈박하사탕〉(이창동 감독, 2000년)은 한국현대사에서 민주화항쟁을 상징하는, 아니 탈식민 시기 한국의 곤경과 비극을 상징하는 광주민중항쟁이 끼친 역사적 트라우마의 크기를 한국 이외의 나라에 사는 관객들에게 널리 알렸을 뿐 아니라, 사건의 가해자를 피해자로 그렸다는 점에서 일본에서도 크게 화제가 된 작품이다. 또 트래킹 쇼트와 플래시백을 효과적으로 사용하여, 이른바 '어둠 속에 묻힌' 기억의 기원으로 거슬러 올라가는 영화적 수법으로도 주목을 받았다.

이 강연에서 김소영이 주목하고 있는 점은, 한국 현대사에서 식민주의의 망령에 사로잡힌 이 영화가 전체주의 비판을 시도하고 있음에도 "냉전과 독재에 대한 비판으로서의 탈냉전과 민주화가 가해자와 피해자, 여성과 남성, 그리고 여성들과 남성들의 차이를 하나로 뭉뚱그려 그들을 모두 '우리'라는 은유의 연쇄 안에 넣어 호출하면서 공범관계(complicity)를 요구하는"[2] 전체주의 논리로 일관하고 있다는 내적 모순이었다. 사실 이 문제는 영화의 서사화(narrativazation) 과정이 갖는 정치성과 직결되어 있다. 특히 서사화되는 대상이 억압되고 말을 잃어버린 역사적 트라우마일 때, 항상 드러나 있는 '우리'라는 가상적 공동체 공간을 구축하는 지배적인 서사(dominant fiction)로 흡수되어 버린다는 함정이자 위험한 유혹이다.[3] 이 문제는 또한 비평행위 그 자체와도 관련을 갖는다. 왜냐하면 어떤 담론 공간을 구축하고 대상과 어떻게 마주할 것인가라는 물음을 제기하기 때문이다.[4] 특히 포스트콜로니얼 영화에 대해 이야기할 때 이는 커다란 문제를 제시한다.

그런데 내 눈앞에 있는 것은 '공동체'의 기억에 호소하는 한 편의 영화 텍스트이다. 그것도 공동체 안에 있으면서 그 공동체에 소속되는 것을 거부하고 공동체의 동일화 기반인 '우리'라는 가상 공간을 거부하고 있다고까지 말할 수 있는 아주 난감한 텍스트이다. 이 텍스트는 〈박하사탕〉처럼 광주민중항쟁을 정면으로 다룬 〈꽃잎〉(1996)이다. 이 영화의 감독은 "한국 사회의 뒷면에 있으면서 한국인들에게 기피되어온 추악한 것들을 조명하는 사회 비판적 화제작을 잇달아 발표하고 있는 한국 영화계의 이단아"[5] 장선우이다. 〈꽃잎〉은 〈박하사탕〉과 함께 한국의 "근대사, 현대사의 공적·역사적 트라우마가 어떻게 사적인 트라우마와 관련되면서 접점을 만들어나가는가"[6]하는 문제를 다룬 영화이다. 하지만 가해자의 시점을 취하면서도 최종적으로 그를 피해자로 재정의하는 〈박하사탕〉과 달리 〈꽃잎〉은 피해자의 시점을 취하고 있다. 우선 여기에 〈꽃잎〉에 대해 말할 때의 어려움이 있다. 역사적으로 가해자의 입장에 있는 '나'가 무의식적으로 피해자를 부추겨 '우리'를 이야기해버리는 '폭력'을 낳는 일 없이, 또 '나'의 읽기를 특권화하는 일 없이 이 영화에 대해 말할 수 있을까.[7]

특히 〈꽃잎〉처럼 매우 자각적으로 정치적, 역사적 문제를 다룬 영화에 대해 그 정치성이나 역사성을 무시하고 비평하는 것은 텍스트에 대한 폭력행위일 것이다. 그렇다면 "일본의 전쟁 범죄의 흔적을 스크린으로 반성하여 꺼림칙한 양심의 보양에 힘쓴다"[8]고 변명하는 자세도 아니고, 거꾸로 조심성 없이 역사 수정주의적 변명을 하는 함정에도 빠지지 않으면서 〈꽃잎〉과 같은 영화에 대해 말할 수 있을까. 설사 그것이 가능하다고 해도 이 난감한 텍스트를 읽기 위해서는 어디에서 접점을 찾고 어떤 위치에서 말해야 할까.

영화는 재현=표상한다

거듭 말하지만 〈꽃잎〉은 여러 가지 의미에서 난감한 텍스트이다. 내가 일본어 자막으로 이 영화를 본 것은 1999년 5월이었다. 몇 명의 비평가를 대상으로 한 시사회 자리였는데, 이 영화를 본 것은 그때 한 번 뿐이었다. 그것도 "광주사건에 대한 영화"라는 것 외에는 거의 아무것도 모른 채였다.[9] 물론 '광주사건'에 대해 교과서 정도의 지식은 있었고, 감독인 장선우가 성에 대한 대담한 표현과 정치성으로 인해 일본의 오시마 나기사나 독일의 파스빈더와 자주 비교되는, 문제작을 만들고 있는 특이한 작가라는 사실 정도는 들은 적이 있었다. 그러나 솔직히 말하자면 〈꽃잎〉이 다루고 있는 광주민중항쟁의 역사적 무게(gravity)는 당시의 내가 상상하던 것을 훨씬 넘어선 것이었다.

〈꽃잎〉이 사람들에게 흔치 않은 강도로 다가오는 영화라는 사실은 모두들 인정할 것이다. 그러나 〈꽃잎〉을 처음 봤을 때, 결코 긍정적이라고는 말할 수 없는, 거의 생리적 거부감이라고 할 수 있는 강렬한 거부 반응을 느꼈다. 설사 15세의 무구한 소녀에 대한 가차없는 폭력이 거의 한 세기 이상에 걸쳐 근대 제국주의와 식민지 지배 그리고 폭력이 불러일으킨 '분단'과 '유혈'의 역사를 가진 한국이라는 국가와 민족의 '수난'에 대한 비유로 드러난다는 것을 '머리'로는 이해할 수 있어도, 스크린 앞에서 집요하게 반복되는 여성 신체에 대한 폭력 묘사를 용인하는 것은 쉽지 않은 일이었다. 관객이 소녀와의 감정적 동일시를 하지 않도록 하고 있음에도 '광기'를 일종의 표면적인 수단으로 사용하여 반복적으로 등장하는 강간은 차마 볼 수가 없었다. 게다가 소녀 자신의 자해 행위를 보고 이루 말할 수 없는 고통을 느꼈다. 소녀의 신체를 사정없이 덮치는 폭력(타자가 행사하는 것뿐만 아니라 소녀 자신의 손에 의한 것은 더더욱)은 그것을 보고 있는 나의 신체까지 폭력적으로 덮쳐왔다. 소녀가 자신의 가슴을 돌로 긁어댈 때, 분명히 내 몸이 긁히는 듯한 착각이 들었고 그 불온한 고통의 감각에 무심코 몸이 뻣뻣해졌으며 결국 눈을 돌리고 말았다. 〈꽃잎〉을 처음으로 봤을 때 느꼈던 이루 말할 수 없는 분노와 불편함에는 이 영화가 광주민중항쟁이라는 비극의 은유로서 '사건 자체'의 고통이나 트라우마의 격렬함을 전해준다는 차원과는 다른 무언가가 있었다는 느낌이 든다. 내가 한국의 역사적 트라우마를 공유할 수 없기 때문일까. 아니면 스크린 위의 신체에 가해진 폭력의 정도 문제일까. 그것도 아니라면 역사적 트라우마와 고통이 가지는 관계성의 깊이일까.

그 이전에도, 미성숙한 십대의 소녀가 대역없이 전라의 모습으로 나오는 영화, 게다가 그 소녀를 몇 번이나 강간하는 장면이 나오는 영화에는 저항감을 갖이 있었다(나는 포르노그라피 반대주의자는 아니다). 그렇다면 나는 페미니스트 비평적 관점에서 〈꽃잎〉의 폭력 표상을 문제삼아야 할까. 나는 '여자'라는 '우리'를 상정하여 말할 수 있을까. 물론 이러한 문제는 한국의 여성 비평가가 이미 지적한 것이다. 예컨대 한국의 뉴시네마를 남성 주체의 위기와 역사적 트라우마라는 관점에서 분석한 김경현에 따르면, 김소영은 '은유로서의 강간'이 여전히 사용되어야 할 필요성에 의문을 던졌고, 유지나는 "왜 광주를 적절하게 표상하는 데 성적 폭력을 사용해야만 하는가"라는 문제제기를 했다고 한다.[10] 또한 김정룡은 "광주는 긴 시간동안 터부였기 때문에 영화계에서는 그 흔적을 보는 일조차 불가능했었다", "우리들은 폭력의 흔적(소녀)을 보는 우리의 의식, 그 흔적과 나의 현재의 관계를 보고 싶지"만, 영화 〈꽃잎〉은 "흔적의 이력에 너무 집중한 나머지 이 관계를 보여주지 않는다"고 지적한다.[11] 김경현도 지적한 것처럼, 확실히 한국 영화만이 아니라 영화사에서, 특히 내셔널 시네마라는 관점에서 볼 때, 역사적 트라우마를 가진 시대에 제작된 대부분의 영화가 여성의 수난을 대리 표상함으로써 희생이나 죄라는, 굉장히 미묘하고 난감한 문제에 몰두해왔다.[12] 나 자신도 전후 일본 영화사의 문맥에서 패전의 굴욕과 미국 점령의 메타포로서 여성에 대한 강간이 어떻게 특권화되었는가에 대해 논한 적이 있다.[13]

그러나 〈꽃잎〉은 전혀 다른 회로에서 문제에 몰두하고 있는 것으로 보였다. 패전 후의 일본에서 남성 주체가 입은 트라우마와 한국이라는 국가의 수난을 같은 차원에서 다룰 수 없는 것이야 당연하겠지만, 예컨대 폭력이나 성 표상에 관한 50년대와 90년대의 검열의 차이라는 관점에서 보아도 그것은 설명할 수 없다. 그렇다면 〈꽃잎〉에 그려진 폭력의 강도는 그대로 한국이라는 국가가 받은 트라우마의 강도를 보여주는 것일까. 어쨌든 〈꽃잎〉을 봤을 때의 난감함은 오랫동안 기묘한 응어리가 되어 내 마음속에 남았다.

6년이라는 시간이 지나 다시 이 난감한 영화와 맞닥뜨렸고, 처음 봤을 때는 폭력의 표상에 숨겨져 명확하게 이해할 수 없었던 〈꽃잎〉이 보다 넓은 문맥에서 광주민주항쟁을 '표상'하려는 시도이고, 다양한 접점에서 역사적 문맥을 참조한 영화라는 것도 어렴풋하게나마 보이기 시작했다. 이렇게 역사적인 문맥을 이해하면 〈꽃잎〉이라는 영화를 광주사건의 알레고리로 파악하고 또 민족의 비극과 '한'을 표상하며 공동체의 역사적 트라우마와 억압의 구도 속에서 소녀를 이해하는 것이 극히 타당한 읽기로 보인다. 김경현이 주장하는 것처럼 〈꽃잎〉은 단순히 광주사건이라는 한정된 역사의 알레고리로 읽어야 할 영화가 아니라 한국 사회 저변에 흐르는 전체주의적 시스템 자체를 예리하게 비판한 영화인 것일까. 김경현은 장선우가 〈꽃잎〉에서 모색하고 있는 것은 역사적 사건으로서의 광주사건을 표상하는 것이 아니라 '인간의 본성' 자체이고, 〈꽃잎〉은 전두환·노태우 대통령이 유죄 판결을 받은 뒤에도 여전히 계속되고 있는 "한국 사회 도처에서 보이는 파시즘과 남성성의 심각한 위기를 선명하게 그려낸 오이디푸스적 공포 이야기"라고 주장한다.[14)]

확실히 〈꽃잎〉은 한국 사회나 시스템에 대한 통렬한 비평적 논평으로 읽을 수 있고, "파시즘과 남성성의 위기"를 그리고 있는 작품이다. 그러나 문제는 좀 더 뒤틀려 있는 것 같다. 흥미롭게도 김경현이 참조하고 있는 카자 실버만의 역사적 트라우마와 남성 주체의 위기에 관한 논의를 보면, 〈우리 생애 최고의 해〉(윌리엄 와일러, 1946)나 파스빈더의 영화에서 상처를 입고 폭력의 대상이 되는 것은 남성의 신체이다.[15)] 그러나 〈꽃잎〉에서 주체성의 해체를 경험하는 것은 우선 소녀이다(장씨에 대해서는 나중에 서술한다). 그리고 철저하게 말하자면 〈꽃잎〉의 폭력은 '동물화 된' 여성의 신체에 집중되고 있다. 이는 간과할 수 없는 문제이며, 하나의 징후로 봐야 할 것이다.

더욱이 문제를 복잡하게 하는 것은 〈꽃잎〉이 극히 영화적인 담론을 구축하고 있다는 점이다. 문자라는 다른 상징적인 재현 시스템으로 치환하는 문학적 표현과는 달리[16)] 영화는 폭력을 재현=표상(represent)한다. 재현=표상된 여성의 신체는 한번 탈육체화(de-physicalized)·탈성화(de-sexualized)되면서도 반대로 탈성화됨으로써 '성적인 물건'으로서 페티시즘적 욕망의 대상이 될 가능성이 있다. 게다가 어디까지나 여성의 신체를 '물건'이라고 허구적으로 전제함으로써 폭력을 스펙터클화하여 소비하도록 한다. 물론 영화는 판타지이다. 그 판타지 세계는 현실 원칙의 검열로 곧바로 규제되는 것은 아니다. 그러나 '판타지'라는 것 자체가 모든 판단의 보류를 정당화하지는 않는다. 거기에는 작자의 의도가 어떻든 검열에서 해방되고 재현의 한계를 넘어 경계선에 위치하려는, 영화가 빠질 위험이 기다리고 있다. 그러므로 〈꽃잎〉에서 문제가 되는 여성의 재현이나 폭력에 대해, 영화를 떠난 독립된 문제로 '광주항쟁'만을 말해버리면, 영화 자체가 제기한 위험을 간과하게 된다.

내가 여기서 문제삼고자 하는 것은 역사적인 문맥에서 벗어나 페티시즘적 관점만을 취하면서 여성의 재현이 얼마나 문제투성이이고 착취적인가 하는 점이 아니다. 문제는 폭력의 대리적 행위자인 감독의 위치이다. 이번에 다시 보고 확인한 것은 이 영화가 굉장히 면밀하게 다듬어진 영화라는 것이었다. 〈꽃잎〉은 철두철미하게 계산된 영화이다. '해독 불가능하다'는 첫 인상은 〈꽃잎〉이 가지는 텍스트로서의 복잡성에 따른 것이지 텍스트 자체가 해독을 거부하는 영화는 아니었다. 더욱이 1970년대부터 마당극 등 실제로 민주화운동에 관계했고 광주사건을 계기로 영화 감독이 되었다는 장선우에 관한 신화적 정보를 알게 되자, 그 시점에서 〈꽃잎〉은 이미 신화적인 영화가 되었다. 게다가 불문학자로서도 유명한 원작자 최윤의 존재도 중요할 것이다. 결국 〈꽃잎〉은 영화 이전의 문맥에서 신화화될 유혹으로 가득차 있다. 〈꽃잎〉을 둘러싸고 있는 건 중층적 시니피앙의 네트워크이다.

사람들의 기억에서 사건의 폭력성을 풍화시키지 않기 위해, 그리고 역사적 트라우마에 접근하기 위해 〈꽃잎〉이라는 영화는 그 '폭력의 기원'을 재현한다. 그러나 광주민중항쟁이라는 역사적 트라우마의 깊이를 이해하려고 하면 할수록, 여성 신체에 대한 폭력을 페미니스트적 관점에서 비판하는 일 자체를 무효화하는 남성적 접근에 반발을 느끼면서도 그 반발 자체를 억압해야만 하는 모순에 봉착한다. 민중에 대한 압도적인 폭력인 광주사건을 격렬하게 고발하고 규탄하면서도 실제로 여성 신체에 대한 폭력으로써 그것을 '재현'함으로써 그 폭력 자체가 새로운 재현의 폭력을 낳고 만다는 모순. 광주사건의 무게를 알지 못하는 내가 그 폭력의 표현에 대해 표면적인 '판단'을 해서는 안 된다고 생각하면서도, 여성에 대한 폭력을 앞에 두고 또 다른 폭력의 그늘에서 실어증에 빠질 수밖에 없는 상황. 이런 모순과 대면한 내가 할 수 있는 일은 텍스트의 의미 작용을 주의 깊게 살펴봄으로써 소녀가 지닌 트라우마의 '원광경'(原光景)인 광주의 역사적 트라우마를 영화가 어떻게 서사 기억으로 번역해 가는지를 보는 것이다. 그것은 이 번역 작업 중에서 '불합리한' 폭력이 단편화되면서도 연쇄적인 폭력 안에서 기원 없이 모호한(그리고 그것은 감독의 발화와 겹쳐진다) 목소리로 회수되어 가는 과정과 겹쳐질 것이다. 우선 초점을 맞춘 것은 영화 서두 부분(대체로 13분 정도)인데, 거기에서부터 텍스트 전체를 보고자 한다. 소녀의 기억이 단편적으로 제시된 것처럼 내 고찰도 단편적인 것이 될 것이다. 하나의 결론으로 집약되는 일도 없을 것이다. 결론이 아니라 텍스트의 생성 과정에 다가감으로써 내가 선 위치도 저절로 찾아질 것이다.

앞에서 이미 지적한 것처럼 〈꽃잎〉은 정사(正史)에 의해 억압된 광주민중항쟁을 '말할 수 없는' 개인의 트라우마를 통해 되살려 그 역사적 고통을 풍화시키지 않고 기억해내고 계속해서 이야기할 필요성을 사람들에게 폭력적으로 각성시키려는 과감한 시도이다. 그러나 〈꽃잎〉은 여주인공 소녀를 미친 여자로 설정함으로써, 예컨대 스필버그가 〈쉰들러 리스트〉에서 했듯이 상처받은 당사자 이외에는 접근하기 어려운 타자의 고뇌를 서사를 통해 '이해하고 동정하는' 통상의 상업영화와는 달리, 관객들이 쉽게 접근할 수 없게 한다. 극히 치밀하게 구축된 영화적 서사 속에서 관객에게 정보를 제시하고 한정된 접근권을 부여하지만, 감정이입을 권하는 형태로 동기부여된 인과관계에 의해 안이한 설명과 해결책을 주지는 않는다.

그렇지만 〈꽃잎〉은, 예컨대 뒤라스가 〈인도의 노래〉(India Song, 1975)에서 시도한 것처럼 여주인공의 분신으로서 텍스트를 방황하는 사반나케트[라오스의 도시 이름－옮긴이]의 미친 여자를 완전히 이해할 수 없게 함으로써 텍스트 안의 타자성을 추구하고 있지는 않다. 사반나케트의 미친 여자는 스크린 위에 재현되지 않고 보이스오버로 들려오는 '목소리'도 완전히 이해할 수 없는 것으로 제시된다. 이를테면 〈인도의 노래〉라는 텍스트 자체의 무의식, 또는 텍스트상의 시공간을 떠도는 유령이라고 할 수 있는 미친 여자라는 존재는 관객의 동일화 저편에 존재한다.[17)]

그러나 뒤라스와 달리 장선우는 플래시백을 통해 관객이 〈꽃잎〉의 소녀에게 접근할 수 있게 한다. 이 영화는 소녀의 광기를 설명할 수 없게 하지만 이해할 수 없게 하지는 않는다. 따라서 소녀가 완전한 타자성으로 물러나는 일은 없다. 실제로 소녀의 트라우마에서 소외되는 것은 영화 속의 소녀 이외의 등장인물들이지 관객이 아니다. 아니, 반대로 거의 모든 인물은 관객이 소녀의 광기를 이해하기 위해서라기보다 그저 목격하기 위해 존재한다고 해도 좋다. 다시 말해 주인공은 아니지만 사건 진행에 필요한 배후 인물에 가깝다. 감독이 재구축한 이야기를 통해 관객만이 소녀의 광기에 접근할 수 있다. 이렇게 〈꽃잎〉은 관객의 동일화를 거부한 것처럼 만들어졌지만 사실은 관객의 이해를 거절하는 텍스트는 아니다. 소녀의 광기는 언뜻 역사적 인식 바깥에 놓여 있는 것처럼 보이지만 장선우는 이성적으로 소녀의 '광기'에 하나의 원인을 명확하게 제시한다. 한편 감독은 최종적으로 소녀의 행방을 모호하게 처리함으로써 소녀의 광기를 어떻게 파악할지 관객에게 맡겨버리는 것처럼 보인다. 형식적으로는 일종의 '열린 결말'을 취하고 있는 것이다.

그렇다면 〈꽃잎〉을 복잡하게 하는 요소는 무엇인가. 먼저 서사의 중층성을 들 수 있다. 예를 들어 플래시백으로 구성된 〈박하사탕〉도 고전적이며 직선적인 서사는 아니다. 그러나 현재에서 과거로 되돌아가는 과정에서 시간은 직선적으로 거슬러올라간다. 그것은 열차의 똑바른 선로로 상징되며, 기본적으로 김영호라는 한 남성의 시점에서 이야기된다. 관객은 김영호의 개인적인 트라우마에 접근하는 것을 허락받고 그 고통에 동일화함으로써, 자신의 의사와는 상관없이 '가해자'가 될 수밖에 없었던 '희생자'를 만들어낸다.

대조적으로 〈꽃잎〉은 하나의 특권화된 화자를 갖지 않는다. 유일하게 관객이 접근할 수 있는 '주체성'은-그것을 주체성이라고 부를 수 있다면-소녀의 기억인데, 그 기억은 '광기'에 의해 단편화되어 수미일관한 서사를 갖지 않는다. 따라서 예컨대 히치콕의 〈사이코〉(1960)에서 마지막에 정신과 의사가 등장하여 광기를 설명하는 것처럼 (영화 자체의 해결과는 아무런 상관은 없지만), 소녀의 광기라는 수수께끼가 '해명'되는 일은 없다. 그 대신 동시에 진행되는 세 시점과 시간 축 중에서, 이를테면 묘지에서 드러나듯이 소녀의 묻힌 기억이 맥락 없는 단편적인 영상이 되어 서사로 엮어져 간다.

김경현에 따르면, 〈꽃잎〉의 서사는 세 가지 시점으로 분할된다. 1) 우연히 소녀를 만나는, 발이 불편한 육체노동자 장씨, 2) 민주화운동으로 징병되어 군대에서 죽은 것으로 되어 있는 친구의, 행방불명된 여동생을 찾는 네 명의 대학생, 3) 제정신을 잃기 전 소녀의 플래시백으로 밝혀지는 억압된 '광주'의 기억으로 구성되어 있는데, 이 구조는 기본적으로 최윤의 원작에 따르고 있다고 한다.[18] 원작에서 이 세 시점이 실제로 어떻게 제시되고 있는지는 분명히 알 수 없지만, 적어도 영화에서는 이 세 시점이 각각 교차하는 형태로 제시된다. 더욱이 이렇게 다른 시점은 컬러와 흑백을 나누어 사용함으로써 영화적으로 구별되어 있다. 예컨대 1)의 시점은 장씨와 소녀가 공유하는 '현재진행형'의 컬러 영상에 소녀의 흑백 플래시백이 삽입된다. 2)의 학생들의 에피소드는 '현재진행형'의 컬러 영상인데 이 컬러 영상에는 네 명이 여동생을 찾아가는 과정으로 삽입된다. 장씨와 만나기 전, 이미 광기에 빠진 소녀의 궤적도 포함된다. 3)의 제정신을 잃기 전인 소녀의 과거는 컬러와 흑백으로 나뉘어 사용된다(이 안에는 어머니가 죽은 '그날'[19]의 흑백 영상 이외에도 첫머리에서 나온 들판에서 노래를 부르는 장면이나 애니메이션 장면도 포함된다). 그러나 이 세 시점의 시공간이 실제로 교차하는 것은 이야기가 거의 종반에 이르러서이다. 따라서 관객은 편집이라는 영화 언어적 관련성에 의존하면서도 항상 미결 상태인 영상에 자신의 머리 속에서 사후적으로 의미를 부여해나가는 작업을 수행하게 된다.

영화의 서두부터 살펴보기로 하자. 〈꽃잎〉은 아무래도 몰래 촬영한 듯한 광주민중항쟁의 다큐멘터리 영상으로 시작한다. 그것은 나중에 광범위하게 유포된 증언 영상인데, 한국의 관객에게는 충격적인 영상으로 기억된 것이 아닐까 싶다.[20] 이 푸테지(footage)를 본 적이 없는 사람도 코드화되지 않은 그 긴박성과 충격성에서 그것이 허구적인 영상이 아니라는 것을 쉽게 상상할 수 있다. 카메라를 손에 들고 망원과 줌으로 촬영한 거친 영상에 거의 정면에서 카메라를 향해 장갑차가 다가온다. 노상에 나

뒹구는 사체, 민중들을 사정없이 발로 차고 무릎꿇게 하는 군인들, 지면에 엎드린 채 뒤로 손목이 묶인 학생들, 장갑차를 타고 섬뜩한 웃음을 짓는 군인, 운반되는 관, 하얀 상복을 입고 쓰러져 우는 어머니들. 이렇게 섬뜩한 영상을 배경으로 "꽃잎이 피고 또 질 때면 그 날이 또 다시 생각나 못 견디겠네"라는 김추자의 「꽃잎」이 흐른다. 장갑차에서 분출되는 하얀 연기가 순식간에 프레임 전체를 뒤덮고 새하얀 화면에 '꽃잎'이라는 타이틀이 나타난다. 희미하게 들려오는 기차 소리를 배경으로, 금방 그 하얀 배경이 차에서 찍은 듯이 흘러가는 풍경으로 바뀌고, 화면은 암전된다. 이어서 기차 안에서 담배를 피우며 창 밖을 바라보는 남자로 장면이 바뀐다.[21)]

그 남자가 담배를 다 피우고 좌석으로 돌아가려고 돌아서자 장면은 다시 바뀐다. 주제가인 「꽃잎」에서 한여름을 알리는 매미 소리가 들려오면 영상은 단발머리를 한 소녀를 클로즈업한다. 소녀는 카메라를 향해 얼마간 아양을 떠는 듯이 배경 음악과 똑같은 노래를 즐거운 듯이 천진난만하게 부른다. 서서히 소녀의 노래와 사운드트랙이 겹쳐지기 시작하면 멀리서 찍은 전경 쇼트로 연결된다. 한가한 들판에서 하얀 블라우스와 빨간 스커트를 입은 소녀는 두 젊은이 앞에서 천진난만하게 허리를 흔들면서 「꽃잎」을 부르고 있다.

그 뒤 기차 안에서 담배를 피우고 있던 남자로 장면이 바뀐다. 그 남자가 천천히 좌석으로 돌아가자 자리에 앉아 있는 한 여자와 세 남자가 비친다. 여자는 손에 든 사진을 쳐다보고 있고 한 남자는 술을 마시며 또 한 남자는 열심히 지도를 보고 있다. 그러나 이 남자는 사실 지도로 얼굴을 가리면서 옆 눈으로 통로 건너편 좌석에 앉아 있는, 섹스라도 하고 있는 듯한 한 커플의 움직임을 훔쳐보고 있다. 그 남자가 보고 있는 지도는(확정할 수는 없지만) 전라도 주변으로 보이는데, 그 지도의 배후에 엉겨붙어 있는 커플이 겹친다. 그리고 화면은 다시 암전되고 감독 장선우라는 크레딧 타이틀이 나타난다.

이 감독의 크레딧 타이틀 앞의 기묘한 쇼트에서 타이틀 시퀀스는 끝나지만, 사후적으로 생각하면 이미 다양한 의미가 거기에 삽입되어 있다는 것을 알 수 있다. 우선 영화 〈꽃잎〉은 앞에서 말한 세 시점에 또 하나의 중요한 시점을 도입하고 있다. 그것은 광주사건 자체의 다큐멘터리 푸테지이다. 확정할 수는 없지만 아마 원작에는 없는 요소일 것이다(문학에서 이러한 다큐멘터리 영상에 상당하는 것은 르포르타주인데, 그것도 영상과 동일한 차원일 수는 없다). 그러나 이 다큐멘터리 영상은 개인의 트라우마라는 허구적인 차원에 새로운 지평을 열고 있다. 이 영상이 보여주는 것은 당시의 광주민중항쟁에 관한 정사(正史)가 감추려고 한 하나의 사실이며 역사의 증언이다. 그러나 역설적이게도 영화의 첫머리에 위치하고 있기 때문에 다큐멘터리 영상 자체의 위치는 모호해진다. '역사적 사실'로서 특정한 '과거' 시제를 참조하고 있는 다큐멘터리 영상은 논픽션의 시공간을 가지고 있음에도 동시에 픽션의 공간으로 봉합되어 일종의 신화적인 '현재'로서 사후적으로 의미 부여된다. 이렇게 하여 현재도 과거도 아닌 일종의 신비적인 시공간이 형성된다.

더욱이 영화는 첫머리에서부터 이 다큐멘터리 영상이 어떤 의미를 가지는지 관객에게 들이댄다. 다시 말해 첫머리에서부터 이 푸테지가 특정한 트라우마로 직결되는 관객과 그렇지 않은 관객에게 이 영상이 갖는 의미는 전혀 다르다. 첫머리에 다큐멘터리 영상을 도입하는 데는, 거기에서 시작되는 텍스트 자체를 역사적 증언으로 하여 동일한 차원에 두려는 제작자의 의도가 있다는 것도 잊어서는 안 된다(여기서 덧붙이자면 다큐멘터리 영상이 다시 나타나는 것은 이야기 속의 텔레비전을 통해서이다. 1980년 10월 전두환의 제5공화국 헌법공포식이다. 그러나 이 장면은 전후의 맥락 없이 역시 미결정상태로 나타난다. 그 방의 모습을 보면 술집 여주인의 집인 듯한데, 현재의 허구적 시간을 특정하는 것은 아니다). 기묘하게도 타이틀 시퀀스는 이른바 익명의 남녀가 벌이는 성적 욕망의 표출을 훔쳐보는 학생의 모습으로 끝나는데, 영화 서두의 다큐멘터리 푸테지와는 이질적인 서사를 갖는 영상을 제시한다. 이 쇼트 역시 역설적인 이미지이다. 첫머리의 다큐멘터리 영상은 정사(正史)에 의해 은폐되고 매몰되어온 기억과 〈꽃잎〉을 연결한다. 한편 한국의 관객은 오프닝에서 광주사건의 다큐멘터리 영상이 흐르고 지도를 가지고 기차를 타는 학생들의 모습이 나오는 것만으로 '5월의 행사', '광주 순례'라는 이른바 5월 문화를 상기하지 않았을까?. 당시 광주사건 피해자의 명예 회복을 바라면서도 민주화운동에 좌절한 학생운동가들은 광주의 희생자들에 대해 '살아 남아 죄스럽다'는 죄책감을 가지고 있었다고 한다(1987년 6·29선언까지 광주민중항쟁에 대해서는 '폭도들의 난동', '만행'이라는 낙인이 찍혔고 군의 폭력이 정당화되고 있었다).[22)]

그렇다면 여행을 하는 학생들의 모습은 우선 광주민중항쟁과 운동을 상징하는 '5월 문화'의 시니피앙으로 기능하고, 따라서 민주화운동의 양심으로 나타나고 있는 것처럼 보인다. 하지만 기묘하게도 기차에서 수상하게 뒤엉켜 있는 남녀가 학생이 보고 있는 지도의 배경으로 나타난 것은 동시에 네 명의 학생들이 찾고 있는 것이 한국이라는 지도[正史] 뒤에 있는 억압된 개인 영역이라는 것을 암시하는 것으로도 보인다. 학생들은 첫머리에서부터 훔쳐보는 자(voyeur)라는 측면을 드러낸다. 학생들이 찾고 있는 것은 일종의 은폐된 '치부'로 제시되어 있는 듯하다. 학생들의 '순례'는 공적인 담론에서 '은폐된 부분', '억압된 부분'을 들춰내는 행위가 되어 있다. '광주 순례'라는 신성화된 의식적 행위를 상기시키면서 동시에 그 '신성함'을 속화하거나 신화화하는 것을 피하는 것처럼 보이기도 한다. '5월 문화'에 대한 아이러니컬한 낯설게 하기 효과일까.[23] 첫 머리에서부터 공적인 담론과 사적인 기록을 혼재시키면서 성적인 은유를 불러들이는 부분은 장선우다운 도입이라고 할 수 있다.

그리고, '꽃잎'이라는 이미지가 연상시키는 무구한 여성성을 가진 주인공 소녀는 처음부터 시선의 대상으로 제시되고 있다는 점을 지적해두자. 처음에는 카메라를 향해, 그리고 이어지는 들판 전경 장면에서는 앉아 있는 젊은이들 앞에서, 소녀는 즐겁고 기쁜 듯이 노래한다. 마치 학생들의 관음증적 욕망에 호응하기라도 하는 것처럼 소녀는 처음부터 '보이는 존재'로서 화면 안팎의 양쪽 관객들의 시선에 노출되어 있다. 그러나 훔쳐보기 욕망의 대상에 대해 쾌락이 발생하기 위해서는 그녀가 스스로 보여진다는 사실을 모른다는 전제가 필요하다. 영화적 언어로 번역하면 정면에서 카메라를 보지 않는다는 규칙 말이다. 그러나 이 소녀는 처음 등장했을 때부터 정면으로 카메라를 보고 있다. 마치 자아도취적으로 거울 속의 자신을 보는 듯한 쇼트로 촬영된 것이다. 그 뒤 몇 번이고 소녀는 거울상 이미지로 나타난다. 노스탤직하고 자아도취적인 욕망의 대상인 소녀는 카메라를, 자신을, 관객을 물끄러미 응시한다. 그 거울에 비친 것은 누구일까.

이리하여 첫머리의 불과 3분 남짓한 타이틀 시퀀스에서, 시공간이 '광주사건'[24]이라는 역사로부터 허구적인 세계로 이동할 뿐만 아니라 장선우의 발화도 광주를 둘러싼 중층적인 기억 속에 이미 각인되어 있다는 것을 알 수 있다.

폭력의 소환

타이틀 시퀀스가 끝나고 나타나는 것은 거친 숨결과 함께 누더기를 걸친 거지와 같은 여자가 종종걸음으로 걸어가는 뒷모습이다. 그 뒷모습을 핸드헬드 카메라가 뒤쫓는다. 화면의 뒷배경에는 한 남자의 뒷모습이 보인다. 이어서 강가에 서서 소변을 보는 남자의 발밑으로 장면이 바뀌는데, 금세 카메라는 남자의 뒷모습 전체를 클로즈업한다(소녀의 시점을 취고 있다는 것을 소녀의 숨소리로 사후적으로 알게 된다). 소녀의 숨소리를 알아챈 남자가 돌아보자 남자의 시선에 포착된 거지와 같은 모습의 소녀가 비친다.

곧 장면이 바뀌어 카메라는 소녀의 발밑에서부터 몸을 훑듯이 틸트업(tilt up)하여 부수수한 머리에 지저분한 얼굴을 클로즈업한다. 이때 관객은 거지와 같은 이 소녀가 오프닝에서 노래를 불렀던 단발머리 소녀라는 것을 알게 된다. 손에 쥔 시들어버린 하얀 꽃을 입으로 가져가면서 소녀는 카메라를 향해 또 아양을 떠는 듯 미소짓는다. 여기서 같은 동작을 반복함으로써 차이가 강조되고 소녀의 '광기'가 시사된다. 소녀는 그 자리를 떠나는 남자를 쫓아가는데, 그때 타이틀 시퀀스에서 흘렀던 현대풍의 「꽃잎」 노래와는 분위기가 다른 민요풍으로 편곡된 곡이 흐른다.

타이틀 시퀀스가 끝나고 최초의 쇼트에서는 소녀의 뒷모습만 보이지만, 다음에 소녀의 얼굴이 나올 때는 타이틀 시퀀스와 마찬가지로 다시 정면 쇼트로 포착된다. 그러나 이 경우 처음과 달리 카메라는 소녀의 몸을 점검하듯 발끝에서 얼굴로 이동한다. 뒤돌아보는 남자(장씨)의 시선이 카메라의 움직임을 유발하는 것으로 보이기도 한다. 그러나 이 쇼트처럼 화면 내 타자의 시선에 직접적인 동기가 있는지의 여부와는 별도로 정면 쇼트로 소녀를 포착하는 패턴은 그 뒤에도 반복된다. 실제로 트라우마 기억 속에서 몇 번이고 나오는 것은 '목격자'로서 '바라보는' 소녀의 이미지이다. 거울을 보는 어머니를 바라보는 소녀, 오빠의 죽음을 알고 광란하는 어머니를 바라보는 소녀, 기차의 차창에 비친 자신의 모습을 바라보는 소녀, 망령의 모습을 바라보는 소녀, 그리고 장씨의 거울 속에 비치는 소녀의 모습을 보면, 맨 처음에 보인 소녀의 노출적인 요소는 사실 고전적인 영화의 젠더 표상인 '보이는 존재'로서의 여성이라는 구도를 반복하고 있다기보다 오히려 라캉적인 의미에서의 '거울상'으로 기능하고 있다는 것을 암시한다. 영화가 진행됨과 동시에 소녀의 기억이 형성되어 가는 속에서, 장씨가 보는 거울 속에서, 장씨가 소녀에게 사다준 큰 거울 속에서, 어머니의 경대 속에서, 기차의 차창에서 소녀는 투영된 자신의 이미지를 본다.(나중에 소녀를 병원으로 데려간 김씨는 소녀에게 어린 연인과 어쩔 수 없이 헤어지게 된 자신의 상실감을 투영하고 눈물을 흘린다.) 그리고 소녀를 병원으로 데려간 김씨는 소녀에게서 어린 연인과 어쩔 수 없이 헤어지게 된 자신들의 상실감을 투영하고 눈물을 흘린다. 그리고 장씨 자신도 소녀가 반사하는 자신의 광기를 보고, 마지막에는 소녀와 마찬가지로 실어증 상태에 빠진다.[25] 이렇게 하여 〈꽃잎〉에서는 모든 관계성이 거울상의 액자 상태로 반사한다.

이렇게 타이틀 시퀀스에 이어 장씨와 소녀의 에피소드가 갑자기 시작된다. 이야기는 통상의 영화처럼 상황 설정 쇼트를 갖지 않는다. 따라서 〈꽃잎〉의 중심 이야기를 구성하는 세 에피소드의 시제는 모호한 채로 병렬 관계에 놓인다. 언뜻 보면 장씨와 소녀의 에피소드가 학생들과 같은 시간 축을 공유하여 '현재진행형'을 취하는 것처럼 보이지만 실제로 영화는 학생들의 추적과 장씨와 소녀 에피소드가 동시에 일어나고 있다고 보증해주지는 않는다. 그러나 인습적인 영화 언어에 익숙해 있는 관객은 시퀀스와 함께 이행하는 플롯을, 공간은 다르지만 시간을 같이 하는 크로스커팅 논리로 스토리를 따라갈 것이다. 한편 그 다음에 나오는 소녀의 플래시백은 '모호한 현재'와는 다른 차원으로 제시된다. 그러나 이야기가 진행되면서 장씨와 소녀의 현재진행형은 학생들의 현재진행형과 커다란 어긋남이 있다는 것이 시사된다. 그렇지만 대학생들이 소녀를 찾아 나선 여행과 장씨와 소녀 에피소드가 시간적으로 어긋나 있다는 것이 명확해지는 것은 영화의 마지막 부분, 즉 학생들이 신문 광고를 볼 때이다. 그 시점에서 영화는 그 때까지 쌓아온 시간의 흐름을 일단 정지시키면서 라스트 시퀀스에서 장씨의 시간과 학생들의 시간을 일치시킨다. 그러나 그것도 잠시일 뿐, 학생들과 장씨는 시간을 공유하는 일이 없다.

남자(장씨)의 뒤를 따라 강가를 걸어가는 소녀에서 장면이 바뀌자 도로변을 지나가는 트럭이 비친다. 〈박하사탕〉처럼 과시적이지는 않지만 〈꽃잎〉에서도 탈 것에 의해 장면이 교체되는 경우가 많다. 첫머리의 장갑차에서부터 학생들이 탄 열차나 버스, 트럭의 운전수, 소녀가 탄 야간열차, 경운기, 그리고 소녀와 어머니가 타는 버스와 소녀가 의식불명인 채 사체와 함께 옮겨지는 트럭에 이르기까지.

높다란 둑 같은 데 앉아 있는 남자와 소녀. 남자는 갑자기 소녀를 뒤에서 겁탈한다. 소녀는 저항하지만 비명소리인지 웃음소리인지 알 수 없는 소리를 지른다. 첫 번째 겁탈 장면에서는 아무런 이유 없이 불합리하고 갑작스런 폭력으로 소녀를 덮친다.

다음 쇼트에서 남자가 욕을 하고 돌을 던지지만 남자의 뒤를 좇아가는 소녀의 모습이 비친다. 어찌할 바를 모르고 갈림길에 앉은 남자 옆에서 소녀는 의미 불명의 말을 내뱉는데(엄마라고 희미하게 들려온다), 갑자기 분명하게 '오빠'라고 말한다. 남자는 기분 나빠하며 소녀를 내쫓지만 소녀는 계속해서 따라온다. 남자에게 맞으면서도 소녀는 남자의 집까지 따라간다. 어둑어둑한 판잣집에서 남자는 소녀를 발로 차고 침을 뱉고 욕을 한다. 장면이 바뀌어 남자는 공사 현장으로 향한다. 남자의 판잣집이 거의 단색으로 구성되어 있는 것과 대조적으로 남자가 일하는 공사 현장은 밝다.

이 판잣집은 대부분이 회색인 단색으로 구성되어 있다. 예컨대 남자가 일하는 낮의 세계나 소녀가 들판에서 노래하는 무구한 과거의 시간과 명확한 대조를 이룬다. 나중에 자세히 보겠지만 사실 소녀의 과거 플래시백은 흑백과 컬러로 구성되어 있다. 현재, 과거 그리고 '그날'로 시제가 이행하는 경우, 흔히 이행하는 공간은 단색이나 청회색을 취한다(비 오는 날 삽을 끌고 가는 남자들을 본 소녀의 플래시백이 시작되는 장면, 소녀를 도와준 김씨의 회상에서 소녀를 발견하는 장면, 기차에 탄 소녀가 망령을 보는 장면 등). 그리고 최종적으로는 학살이 끝난 뒤 시체투성이의 물에 젖은 포도(鋪道), 흑백이라고도 컬러라고도 말할 수 없는 그 광경의 색과 연결되어 있다. 남자의 판잣집은 과거와 현재의 접점을 만들어내는 것으로 보인다. 그것은 광기에 의해 파묻힌 트라우마 기억이 잠들어 있는 지하 매장실의 이미지이기도 하다. 더욱이 판잣집의 색채는 소녀와 남자의 관계가 가까워져 가면서 색채를 띠어가게 된다.[26]

흥미롭게도 남자(장씨)는 타이틀 시퀀스에는 나오지 않는다. 장씨가 나오는 것은 감독의 크레디트 뒤인데, 이를테면 '본편'(本編)에서 미쳐버린 소녀와 동시에 등장한다.

왜 타이틀 시퀀스에 장씨가 나오지 않는 것일까. 감독의 크레디트에 이어 픽션 장면에서 장씨가 나오는 것은 첫째로 감독이 서명하는 캐릭터임을 시사한다. 둘째로 처음부터 장씨는 소녀가 보는 환각의 일부로서 기능하고 있다는 가능성을 보여준다. 사실 장씨는 소녀의 파묻힌 트라우마를 되살리는 일종의 카타르시스적 존재이다. 왜냐하면 영화는 소녀의 기억이 장씨의 폭력을 계기로 되살아난다고 설정하고 있기 때문이다. 한편 영화는 소녀가 폭행을 당하면서도 장씨를 '오빠'라고 부르기 위해 집요하게 따라다니는 것은 그를 '오빠'로 착각하기 때문이라는 하나의 전제를 제시한다. 그러나 동시에 소녀가 말을 하기 전에 장씨가 소녀를 겁탈하기 때문에 사실 오빠에 대한 기억조차도 장씨의 폭력이 불러일으킨 것으로 볼 수 있다. 그렇다면 장씨는 사실상 소녀의 트라우마 기억을 이야기로서 재생하기 위한, 이를테면 주요 인물은 아니지만 이야기 진행을 위해 필요한 배후 인물과 같은 역할만 부여받고 있는 듯하다(그리고 나중에 나오는 김씨와 함께 아주 중요한 대상이 된다). 하지만 아이러니컬하게도 이야기 진행을 위해 필요한 배후 인물로서 가장 요구되는 언어에서 장씨는 소외되어 있다. 즉 배후 인물의 역할을 부여받고 있는데도 그 역할을 완수하기 위한 기능이 박탈되어 있는 것이다.

실제로 모든 등장인물 중에서 가장 소외된 것은 장씨라고 할 수 있을지도 모른다. 욕을 하든가 겁탈을 하든가 아니면 술집에서 술을 마시든가 공사 현장에서 노동을 하든가 말이다. 〈꽃잎〉에서 명확한 성격을 부여받은 인물은 한 사람도 없다고 지적했지만, 중심이 되는 소녀, 대학생, 장씨 가운데 영화가 인물 조형으로서 설명적인 정보를 전혀 주고 있지 않은 사람은 장씨 뿐이다.[27] 그런 의미에서 장씨는 소녀 이상으로 실어증적이다. 더욱 중요한 것은, 소녀는 트라우마 때문에 언어를 상실했지만 장씨는 전제로서 이미 언어로부터(즉 제도와 법으로부터), 따라서 사회와 역사로부터 소외되어 있다. 학생들은 장씨만이 아니라 학생들이 들고 있는 플래카드를 향해 의미불명의 말을 하는 '얼빠진 소년'(크레디트에 의함)도 무시해버리는데, 관객으로 하여금 그 소년이 소녀에 대해 뭔가를 알려주려고 한다고 생각하게 하려고 등장한다. 즉 학생들은 실어증의 언어를 들을 수 없는 것이다. 마지막 장면에서도 실어증에 빠진 장씨를 이해할 수 없고 장씨가 소녀를 죽이지 않았나 의심하고 있다. 그렇다면 만약 학생들이 소녀를 만난다고 해도 소녀의 말을 이해하지 못할 것이다.

타이틀 시퀀스가 장갑차에서, 즉 체제·공식의 폭력을 상징하는 시니피앙에서 시작된 것에 호응하듯이 본편이 장씨로부터 시작되는 것은, 장씨가 사적인 폭력권의 상징으로 등장했음을 의미한다. 그러나 영화는 왜 소녀가 장씨를 '오빠'로 착각하고 있는 것으로 설정한 것일까. 기묘하게도 영화는 타이틀 시퀀스에는 등장하지 않았던 유일한 주요 인물인 장씨가 소녀의 흔적을 좇아 소녀가 있던 언덕의 묘에서 눈보라 속을 혼자 방황하는 모습으로 끝난다. 이 마지막 시퀀스에 대해서는 나중에 다시 고찰할 것이다.

한편 장씨가 외출한 후 판잣집에서 잠을 자면서 무의식적으로 자신의 얼굴을 긁어대는 소녀의 모습에서 슬로모션 흑백 영상으로 촬영된 첫 플래시백이 시작된다. 총성과 이리저리 도망치는 사람들, 소녀가 쓰러지고 돌아보는 엄마의 클로즈업. 총성인지 굉음인지 알 수 없는 길게 늘여진 의미 불명의 소리를 배경으로 버스에서 밖을 바라보는 엄마와 소녀. 플래시백에서 다시 판잣집으로 장면이 바뀌면 장씨가 집으로 돌아온다. 장씨는 소녀를 내보내려고 판잣집 밖으로 들쳐 메고 나온다. 하지만 거의 의식을 잃은 상태로 옮겨지는 사이, 다시 플래시백으로 바뀐다. 입으로 피를 흘리며 죽어가는 어머니, 이어서 오빠의 죽음을 알고 울부짖는 어머니의 이미지가 단편적으로 나타난다. 장씨는 처음으로 소녀를 만났던 장소에 소녀를 놓고 가려고 하지만 소녀는 '오빠'라고 부르면서 좇아오고 결국 두 사람은 판잣집으로 돌아온다(이 때 다시 민요풍의 주제곡이 흐른다). 장씨는 소녀에게 욕을 하면서 먹을 것을 준다. 깊이가 있는 화면의 전경에 있는 소녀는 대각선상의 원경에서 식사를 하는 장씨를 쳐다본다. 소녀의 시선을 견딜 수 없는 장씨는 소녀에게 등을 돌리고 식사를 한다.

전경에서 식사를 하는 소녀의 옆 얼굴(정면 쇼트가 아니다)이 비치고 보이스오버가 시작된다. 이번에는 오프닝에서 나왔던 들판 장면으로 돌아가 컬러 플래시백으로 이행한다. 이 들판 장면은 그 뒤에도 몇 번 나오는데, 이때 노래하는 소녀를 보고 있던 사람이 열차에 타고 있던 젊은이들이었다는 것을 알게 된다. 보이스오버는, 여름방학에 오빠들이 놀러와 만화책을 빌려왔고 오빠들에게 김추자의 노래도 잘 부를 수 있다고 말했다고 회상한다. 이번에는 애니메이션 회상 장면으로 이동한다. 만화의 세계에서 소녀는 망령처럼, 사람이 살지 않게 된 자신의 집을 방황하면서 "지금 아무도 없는 우리 집은 어떻게 됐을까, 빈 부엌은 을마나 외로울까, 툇마루에 앉아갖고 나가 맨날 졸던 자리는 또 을마나 서러울까"라고 보이스오버로 말한다.

애니메이션의 회상 장면에서 날품팔이 노동자들이 모이는 값싼 술집에 있는 장씨로 이동한다. 텔레비전에서는 조용필의 히트곡 「창 밖의 여자」가 흘러나온다(이 노래는 시제가 명확하지 않은 이야기 속에서 텔레비전 영상과 나란히 현실 세계로의 회로가 되는 시니피앙일 뿐만 아니라 확실히 공동체적 기억을 상기하기 위해 소환되었다). 이 술집도 단색에 가깝다. 플래시백으로 장면이 바뀌고 다시 이리저리 도망치는 사람들. 그리고 술집에서 돌아온 장씨는 술에 취해 다시 소녀를 능욕하려 한다. 그런데 옷이 벗겨진 소녀는 전라인 채 갑자기 자신의 가슴을 돌로 긁어대며 격렬하게 자해 행위를 시작한다. 사건 당일의 참상과 더불어 누구나 이 장면은 차마 볼 수 없을 것이다. 장씨는 당황하여 술을 먹이며 소녀를 달래려고 한다. 흰자위를 드러내고 계속해서 공허하게 웃으며 허공을 쳐다보는 소녀. 그러나 달래고 있던 장씨는 소녀에게 키스하기 시작하고 다시 겁탈한다. 소녀의 플래시백으로 다시 돌아가자 얼어붙은 듯한 어머니의 영상이

나온다. 소녀는 울고 있는지 웃고 있는지 알 수 없는 소리를 질러댄다.

이 시퀀스에서 일어나는 두 번째 강간 장면은 분명히 장씨가 술에 취한 것이 폭력의 계기가 되는 것처럼 보인다(실제로 세 번째 강간도 술에 취해 시작했기 때문에 이때는 마치 가정 내 폭력 같은 양상을 띤다). 한편 소녀의 자해 행위는 직접적으로 장씨의 폭력으로 초래되지만 간접적으로는 트라우마 기억, 특히 소녀를 보는 어머니의 시선이 불러낸 것처럼 구성되어 있다. 소녀가 자해 행위를 한 배후에는 단지 광주의 비극을 목격한 심한 충격만이 아니라 죽은 어머니에 대한 죄책감이 있다고 암묵적으로 시사하는 듯하다.

"그녀가 어떻게 해서 옥포까지 왔는지 알고 있는 사람은 없다. 금강 가를 돌아다니던 한 여자아이의 모습을 기억하는 사람은 있지만, 그것이 꼭 그녀였다는 증거는 없다"고 말하는 보이스오버가 이전 시퀀스로 중개하고 버스정류장에서 소녀의 행방을 묻는 학생들이 비치며 새로운 시퀀스가 시작된다. 이 보이스오버는 그 뒤 몇 번인가 학생들의 추적 도중에 설명적으로 나타나지만 화면 내의 캐릭터와 소리를 맞춘 목소리는 아니다. 따라서 '기원이 모호한 이 목소리'는 의미 내용(시니피에) 차원에서 등장인물과 사후적으로 관련되고 귀속된다. 그러나 정확하게 말하자면 이 보이스오버는 '미결정' 상태에서 텍스트를 이끈다. 그리고 최후의 보이스오버와 호응한다. 이 영화는 이처럼 얼핏보기에는 복잡한 구조를 가지고 있는 것처럼 보이지만 실제로는 고

전적이라고 할 수 있는 구조를 가지고 있음을 알 수 있다.

유령의 법

학생들이 나타나 소녀의 흔적을 좇기 시작하자 소녀의 기억을 보여주는 플래시백은 더욱 복잡한 구조를 띠기 시작한다. 학생들이 재구축하는 소녀의 과거는 소녀를 겁탈하는 경운기의 사내, 소녀를 일시적으로 떠맡은 술집 여주인, 소녀를 병원으로 데려간 김씨로 계속 이어지는데, 각각의 기억에서 소녀의 과거가 플래시백으로 제시된다. 따라서 학생들이 재구축한 소녀의 기억은 액자구조를 갖게 된다. 그 구조는 장씨의 집에서 소녀의 기억으로 상기되는 플래시백과는 심급이 미묘하게 다르며, 복수의 화자가 말하는 기억을 서사화해나가는 과정이기도 하다. 이렇게 해서 영화는 소녀의 '트라우마 기억'을, 소녀 한 사람에게 점유되는 것이 아니라 공동체에 의해 번역되는 '서사 기억'으로 담론화하는데, 여기서도 관객만이 '트라우마의 기억 영상'을 목격하게 된다.

학생들을 술집 여주인에게 데려가는 경운기의 사내는 소녀에 대한 질문을 받자 학생들에게 "달포 전에 비슷한 애를 보긴 봤는데, 이 애가 맞나"라고 모호한 증언을 한다. 그러나 금세 장면이 바뀌어 아이들에게 놀림을 받으며 돌팔매를 당하는 소녀로 플래시백한다. 사내는 소녀를 도와 경운기에 태우지만 소녀가 도망가자 쫓아가서는 겁탈한다. 사내에게 쫓기고 있을 때, '군인들에게 쫓겨 도망가고 있는' 기억이 흑백의 플래시백으로 나타난다. 이 세 번째 강간 장면에서 소녀는 장씨가 강간할 때와는 약간 달리 확실하게 저항하는 비명을 지른다. 그것은 소녀의 광기가 아직 진행되지 않은 것을 의미하는(signify) 것일까. 배경 음악은 나중의 애니메이션에서 소녀가 거대한 곤충에게 습격당했을 때 백마를 탄 왕자가 구해주는 장면과 같은 것이다. 장씨의 겁탈에는 이 음악이 없었다는 것을 생각하면 영화는 동일한 강간을 반복하면서도 장씨의 폭력을 미묘하게 용인하고 있는 것처럼 보이기도 한다. 소녀가 장씨를 오빠라고 착각하고 있기 때문일까. 미쳐버린 누이는 오빠가 능욕하는 것을 용인하는 것일까. 그러나 경운기의 사내도 장씨와 마찬가지로 말을 하지 않은 채 소녀의 기억을 불러일으키기 위한 폭력을 휘두른다.

홍미롭게도 소녀의 기억을 부정하는 다른 사내(경운기의 사내)에게는 소녀의 기억 자체가 '생각하고 싶지 않은 기억, 지우고 싶은 과거'로서 이중의 트라우마 구조로 짜여 있다. 이는 '광주의 기억'은 억압된 다른 기억으로 중층적으로 억압되어 있다는 것을 시사한다. 그러나 경운기의 사내는 학생들을 술집 여주인에게 데려감으로써 기억의 징검다리 역할을 한다.

다음으로 등장하는 술집 여주인은 학생들에게 소녀를 가게에서 일을 거들도록 도와주었다고 말하지만, 그 이야기가 또 플래시백이 되고 여주인의 치맛자락을 붙들고 떨어지지 않는 소녀의 영상이 비친다(무서운 것으로부터 도망치기 위해 어머니의 치맛자락에서 떨어지지 않는 어린 여자아이의 모습 같다). 그러나 이 과거 시점에서 다시 한 번 소녀의 플래시백이 시작된다. 비오는 밤, 소녀는 술집 문으로 곡괭이와 삽을 질질 끌고 가는 남자들을 본다. 전체가 파랗게 된 소녀의 이미지로부터 쌓인 사체 속에서 혼자 살아남은 소녀가 도망치는 흑백 영상으로 장면이 바뀐다. 여기서 장씨의 오두막처럼 소녀의 플래시백이 시작되는 공간이 단색 톤의 청회색으로 구성되어 있다는 것을 알게 된다.

그러나 이 이미지는 화자인 술집 여주인에게 회수되는 것이 아니며, 다음 쇼트에서는 장씨의 오두막으로 장면이 바뀐다. 이리하여 술집 여주인은 소녀의 기억을 이끌어내는 역할을 하고 있지만, 그것은 이를테면 갈 곳이 없이 미정인 채 부유하는 화상(畫像)처럼 귀속점을 잃고 있다.

이어지는 장씨의 오두막에서는 장씨가 자고 있는 사이 소녀가 그의 신발을 가지런히 하고 있다(장씨를 오빠라고 착각하고 있는 소녀를 보여주는 것이리라). 다음 날 아침 오두막에 햇빛이 들어온다. 이를 닦는 장씨 뒤로 소녀의 이미지가 비친다. 소녀의 플래시백이 다시 시작되는 것은, 그 뒤 술에 취한 장씨가 소녀에게 폭력을 휘두를 때이다. '오빠'라고 부르는 소녀를 장씨는 세 번째(재현된 강간으로서는 네 번째이다)로 강간하지만, 이때 소녀는 더 이상 저항하거나 소리를 지르지 않고 멍한 눈으로 하늘을 쳐다본다. 소녀는 마치 자기 신체의 감각을 완전히 차단한 것처럼 수동적인 상태에서 장씨의 겁탈을 받아내고 있다. 여기서 사체를 운반하는 트럭에 사체와 함께 쌓이는 플래시백으로 바뀌는데, 방심한 상태로 누워 있는 소녀의 자세를 거의 같은 것으로 보이게 함으로써 이전의 강간 장면과 플래시백이 연결된다. 여기서도 강간을 직접적 트라우마 경험으로 연결함으로써 장씨가 저지른 세 번째 '강간'도 더욱 큰 과거의 트라우마 앞에서 서사의 차원, 영상의 차원과 함께 정당화된다. 거기서 도망쳐 울면서 숲 속을 헤매는 소녀의 모습이 애니메이션으로 그려진다.

이 시점에서 소녀의 트라우마 기억이 일정한 유형으로 구성되고 있다는 것을 알게 된다. 광주사건 자체와 관련된 억압된 소녀의 트라우마 기억은, '개인적인 트라우마'로서 광기의 배후에 은폐되어 있을 때는 흑백 영상이 사용된다. 그 때문에 뉴스영화라는 장르를 상기하게 하고 실제의 다큐멘터리 영상 이상으로 다큐멘터리적 요소가 강화되어 있다. 더욱이 다른 과거의 어떤 시점에서(예컨대 술집 여주인의 회상 장면) 소녀의 트라우마 영상으로 이행하는 경우에는 청회색이 된다. 〈꽃잎〉에서 몇 번 제시되는 소녀의 플래시백에서 어머니의 죽음과 학살이 있고 난 뒤 소녀가 사체와 함께 트럭으로 운반되는 기억 이미지(이를테면 소녀가 가진 트라우마의 '원광경')는 흑백이고 그 외에는 컬러로 구성되어 있다. 이것을 생각하면 청회색이라는 이 색조는 바로 색채적으로 중간에 위치하고 다양한 지점에서 과거에서 현재로 이행하는 경계를 나타낸다. 단편화된 컬러 영상과 흑백 영상은 소녀의 트라우마가 재구축되는 과정에서 점차 하나의 트라우마 기억으로 집약되어 서사 기억을 만들게 된다.

또한 흑백 영상의 플래시백에는 기본적으로 소녀의 보이스오버를 동반하지 않지만 그 외의 기억은 억압된 소녀의 기억을 상기하는 것으로서 흔히 보이스오버를 동반한다. 이를테면 '잃어버린 내면의 소리'로 설명된다(유일한 예외는 소녀가 '그날'의 기억을 순간적으로라도 기억해낼 때인데, 이 시퀀스에 대해서는 나중에 자세히 설명하기로 하자). 다시 말해 어머니의 죽음이라는 트라우마의 기원은 궁극적으로 '말할 수 없는 것'으로서 다른 기억과 구별되어 있다.

그러나 소녀의 기억은 흑백 영상만이 아니다. 예를 들어 오빠의 친구들인 '오빠들'과 들판에서 놀았던 즐거운 기억은 컬러 영상이다. 또 사건 이후 결코 돌아간 일이 없던 '집'의 영상과 도랑에 내던져진 사체에서 간신히 목숨을 건져 도망치고 그 뒤에 기억을 잃고 광기에 빠지기 직전인 소녀의 체험은 애니메이션으로 그려진다. 소녀가 제정신을 잃은 계기가 된 것은 아마 군인에 의한 강간일 텐데, 그 강간은 사실이 아니라 애니메이션 영상으로 상징적으로 제시된다. 애니메이션은 백마를 탄 왕자가 소녀를 도와주는 것으로 끝나는데, 소녀가 광기로 도피한 것을 나타낸 것일까. 아니면 소녀의 광기 속에서 오빠라고 착각하고 있는 겁탈자 장씨를 백마 탄 왕자로 그린 것일까. 어쨌든 이 애니메이션의 삽입은 소녀가 가진 트라우마의 무게에 비해 너무나도 불균형적이다. 반복되는 소녀에 대한 실사 강간 장면과 자해 장면의 폭력성을 작게 하고 기묘하게 정당화해버릴 가능성을 낳는다. 즉 애니메이션에서 시사되는 군인의 강간은 실제로 강간이 있었는가 없었는가의 문제가 아니라 상상을 초월하는 소녀의 트라우마 체험을 '강간'이라는 하나의 은유로서 제시하고, 은유로서의 이 강간이 광주의 트라우마 기억과 이어지기 때문에 최종적으로 영화는 장씨의 강간을 간접적이지만 정당화하는 것이다.

실제로 그 뒤 장씨는 소녀를 겁탈하지 않고 뒷바라지를 하는 것으로 바뀌어간다. 이런 장씨의 변화와 병행하듯이 소녀의 행적을 전하는 또 한 사람의 화자인 김씨의 에피소드가 삽입된다. 김씨는 노동자 계급에 속하지 않는 학생들과 가장 가까운 존재이고 실어증적인 장씨의 대극에 있으며 요설로 소녀의 이미지를 재구축한다. 광기의 소녀가 장씨를 '오빠'라며 뒤를 좇았던 것처럼 김씨는 잃어버린 자신의 연애 체험을 소녀에게 겹친다. 흥미롭게도 김씨의 회상은 다른 회상과는 명확하게 다르다. 기묘하게도 〈꽃잎〉에서 유일하게 소녀에 대한 감정적인 반응을 보인 김씨는 소녀 자신의 플래시백이 상기되지 않는 유일한 화자이다. 김씨의 시점에서만 소녀는 존재한다. 김씨가 처음 소녀를 봤을 때는 파란 화면으로 김씨의 회상에 의해 소녀의 이미지가 소환된다. 김씨는 소녀를 병원으로 데리고 가지만 그때 소녀와 주고받는 말은 김씨의 회상으로 재현된다. 소녀는 아직 제정신과 광기의 경계선에 있고, 병원에서 김씨에게 "오빠를 찾으러"라고 말했다고 김씨는 학생들에게 전한다. 이 장면에서 소녀는 희미하게 입술을 움직이지만 그 말은 김씨가 대신 말하는 것이다. 영화에서 유일하게 자신의 것으로 과거의 기억을 가지고 있는 것이 김씨이고, 그 기억 속에서 소녀의 트라우마 기억은 존재하지 않는다. 왜 장선우는 김씨의 에피소드에서만 소녀의 플래시백 영상을 보여주는 방법을 바꾼 것일까(유감스럽게도 원작에서 김씨의 에피소드가 어떻게 다루어졌는지는 확인할 수 없지만). 장선우의 다른 영화와 비교해 보면, 어떤 의미에서 김씨는 장선우 같은 인물이라고 할 수 있다. 어린 연인과의 관계는 〈거짓말〉에서도 다시 다루어졌다. 여기서 만약 김씨를 장선우의 대리 인물이라고 생각한다면 김씨의 말이 삽입된 시점에서 장씨의 폭력으로 소녀의 트라우마를 불러내지 않고도 서사를 진행시킬 수 있다고 말할 수도 있을 것이다. 김씨가 나온 뒤 장씨가 소녀를 돌보게 되는 것은 단순한 우연일까.

한편 야수처럼 아우성치는 소녀의 자해 행위는 플래시백 영상과 호응하기 시작한다. 이리하여 관객은, 장씨의 강간은 소녀가 자해 행위를 하는 계기에 불과하지 원인이 아니며, 그 원인은 트라우마라는 식으로 광기에 접근할 수 있게 된다. 이 시점에서 소녀의 자해 행위를 유발하는 것은 장씨의 폭력이 아니라 망령이며 망령은 역사적 트라우마와 직결된다. 예컨대 소녀가 기차에서 보는 망령은 눈에서 피를 흘리면서 "나를 똑바로 쳐다봐, 니가 뭘 어떻게 했어"라고 소녀에게 힐문하고, 망령은 소녀 탓에 어머니가 죽었다고 꾸짖는다. 그때 소녀는 격렬하게 창문 쪽 유리창에 자신의 머리를 부딪치고 쓰러진다. 이 망령 이미지가 나오는 것은, 소녀 자신이 보는 유리창에 비치는 이미지가 더러워진 현재의 자신이 아니라 과거의 자신을 환각처럼 보는, 또는 '오인'(misrecognition)하는 쇼트 다음이다. 왜냐하면 이 망령 자체도 소녀의 죄책감이 불러낸 것처럼 편집되어 있기 때문이다. 마치 아버지를 살해한 오이디푸스가 자신의 눈을 찌른 것처럼, 어머니를 죽인 소녀가 자신의 눈을 찌르고 속죄하는 것 같다.

하지만 동시에 이 망령은 묘에서 나와 소녀에게, 정사(正史)에 의해 말살된 '광주의 한'을 이야기꾼으로서 전하라고 호소하고 있는 것처럼 받아들여지기도 한다. 사실 이 망령이 등장한 직후에 장씨의 동료들이 한국전쟁과 광주를 비교하면서 "광주에서 진짜 학살이 있었는가 없었는가"라는 역사적인 질문을 하는 장면으로 이어질 뿐만 아니라 어떤 에피소드에도 직접 속하지 않는 모호한 시제의 짤막한 플래시백에서 전두환의 '제5공화국 헌법 공포식'이 텔레비전 화면으로 제시된다. 그리고 장씨의 폭력은 진정되지만 소녀의 자해 행위는 더욱 심해진다.

다음 장면에서 야수처럼 신음하면서 자신의 몸을 집요하게 씻는(바로 맥베드를 죽인 피를 씻으려는 멕베드 부인처럼) 소녀가 나오는데, 그 뒤의 플래시백에서 참살 직후의 황폐한 풍경이 나타나자 소녀는 하염없이 울기 시작한다. 여기서 영화는 처음으로 자신의 트라우마 영상에 대해 '운다'는 행위로 반응하는 소녀의 모습을 내보인다. 그때까지 장씨에게 겁탈을 당해도, 플래시백 영상이 삽입되어도 소녀 자신이 직접 그 영상에 반응하듯 '우는' 일은 없었다. 가령 일시적이라도 소녀의 기억이 의식의 수면 위로 올라왔다는 것을 보여주는 것 같다. 동시에 공동체의 한을 말하는 무녀로서의 소녀가 눈앞에 나타난다.

하염없이 울고 난 뒤 소녀는 장씨가 오빠가 아니라는 것을 알았는지 사내의 집을 빠져나와 구걸을 한다. 장씨가 다시 집으로 데려가려고 하지만 소녀는 혼자 방황한다. 학생들의 에피소드와 다른 에피소드를 묶어주는 "우리는 기적 같은 것을 기대하고 있었다. 그녀가 어느 날 뚜벅뚜벅 우리 앞에 나타날 것만 같았다" 라는 보이스오버 다음에 이어지는 장면에서 영화는 '그때'를 재현한다. 이리하여 조금씩 소녀의 트라우마 기억은 설명적이 되고 서사화는 가속화된다. 그리고 무당이 된 소녀가 광주의 이야기꾼으로서, 목격자로서 트라우마의 원광경을 관객에게 전하는 클라이막스로 이어진다.

원광경

영화 속에서 소녀는 광기로 잃어버린 주체성을 보전하는 것처럼 두 번 보이스오버라는 형태로 목소리를 부여받는다. 두 번 모두 '오빠'에게 말하는 형태를 취한다. 첫 번째는 앞에서 말한 것처럼 애니메이션에서 일종의 '망령'이 된 자신이 빈집으로 돌아가 말한다. 두 번째는 이 영화의 클라이막스로 트라우마가 밝혀지는 장면이다. 그 밖에, 특히 소녀의 트라우마와 직접 관련되는 체험은 목소리 없이 단편적인 영상으로 나타난다. 그러나 영화는 서서히 소녀의 기억을 하나의 광경으로 이끌어간다. 그것은 학살이 있던 날에 일어난, 어머니가 죽는 광경이다. 여기서 소녀의 사적인 트라우마(어머니의 죽음)와 한민족의 공적인 트라우마(학살된 무명의 사람들)가 합치되고 서사 기억을 형성한다.

엄마하고 시내에 가서 산 빨간 옷을 걸친 소녀는 입술연지를 바르고 몽유병 환자처럼 걷기 시작한다. 그때 지금껏 장씨를 따라다닌 소녀와는 반대로 이제 장씨가 소녀의 뒤를 좇는다. 음악은 의식적(儀式的)인 전통 음악이다. 소녀 자신의 보이스오버가 시작되자 높다란 언덕에 봉긋하게 솟아 있는 몇 개의 무덤에 시든 꽃을 놓고 어느 묘 앞에 앉아 "오빠, 나여. 나 알아보것제. 알아본다고 말혀봐. 너로구나 하고 말혀봐. 오빠한테 할 얘기가 을매나 많은디. 이 옷 생각나제. 오빠가 추석에 온다고 엄마하고 시내 가서 산 옷. 오빠가 예쁘다고 그랬지. 시집보내준다고 그랬지"라고 울먹이며 오빠에게 말한다. 영상과 소리는 맞추어지지 않았고 소녀의 심적 독백처럼 구성되어 있다. 그러나 소녀의 목소리는 신체에 귀속되는 것이 아니라 타자성을 띠고 있다. 소녀의 기억 영상이 보이스오버에 따라 흑백 영상으로 나타난다.

그리고 소녀의 보이스오버가 과거를 불러낸다. 오빠의 사망통지, 울며 쓰러지는 어머니. 데모하러 나갈 채비를 하는 어머니가 소녀에게 같이 갈 수 없다고 타이르고 있을 때, 소녀가 반항하며 "왜 가면 안 돼"라고 어머니에게 말대꾸하는 장면은, 거울에 비친 어머니 뒤로 소녀가 비치는 구도를 취하고 있다. 이 구도는 수염을 깎고 있는 장씨 뒤로 소녀가 비치는 장면과 거의 똑같이 촬영된 것만은 아니다. 이 장면에서 소녀는 '왜'라고 말하는데 이때 플래시백 영상에서 처음으로 소녀 자신의 발화로서 립싱크한다(그리고 대화다운 대화를 하는 것도 이때 뿐이다). 그리하여 이 시점부터 지금까지 플래시백으로 단편화되었던 기억 영상이 이를테면 '과거진행형'의 서사 영상으로 재구축된다.

어머니의 말을 무시한 소녀는 빨간 옷을 입고 거울 속의 자신에게 '빠이 빠이'하며 손을 흔들어 작별을 고하고 즐거운 듯이 어머니의 뒤를 좇는다. 말하자면 거울 속의 소녀는 트라우마를 모르는 소녀 자신의 이미지로 동결되어 그 뒤의 참극과 시간을 과감히 단락짓게 된다. 안 된다고 하는데도 따라가는 소녀. 쫓아 보내려는 어머니를 따라 버스에 올라타는 소녀.

묘지 앞에 있는 소녀로 장면이 바뀐다. 이제 소녀는 신음소리를 내고 눈은 돌아가 흰자위만 보인다. 무당이 되어 트랜스상태에 빠진 것이다. 묘지로부터 기억을 들춰내듯이 '그날'을 좇아간다. 금세 과거의 영상으로 돌아간다. 데모대와 경찰이 충돌하고 긴박한 상황에서 어머니는 소녀의 안전을 확보하려고 소녀가 숨을 만한 장소를 찾는다. 소녀는 어머니의 말을 무시하고 어머니를 따라간다. 그리고 그 때문에 일제 사격의 현장에 있게 된다. 이 시퀀스는 서두에 나타난, 컬러로 촬영된 진짜 다큐멘터리 영상이 아니라 연출된 흑백 영상으로 재현된다. 그러나 손에 든 카메라는 흑백 영상으로 시네마 베리테 촬영 방법에 따라 교묘하게 '그날'의 긴박감을 다큐멘터리 같은 영상에다 '과거진행형'으로 담는다. 몇 개의 쇼트에서는 보기에도 참혹한 버려진 시체 이미지가 비치지만 픽션 부분도 다큐멘터리적으로 만들었기 때문에 전체적으로 픽션인지 논픽션인지 확정하기 힘든 애매한 장을 형성한다.[28] 사적인 기억에 역사가 개입하는 회로를 열어놓고 있는 것이다.

도망치느라 갈팡질팡하는 어머니와 딸. 어머니가 총에 맞아 소녀와 함께 쓰러지는데 소녀를 지키려는 어머니는 소녀의 손을 놓지 않는다. 다 죽어가는 어머니의 손을 뿌리치고 도망치려는 소녀의 모습과 묘지 앞에서 트랜스 상태에서 외치는 소녀의 모습이 크로스 커트(cross-cuts)된다. 그리고 다시 한번 죽은 어머니의 얼굴이 흑백으로 클로즈업된다. 여기서 지금까지 플래시백 영상으로 단편적으로 나타났던 어머니의 죽음이라는 트라우마의 '원광경'이 이를테면 클라이막스라고도 할 수 있는 무당 같은 소녀의 말에 따라 하나의 시간축으로 재현된다. 하지만 그때까지의 영상에서 빠져 있던 부분이, 소녀가 어머니의 손을 필사적으로 뿌리치는 모습이라는 것을 밝혀준다. 이 쇼트를 재현함으로써 영화는 이것이 '원광경'이라고 설명적으로 보여준다. 이 시점에서 소녀는 완전히 신들린 것처럼 몸이 굳은 채 쓰러진다. 이어지는 플래시백 영상에서는 공수부대의 폭력과 습격 직후의 모습, 그리고 몇 번인가 나타났던 시체와 함께 트럭 짐칸으로 운반되는 장면으로 이어지고, 이 시점에서 쓰러진 소녀의 이미지와 "무서웠어, 오빠"라는 보이스오버가 합쳐진다. 영상과 소리가 소녀의 신체를 통해 합치됨으로써 영화는 소녀의 기억이 의식으로 돌아온 것을 보여준다. 그리고 소녀는 흐느껴 울고 잠깐 제정신으로 돌아왔음이 시사된다.

한결같이 우는 소녀의 기억이 돌아왔을 때 그때까지 흑백이었던 과거 이미지가 비로소 컬러가 되고 다시 어머니의 손을 뿌리치는 소녀의 이미지가 컬러로 나타난다(그렇지만 자연스런 컬러가 아니라 퇴색한 듯한 부분 컬러 영상이다). 그리고 이 두 번째 원광경의 재현에서는 그때까지의 플래시백에서 요설로 흐르고 있던 사우드트랙 음악도 완전히 사라지고 색채를 얻은 대신 소리를 잃고 무음 상태로 재생된다. 그리고 다시 흐느껴 우는 소녀의 얼굴로 장면이 바뀐다. 카메라는 가만히 흐느껴 우는 소녀의 얼굴을 비춘다. 쇼트가 바뀌어 롱쇼트로 쓰러진 소녀에서 좀 뒤로 떨어진 곳에서 고개를 떨구고 있는 장씨가 전경에 있다. 그리고 장씨도 눈물을 흘리고 있다.

이처럼 원광경의 시퀀스에서 '어머니의 죽음'은 두 번 나타난다. 한 번은 흑백 영상의 플래시백의 일부로, 또 한 번은 컬러 영상으로 무의식에서 되살아난 소녀의 기억으로. 두 번째에서 "다 죽어 가는 어머니의 손을 뿌리치는" 행위를 처음으로 컬러로 재현함으로써 단지 일제사격으로 인한 '어머니의 죽음'을 목격했다는 충격만이 소녀의 트라우마가 아님을 시사한다. 그때까지 몇 번이고 반복된 어머니의 죽음을 소녀가 직접 불러일으킨 것이 아닌데도 '어머니의 죽음'의 책임이 자신에게 있다는 소녀의 무의식이 광기와 깊이 관련되어 있다고 영화는 관객에게 보여주어 왔다. 그러나 두 번째 컬러 영상에서 "어머니의 손을 뿌리치는" 소녀를 보여줌으로써 영화는 명확하게 자신이 도망가기 위해 어머니의 손을 뿌리치고 도망갔다는 이중의 죄책감이 소녀가 자신 안에 묻어두었던 기억이었음을 알려준다. 다시 말해 영화가 소녀의 죄책감을 통해 보여주는 것은, 트라우마의 근간에는 단지 부조리한 폭력에 의한 '죽음'만이 아니라 그 '죽음'을 못 본 체했다는 죄의식과 부조리한 폭력을 자신의 것으로 받아들이는 논리이다.[29] 어머니와 딸(그리고 다수의 민중)을 갑자기 덮친 것은 견딜 수 없는 폭력의 불합리한 현실이고, 그것은 불합리하기 때문에 '이유 없는 것', '설명할 수 없는 것', 이해할 수 없는 것으로 이해의 영역 밖에 놓여진다. 그리고 '어머니'를 죽게 내버려 두었다는 낙인이 이유 없기 때문에 이유를 찾아서 소녀를 '자책'으로 몰아가는 것인지, 다시 말해 현실의 광기를 광기의 현실로 변용시키는 것이 그 광기의 현실에 직면하는 유일한 방법이었을지도 모른다고 시사하는 것일까.

더욱이 〈꽃잎〉의 아주 복잡한 시제와 트라우마 기억 영상의 관계가 이 시퀀스에서 시사된다. 서두의 다큐멘터리 영상을 생각해보자. 컬러 다큐멘터리 영상은 '진행행'의 현실로 제시되었다. 어머니의 손을 뿌리치는 소녀의 트라우마 기억을 컬러로 재현함으로써 허구적인 소녀의 트라우마가 사실적이고 공적인 영상 기억과 같은 차원에 놓였다고 할 수 있다. 여기서 영화는 파묻힌 소녀의 기억이 공적인 현실과 겹치고 있음을 나타내고 있다. 흑백의 플래시백이었을 때는 어디까지나 소녀의 닫힌 내면의 영상으로 기능했다. 그러나 컬러로 재현되었을 때 이 비극은 소녀의 닫힌 내면에서 '진행형의 이야기'로 변용된다. 이 순간 엎드린 채 우는 소녀는 한 순간이지만 광기에서 깨어나 다시 광주 참극의 목격자가 되고 역사를 고발할 수 있게 된다. 무녀가 되고 영매가 된 소녀는 광주의 참극을 고발하기 위해 제정신을 차리지만 소녀는 그 한 순간에만 공동체의 한을 전한다.

그렇게 생각하면 '원광경'의 시퀀스는 그때까지 소녀를 폭행했던 장씨가 울고 있는 모습으로 끝나는 이유에 대한 힌트를 제공하는지도 모른다. 관객은 소녀의 비참한 트라우마 기억에 장씨가 눈물을 흘리고 있는 것을 목격하면, 소녀의 눈물과 장씨의 눈물을 관련시킬지도 모른다. 그러나 아이러니컬하게도 관객이 그렇게 생각할 수 있는 것은 트라우마 기억 영상을 특권적으로 제공받아왔기 때문이다. 영화의 디에게시스(diegesis)의 전제에서 보면 소녀의 머릿속에 있는 트라우마 영상을 장씨는 결코 공유할 수 없다. 관객에게 주어져 있는 접근권을 장씨는 가지고 있지 않다. 그렇다면 장씨는 울며 쓰러지는 소녀를 보고 우는 것일까. 아니, 이때의 장씨는 캐릭터 장씨가 아니라 관객의 대리자로 화면에 놓여 있다고 생각할 수 있다. 다시 말해 관객을 비추는 거울로서 거기에 있는 것이다. 소녀의 개인적인 트라우마가 공동체의 트라우마가 된 순간이기 때문에 장씨는 관객의 대리자로서 눈물을 흘리고, 관객은 장씨가 그 눈물을 실제로는 공유하지 않는데도 공유하기 때문에 눈물을 흘린다고 이해할 것이다. 영화는 이런 기대를 하고 있는 것처럼 보인다. 여기서 다시 한번 영화가 거울상적으로 장씨와 관객을 연결하고 있다는 사실을 기억하자. 그렇다면 자신의 손을 꽉 쥐고 놓지 않는 어머니의 손을 잡아떼듯이 뿌리치고 도망친 소녀의 비극은 단지 광주민중항쟁의 역사적 사실을 알리는 것으로 존재하는 것이 아니라 광주사건의 트라우마를 상징하는 하나의 서사 기억으로 제출된 것이 아닐까. 하지만 영화는 장씨의 눈물을 설명하지 않는다. 그저 눈물을 흘리고 있는 장씨를 보여줄 뿐이다.

여기서 다시 한번 〈꽃잎〉이라는 제목을 생각해보면, 민주화항쟁에 관한 참조 사항이 몇 가지 나타난다. 우선 '꽃잎'이라는 제목은 중층적인 시니피앙이다. 원작인 〈저기 소리없이 한점 꽃잎이 지고〉에서 취한 것이지만 그 제목으로 원작자인 최윤의 흔적을 남긴다. 서두에 나오는 김추자의 노래는 영화 서사에 잃어버린 무구함을 상징하는 모티프를 줄 뿐만 아니라 한국의 관객에게는 중요한 시대적 참조 사항으로도 기능할 것이다. 또 소녀는 시든 꽃으로 연상된다. 서두에서 시든 꽃을 들고 멍하니 아양을 떨고 있는 모습은 미친 여자로서의 첫 이미지일 뿐 아니라 이 장면에서도 다시 묘 앞에 꽃을 바친다. 여기서는 죽은 자에 대한 공양의 의미도 겹친다. 그러나 그 이상으로 중요한 것은 빨간 옷을 입은 소녀와 꽃의 이미지이다. 여기서 연상되는 것은 5월 문화를 대표하며 애창된 운동가요 「5월의 노래」이다. 그 노래는 "꽃잎처럼 금남로에 뿌려진 너의 붉은 피, 두부처럼 잘려나간 어여쁜 너의 젖가슴"[30]이라는 가사로 시작되는데, 소녀의 이미지는 그대로 「5월의 노래」로 불려지는 광주사건의 은유이다. 그리고 빨강은 학살의 붉은 '피', 그것은 민족의 피로 연결된다.(그 피의 이미지만이 아니라 좌익공산당의 이미지를 상기시키는 것은 아닐까.)

나아가 학생운동을 하다 군대에 끌려가 죽음을 당한 '오빠'를 찾아 나서는 소녀의 이미지는 5월 연극 〈금희의 5월〉의 서두 장면을 연상시킨다. 오빠를 광주사건으로 잃은 주인공 금희는 독백으로 "오빠, 그놈들은 오늘도 어머니를 잡아갔어요", "기억해요, 오빠, 1980년 5월 18일, 그날은 우리 가족의 새로운 운명이 시작된 날이었어요"[31]라고 말한다. 〈꽃잎〉의 소녀 이미지에 이

금희의 이미지를 직접 겹칠 수는 없지만, 잃어버린 오빠에게 광주의 비극을 말하는 누이의 이미지가 운동으로 배양된 하나의 원형을 이루고 있을 가능성은 없을까. 그렇다면 한편으로 '오빠'는 민족의 피에 대한 은유가 된다.[32)]

그러나 또 한편 소녀를 미친 여자로 만들고 '오빠'의 대리인이 강간한다는 〈꽃잎〉의 설정은 그러한 성적 은유를 도입함으로써 민족의 결속을 나타내는 '오빠와 누이'의 관계를 불온한 것으로 만들어버린다. 그 이상으로 "하나의 동질적인 주체로서 이야기하는 민족 담론 자체가 이질적인 목소리를 배제하고 다양한 경험 현실을 억압하는 것"[33)]으로서의 권력인 민족 담론을 교란한다고도 말할 수 있다. 물론 김경현이 지적한 오이디푸스적 근친상간의 금기도 무시할 수 없지만 〈꽃잎〉의 소녀가 트라우마의 중심에 있는 '어머니'가 아니라 '오빠'에게 계속 말한다는 것은 〈꽃잎〉의 정치·민족·성이라는 세 관계 속에서 중요해진다. 즉 소녀는 '어머니'를 죽게 내버려두었다는 죄책감에 시달리지만 소녀의 순례는 '오빠'를 향한다. 다시 말해 〈꽃잎〉에서는 처음부터 아버지가 부재하고 아버지의 대리 표상인 오빠는 욕망의 대상이 되며 어머니는 시니피앙으로 현전한다. 하지만 최종적으로 침묵을 가장 강요받는 것은 어머니이다. 어머니와 소녀의 이야기는 죽은 오빠의 '원귀'를 위해, 장씨의 눈물을 위해, 트라우마를 잊어버린 무명의 관객을 위해 말해지는데 최종적으로 두 사람은 그 이야기에서 배제되어 있다. 이 문제는 이미 영화연구가 이효인도 지적한 바 있다. 이효인에 의하면 〈꽃잎〉과 〈박하사탕〉이 '그들(남자들)과 여동생(여자들)을 지키지 못했다는 뿌리깊은 죄의식에서 출발'하고 있기 때문에 영화 속의 여주인공은 죽거나 자해를 하는 수밖에 없으며, 〈꽃잎〉의 소녀는 어머니와 오빠를 군사정권에 의해 잃게 될 뿐만 아니라 자신도 미쳐버리게 된다. 그런 소녀를 장씨는 다시 짓밟는다. 이는 바로 여동생을 지키지 못한 남근들의 자해 행위와도 같은 것이다.[34)]

이 단계에서 소녀에 대한 장씨의 폭력 행위도, 그 폭력을 재현=표상하는 영상의 폭력도 커다란 역사적 트라우마의 담론으로 정당화된다. 그것은 소녀가 유일하게 기억하고 있는 말, 즉 '오빠'라는 시니피앙이 보여주는 하나의 민족 담론으로 회수되는 것은 아닐까. 그러나 화자의 주체성은 그 지시 대상의 거울상을 나타내는 기능밖에 갖지 않는다.[35)]

울고 있는 장씨를 전경에 두고 원경에서 쓰러져 울고 있는 소녀는 곧바로 일어나 장씨를 남겨두고 그 자리를 떠난다(프레임에서 사라진다). 마치 장씨의 눈물을 확인한 단계에서 소녀의 역할이 끝나기라도 한 것처럼. 장면이 바뀌자 소녀는 다시 시장에서 구걸을 하고 있다. 멍한 눈으로 사람들의 발밑을 바라보고 있고, 참살 직후의 몹시 황폐한 풍경의 영상이 삽입된다. 사람들이 걷는 발 밑과 '그날'의 장면이 겹치는데, 영상은 다시 흑백으로 돌아간다. 멀리서 소녀를 바라보는 장씨. 그리고 국기 게양 시간을 알리는 시보가 울린다. 사람들은 멈춰서고 경의를 표하며 국기 게양을 바라보고 있다. 광주 참극의 목격자가 된 빨간 옷의 소녀는 정지한 채 서 있는 단조로운 사람들 사이를 혼자 빠져나간다.

이 장면은 〈꽃잎〉에서 가장 상징적인 장면 가운데 하나이다. 또 가장 인상적인 장면이기도 하다. 공동체에 광주사건의 트라우마 기억을 불러일으키고 자신의 죄를 받아들인 소녀는 광주를 희생하여 새로운 '법'과 '권력'을 휘둘러 태어난 군사정권을 종속과 침묵으로 지탱해온 사람들 사이를 의연하게 빠져나간다. 단 한 사람이 벌이는 침묵의 반항이다. 소녀만이 제도의 탄생에 휘둘러진 폭력을 기억하고 있는 듯하다. 여기서 시사되는 것은 광기의 역전이다. 군사정권 하에서 광기의 소녀만이 제정신이고 그 주박에서 벗어날 수 있었던 것 같다. 여기서 영화는 군사정권 하에서 살아가기 위해서는 집단 광기에 종속되어 제정신을 유지할지, 폭력의 표적이 되어 광인이라는 낙인이 찍혀야 할지 하는 이항대립을 받아들이지 않고 기억의 법칙에 따라 유령이 되어 계속해서 방황하는 저항의 가능성을 시사하는 것처럼 보인다. 그때까지 철저하게 광기에 의해 타자화된 자신들도 포함하여 타자로부터 폭력을 받아온 소녀의 신체가 침묵이라는 저항의 가능성을 보여주는 유일한 장면이다.

하지만 영화는 여기서 끝나지 않는다. 다시 한번 학생과 장씨의 이야기로 소녀의 기억을 회수한다.[36)]

소녀는 그 뒤 단 한 번 등장한다. 술에 취한 장씨가, 자고 있는 소녀의 사진을 찍었을 때이다. 이 쇼트는 아주 짧고 맥락 없이 나타나기 때문에 처음 볼 때는 무슨 일이 일어났는지 알기 어렵다. 뒤로 이어지는 장면에서 이 사진이 나중에 행방불명란 광고에 사용되어 장씨와 학생들의 접점이 되는데, 이렇게 사후에야 의미불명인 쇼트에 의미 부여를 할 수 있다. 나아가 이 쇼트는 맥락 없이 갑자기 삽입될 뿐 아니라 소녀의 모습도 정말 한 순간밖에 비치지 않기 때문에 '원광경' 시퀀스의 결말로서 사람들 사이를 걸어가는 소녀가 그대로 장씨에게서 모습을 감추었다는 인상을 준다. 어쨌든 소녀는 그대로 모습을 감춘다.

학생들은 장씨가 낸 사람 찾는 광고를 보고 그것이 상당히 오래 된 것이라는 것을 안다(이리하여 지금까지 장씨와 소녀 에피소드와 학생들의 탐색이 같은 '현재진행형'을 취하고 있다는 인상을 주지만 사실은 차이가 있다는 것을 보여준다). 학생들은 장씨를 찾아가는데, 장씨는 술을 마시며 신음소리를 낼 뿐 말 한 마디 제대로 할 수 없다. 학생들은 소녀가 죽었다고 생각하고 실의 속에서 장씨의 집을 떠난다. 타이틀 시퀀스처럼 버스를 타는 학생들. 그러나 소녀가 죽은 것이 아닐까 하는 절망감에 울고 있다.

버스에서 울고 있는 학생의 보이스오버가 중개하는 마지막 쇼트는 조금씩 눈발이 날리는 가운데 소녀가 꽃을 놓았던 묘지로 걸어가 꽃을 놓는 장씨의 모습을 비춘다. 이 보이스오버는 타이틀 시퀀스가 끝나고 이 영화의 시작 장면과 호응한다. 장씨가 하지 않았던 것을 해달라며 '당신'에게 호소하기 때문이다. 보이스오버로 "당신은 무덤가를 지날 때, 아니면 강가에서나 어느 길모퉁이에서 어쩌면 이 소녀를 만날지도 모릅니다. 찢어지고 때묻은 치마폭 사이로 맨살이 눈에 띄어도 못 본 척 그냥 지나쳐주십시오. 어느 날 그녀가 당신을 쫓아오거든 그녀를 무서워하지도 말고 무섭게 하지도 마십시오. 그저 잠시 관심 있게 봐

주기만 하면 됩니다"라고 말한다.

이렇게 〈꽃잎〉에서는 표면적으로 소녀의 트라우마 기억이 공동체의 서사 기억으로 회수되지 않는다. 소녀는 트라우마 영상을 사람들에게 말하여 전하지만 그대로 모습을 감춘 채 학생들과 조우하지 않고 영화는 끝나기 때문이다. 그러나 최종적으로 영화는 무당처럼 된 소녀에게 기억을 돌이키지만 역사와 조우하게 된 그 기억은 소녀에게 돌아오지 않고 확정 불가능한 바깥으로부터의 '목소리'가 그 이야기에 종지부를 찍는다.

그때까지의 보이스오버는 소녀를 찾는 학생들의 이미지에 덮어 씌워져 있다. 그러나 그 목소리와 이미지는 독립되어 있는 것처럼 관련성을 갖지 않는다. 소녀처럼 되어버린 장씨의 내적 독백으로 파악할 수도 있다. 그러나 영화는 아무것도 보여주지 않은 채 엔딩 자막으로 옮겨간다. 다큐멘터리 푸테지로 시작된 영화는 영상과 음을 괴리시키면서 서사의 불확정성을 강조한 채 끝나는 것처럼 보인다. 소녀는 부재하고 아무것도 해결되지 않은 채 영화는 끝난다.

그러나 〈꽃잎〉이 남성 주체의 보이스오버로 끝나는 것은 중요하다. 이 애매한 보이스오버는 학생들과 장씨를 연결해준다. 학생들과 장씨가 의미적으로 관련된 것은 아니다. 다만 영상으로 병렬 관계에 놓여 있을 뿐이다. 이 시점에서 지금까지 계급적으로 떨어져 있었던 거리가 소실되고 남는 것은 불능성과 패배감뿐이다. 그럼에도 불구하고 대체 누구의 목소리인가 하는 점을 명확하게 제시하지 의해 않은 채 '당신'으로 호소된 '우리'의 존재를 암암리에 보여주며 상상의 공동체를 형성한다. 최후의 보이스오버가 도대체 누구의 목소리인지, 그 점을 명확히 하지 않은 채 영화의 담론은 분명히 말하지는 않지만 '당신'으로 호소된 '우리'의 존재를 암암리에 보여주고 있는 듯하다. 여기서 이 화면 밖에서 다가오는 보이스오버에 〈꽃잎〉의 작자인 감독의 목소리를 중첩시킬 수 있을 것이다.

오프닝에서 다큐멘터리 영상을 보여준 작자는 영화의 마지막에서도 캐릭터로 귀속시킬 수 없는 공동체적인 '목소리'로 관객에게 말하고 있다. 소녀의 "말할 수 없는 트라우마 기억"은 소녀의 내적 독백을 통해 관객에게 전달되고 재현된다. 처음부터 주체성을 부여받지 않았을 뿐만 아니라 마지막에 소녀를 모방하는 것처럼 실어증에 빠진 장씨는 누구의 말인지 기원이 모호한 목소리로 관객에게 말을 건다. 그렇다면 어떤 면에서 장씨는 감독의 분신이라고도 말할 수 있을 것이다.

폭력에 서명하는 자는 누구인가[37)]

지금까지 봐온 것처럼 전체주의 논리를 정면으로 거부하고 파시스트 미학을 파괴하는 것으로 만들어졌음에도 〈꽃잎〉은, 명백하게는 아니지만 페티시즘화된 여성의 광기와 상처받은 여성의 신체가 유발하는 영화적 비쾌락(cinematic displeasure)을 인식적 쾌락(epistemophilia)의 욕망 대상으로 이행시킬 가능성을 드러낸다. 그리고 최종적으로 소녀의 기억은 남성 담론으로 회수된다.

다시 말해 〈꽃잎〉은 공적인 역사(정사)에 대항하는 개인적인 역사적 트라우마의 서사화로 구축되어 있음에도 그 '개인'은 다시 작가라는 다른 개인적 대항 담론으로 신화화되고 만다. 한편 〈꽃잎〉은 여주인공 소녀를 미친 여자로 함으로써 '나'라는 기억의 주체성을 부정하려고 한다. 하지만 영화를 닫는 것은, 누구의 것인지 명확하지 않지만 화면 바깥에서 관객에게 호소하는 남성의 '목소리'이다. 그 목소리는 누구에게도 속하지 않는 작가의 발화를 각인한다.

〈꽃잎〉이 대치하고 있는 것은 국가 폭력이고, 그것을 허용하는 폭력과 무지의 연쇄이며 기억의 파괴이다. 그러나 아이러니컬하게도 '폭력'을 그 '폭력'의 '재현'으로 고발하는 것이 아무리 정치적으로 정당화된다고 해도 '폭력'의 표상은 연쇄적 폭력을 반복한다는 문제도 드러내고 있다. 〈꽃잎〉을 난감한 텍스트로 만드는 것은, 이 연쇄적인 폭력이야말로 근대국가인 한국의 성립 자체에 각인되어 있는 반도와 민족의 기원으로 직접 거슬러 올라가는 것이라는 국가의 기원과 관련된 트라우마 기억이기 때문이다. 역사적 트라우마가 '말할 수 없는' 단편의 화상에서 서사기억으로 번역되고 손상된 역사가 명예를 회복할 때 트라우마는 지배적인 허구로 회수된다.[38] 이 과정에서 여성은 신체적·정신적 폭력을 고발하는 상징으로서 '우리'라는 가상적 집단을 동원할 수 있게 하는 데 빼놓을 수 없는 존재이다. 그러나 지배 담론이 남성 주체를 취할 때 그 '우리'에서 여성 주체는 구조적으로 배제된다.

〈꽃잎〉은 최종적으로 아니 적어도 표면적으로는 소녀를 서사로부터 물러나게 함으로써 사적인 트라우마 기억을 공동체의 서사기억으로 회수하기를 거부한 것처럼 보인다. 그러나 영화는 소녀의 말을 이해할 수 없는 것으로 전제하면서도 관객에게 소녀의 트라우마 기억을 서사 기억으로 번역해 추체험하게 하고 그 트라우마적 고통의 기원을 보여줌으로써 관객은 소녀가 의미, 표현하는 역사적 트라우마를 명확하게 이해한다. 소녀는 이해를 거부하지만 영화는 관객에게 이해를 선사하는 것이다. 그것을 이해하는 데 다리역할을 하는 것이 소녀의 신체에 가해진 폭력인 것이다. 성스러운 희생양, 무당으로서 소녀는 감독의 '근면한 무녀'가 되어 민족의 비극을 전달한다.[39] 언뜻 부조리하게 보이는 소녀에 대한 장씨의 폭력도 하나의 진실과 '원광경'으로 이야기가 전개됨에 따라 사후적으로 승인되고 정당화된다. 폭력은 재현되고 표상된다. 최종적으로 민족적인 기억에 개인의 기억이 조우하고 그 시점에서 광주의 은유인 '성적 폭력'은 뫼비우스띠처럼 국가의 기원이라는 역사적 트라우마로 되돌아가버린다.[40] "한 무구한 소녀에 대한 개인적 폭력과 광주 시민들에게 가해진 집단적 폭력을 중첩시키기"[41] 위한 은유로서 기능하기 위해 소환되는 폭력은 "올바른 목적으로 수단을 '정당화'하려"[42]는 자연법의 도그마에 의해 재현되고 표상된다. 그러나 이 폭력을 재현하는 감독이 서 있는 위치는 어디일까.

데리다는 『법의 힘』에서 벤야민의 『폭력비판론』의 탈구축을 시도한다. 데리다는 우선 벤야민이 사용한, 통상 폭력이라고 번역되는 'Gewalt'라는 말이 독일어에서는 "폭력임과 동시에 정통 권력, 정의에 부합하도록 된 권위이다"라고 지적하고 'Gewalt'라는 개념이 갖는 가치와 의미의 중층성에 주목한다. 데리다는 "정통 권력의 법(법률)이 갖는 힘과 이 권위를 설정했을 근원적(orinare)인 폭력을 어떻게 구별할 수 있을까?"[43]라고 묻는다. 데리다를 고민에 빠뜨린 것은 이 두 가지 폭력, 즉 "법/권리를 기초짓는 폭력과 법/권리를 유지하는 폭력"을 먼저 구별하면서도 벤야민이 언젠가 "한 쪽의 폭력은 다른 쪽의 폭력과 근본적으로 그렇게 이질적인 것일 수 없다"고 인정하지 않을 수 없게 되었다는 것이다. 그리고 그 이유를 "법/권리를 기초짓는다는 폭력이란 법/권리를 유지하는 폭력이 나중의 강력한 의미에서 '재현전시킨' 것인 경우가 왕왕 있기 때문이다"[44]라고 해석한다. 나아가 데리다는 다음과 같이 잇고 있다. "모든 폭력 상황, 모든 혁명적 담론은 좌익적인 것이든 우익적인 것이든 … 폭력에 호소하는 것이 정의에 부합한다고 한다. 그때 예로 나오는 것이 새로운 방법/권리가 설정되고 있거나 앞으로 설정될 것이라는 논리이다. 새로운 국가의 법/권리의 설정이란 곧 새로운 국가의 설정이다. 앞으로 찾아올 법은 그 답례로 정의감에 반할지도 모르는 권력을 과거로 거슬러 올라가 정통적인 것으로 할 것이기 때문에 그 법/권리가 전미래형(前未來形)과 함께 사용될 때, 이미 그 폭력을 정의에 부합하게 하는 것이다."[45] 「기원이라는 폭력을 기억하라」라는 논문에서 폭력과 트라우마의 관계를 논하는 시모코베는 "법의 기원에서 일종의 폭력의 존재를 인정"하는 데리다에 따르면 "기원을 설정하고 제도를 수립하는 순간은 창설·창시·정당화를 위해 법을 설치하는 조작이고, 거기에는 '힘의 일격'(coup de force)이 존재한다"[46]고 주장한다.

데리다가 논하는 폭력의 문제는 벤야민의 폭력 비판을 홀로코스트라는 궁극적인 국가 폭력의 현실과 역사적인 트라우마를 앞에 두고 얼마나 탈구축할 수 있는가를 둘러싸고 고찰되었다. 데리다의 논의는 언뜻 광주사건이라는 한국의 역사를 다룬 영화와는 관계없이 보일지도 모른다. 제한된 지면에서는 충분히 고찰할 수 없지만, 한국이라는 국가의 기원을 규정하고 있는 역사적 트라우마－그것은 우선 일본의 식민지 지배와 미국형 제국자유민주주의가 행사한 폭력에 기인하는데－를 이해할 때 데리다의 『법의 힘』은 많은 시사점을 던져주는 것으로 보인다. 사실 〈꽃잎〉은 바로 데리다가 문제삼고 있는 폭력과 폭력 표상의 문제, 정의에 부합하는 폭력이라는 관점에서 광주사건을 재구축하려는 시도라고 할 수 있다.

하나의 독재정권이 종결되고 새로운 독재정권이 '법/권리'를 제정하기 위해 신 같은 장군이 선언적으로 휘두르는 폭력을 벤야민은 신화적 폭력으로 분류했는데, 바로 광주사건은 신화적 폭력의 행사라고 볼 수 있지 않을까. 〈꽃잎〉에서는 첫머리에 압도적인 폭력을 제시함으로써 우선 '기원의 폭력'이 보인다고 말할 수 있다. 영화가 그것을 의도했다는 이야기가 아니다. 영화가 광주사건을 서사 표상해나가는 과정에서 국가의 폭력이 대치하고 있는 모순과 조우했다는 텍스트의 효과에 대해 생각하고 싶은 것이다.

〈꽃잎〉은 '광주사건'이라는 특정한 역사적 사실을 언급하고 있지만 동시에 선언으로서의 '제도'나 '법'의 폭력도 상정하게 한다. 장선우는 우연히 플래시백에서 이 신화적 폭력의 가공할 만한 순간을 '법/권리를 유지하는 폭력'(그것은 장씨를 비롯하여 소녀에게 앞다퉈 가해진 모든 폭력으로 대표될 것이다)으로 표상하고 있다고 볼 수 있다. 이리하여 소녀에 대한 폭력은 국가의 기원이라는 신화적 폭력의 미메시스로 재현되기 때문에 그 폭력 비판으로서 〈꽃잎〉의 행위수행적 폭력이 정당화된다.

데리다에 따르면 폭력 비판은 "수단과 목적을 구별하는 공간 속에 써넣어지는 것이 보통"이었지만 벤야민은 그것에 '이의'를 제기하고 "폭력이란 다양한 목적(정의에 부합하는 것도 있고 그렇지 않은 것도 있다)을 위한 수단일 수 있지만 자문하는 것은 곧 폭력 자체에 대해 판단하는 것을 자신에게 금하는 것"[47]이라는 것을 알았다고 해석한다. 그런 의미에서 창작자인 장선우의 폭력을 다른 폭력을 비판하기 위한 '수단'으로 파악한다면 "폭력이 그 자체로서 정의에 부합하는지 어떤지, 도덕에 부합하는지 어떤지에 대해 말할 수 없"[48]게 된다. 그리고 실제로 지금까지 봐온 것처럼 영화는 아주 정치하게 소녀의 트라우마 기억을 서사 기억과 조우하도록, 즉 '신화적 폭력'을 고발하기 위해 소녀에 대한 폭력을 '정의에 부합한 것'으로 제시한다. 설령 마지막에 장씨가 소녀처럼 실어증에 빠져도 혹은 장씨의 눈물을 자신의 죄가 무거워 참회한 표시로 파악할 수 있다고 해도[49] 그런 것이다.

그 폭력의 논리가 〈꽃잎〉을 가장 난감한 텍스트로 만들고 있다. 국가의 기원이라는 근원적 트라우마를 비판하기 위해 폭력을 반복한다.데리다는 다음과 같이 벤야민의 텍스트를 탈구축한다. 법/권리를 기초짓는 폭력은 법/권리를 유지하는 어떤 폭력으로 항상 대리되고, 법/권리를 유지하는 폭력은 자신의 기원에서 이어받은 전통을 항상 반복한다. 요컨대 법/권리를 유지하는 폭력은 처음부터 반복되고 유지되고 재창출되는 운명에 놓여 있는 하나의 기초짓는 작용만을 유지하고 있다.[50] 벤야민은 반복하지 않을 수 있는 이 섭리의 폭력을 '신적 폭력'으로 이해한다. 벤야민에게 "역사는 이 신적인 폭력 측에 있다".[51] 데리다는 이를 '지고의 폭력'(souveraine)이라 명명했다. 이 신적 폭력은 "신, 즉 완전한 타자"가 서명하는 폭력이다. "신, 즉 완전한 타자"란 "자신을 신이라고 부르는 자이며", "나 대신 서명을 한다"[52]고 데리다는 말한다. 다시 말해 폭력을 당하는 측이 아니라 폭력을 '휘두르는' 측에 자신의 몸을 두는 일이, 그 쪽에서 '이름'을 부르는 것이 신적 폭력의 탈구축이다. 내가 말하고 싶은 것은 비평 행위든 창작 행위든 해석에 의한 파괴, 해석에 의한 저항을 보여주는 일의 가능성이기도 하다. 〈꽃잎〉이 제기하는 문제가 폭력을 탈구축하는지의 여부와는 별도로 폭력과 표상의 임계점에 위치하는 텍스트라고 말할 수 있을 것이다.[53]

데리다는 "누가 폭력에 서명하는가"라고 묻는다. 그것은 이 폭력의 연쇄를 그리는 행위에서 자신을 타자의 위치에 놓느냐, 아니면 자신도 그 폭력의 연쇄에 가담하느냐의 차이를 묻는 것이다. 나는 이 질문의 해답을 찾을 수 없다. 하지만 그것을 계속해서 물을 필요는 있다. 내가 〈꽃잎〉이라는 텍스트를 읽으면서 계속해서 물은 것은 바로 이 문제이다. 답을 찾을 수는 없지만 신화적 폭력의 수행을 무비판적으로 반복 표상하지 않기 위해서도 항상 "누가 폭력에 서명하는가"라고 계속해서 물어야 할 것이다. 이 질문을 계속 묻는 것은 틀림없이 역사적 폭력의 기억을 계속 이야기해야 한다고 확인하는 일이 되니까 말이다. (번역; 송태욱(연세대 BK21 포닥))

▮주석

1) 이번 논문에서 한국어역을 작성할 때 담당번역자인 송태욱씨 이외에 양인실씨(오사카시립대학 특별연구원)가, 한국어를 못읽는 필자대신 교정작업을 해주었다. 이 둘에게 이 자리를 빌어 감사의 뜻을 전한다.

2) 김소영, 「〈박하사탕〉— '우리'의 이름으로 날 부르지 말아요」, 2002년 6월 15일, 각슈잉(學習院)대학에서 한 강연의 일본어 발표지(전체 16쪽)에 따른다. 인용 부분은 발표지의 16쪽. 김소영은 이 문구를 조원규의 시「집단의 이름으로 내게 말 걸지 말아요」에서 빌려온 것이라고 밝히고 있다.

3) "서사화의 과정은 개인의 기억속에 봉인된 트라우마 기억을 서사기억으로 해방시키는 시도"이다. 下河辺美知子, 『歴史とトラウマ 記憶と忘却のメカニズム』, 作品社, 2000, 14頁.

4) 예컨대 『한국사회와 젠더』의 저자 조혜정도 삼인칭을 사용하는 것에 대한 위화감을 언급하며 '나'와 '우리 사회'를 구별하여 사용하고 있다(春木育美譯, 『韓國社會とジェンダー』, 法政大學出版局, 2002, ix). 또 김은실의 논문「민족 담론과 여성 — 문화, 권력, 주체에 대한 비판적 읽기를 위하여」에서는 임권택의 〈서편제〉를 예로 들어 '우리'라는 권력으로서의 민족 담론이 〈서편제〉에 대해 민족 알레고리라는 지배적인 독해를 낳고 있다고 말한다(中野宣子譯, 『思想』, 2000年 8月号, 63-87頁).

5) 門間貴志の解說, 四方田編, 『アジア映畵』, 94頁. 장선우는 1952년 서울 출생이며 서울대학교 고고인류학과 출신이다. 대학 재학중에 불법 집회를 열었다는 이유로 체포되어 집행유예를 선고받고 징병. 대학재학시절 마당극과 탈춤 등의 동아리활동을 하는데, 영화에서도 그 영향을 찾아 볼 수 있다. 1980년 대학에 복학하여

연극평론을 쓰기 시작했으나 광주민주화항쟁의 영향으로 다시 체포되어 6개월간 복역한 후 영화계에 발을 디뎠다. 일본에서 개봉된 작품으로는 〈성공시대〉(1990년 개봉), 〈나쁜 영화〉(2000년 개봉), 〈거짓말〉(2001년 공개) 등이 있으며 최근엔 〈성냥팔이소녀의 재림〉도 DVD로 발매되었다.

6) 김소영, 앞 발표문, 6쪽.

7) 물론 어떤 영화에 대해 말하기 위해서는 그 영화가 만들어진 나라의 말을 알아야만 한다는 식의 배타적인 태도를 취한다면, 영화사나 영화 비평 자체가 성립하지 않을 것이다. 비평에서 타자성은 흔히 풍부한 견해를 제공해 왔다. 왜냐하면 영화는 예술 형식이나 미디어로서 수많은 '오독'까지 포함하여 바로 자국 중심주의만으로는 기능하지 않는 트랜스내셔널한 특징을 지니고 있기 때문이다. 영화의 텍스트성 그 자체는 어떤 읽기에도 열려 있으며 예컨대 정치적인 영화라고 해서 정치적인 읽기만을 요구하는 것은 아니다. 어쨌든 담론의 일반화, 보편화를 문제화하며 오히려 아이덴티티의 정치성만을 중요시한 나머지 '당사자'만을 비평의 발화체로 특권화하는 것은 비평행위와 담론공간을 불모지로 만들어 버린다. 일본 영화사에서는 좀처럼 볼 수 없는 예이지만, 예컨대 오시마 나기사가 남북한에 대한 일본의 식민주의에 항상 자각적이고 생산적인 비판을 해 올 수 있었던 것은 그가 바로 '우등생같은 역사의식'과는 무관하게 문제를 직시해 왔기 때문이다.

8) 요모타 이누히코 편, 『아시아영화』, 작품사, 2003년, 7쪽.

9) 자막없는 비디오의 대사를 동시통역해준 미술사연구자인 김혜신 씨에게 감사의 뜻을 전한다.

10) Kim Kyung Hyun, *The Remasculinization of Korean Cinema* (Duke University Press, 2004) p.120.

11) 김정룡 "영화평 〈꽃잎〉 한국영화가 '광주'에 갚아야 할 빚", 월간 말, 1996년 5월호, 242－243쪽. (이 자료를 제공해준 양인실씨에게 감사의 뜻을 전한다.)

12) 예컨대 최근의 한국 영화에서 임권택의 〈서편제〉에 나오는 여성 표상과 〈꽃잎〉을 비교해보는 것이 아주 흥미롭다. 누나와 동생 대 오빠와 누이, 아버지의 부재 대 어머니의 부재, 동생의 내러티브 대 복수 내러티브, 신화적인 역사 대 현실 역사, 리얼리즘 영상 대 반리얼리즘 영상 등 여러 가지 점에서 〈꽃잎〉은 〈서편제〉의 음화적 요소를 많이 가지고 있다.

13) 1950년대 전후의 부흥 과정에서 이시하라 신타로(石原愼太郎) 원작의 〈태양의 계절〉(古川卓巳, 1956)로 대표되는, 이른바 과격한 성 묘사로 화제를 불러일으킨 '태양족 영화'에서는 여성의 신체에 대한 폭력으로 투영되었으며, 오시마 나기사의 〈청춘 잔혹 이야기〉(1960년)에서 강조되는 강간이나 폭력 역시 이러한 문맥에서 이해할 수 있다. 졸고, 「五〇年代映畫と石原愼太郎」, 『文學』, 2004年 11, 12月号, 76-90頁. 실제로 오시마도 강간이라는 신체에 대한 침략을, 권력의 침략과 저항이라는 도식 안에서 특권화해 즐겨 사용했다. 이와 같은 문제 의식은 마이크 모라스키가 『점령의 기억 기억의 점령 전후 오키나와, 일본과 미국』 스즈키 나오코역 청토사, 2006년(＝マイク・モラスキー『占領の記憶 記憶の占領 戦後沖縄・日本とアメリカ』 鈴木直子譯、青土社)에서도 제기하고 있다.

14) 김경현, 앞의 책, 120쪽, 126쪽, 역은 필자에 의함.

15) Kaja Silverman, *Male Subjectivity at the Margins* (Routledge, 1932), pp.15-214).

16) 유감스럽게도 나는 아직 〈꽃잎〉의 원작 『저기 소리 없이 한 점

꽃잎이 지고』를 읽지 못했다. 원래라면 원작과 영화의 차이를 주의 깊게 봄으로써 이 두 작자의 차이와 발화의 역동적인 관계를 분석할 필요가 있을 것이다.

17) 서강대학교 불문과 교수인 원작자 최윤이 뒤라스 연구자인 사실을 생각해보면, 미친 여자와 역사적 트라우마와의 관계에서 원작인 『저기 소리없이 꽃잎이 지고』가 뒤라스적인 상상력을 환기시키는 것은 단순한 우연만은 아닐 것이다. 또한 플래시백의 사용법도, 뒤라스 원작이며 알랭레네가 감독한 〈히로시마 내 사랑〉을 참고하고 있는지도 모른다.

18) 김경현, 앞의 책, 121쪽.

19) 실제로 무차별습격이 있었던 5월 27일의 비극을 참고하고 있는 걸로 생각된다.

20) 광주항쟁의 다큐멘터리 〈광주민중항쟁〉(5·18기념재단 제작, 오창일, 제작연대 불명)에도 거의 똑같은 푸테지가 나온다. 영화의 서두에 나오는 다큐멘터리영상에 대해서는 이 다큐멘터리를 참고했다. 두 영상이 같은 장면을 찍고 있는건 아니지만 광주항쟁에 관련된 여러 가지 자료를 읽다보면 몰래 찍은 충격적인 영상이 사람들 사이에 유포되어 있었던 것 같다. 요모타 이누히코(四方田犬彦)도 1981년 7월에 쓴 귀중한 증언에서 일본에 보내 온 '몰래 찍은 일련의 비디오'를 봤다고 기술하고 있다. (『사람들은 그것을 영화라고 부른다』(『人それを映畫と呼ぶ』), フィルムアート社'1984' 329~330쪽)

21) 이 남자는 나중에 〈박하사탕〉에서 주연을 맡은 설경구이다. 〈꽃잎〉은 설경구의 데뷔작이다. 아울러 네 명의 대학생은 '우리'라는 크레디트 타이틀로 처리된다.

22) 마나베 유코(眞鍋祐子) 『광주사건으로 본 현대 한국』(光州事

件で讀む現代韓國, 平凡社, 2000.

23) 이 시점에서는 아무것도 모르지만 최종적으로 학생들은 소녀를 만나지 못하고 장씨의 말도 이해하지 못하며 순례 여행은 결국 아무 소득도 없는 가운데 학생들의 "청춘도 조금씩 해체되어 갔다"고 영화는 알려준다.

24) 앞으로는 공수부대의 습격이 있던 날, 소녀의 어머니가 살해당한 날, 즉 소녀가 가진 트라우마의 원광경이 되는 참극이 일어난 날을 '광주사건'이라고 하고 전체를 가리키는 경우에는 '광주민중항쟁'이라고 한다.

25) 장씨의 실어증에 대해서는 자막 없는 비디오를 보고 있을 때 김혜신씨가 장씨의 대사에 대해 "무슨 말을 하는지 모르겠다"고 한 지적에서 힌트를 얻었다. 자막이 있었다면 해석되어 알아챌 수 없었을지도 모른다.

26) 소녀가 처음으로 장씨와 식사하는 장면에서 소녀는 파란 양복에 빨간 신발을 신고 있는데, 아직 과거의 트라우마는 상실되어 있다. 빨간 옷을 입었을 때 소녀는 장씨를 떠나 순식간에 기억을 되찾는다. 소녀에게 트라우마는 흑백으로 나타나고 파란색은 과거와 현재의 중간색이며 빨강은 상실된 '삶'을 나타낸다.

27) 소녀를 강간하는 노동자 두 사람(장씨와 경운기의 사내)은 모두 언어적 상징계에서 거의 소외되어 있다. 소녀와 관련된 남자로 언어로부터 소외되지 않은 사람은 김씨 뿐이다. 그러나 김씨는 지식계급에 속하며 소녀를 강간하지 않는다. 이 구별을 그대로 차별로 파악할 수는 없다. 하지만 김경현이 읽는 것처럼 이 영화에서 장씨나 경운기의 사내는 군사정권을 지탱해온 '보통' 사람들인 '민중'이며 파시스트가 될 수 있는 존재로서 소녀를 겁탈하는 것일까(Kim, *The Remasculinization of Korean Cinema*,

127). 김경현의 주장은 논의의 여지는 있지만 장선우 영화 속의 노동자계급의 표현방법은 양의적이다.

28) 한국의 관객에게는 어떤 푸테지가 진짜 다큐멘터리 영상(푸테지)인지 어느 정도 식별할 수 있는지 모르지만, 적어도 나는 시체 장면이 다큐멘터리 영상이라고 확정할 수는 없었다. 그러나 무참한 시체 영상이 널리 유포되어 있었다는 것을 생각하면 여기서도 다큐멘터리 영상을 그대로 사용하고 픽션 장면에 봉합했을 가능성이 높다. 마나베 유코(眞鍋祐子)도 한국에서 대학 캠퍼스나 가두에서 "눈을 감고싶은 처참한 사진"을 보게 되는데, 그것들은 대체로 광주사건과 관련된 것이고 이러한 시체에 불러 모아진 격렬한 정념은 "'빨갱이'나 '폭도'라는 식의 오명이 붙여진 '원귀'들의 한을 풀어주고 '영령'이나 '열사'로서 되살리자는 마음이다"라고 지적한다(眞鍋, 앞의 책, 112-2頁).

29) 이러한 죄책감은 일본의 원폭 피해자들에게서도 많이 보인다. 최근 구로키 가즈오(黑木和雄)의 『아버지와 살면』(父と暮せば, 2004)에서는 아버지를 남겨두고 도망쳐 목숨을 구한 딸이 아버지의 망령과 산다는 설정의 드라마를 전개하고 있다. 실제로 대부분의 원폭 피해자가 자신만이 살아남았다는 것에 대한 '양심의 가책' 때문에 괴로움을 당했다는 이야기는 잘 알려져 있다. 홀로코스트에서도 지적되고 있는데, 전쟁 트라우마 체험의 커다란 특징 가운데 하나이기도 하다.

30) 眞鍋, 앞의 책, 106, 232頁.

31) 위의 책, 196쪽. 마나베에 따르면 『금희의 오월』은 박효선의 희곡으로 고 이정연을 모델로 했으며 원작은 여동생인 이금희의 수기라고 한다.

32) 예컨대 〈서편제〉에서도 누나와 남동생의 강한 유대가 그려졌고

또 최근의 히트작 〈올드보이〉가 원작과 결정적으로 다른 것은 누나와 남동생 사이의 근친상간이라는 요소이다. 한편 독일 파시즘의 남성성을 연구한 클라우스 테베라이트(Klaus Theweleit)는 『남자들의 망상』(I Männerphantasien, 法政大學出版局, 1999)에서, 파시즘 병사는 누이의 애정 대상이 되지만 근친상간의 욕망을 회피하는 것이 두드러진 연애 이미지라고 지적한다.

33) 김은실, 앞의 글, 66-7쪽.

34) 이효인, 「'순수. 민족, 여동생'을 바라는 각각의 다른 고백 또는 컴플렉스 '꽃잎'과 '박하사탕'」, 『사회비평』 26권, 2000년 11월호 165쪽 일본어역은 양인실씨가 해주었다.

35) 여기서 생각나는 것은 발자크의 단편 *Adiue*를 분석한 쇼샤 펠먼의 기념비적인 논문 "Women and Madness: The Critical Phallacy"이다. 미쳐서 실어증이 되고 "안녕이라는 한 마디밖에 할 수 없는 여성을 주인공으로 하는 이 이야기는 나폴레옹 전쟁에서 연인인 필립과 뿔뿔이 헤어져 그 충격으로 실어증이 된 스테파니(스테파니도 마찬가지로 군대의 뒤를 끌려 다니며 거칠고 삭막한 남자들의 노리개가 되어 있다)가 필립과 재회하고, 열심히 제정신을 찾아주려는 필립의 노력이 보람이 있어서 마지막에 자신의 기억을 되찾고 '안녕'이라는 한 마디만을 말하고 죽는 것에 주목한다. 펠먼은 필립에게 스테파니의 회복은 "필립의 모습을 거울로서 비추어 그의 존재를 인식할 수 있는가에 달려 있고 필립 자신의 이름과 정체성을 스테파니가 반사하여 비추어내는가에 달려 있다"고 지적한다(Shosha Felman, *What Does A Woman Want?: Reading and Sexual Difference*, The John's Hopkins University Press, 1993, 36). 〈꽃잎〉은 발자크 같은 리얼리즘 표상을 부정하는 데서 시작되지만 여성과 광기를 결부시키는 시점에서 1970년

대의 페미니즘 비평과 겹쳐지며 여기서 원작자 최윤과 영화와의 관계가 흥미롭다.

36) 이렇게 끝내는 방식이 원작을 답습하고 있는지 모르지만, 적어도 영화에서는 학생들과 장씨에게 이야기를 돌림으로써 소녀의 저항 제스처는 한 순간 열린 그 가능성을 닫아버린 것처럼 보인다.

37) デリダ, 堅田研一譯, 『法の力』, 法政大學出版局, 1999, 92.

38) 졸고 「잃어버린 남근을 찾아서 기노시타 케이스케의 '눈물 3부작' 재고」, 하세 마사토 나카무라 히데유키 편, 『영화의 정치학』, 청궁사, 2003년, 61, 120쪽 참고, 「失われたファルスを求めて」 長谷正人, 中村秀之編, 『映畫の政治學』, 青弓社.

39) 서사 차원에서는 소녀를 행방불명으로 하고 학생들도 소녀를 만나지 못하며 장씨도 실어증에 빠지는 등 모든 차원에서 '불능'이라는 낙인이 찍힌 '남성 주체의 위기'를 드러내고 있지만, 동시에 감독은 전능에 가까운 통제력을 가지고 이 '말할 수 없는 트라우마'를 이야기한다. 그리하여 '광주'라는 역사적 트라우마를 소녀의 신체에 연출(미장센)하는 장선우는 〈꽃잎〉에서 김씨가 자신의 어린 연인의 모습을 소녀에게 투영하면서도 한편으로는 비쾌락적인 쾌락(마조히스틱한 쾌락)으로 욕망을 충족하는 것처럼 보이게 한다. 무당이 된 소녀의 신체는 지극히 히스테릭한 신체성을 가지지만 히스테리는 '신체의 연출'이다.

40) 하지만 이 역사적 트라우마를 낳은 연쇄적인 폭력의 기점에 있는 것은 일본의 침략 전쟁이고 냉전 구조 가운데 놓인 미국의 신제국주의라는 것을 잊어서는 안되지만 김경현이 지적하듯이. '꽃잎'은 폭력의 기원을 식민지주의라는 역사적 외부에서만 찾지 않고 그 결과로서 일어난 여러 가지 민족사의 기원으로 거슬러 올라가서 보고 있다는 시점도 중요하다.

41) 원작자 최윤의 말로부터 인용. 조금 길지만 귀중한 자료여서 전문을 인용한다. "한 무구한 소녀에 대한 개인적 폭력과 광주 시민들에 가해진 집단적 폭력을 중첩시키는 과제는 소설에서와는 달리 사실 영상으로 형상화하기가 매우 힘든 부분이다. 그래서 그런지 일례로 한국영화에서 강간의 장면은 늘 필요 이상으로 길고 영화 〈꽃잎〉에서도 예외가 아니다. 반면, 흑백 처리된 광주의 장면들의 분량은 내게는 퍽 짧게 느껴졌다. 그러나 15년이 지나는 사이 광주항쟁은 해결되지 않은 모든 비본질적인 왜곡을 싣고 흘러와 그 자체가 매우 무거워져 있었던 터이기에 어쩌면 단 몇분도 일반 대중에게는 매우 길게 느껴질 수 있었다. 어쨌건 한 편의 영화 〈꽃잎〉, 그것도 광주에 대한 첫 영화가 홀로 감내해내기는 쉽지 않은 무게였으리라고 새삼 생각한다.

내가 흥미롭게 본 것은 영화에서 고유하게 던져진 몇 가지 질문이다. 그것은 애국가가 울려 퍼지는 시장거리를 거슬러 걷는 소녀의 신을 통해 제기한 '관습적'인 민족주의의 모순에 대한 감독 나름의 해석이나, 소녀를 찾아 나선 젊은이들의 우스꽝스러운 면모 등을 통해 영화가 식자층에 던진 회의적 시선 등이다. 이것은 사실 영화가 우리들 속에 무책임하게 잠들어 있는 부분에 화살을 가져다 댄 부분으로 짧으면서도 효과적으로 광주항쟁을 다른 각도에서 읽을 여지를 관객들에게 전달한 부분이기도 하다.

소설이 영화화되었을 때 사람들은 말한다. '원작만큼 감동을 주는 영화가 없다'고. 물론 그 반대도 있다. 소설의 영화화는 그래서 늘 많은 얘기거리를 만들어낸다. 그러나 소설과 영화가 독자와 관객을 움직이는 지점이 다르고 각 작품이 조준하는 감동의 지대가 매우 다르다. 둘 사이의 관계가 아무리 긴밀해도 역시 영화는 영화고 소설은 소설인 이유가 거기에 있다." 최윤 「원작대 영화 중층적 폭력의 개성있는 영상화－소설 '저기 소리없이 한점 꽃잎이 지고'와 영화 '꽃잎'」http://www.daesan.or.kr/wepzine/6 교보웹매거진, 2005년. 일본어역은 양인실씨가 해주었다.

42) ベンヤミン, 野村修編譯, 「暴力批判論」, 『暴力批判論他十篇』, 岩波文庫, 31頁.

43) 데리다, 앞의 책, 14쪽. 下河辺, 326頁. 데리다의 『법의 힘』에 대한 논의는 시모코베 미치코(下河辺美知子, 1950-)의 『역사와 트라우마』 11장 '기원이라는 폭력을 기억하라-미래로 내몰리는 공동체'에서 시사를 받았다.

44) 위의 책, 83쪽.

45) 위의 책, 109-110쪽.

46) 下河辺, 326頁.

47) 데리다, 앞의 책, 100쪽.

48) 데리다, 앞의 책, 100쪽.

49) Kim, *The Remasculinization of Korean Cinema*, 125.

50) 데리다, 앞의 책, 168쪽.

51) 위의 책, 166쪽.

52) 위의 책 175쪽.

53) 그리고 이 문제는 〈꽃잎〉하고만 연계되는 문제는 아니다. 예컨대 요시다 키주(吉田喜重)가 원폭의 폭력을 재현할 때 직면할 수밖에 없었던 문제이기도 할 것이다. 〈거울 속의 여자들〉(〈鏡の女たち〉)이 고발하고 있는 문제는 폭력의 재현에 내재하는 폭력의 연쇄와 "법의 힘"이다.

11

미친년의 시점쇼트

〈꽃잎〉, 혹은 역사를 증언하는 어떤 영화적 징후

이 정 하

역사, 기억술, 그리고 영화

영화는 어떻게 역사적 사건을 기록하는가, 혹은 기억하는가? 그리하여 어떻게 역사적 상징물로 만드는가? 〈망각에 반대하여 *Contre l'oubli*〉라는 작은 영화를 만들기도 했던 고다르는 영화를 통해 영화사를 다시 쓴 자신의 역작 『영화의 역사(들) *Histoire*(*s*) *du cinéma*』(1989-1999)에서 일종의 영화사적 원죄라 부를 수 있는 것에 대해 끊임없이 얘기한다. 바쟁의 또 다른 유명한 문구를 연상시키는 이 원죄란 말은, 영화에서 '역사적' 의식이라 할 수 있는 것을 낳게 한 자기 반성을 시동시킨 상징적 사건을 지칭하기 위한 것이다. 고다르는 바로 이 말을 통해, 영화의 역사가 근대 이전과 이후로 분절되는 변곡지점에 위치한 한 상징적 사건을 소환한다. 그것은, 프리츠 랑, 르누아르, 루비치, 채플린 등 고전 영화의 거장들이 문명사적 선견지명과 더불어 예견했던

20세기의 비극, 아우슈비츠–혹은 아우슈비츠로 상징되는 파시즘의 비극적 사태–에 정작 영화가 부재했다는 것이다. '영화는 아우슈비츠를 기록하지 않았다'는 고다르의 탄식은 한편으로 20세기 후반기를 살아야 했던 서구인들이 자신들의 역사적 원죄로 고백하고 있는 아우슈비츠라는 역사적 사건을 영화사적 문제의식으로 공유하고 기억하면서–다시 말하면, 반성하면서–, 이를 영화적 상징으로 구성하고 바로 거기에서 출발하여 현대영화의 가능성과 윤리성의 문제를 제기하고 있다는 중요성을 갖는다.

고다르의 반성을 좀 더 구체적인 질문의 형태로 바꾼다면 그것은, 인상주의와 시대를 공유하면서 태어나 이 회화적 유파가 끝내 성취해낼 수 없었던 것, 즉 시시각각으로 변화하는 현상, 현실을 '지금, 여기'에서 담아내고 기록해내기에 이른 최초의 예술[1]–고다르가 뤼미에르를 '마지막 인상주의자'라 일컬은 것은 바로 이런 의미에서이다–인 영화가 왜 아우슈비츠의 '그때, 거기에서'는 눈을 감았는가, 혹은 침묵하였는가 하는 것이다. 자신의 예술사적 잠재성을 역사적 사건 앞에서 망각한 이 주목할 만한 시각적 암전, 혹은 침묵은 자발적이었던가, 아니면 의도된 것이었던가? 아우슈비츠에 대한 침묵 속에서 영화는 자신의 원형적 뿌리 중의 하나라 할 뤼미에르적 가치를 망각하고, 들뢰즈의 탄식처럼 레니 리펜슈탈 혹은 거대한 나치의 미장센으로 귀결되었다.[2] 흥미롭게도 영화사는 통상 이즈음까지를 자신의 역사에 있어서 '고전기'라 일컫는다. 영화의 모더니티, 혹은 근대적 역사의식의 출발은 다양한 혹은 중층적인 원인들을 가질 터이지만, 그 주요 분절 계기 속에 20세기 서구의 가장 고통스런 기억

중의 하나라 할 아우슈비츠라는 상징적 장소의 기억상징 symbole mnésique[3)] 징후에 대한 반성과 그것의 승화 욕구가 교차되어 있음을 부인할 수 없을 것이다.

원죄와 속죄, 그리고 구원의 역사라는 다분히 바쟁적인(그러므로 기독교적인) 인식에 기반을 둔 〈영화의 역사(들)〉이 보여준 역사인식과 분절은 분명 고다르 개인의 것이다. 그러나 실상 고전영화 이후의 서구 영화사를 구성하는 한 페이지는, 문명사의 한 일원으로서 영화가 스스로의 역사(영화의 세기라 일컬어지는 20세기의 역사와 겹쳐지는)와 기억, 그리고 그것의 기억화 과정의 윤리성에 대해 묻는 질문 형태의 영화들, 즉 아우슈비츠(와 '파시즘'으로 대표되는 일체의 전체주의)에 대한 일련의 반성과 '저항의 영화들'로 채워져 있다. 가슴 찢는 레네의 〈밤과 안개 *Nuit et brouillard*〉, 고다르가 폴란드의 유일한 '저항의 영화'라 일컬었던 처연하도록 아름다운 뭉크의 〈여승객 *La passagère*〉, 그리고 기억의 주름을 더듬어 침묵의 언어를 들추어낸 고통스런 〈쇼아 *Shoah*〉에 이르기까지 아우슈비츠는 질문과 상징의 형태로 끈질기게 영화에 되돌아와 '망각에 반대하여' 영화의 윤리성을 묻는 질문을 '기억의 형식'으로 만들어내었던 것이다. 그리고 이와 같이 역사의 결을 거슬러 성찰해낸 기억의 형식을 통해 현대 영화가 제기한 주요한 문제의식 중의 하나라 할 시간에 대한 존재론적 사유, '현재의 고고학'[4)]이라 부를 수 있을 수직적 시간에 대한 탐색에 동참하였던 것이다.

그렇다면 광주의 경우는 어떠한가. 남도 출신의 한 탁월한 문학평론가가 '광주는 원죄다'라고 말했을 때의 그 '광주', 5월 광주

말이다. '사태'라고도 말해지고, '항쟁'이라고도 말해지는 한 역사적 사건이 발발한 실재 도시, 그러나 동시에 오랜 침묵과 외면, 왜곡과 곡해의 시간들을 견디면서 아우슈비츠만큼이나 기억과 그 기억의 윤리성을 묻는 이름 자체가 되어버린 상상의 원천이자 상징으로서의 도시. 한국영화는 이 '광주'라는 이름을 어떤 기억의 형태로, 혹은 반성의 형태로 주조해내었나? 그리하여 어떻게 현대영화가 제기한 역사적 시간에 대한 성찰에 동참하였나?

놀랍게도 카메라는 광주에 현재했었고, 그 광주를 기록했다. 영화 〈꽃잎〉의 시작은 바로 그 유르겐 힌쯔 페터라는 독일 NDR 방송국 기자가 5월 광주에서 찍어 간직하고 있던 르포르타주 기록필름의 이미지들로 열린다. 아스팔트 위로 특전사 병사가 질질 끌고 가는 바지 입은 시체들과 탱크 위에서 허연 이를 드러내며 웃는 군인들, 손발이 묶인 채 일렬로 길바닥에 짚단처럼 뉘인 맨살의 젊은이들과, 흑사병이라도 휩쓸고 간 듯 흰 천으로 덮인 관들이 즐비한 홀, 그리고 울부짖는, 검으나 땅에 희나 백성들, 아니 여자들 … 예나 지금이나 죽는 것은 남자들이고, 살아남아 찢기거나 더럽혀지고 통곡하는 것은 여자들이다. 어쨌든 한편으로 재난영화와 공포영화, 그리고 액션영화와 전쟁영화의 잔상들이 비쳐나는 이미지화된 끔찍한 폭력의 일상성, 죽음의 일상성 속에 거기 태연히 '5월 광주'가 뿌옇게 현재하고 있다. 이 빛 바랜 필름이 압인하고 있는 5월의 광주는 우리가 소문을 통해 이미 상상해버린, 그리고 증언과 기록들을 통해 상상을, 상상한대로 확인해버린 '그' 광주의 어떤 파편들을 실체화한다.

그러나 영화 〈꽃잎〉은 기록필름이 증언하는 광주의 '사태'에서 시작하여, 그 사태 혹은 실재를 파고 들어가기 보다는 다른 곳으로 간다. 아니, '사태' 자체를 넘어 좀 더 도저한 허구 중의 허구, 즉 상처 입은 한 미친 소녀의 환영과 상상, 악몽, 그리고 그녀를 둘러싼 소문의 세계로 들어간다. 마치 우리가 기억하고자 하는–또는, 잊고자 하는–광주, '우리의 광주'는 다른 출구, 다른 출처를 찾는 것처럼. 그리고 광주를 역사적 기억으로 만드는 작업은 다른 영화적 상징 작업, 다른 영화적 선택을 내포하는 것처럼. 이 선택이 비록 광주라는 문제에 대해 어떤 실질적인 해답을 주지는 않는다 할지라도 말이다.

역사의 허구화, 허구의 역사화: 카메라–눈의 서정적 실천

장선우는 한국 영화사에서 이른바 '코리언 뉴 웨이브'라 일컬어졌던 80년대 후반기에 태동한 영화운동 세대의 대표적인 감독 중의 하나이다. 기존 충무로의 도제 시스템 내에서 성장한 감독들과 달리, 당대의 정치, 사회, 산업구조에 대한 현실적 인식에 기반을 둔 운동세대로서의 자의식을 갖고 출발한 코리언 뉴 웨이브는 그러나, "뉴 웨이브가 갖는 최소한의 집단성, 이론성, 정치적 공조가 없다는 점과 안티테제가 분명하지 않았다"는 이효인의 지적[5]이나, "낡은 관습을 전복시키려 하기보다는 대중들이 영화에서 채택한 지점들을 더 참조했"다는 더들리 앤드류의 말[6]처럼, '뉴 웨이브'라는 말이 일반적으로 영화사에서 지시하는 의미들, 즉 새로운 형식의 제시와 그것이 기반한 영화사적 단절의식을 선명하게 보여주었던 것은 아니다.

장선우는 그러나 매번 평단의 입질을 자극하는, 한편으로 센세이셔널하기까지 한 주제와 형식들을 나름대로 제시해온, 그리하여 일반적으로 리얼리즘적 이념 토대를 갖는다고 평가[7]되어온 코리언 뉴 웨이브 감독 군들 중에서 독보적으로 '모더니스트'라 분류되어온 작가이다 – 물론 이 용어가 갖는 내용의 불명확성과 모호함에 대해 평단이 명료하게 해명한 적은 없다. 광주라는 역사적 사건을 소재로 삼고 있는 〈꽃잎〉 또한 이에서 예외는 아니다. 그리고 실상 영화 〈꽃잎〉이 처음 개봉되었을 때 언론 혹은 평단이 보였던 당혹스러움은 이러한 맥락과 닿아있었던 것이다.

그것은, 〈꽃잎〉이 "이제껏 금기시된 80년 5월 그 당시의 상황을 비교적 실증적으로 재현해내는데 어느 정도 성공"을 거두고 있지만, "광주에서 일어난 역사적 사건을 소재로 삼고 있으면서도 그 사건 자체의 본질규명에 초점을 맞추기보다 인간의 잠재의식 속에 내재해 있는 폭력성 일반에 강조점"[8]을 둔 영화, "예견됐던" "사건 중심의 영화"가 아닌 "한판 씻김굿"[9]으로서의 영화, 즉 단적으로 말해 '광주항쟁에 대한 영화가 아니'[10]었다는 것 때문이다. 한 평론가가 '모더니스트의 사적인 비망록'[11]이라고까지 표현했던 자신의 영화 〈꽃잎〉에 대한 평가를 두고 감독인 장선우는, "많은 자료가 공개된 상황에서 진상에 접근하는 것보다는 고통의 응어리를 씻어내는 서정적인 방식이 낫겠다고 판단했다"[12]고 응수한다.

언론 혹은 평단의 반응 한편이나, 감독의 대응은 그간 감독의 영화 세계를 압축적으로 표상하고 있던 문구들, 즉 80년대에 바로 장선우 자신의 발언을 통해 '신명의 관계', 혹은 '열려진 영화'라고 불려졌던 영화적 지향성을 일순 상기시킨다.[13)] 그리고 이러한 지향성이 '5월 광주의 재현', 혹은 5월 광주의 본질 규명이라는 요구 앞에서 다른 식의 해법을 제시한 것으로 평가받게 했으리라는 것을 어느 정도 보충 설명한다. 물론 이 해법에 대한 당혹스러움은 영화를 여는 힌쯔 페터의 기록 필름이 아닌, 이에 이어지는 영화의 본편이라 할 '광주에 대한 영상적 처방'[14)]으로서의 허구적 이야기와 그 형식화 방식에 대한 것이다. 장선우의 표현을 빌리자면, 영화가 선취한 '진상'의 부분이 아닌 감독이 구성한 '서정적인 방식'에 대한 것인 것이다. 90년대, 즉 1996년 4월 현재, 영화 〈꽃잎〉과 이를 통해서 본 '광주'에 대한 집단적 반응의 일단이 그랬다는 얘기다.

96년은 영화의 원작인 〈저기 소리없이 한 점 꽃잎이 지고〉가 발표된 지 8년, 그리고 광주의 기억이 이미 16년 성상을 흐른 시점, 그러나 어떤 식의 '애도 작업 travail de deuil—정신분석적 의미에서—'도 완료되지 않은 시점이다. 이제, '광주에 대한 영상적 처방'이라는 영화 〈꽃잎〉이 개봉된 지도 근 10년 가까운 시간이 흐른 현재, 그리고 광주가 4반세기의 역사적 기억이 된 지금 시점에서 다시 〈꽃잎〉을 본다면 어떤 평가가 가능할 수 있을까? 감독 장선우에게 '모더니스트'라는 호칭이 따라다니게끔 하는데 크게 일조한 〈꽃잎〉는 실상 감독의 말처럼 '진상'이 아닌 '서정적 방식'을 택했다기보다, 의도적으로 르포르타주 기록필름, 즉 '진상'에서 시작하여, '허구' 혹은 '서정적 방식'으로 향해가는 형식을 취한다. 그렇다면 '진상'에 댓구를 이뤄, 혹은 이에 대꾸하여 영화가 의식적으로 택한 '서정적 방식'이란 무엇이고 또 이러한 이행은 어떻게 해석되어야 하며, 이 이행이 노정한 이념성은 어떻게 규정되어야 할까? 문제의 시작이 단순히 '실재'와 '허구'의 차이, 혹은 영화적 주체로서의 집단과 개인 사이의 선택에 있지 않다는 것은 자명하다. 뒤에 다시 말하겠지만, 〈꽃잎〉에서 이 '진상' 즉, 실재의 부분을 제시하는 방식은 의식적으로 허구적인 구성을 따르고 있으며, 영화가 설정한 주체 혹은 주체의 시점 또한 개별성 혹은 개인적 감정의 토로라는 차원을 넘어서는 집단적 상징성을 구현하고 있기 때문이다. 그렇다면 이 '서정적 방식'이 의미하고자 하는 바는 어떻게 해명될 수 있을까? 이를 말하기 앞서 한 가지 짚고 넘어가야 할 것이 있다.

그간 '새로운 것에 대한 강박관념'이라 일컬어질 만큼 형식과 소재에 있어 다양한 스펙트럼을 보여 온 장선우를 두고 많은 평자들은 그의 "영화를 살피는 과정에서 그가 평론을 발표할 당시의 주장이나 생각을 지나치게 작품에다 대입시킬 필요는 없는 것이고, 또 그것이 전적으로 올바른 관찰법도 될 수 없다"[15]는 이효인의 말에 대체적으로 동의하고 있는 것처럼 보인다. 남동철은 이효인의 말을 받아, "장선우 자신의 방법론과 장선우 작품론은 별개로 보는 것이 낫다"라고 못 박고 있기까지 하다. 과연 그렇까? 작품이 작가의 의도의 표현이라는 사고는 분명, 예술작품의 자율적인 자기 생산성을 간과하는 오류를 내포한다. 그러나 오몽의 지적처럼, 때로 작가들은 자신의 작품에 대해 덜 이론적으로, 그리고 명백히 비이론적인 어눌함으로, 그러나 더 잘 말하기도 한다. 오히려 때때로 이론은, 이론 자체의 내적 논리, 내적 규정성에 함몰되어 작가의 개인적 발언(비이론적인 발언)을 오독하고 폄하하는 오류를 범할 수 있다(예를 들어 들뢰즈가 지적하고 있듯이, 파졸리니의 이론을 오독한 에코의 '너무도 해박한 자가 가질 수 있는 순진성의 오류'를 보라). 장선우의 이론 역시 평단이 '모더니스트 장선우'라는 분류화와 더불어 일시에 시효가 만료된 것처럼 치부해버린 80년대 발언들을, 선입견이나 이념적 잣대 없이 꼼꼼히 읽기를 요구하는 한 예를 구성하는 것처럼 보인다. 적어도 영화 〈꽃잎〉에서는 그러하다.

더구나 예를 들어, 〈꽃잎〉보다 한 해 더 늦게 개봉되어 또 한 차례 평단의 구설에 오른 또 다른 영화(〈나쁜 영화〉)에 대해, 이 영화의 폭력(특히 성적 폭력)의 직접적이고 구체적인 묘사에 관해 묻는 질문에 장선우는 다음과 같은 흥미로운 대답을 하기도 한다. "의도된 계몽의 욕구가 있는 것은 아니지만 공감을 통해서만 변한다는 걸 알기 때문에 (최대한 사실에 가깝게 가려 한 거다.)"[16] 무의식적인 계몽의 욕구, 공감, 변화, 사실에의 선호 등, 장선우가 구사하는 단어들의 자장은 여지없이 80년대 장선우가 표명했던 영화세계를 상기시키면서, 감독 자신의 가치관이 이념적으로 그리 멀리 온 것이 아니라는 것을 드러낸다. 장선우는 "옛날에 카메라의 눈이 변하면 세계가 변한다, 대중적인 게 아름답다고 그랬는데, (그것이) 잠재적으로 나를 지배하는 것 같다"라고 여전히 『새로운 영화를 위하여』(1983)에서처럼 97년 현재, 말하고 있는 것이다. 5월 광주의 씻김굿, 해원굿이라 불린 〈꽃잎〉의 세계가 '처연한 민중의 숙명적 생명력'에 대해 말하고 있는 80년대 장선우를 불러오는 것은 당연한 일일 것이다.

80년대 장선우의 이론적 테제의 중심은 '신명의 카메라'와 '열린 영화'라는 개념으로 압축된다. '열린 영화'라는 개념이 장선우가 지향하는 새로운 영화의 가치론적 측면이라면, '신명의 카메라'는 이 가치를 실천하는 영화적 조작 개념이다. 이 개념들은, '카메라의 눈과 대상과의 관계의 연속성'에 영화의 특유성이 존재하며, 그렇기 때문에 '카메라가 대상을 선택하고 관계를 맺는 방식'에 따라 영화가 성격을 달리하게 된다는 믿음을 전제하고 있다.[17] 장선우는 바로 이러한 관점에서 초창기 영화부터 그리피스, 에이젠슈테인, 누벨바그, 그리고 네오리얼리즘으로 이어지는 영화사적 흐름을 정리한다. 이들이 "택한 카메라의 성격은 그들의 표현세계와 절대적으로 긴밀하게 연결되"[18]어 있기 때문이다. 장선우의 영화 세계는 항상, 끈질기게 '카메라의 눈'이 문제였던 것이다.

그런데 장선우의 '카메라의 눈'에 대한 관심은 일반적으로 영화사에서 "카메라－눈"이 의미했던 것과 그 지향점을 달리 한다는 점에서 주목을 요한다. 예를 들어 엡슈타인에게서나, 지가베르토프에게서 "카메라의 눈"은 '인간의 지각체계의 한계를 넘어서는 새로운 시지각 장치'[19]를 의미했다. 그러나 장선우의 카메라는 '신명의 카메라'라는 말이 암시하듯이, 단순히 관찰하고 기록하는 '지각 장치'만이 아니라 '신명'이라고 하는 '정감적' 효율성을 극대화하기 위한 장치이다. 즉 대상에 대한 객관적 '지각 perception' 시스템이 아닌, 대상과 공감하고 감응하는 '감정 affection 혹은 정서'의 매체로서의 카메라인 것이다.

> 카메라는 대상이 노래하고 춤추는 것을 기록하고 소유하는 것이 아니라 대상에 참여하고 거침없이 함께 놀 수 있을 때만이 운문과 산문의 상호 연동성은 비로소 힘을 가질 수 있게 된다.
>
> 카메라 자체는 독립된 인격이 되어 상대를 관찰하고 이야기를 걸며 발언하고 다투기도 할 뿐만 아니라, 대상이 비어있을 땐 그 자리를 메꾸고 대상이 울고 있을 때 광대처럼 춤추기도 하며 신명을 불지를 수 있어야 하는 것이다. 따라서 카메라가 대상에 참여하고 함께 논다는 말은 그 실천적 검증이 없어 매우 불투명한 가설이긴 해도 열려진 영화가 지향해야 할 카메라의 존재 양식일지도 모른다. 그것을 우리는 '신명의 카메라'라고 이름해 두자. (…)
>
> (…) 열려진 영화에 있어서 카메라와 대상은 서로 의지하며 또는 격렬하게 부딪히며 판을 이룬다. 카메라는 기계적인 시선에서 벗어나 인간화되는 것이며, 육화된 카메라는 대상과 갈등하며 동시에 화합한다.[20)]

'열린 영화'란 바로 이 정감적, 정서적 장치인 '카메라의 눈'이 상식, 관습, 논리를 넘어 대상, 혹은 세계와 만나 함께 유희하게 될 때, 그리고 그 유희의 '운문적 운동성'(혹은 서정적 운동성)이 신명의 힘을 얻게 될 때 가능하게 되는 것이다. 그러기 위해서 '카메라의 눈'은 '특권적인 것을 거부하고', '직선적인 것이 아닌 원형적인 것'을 지향해야 하며, '사건의 중심보다도 사건의 변두리에 관심을 갖고, 버려진 것을 기웃거리'면서 특권과 유폐에서 벗어나야 한다. 대상에 대한 특권적 지각이 아닌, 대상과의 교감을 위한 '판'을 만들어 내는 것, 즉 '주변적인 것을 통해 본질로 접근'하는 것, 이것이 바로 열린 영화에서의 카메라의 존재 양식, '카메라-눈'의 서정적 실천인 것이다.

그러므로 장선우에게 있어 서정성이란 단순히 개인적 감정의 자유로운 유출과 시적인 해소를 의미하는 것이 아닌 헤겔이 말한, 사물의 현실이 인간의 영혼에 감응하는 방식[21] 자체를 본질적으로 반영하는 말이라 할 것이다. 장선우는, "대상에 참여하고 함께 놀 수 있어야" 하며, 이것이 바로 "열려진 영화가 지향해야 할 카메라의 존재양식"이라고 아주 명확하게 말하고 있다. 더 나아가 이 과정에서 드러나는 '부분의 독자성', '주변적인 것의 중심화'를 통해 열려진 영화는 '극적 구성의 필연적인 해체의 과정'[22]을 동반하면서(이를 후기 구조주의적인 서사 해체의 전략으로 보는 사고는 재고해 봐야 할 일이다. 즉 이념적 전제가 다르다는 것이다), 구전적 생명력, 운문적 전승력이라는 '기억'화와 '집단화'의 가능성을 담보하게 되는 것이다.

이러한 방식, 즉 카메라가 '대상을 기록하고 소유하는 방식'이 아닌, 대상에 참여하고 침투하면서, 마치 독립된 인격처럼 함께 어울리고 관여하는 방식은 〈꽃잎〉의 가장 특징적인 영화적 운동성을 만들어내는 것이다. 그것은 먼저, 처음 감독에 의해 인용, 편집된 기록필름과, 이어지는 〈꽃잎〉의 본편을 여는 오프닝 시퀀스가 확연이 다른 영화적 장치에 의해 구축되어 있다는 것에서부터 드러난다. 앞서 언급했듯이 힌쯔 페터의 기록필름의 이미지들은 일정 정도 내러티브화의 욕구에 의해 재편집되어 인용된 것이다. 부분 부분 따고 들어가는 클로즈업과 줌, 그리고 현장감을 느끼게 하는 핸드 헬드 카메라와 달리를 연상시키는 유연함 등, 르포르타주의 순발력과 민첩성으로 포착된 광주의 사태는, 다른 한편으로 특전사의 진입, 진압-소탕, 처형, 죽음, 통곡, 청소-소제, 소독으로 이어지는 우리가 익히 알고 있는 광주의 시나리오를 따라 서사의 시간적 순서 ordre로 배치되어 있다. 그러나 이러한 근접성에의 욕구(카메라의 움직임)와 서사적 완결성에의 욕구(의도된 편집)에도 불구하고 기록필름은 카메라와 대상 간의 좁힐 수 없는 비관여적인 거리를 분명히 노정하고 있다.

반면 이어지는 영화의 본편은 이러한 카메라와 대상의 비관여적 관계를 명시적으로 파기하는 다른 방식을 드러낸다. 배경 음악 "꽃잎"과 현장 소음 위로 흐르는 기록 필름의 이미지들이 뿌연 소독 연막에 덮여 일시에 사라지면, 소녀를 찾아 길을 떠난 나약하고 비겁한 '우리들'(현재)이 보여지고, 이들의 행로에 이어, 김추자의 노래를 흥얼거리는 어린 소녀의, 정면을 응시한 모호한 시선(소녀의 현재의 과거, 그리고 '우리들'의 현재의 대과거)으로 옮겨간 화면은 그녀의 시선 아래 정확히 우리를 놓으면서, 먼 기억, 때 묻지 않은 시간으로 우리를 이끌고 간다. 기록필름과 꼭 같이 빛바랜 화면 속에, 그러나 기록필름과는 달리, 우리를 바라보면서, 바라보는 우리를 연루시키는 어떤 능동적인, 혹은 도발적인 시선의 획정이 거기 있다. 거기에는 카메라가 대상과 획정한 관계의 문제 뿐만 아니라, 관객인 우리 자신을 대상과 연루시키는 은밀한 관계 정립의 문제가 자리하고 있는 것이다.

실상, 음향 효과(배경에 흐르는 김추자의 노래와 오버랩된 현장 소음) 이외에는 이미지를 설명하는 어떤 정보도 주지 않는

묵언의 기록필름은 '광주에 대한 기록필름'이라는 사전적 정보와 몇 가지 현실적인 지표들이 없었다면, '재난영화, 액션영화, 혹은 전쟁영화의 잔상'들과 겹쳐진, 전쟁 혹은 참사 르포르타주의 클리셰-이미지들을 연상하게 할 수도 있는 것들이다. 좀 더 비판적으로 말하자면, 이 기록필름에서 우리가 느끼는 고통은 이미지가 '광주'를 상기시키거나 구현해서라기보다는, 광주에 대한 정보, 광주의 클리셰를 보유하고 있는 우리가 영화에 역으로 투사한 '광주'라는 이미지의 확인, 그리고 그 이미지에 대한 의식적인 동일화와 '재인'의 심리적 기제에 의한 것이다. 영화 〈꽃잎〉이 택한 것은, 객관적 혹은 전형적으로 보일 수 있을 광주의 '특권적' 이미지들과 그것이 기대하고 있는 '상식적'인 심리적 반응을 넘어, '재인'의 대상으로서의 이미지 재현을 거부하는 어떤 '주변적' 관점의 선택, 그리고 그 관점을 효율적으로 제시하는 '카메라의 눈'의 운동성이다.

예를 들어 소녀가 인부 장씨를 처음 만나는 장면에서 카메라는, 소녀를 오른쪽으로 비껴 싸안은 조금 큰 화각에서 그녀의 흔들리는 행보를 좇아 따라가다 소녀의 걸음과 함께 멈추고는, 그녀의 시선이 멈추어선 대상을 응시했다가, 다시 그 대상의 시선을 거쳐 소녀로 되돌아와서 그녀의 윤곽을 확인한 후, 그 사이 만들어진 관계를 따라 두 사람의 행보를 좇으며 멀리서 조심스레 따라간다. 또 첫 강간장면에서 카메라는 먼저 주변 풍경을 지나 폭력의 장면 안으로 들어와 무심한 듯 냉정하게 상황을 따라가다, 마치 아네스 바르다의 〈지붕도 없이 법도 없이 *Sans toit ni loi*〉에서 행려병자 소녀의 강간 장면을 차마 응시하지 못해 풍경으로 시선을 피하는 연민어린 카메라의 움직임처럼, 수풀로 시선을 돌렸다가 다시 되돌아와 일을 끝낸 두 인물을 덤덤히 비춘다. 이렇듯 멀리서 주저하듯이 소녀를 따라가던 카메라는, 그러나 오두막 바닥에 쓰레기처럼 던저져 누운 소녀의 주위를 맴돌면서 그녀의 의식 주위에서 서성이다가, 소녀의 의식이 악몽, 꿈, 기억의 세계로 옮아갈 때마다, 뒤돌아 누운, 혹은 등을 돌린 채 시선을 피한 소녀의 '가정된' 시점을 받아 그녀를 꿈으로, 기억으로, 상상으로, 즉 소녀의 기억이 고착된 고립된 과거의 '현재' 속으로 운송해 간다. 카메라는 뒤따르고, 기다리고, 바라보고, 응시하면서 마치 또 다른 인격체처럼 소녀를 동반하는, 그녀의 관찰자이자 대리인, 혹은 분신으로서, 소녀와 더불어 감정을 배태하고 또 그것을 얼싸안는다. 여기서 카메라는 영화의 정서와 감정의 형상 속으로 우리를 이끌어가 그것에 동참하도록 이끄는 가장 중요한 매개체이다. 영화의 '서정적 방식'이란 바로 이 카메라를 중심으로 구성되는 허구화 방식, 즉 객관과 주관, 대상과 의식을 끊임없이 오가면서 생성해내는 감정과 공감의 운동성이라 아니할 수 없다.

그러나 이러한 서정적 방식의 진정한 의미, 그리고 그것의 도저한 허구성은 이 '카메라의 눈'의 주변적(중심적이 아닌)인 움직임이 항상 미친 소녀의 개념적 시점(소녀의 실제 주관적 시점만이 아닌), 혹은 징후적 시점으로 체계적으로 수렴된다는 것에 있다. 미친 소녀의 고통에 대한 실재적 '공감'과 그 공감에서 시작되는 진실에 대한 앎, 앎의 진실은 거기서 출발한다. 영화에서 '시점'이라는 말이 중요해지는 것은 바로 이 때문이다.

미친년의 시점, 미친년의 시점쇼트

〈꽃잎〉의 원작인 최윤의 소설 〈저기 소리없이 한점 꽃잎이 지고〉은 바흐찐의 국내 소개자이기도 했던 이론가 최현무의 전력에 일정 정도 기대어 "시선과 목소리의 다양성, (그리고 그 주요 화자로 정신병적 자아를 내세)"웠다는 "변별성"[23]으로 주목받았다. 그러나 영화 〈꽃잎〉은 다수의 화자(소녀, 우리들, 김상태 등)와 이들의 복수적인 보이스 오프에 의해 서사가 분절되어짐에도 불구하고 결코 바흐친적 의미에서 다성적인 목소리[24]나, 다중 시점[25]을 갖고 있는 것이 아니다. 영화는 물론 시점의 미시적인 유동성과 모호함을 도처에서 드러내지만[26], 영화를 지배적으로 이끌어가는 것은 카메라가 지독한 공감의 제스춰로 따라가는 소녀의 시점, 혹은 소녀로 표상된 상징적 시점이다. 그리하여 소녀가 부재할 때 혹은, 소녀의 시점이 부재할 때조차 이 보이지 않는 소녀의 시선 아래 모든 행위와 의미, 그리고 그것의 실패조차 의존하게 되는 것이다. 소녀의 존재는 영화의 서사적 중심이자 상징의 중심으로서, 영화의 주제적, 정치적, 그리고 윤리적 입장을 표상한다. 즉 영화는 모든 주변적 시선, 시점들이 소녀의 상징적 '시점'으로 요약될 수 있게 하는 어떤 중심 구조를 형성하고 있는 것이다. 그리고 물론 이때 시점이라는 말의 의미는 단순히, 누구의(무엇의) 시선의 점유가 문제인가 하는 차원을 넘어선다.

사실 '시점'이라는 말은 서구의 이미지의 역사, 특히 르네상스 이후 '재현'의 역사가 함축하고 있는 전제들을 포괄적으로 내포하고 있는 개념이다.[27] '영화에서의 시점' 또한 서구 예술사에서 원근법을 중심으로 행해졌던 시점에 대한 역사적 논쟁들을 개념적으로 계승하면서 발전된 것이다. 이러한 예술사적 개념의 변용을 고려하면서, 오몽은 영화에서의 시점의 의미를 다음과 같이 요약한다.

시점은 우선 말 그대로 바라보는 위치 혹은 지점을 가리키는 것으로서, 영화에서 시점 또한 보여진 대상에 대한 카메라의 위치를 일차적으로 상정한다. 그러나 영화는 시점을 둘러 싼 서구 이미지의 역사가 은연중에 전제하고 있는 '중심성'[28]의 위상을 위협할 만큼, 카메라의 움직임과 쇼트의 변화, 그리고 쇼트의 연쇄를 통해 이 바라보는 위치를 다양하게 변화시켜왔다. 즉 영화에서 시점이란 본질적으로 유동적, 변동적인 것이다. 두 번째로, 시점은 이 바라보는 위치, 지점뿐만 아니라, 일정한 관점에서 포착된 이미지 그 자체를 가리키기도 한다. 이 경우 시점은 프레임, 프레이밍의 문제와 직접적으로 연결된다. 세 번째로, 영화에서 시점은 지속적으로 서사적 시점으로 환원된다는 특징을 갖는다. 일정 지점에서 포착된 이미지라 할 프레임은 내러티브 영화에서 항상 작가 혹은 인물이 갖는 시선의 함축적인 재현을 의미한다. 오몽은 앞서 언급한 첫 번째 시점의 의미, 그리고 이로부터 연유하는 두 번째 시점의 의미 사이에 존재하는 상응의 규칙들을 정초시켜온 역사 자체가 바로 내러티브 영화의 역사라 할 수 있다고 말하기도 한다. 마지막으로, 위 시점의 의미들은 사건에 대한 화자의 판단을 옮기는 정신적(지적, 도덕적, 정치적, 등등) 태도, 즉 '서술적 시점'에 의해 중층 결정된다. 시점은

인물에 대한 작가의 판단이라 할 허구성의 의미 그 자체를 전달하는 것이다.[29)]

우리는 〈꽃잎〉이 다중적, 복수적 시점을 갖기보다는 중심이 되는 주된 시점 주위로 통합되는 구조를 갖고 있는 작품이라고 말했다. 외관상 복수적으로 보이는 화자들과 시점들을 수렴하는 이 주된 시점의 중심지는 영화에서 '우리가 바라보는 것과 우리를 바라보는 것'[30)]의 끊임없는 연루를 만들어내는 소녀의 역할, 위치, 그리고 그녀의 존재이다. 소녀는 시점의 중층적 의미를 감싸면서 동시에 이 중층적인 결들이 분기해 나가는 가장 핵심적인 구조의 중심이다. 카메라는 앞서 말한 대로 아주 빈번하게 객관적 시점에서 출발하는 듯하다가, 소녀의 시점을 의식적으로 상기시키거나, 또는 소녀의 시점을 거쳐서, 혹은 걸러서 다시 밖으로 나간다. 영화의 다층적 시점을 만들어내는 듯한 '우리들', 인부들, 소녀가 임시로 거처로 삼았던 사람들, 장씨 등의 회고와 독백, 보이스 오프는 앞서 말했듯이 바흐친적인 의미에서 다성적인 울림을 만들어내기보다는 어딘가에서 이들을 응시하는 듯한 소녀의 '바라보는' 시선으로부터 절대적으로 자유롭지 못하다. 마치 안토니오니의 〈외침〉이나 〈정사〉에서 인물들의 헤맴이, 보이지 않는, 그러나 바로 그렇기 때문에 더욱 강력하게 이들의 행위를 지배하는 부재한 자의 시선에 강박적으로 얽매어 있는 것처럼, 〈꽃잎〉의 인물들 어느 누구도 소녀의 초점 잃은 시선이 함축한 실존적, 윤리적 의미, 그리고 소녀의 고통이 환기시키는 기억의 두께, 즉 소녀의 시점이 표상하는 역사적 원죄의식으로부터 자유롭지 못하다. 스크린 밖에서 바라보는 또 하나의 시선의 주체인 '우리' 관객을 포함해서 말이다. 영화 〈꽃잎〉에 연루된 자는 이렇게 관객이든, 인물이든, 이 소녀의 시선, 혹은 소녀가 존재론적으로 부과하는 시점에서 어느 누구도 빠져나갈 수 없다. 소녀는 유일하게 광주의 진실을 보유한 자(진실을 목도한 자)로서 가장 핵심적인 시선의 '중심'에 서 있을 뿐만 아니라, 모든 '시선들'이 좇아가는, 혹은 그로부터 달아나려고 하는 시선들의 상징적인 중심이면서, 내러티브 전체의 의미가 그리로 함몰되어 가는 서사성의 중심, 그리고 영화 자체의 윤리적, 정치적 의미화의 중심을 이루는, 아주 강력한 '시점'의 점유자인 것이다. 영화는 기실 이 미친 소녀의 연장된 '시점쇼트' 자체라 불려도 무방할 지경이다. 그렇다면, 이 중층적인 시점쇼트가 함축하고 있는 의미와 논리는 무엇일까?

균열의 구조적 힘, 균열의 논리성

> 소리지르는 얼굴, 쓰러지는 얼굴, 위협하고 구타하는 얼굴, 피흘리고 쓰러지는 수많은 얼굴, 발가벗겨진 채 숭어처럼 팔짝거리며 경련하는 얼굴, 헉하고 소리지를 시간도 없이 사라져버리는 얼굴, 쫓기는 얼굴, 부릅뜬 얼굴, 팔을 휘두르면서 무언가를 외치는 얼굴, 굳어진 얼굴, 영원히 굳어진 보통 얼굴들. 깔린 얼굴, 얼굴없는 얼굴 (…)
>
> 〈저기 소리없이 한점 꽃잎이 지고〉

크리스탈을 들어 땅에 힘껏 던진다면 어떤 모양으로 부서질까? 그것은 아무렇게나 깨어져 부서지는 것이 아니다, 라고 프로이트는 대답한다. 크리스탈의 파편들은 자신의 생성과 성장, 즉 '결정화 cristalisation' 과정에서 형성된 보이지 않는 결들, 경계선들을 따라 역으로 균열되면서 부서질 것이다. 정신적인 병을 앓고 있는 사람들의 구조 또한 이와 같은 것이라고, 프로이트는 말한다. 균열의 구조적 힘, 균열의 논리성이라고 부를 수 있는 것이 존재한다는 것일까?

우리는 미친 이들, 즉 외부 현실로부터 등을 돌려버린 이들에 대해 그들이 태고적부터 불러일으켰던 오랜 공포, 즉 '경외가 뒤섞인 공포'와 더불어 그들을 바라본다. 이 부서져버린 사람들이 바라보는 것은 무엇이고, 대체 이들은 누구를 향해 주절거리며, 또한 무엇이 이들로 하여금 하릴없이 웃음짓게 하는가? 그들이 바라보는 세계, 그들이 말을 건네는 저 편, 그리고 그들을 미소짓게 하는 대상들은 우리의 언어의 논리와 가시성의 범주를 벗어난 것 같다. 그러나 "세계의 이면에서 온"[31] 듯한 이들이 혹여 우리보다 현실에 대해 더 많은 것을 알고 있는 것이라면? 그리고, 이들이 없었다면 전혀 알 수조차 없었을 어떤 것의 존재를 우리에게 보여주고 있는 것이라면? 이들이 주절거리는 공포, 불안, 불평, 그리고 환상은 우리의 상식과 판단의 논리를 벗어난다. 그런데 프로이트의 말처럼, 만약 이 미치광이들의 말이 사실이라면, 그리고 이들이 정말로 옳은 것이라면 어떻게 할 것인가?[32] 이러한 질문에 답한다는 것, 혹은 답하기보다 이 질문을 '유효한' 것으로 만드는 일은 바로 〈꽃잎〉이 갖고 있는 미친 소녀의 시점, 그리고 이 시점이 직시하고 있는 '앎'의 논리에 접근하는 한 방식일 것이다.

영화의 역사는 사실상 '정신병적인 자아'를 작중 인물로 삼거나, 이들의 환각, 환상, 혹은 도취, 꿈 등을 재현의 대상으로 삼아온 짧지 않은 이력을 갖고 있다. 영화와 꿈, 환상과의 친화성은 영화 이미지의 존재론적 속성을 규명하려는 초창기의 많은 이론가들에게서부터 거듭 논란의 대상이 되어왔던 것이다. 표현주의 영화운동은 이러한 영화적 잠재성을 극명하게 현실화시켰던 한 예라 할 것이다. 예를 들어 표현주의의 대표작 중 하나인 비네의 〈칼리가리 박사의 밀실〉은 미친 이의 환상 자체가 내러티브의 중심축을 이루고 있는 작품이기도 하다.

마찬가지로 영화 〈꽃잎〉의 모든 미스터리의 중심에는 미친 소녀가 있다. 소녀의 특이성은 '현재'라는 시점에서 유일하게 5월 광주의 진실, 5월 광주에 대한 '앎'을 점유한 자라는 것이다. 그녀는 영화에서 홀로 광주에 대한 직접적 '기억'을 갖고 있는 자이다. 그러나 소녀는 동시에 영화에서 유일하게 다른 시간대에 거주하고 있는 자이다. 내러티브 상 유일하게 광주를 경험하고, 광주에서 살아남은 그녀는 또한 광주의 기억에 갇힌 자, 즉 현실과 '현재'에 대한 지각을 상실하고, '광주'라는 기억에 고착되어 버린 자이다. 소녀의 균열은 의식의 균열인 동시에 실존의 균열이며, 그 균열은 소녀의 앎의 고립성을 심화시킨다. 이 즈음에서 우리는 과연 이 영화가 감독이 말한 대로 단지 '고통의 응어리를 씻어내는 작업'을 의미할 뿐인가 하는 것을 생각해보지 않을 수 없다.

우리는 앞에서 미친 소녀의 시점을 '개념적 시점'이라 일컬었다. 즉 영화에서 문제되는 것은 단순히 미친 소녀의 주관적 시점이 아니라는 것이다. 사실 엄밀한 의미에서 영화 〈꽃잎〉이 문제적으로 제기하는 것은 미친 이의 환상, 환각의 영화적 재현이 아니다. 〈꽃잎〉은 오히려 환상이 아닌 환상의 근거를, 악몽의 재현이 아닌 악몽의 논리를, 그리고 소문이 아닌, 소문의 진실성을 문제 삼는 영화이다. 영화가 소녀의 '균열의 논리성'을 의식적으로 문제삼고 있다는 것은 명확하다. 즉, 영화는 무엇보다 소녀의 균열이 '논리'적이라 믿는다. 그리고 바로 이러한 믿음이, 소녀의 상징적 시점을 경유하면서 구성되는 서사의 욕망을 지배하는 것이다. 이 점에서 흥미로운 것은, 일반적으로 환상, 꿈, 악몽의 이미지를 형상화할 때 주요 기제로 사용되는 이중인화나 디졸브를 소녀의 악몽, 상상에서는 거의 찾아볼 수 없다는 것이다. 소녀의 시점에 다름 아닐 꿈, 악몽, 상상 속의 파편적 이미지들은 엡슈타인이 사물의 영혼을 보게 한다고 말한 기이하게 느려진 이미지들, 오랫동안 컬러보다 더 현실적인 색채로 인식되었던 흑백의 윤곽과 풍경들, 그리고 리글이 '눈으로 만지는' '근접적 시각 vision rapprochée'[33]이라 부른 촉지각적 이미지와 유사한 형태적 변형을 보이는 이미지들로 들이차 있다. 그러나 미친 소녀의 시점이 중계하는 이 이미지들은 비록 파편적이고 폭력적이라 할지라도 서사적으로 지극히 핍진성 있는 세계를 구성한다. 이것은 소녀 개인의 '제한적이고 주관적인'[34] 시점만이 아닌, 서사적, 혹은 서술적 시점에 의해 이미 중층 결정된 세계인 것이다.

〈꽃잎〉의 계몽성은, 고통으로 응어리진 미친 소녀의 감정적 표상들처럼 보이는 이미지들을 '앎'의 체계로 변화시키는 방식에 있다. 영화의 서사적, 서술적 시점이 노정하는 것은 바로 이러한, 시간을 잃어버린 영원한 과거의 이미지들, 그러나 소녀에게는 영원한 현재인 이미지들에게 '시간성'을 돌려주는 작업이다. 즉 파편화된 이미지들에게 존재를 돌려주면서 사건을 역사화시키는 일이다. 여기서 미친 소녀의 시점, 혹은 미친 소녀의 시점이라 상정된 서사는 '균열의 논리성'에 기댄 '앎'의 형태가 된다.

무덤을 향해 가는 걸음, 무덤을 응시하는 시선—묘사와 결론

실같이 가는 몸에 붉은 공단 원피스, 마른 다리를 끌고 가는 분홍신, 아니 검은 구두, 화관처럼 얹힌 덤불머리 까치집… 이런 것들이 만드는 어떤 실루엣 하나가 길을 가고 있다. 손가락 사이로는 흰 무명수건, 혹은 헝겊이 흘릴 듯 너울거리고, 카메라는 끈기있게 적당한 거리를 두고 이 흔들리는 실루엣, 혹은 여자라고 불러도 좋을 것을 뒤좇아 간다. 즉 트래블링한다. 젊은 시절 고다르는, "트래블링이란 윤리적인 것"이라고 말한 바 있다. 영화 〈꽃잎〉의 이미지가 유발하는 감정 역시 이러한 윤리성의 근거와 그 근거의 정당성에 대해 질문하게 한다.

뒤좇던 카메라는 이제 슬쩍 정면으로 돌아 앞쪽에서 여자를 따라간다. 아무렇게나 루주가 붉은 낙서처럼 휘갈겨진 입술, 멍한 시선, 덤불같은 머리에 얹힌 꽃핀 하나. 미친년이다. 그리고 이 정신이 온전치 않은 듯한 여자 뒤쪽으로, 꼭 앞에서 카메라가 여자와 취했던 거리만큼의 사이를 두고 남자 하나가 따라오고 있다. 조금 전, 트래블링하며 쫓아오던 카메라의 시선과 그것이 여자와 취했던 거리는 실상 여자를 응시하는 이 남자의, 여자에 대한 시선, 그리고 거리였는지도 모른다. 이제 우리는 이 움직임의 '윤리성'에 대해 구체적으로 답을 할 수 있을지도 모르겠다. '모든 종류의 육체적인 공포를 공격으로 해소하는데 습관이 된 사람'(〈저기 소리없이 한점 꽃잎이 지고〉)이, 무거운 끈기 속에 지켜나가고 있는 거리의 윤리성. 그리고 자신으로부터 유래하지 않은 죄에 대한 죄의식으로 스스로를 단죄한 미친 소녀.

그러나 소녀는 어떻든지, 붉은 루주를 제대로만 발랐다면, 그리고 머리에 까치집 대신 큰 맥고모자, 붉은 공단 원피스 대신 가죽 허리띠를 요염하게 두른 베이지색 원피스를 입었다면, 장-자크 아노 판, 뒤라스의 〈연인〉에 등장하는 소녀의 이미지를 겹쳐보아도 무방할 매력을 지니고 있는 그런 나이, 그런 미모의 여자다. 앳된, 그러나 여인으로 가는 성숙미와 아직 형태를 잡지 못한 욕망이 어설프게 내품는 성적 매력이 주는 아름다움을 지닌. 그런 나이에, 그런 아름다움을 두고 소녀는 미쳤다.

이제 소녀는 살풀이의 명주천 같은 흰 무명 헝겊으로 시든 꽃 한 무더기를 쓰다듬고 향기를 맡더니-습관 혹은 기억-어느새 당도해 있던 공동묘지를 돌면서 무덤 위에 꽃 한 송이씩을 올려놓는다. 카메라는 앞쪽에서 소녀의 행동을 응시하면서, 소녀가 마지막 꽃을 벌거숭이 무덤 위에 놓고 그 앞에 꿇어앉는 것을 지켜보고 있다. 그리고는 소녀의 뒤로 돌아가 무덤과 마주한 소녀의 등 너머로 그녀의 몸이 향해 있는 무덤을 바라본다. 그리고 천천히 앞으로 나아가, 아직 떼가 제대로 얹히지도 않은 벌거숭이 작은 무덤을 소녀의 시선인양 응시하며 멈춘다. 카메라가, 혹은 소녀가 바라보는 것은 무엇인가?

남자의 시선과 혼동된 카메라의 움직임과 시선이, 관찰자의 시선이 되어 소녀를 따라가다 서서히 소녀의 시선과 혼동되고, 드디어는 일치되어 무덤을 응시하게 되는 이 과정은 〈꽃잎〉에서 다른 형상으로 여러 번 반복되어 나타나는 움직임이다. 그리고 바로 이 장면에서 소녀의 시선은 자신과 일치된 카메라의 움직임을 타고, 상처의 현장을 기억해내면서 논리적으로 완결된 서사를 구성해내기에 이를 것이다. 그러나 물론 프로이트의 예상과는 달리, "사건에 대한 기억을 뚜렷이 상기시켜 그에 얽혀있는 감정들을 다시 불러일으"키고, "가능한 한 상세하게 사건을 묘사하고 감정을 말로 표현"[35)]하기에 이름에도 불구하고, 소녀는 광주의 상흔, 징후로부터 회복되지 못할 것이다. 소녀는 낭만적 거짓(허구적으로 완결된 개인적 서사의 욕망)을 거부하고 영화적 진실(징후의 지속과 변용) 속에서 계속 과거를 응시하며 해맬 것이고, 그녀가 그러한 한 우리는 계속 그녀의 흔적을 찾아 뒤좇을 것이며, 이 운동이 지속되는 한, 광주는 역사가 날인한 윤리성의 징표로서 우리를 깨어있게 할 것이다.

그러고 보니, 기억에도 없는데, 그 날이 또 다시 생각나 못 견디겠다.

■ 주석

1) Alain Ménil, *L'écran du temps*, Presse Universitaire de Lyon, 1991, p. 10; Jacques Aumont, *L'oeil interminable*, (1989), Séguier, 1995, pp.13-36.

2) Gilles Deleuze, *Cinéma 2: l'image-temps*, Ed. Minuit, 1985, p. 214.

3) 장 라플랑슈, 장 베르트랑 퐁탈리스 공저, 『정신분석 사전』, 임진수 옮김, 열린책들, 2005, pp. 82-83. 프로이트가 히스테리 증상을 규정하기 위해서 초기에 주로 사용한 개념으로서, 히스테리 증상을 병인이 되는 외상이나 갈등의 기억상징, 즉 사건을 기념하기 위해 세운 기념비와 같은 것으로 정의하면서 사용한 말.

4) Gilles Deleuze, *op. cit.*, p.317.

5) 이효인, "80년대 한국 뉴 웨이브 재평가 또는 반성", 『영화미학과 비평 입문』, 한양대출판부, 1999, p. 151.

6) Dudley Andrew, "Waves of New Waves and International Film Festival", 〈부산영화제 10주년 기념 국제학술대회 자료집〉, 제 10회 부산영화제, p. 261.

7) 한국영상자료원 편, 『한국영화사공부 1980-1997』, 이채, 2005, pp. 114-123.

8) 김시무, 「리얼리즘과 모더니즘의 경계를 넘어」, 〈공연과 리뷰〉, 1997년 12월, p. 47.

9) 남동철, 「리뷰-저기 소리없이 한점 꽃잎이 지고」, 〈씨네 21〉, 제 47호, 1996년 4월, p. 51.

10) 김소희, 「또 강간 묘사냐고? 그래 난 저속하고 유치하다-장선우를 신경질나게 하는 열 가지 질문」, 〈씨네 21〉, 제 48호, 1996년 4월, p. 44.

11) 김시무, *op. cit.*, p. 47.

12) 김소희, *op. cit.*, p.44.

13) 장선우, 「열려진 영화를 위하여」, in 『새로운 영화를 위하여』(서울영화집단 편), 학민사, 1983, pp. 305-322.

14) 남동철, 「리뷰－저기 소리없이 한점 꽃잎이 지고」, *op. cit.*, p. 51.

15) 이효인, 『한국의 영화감독 13인』(남동철, 「장선우 다시 전선에 서다」, 〈씨네 21〉, n° 115, 1997년 8월, p. 22에서 재인용).

16) 남동철, 「장선우 인터뷰: 두 시간짜리 영화에 두 시간짜리 변명」, 〈씨네 21〉, n° 115, 1997년 8월, p.26.

17) 장선우, *op. cit.*, p.307.

18) 장선우, *Ibid*, p.315.

19) Jean Epstein, *Ecrits sur le cinéma I*, Seghers, 1974; Dziga Vertov, *Articles, journaux, projets*, UGE, 1972.

20) 장선우, *op. cit.*, p.320-321. (강조는 옮긴이)

21) *Les notions philosophiques I, Encyclopédie philosophique universelle*, PUF, 1990, p. 1517.

22) 장선우, *op. cit.*, p. 316.

23) 권민정, 「최윤 소설의 정신분석학적 연구: '부재'에서 길어 올리는 삶, 서사」, 연세대학교 국어국문학과 대학원 석사논문, 2003, p. 31.

24) Mikaïl Bakhtine, *La poétique de Dostoïevski*, Seuil, 1970.

25) 황혜진, 「〈꽃잎〉의 맥락, 역사적 사건의 대중문화적 수용」, 『영화연구』, 제 14호, 1998, p. 268.

26) Cf. 박성수, 「영화적 화자와 이데올로기의 문제」, 『오늘의 문예

비평』, 제 22호, 1996, pp.226-246.

27) 주지하다시피, M. 푸코가 『말과 사물 *Les mots et les choses*』에서 행한 벨라스케스의 〈메니나스〉에 대한 분석은 이에 대한 가장 탁월한 해설 중의 하나이다. 서구 원근법과 시점의 역사에 대한 주목할 만한 미학적 연구서는 Hubert Damisch, *L'origine de la perspective* (Paris: Flammarion, 1993)을 들 수 있을 것이다.

28) Rudolf Arnheim, *The Power of Center*, Berkely and Los Algeles: University of California Press, 1988; Pascal Bonitzer, *Décadrage*, Ed. de l'Etoile, 1985.

29) Jacques Aumont, 〈Le point de vue〉, *Communications*, n° 38, Seuil, 1983, pp. 4-5.

30) Georges Didi-Huberman, *Ce que nous voyons, ce qui nous regarde*, Ed. Minuit, 1992.

31) 미셸 푸코, 『광기의 역사』, 이규현 옮김, 나남, 2003, p. 58.

32) Sigmund Freud, *Nouvelles conférences sur la psychanalyse*, Trad. Berman, Gallimard, 1933 (éd. 1971), pp. 80-81.

33) Henri Maldiney, 〈Art et le pouvoir du fond〉, *Regard, parole, espace*, L'Age d'homme, 1994, p.195.

34) 황혜진, op. cit., p.260.

35) 지그문트 프로이트, 『히스테리 연구』, 김미리혜 옮김, 열린책들, 2004, p.333.

12

그저 잠시, 관심있게 바라봐 주기만 하면 됩니다

—〈꽃잎〉이 대변하는 주체의 정체성

황미요조

영화 〈꽃잎〉은 오랫동안 한국 현대사에서 금기의 대상이었던 광주 5·18을 소재로 한 본격적인 대중영화라는 사실만으로 공개 전부터 이슈가 되었다. 대규모의 광주 시민들이 자발적으로 결합한 광주 금남로 거리 촬영, 미국의 CNN 방송국의 광주 5·18 관련 프로그램에서 소개 등, 〈꽃잎〉을 둘러싼 화제의 중심은 단연 광주였다. 그러나 막상 완성된 영화는 다소 의외의 모습을 하고 있었는데, 광주항쟁을 재현한 장면들은 영화의 일부분으로 포함되어 있을 뿐, 영화는 전체적으로 광주와 직·간접적으로 관련된 사람들의 광주항쟁 직후의 행적을 다루고 있다. 더불어 단선적이지 않은 내러티브 구조와 분절적이고 빈번한 플래시백, 애니메이션의 삽입, 중심인물들의 분산·배치, 영화 내 화자의 다중적인 설정등과 같은 장치들 역시 논란이 되었다.

영화의 이러한 면모들은 80년 광주에서의 역사적 사실들이 앞

뒤 인과관계를 가지고 재현될 것이라는 기대를 가졌던 이들에게는 매우 당혹스러운 것이었겠지만, 당시 이 영화에 대한 리뷰들은 대체적으로 이러한 당혹감을 전하면서도 동시에 이러한 당혹감을 유발시키는 원인들 자체가 이 영화의 성취라고 평가하고 있다. 즉, 어느 정도 알고 있는 광주를 굳이 풀어 이야기하면서 센티멘탈한 드라마가 되거나 프로파간다가 되는 대신, 역사를 알고 있으면서도 역사를 잊고 살았던 사람들에게 죄의식을 환기시키고 고백하게 하는 고해성사의 영화라는 것이다. 감독의 인터뷰에서 여러 번 언급되었던 씻김굿이라는 표현을 이용한 '죄의식에 대한 한판 씻김굿'이라는 표현들도 보인다.[1)]

이러한 죄의식을 불러내고 또 그러한 부름에 부응하는 주체는 누구인가? 80년 광주에 대한 기억이 부재하는 사람들이라면 이러한 호명과 상관없는 것인가? 95년을 경과해 96년 당시 국민적 지지와 함께 전개되던 전·노 학살자 처벌 투쟁과 5·18 특별법 제정과 관련해 가장 흔히 상투어처럼 언급되던 문구는 '진실 규명'이었다. 그런데 이 영화가 '진실 규명'보다 굳이 '죄의식의 환기'를 택한 것은 어떤 의미일까?

이 물음들에 대답하기 위해서 이 글에서 나는 1980년 5월과 그 직후, 영화가 만들어지고 관객들에게 공개된 1996년 전후 그리고 원작이 발표된 1988년을 포함한 그 사이의 시간대를 경유하고자 한다. 당대의 구체적인 사회, 정치, 경제와 같은 조건들 속에서 광주 5·18뿐 아니라 영화 〈꽃잎〉과 그 수용에서 나타난 반응들을 역사적 구성물로 파악하고자 하는 시도이다. 90년대 중후반 한국사회의 광주에 대한 역사인식에 개입하고 있던 시대적 멘탈리티는 무엇이고 〈꽃잎〉은 그것에 의식적, 무의식적으로 어떻게 조응하고 있는가?

〈꽃잎〉의 광주

〈꽃잎〉의 광주는 주로 소녀의 기억이라 여겨지는 흑백의 플래시백을 통해 재현된다. 흑백 화면으로 재현된 광주가 소녀의 기억과 의식이라는 것을 표현하기 위해 영화는 세심한 부분에 많은 공을 들이고 있다.[2] 다큐멘터리가 아닌 재현된 광주가 처음 나오는 장면을 보자. 군중들 속에서 도망가다 넘어지고 소녀를 향해 손을 뻗는 엄마의 얼굴을 보여지는 흑백 화면은 잠든 소녀의 모습을 카메라가 잠시 응시한 다음 바로 이어지는 것으로 소녀의 꿈이나 기억임을 짐작하게 한다. 이어지는 장면에서 버스 차창 밖의 시위대, 길가의 구경하는 사람, 집밖에서 내다보는 사람, 불안해하는 소녀의 엄마 얼굴을 거친 카메라는 버스 안에서 이러한 풍경을 지켜보는 소녀의 얼굴을 보여 줌으로써 지금 보여주는 광주는 소녀의 주관적인 시점에서 보여준다는 것을 다시 한번 강조한다. 다음 컷은 장이 소녀를 내다버리기 위해 거꾸로 들쳐 업고 걸어가는 설명적인 풀숏이다. 그 때 뒤집힌 화면이 이어지면서 다시 소녀의 시선으로 돌아오고 이어지는 플래시백의 주체 역시 소녀라는 것을 암시한다. 소녀의 엄마가 양복을 입은 사람들에게 주먹을 휘두르고 싸우고 있으며 마루에는 흰 봉투가 놓여있다. 군의 발포, 외부인으로 있다가 금남로로 진입하는 관찰자적 위치, 오빠의 의문사 소녀의 기억의 핵심이 될 단서들이지만 일단은 서사를 구성하기 힘들게 조각내서 시간상 역순으로 던져준다. 플래시백 외에 광주는 영화의 시작 부분에 삽입된 다큐멘터리 필름[3)]과 장씨가 일하는 공사장의 인부들이 나누는 대화에서도 짧게 모습을 드러낸다. 소녀의 플래시백으로 재현되는 광주는 진압군의 집단 발포가 있었던 80년 5월 22일 하루 금남로 거리이다. 다큐멘터리는 5월 22일의 상황이 끝난 후 진압군에 의해 정리되는 광주 시가지의 모습을 담고 있다. 인부들의 대화는 광주 이후 떠도는 소문들을 두고 벌이는 설전이다.

원작 소설에서 소녀의 독백들을 영화적 표현으로 옮기면서 고안되었을 플래시백들은 과도한 노출의 흑백 화면으로 이루어져 있는데, 시간 순이나 인과관계를 알 수 없게 간헐적으로 짧게 삽입되던 플래시백 조각들은 영화의 말미에 오빠의 의문사부터 소녀가 죽음에서 도망쳐 온 그 전말을 소녀의 보이스 오버와 함께 시간 순으로 몰아서 보여준다. 소녀는 어느 날 아침 따라오지 말라며 집을 나서는 엄마를 떼를 써서 억지로 따라 간다. 엄마와 버스를 타고 도착한 광주 금남로에는 수많은 사람들이 모여 있었다. 엄마와 소녀는 시위대 한복판에 서게 되고 진압군의 갑작스러운 발포가 시작된다. 엄마가 총에 맞았고 소녀는 자신의 손을 꽉 쥐고 놓지 않는 엄마의 손을 발로 밟아가며 힘으로 떼어내고 도망친다. 어딘가에서 쓰러진 소녀는 시체로 오인되어 매장될 뻔하지만 시체들 사이에서 도망 나와 떠돌아 다녔다.

이렇게 재현된 광주의 '진상'은 단순하고 소박하다. '무고한 시민들'이 공권력에 의해 무자비하게 살상되었고 그 일은 살아남은 사람들에게 큰 충격과 상처가 되었다. 가해자는 집단 발포를 자행한 군부지, 광주시민이 아니고 광주시민의 집단적인 저항은 정당했다.'라는 것이 〈꽃잎〉이 규명하고 있는 광주의 진상이며 역사의식이다. 그러나 알다시피 광주 5·18과 관련해서는 혁명부터 항쟁, 사태, 내란음모, 폭동에 이르는 다양한 명칭이 함축하고 있듯, 원인과 경과, 인과관계를 둘러싸고 충돌하는 해석들이 갈등을 빚어왔다. 그러나 영화는 웅성거리고 특별히 조직된 구심이 없어 보이는 막대한 수의 시위대와 거대한 장갑차를 대동하고 일렬로 발포하는, 무장한 채로 얼굴이 보이지 않는 비인간적인 모습의 군인들과 대조함으로써 '무고한 시민 대 폭력을 행사한 군대'의 구도만은 분명히 하고 있지만 그 이상의 사건의 배경과 전개에 대한 언급은 최대한 피하고 있다.[4] 강제징집당한 소녀의 오빠가 군대에서 의문사한 후 엄마는 정부를 상대로 탄원서를 내고 진상규명을 위해 싸우고 있던 중이었고, 발포 당일 엄마가 금남로의 시위대열에 합류한 계기 역시 그와 관련 있다는 원작의 암시를 영화는 삭제한다. 따라서 소녀의 어머니가 하필 그날 광주 시내로 나갔던 이유는 우연한 것이거나 몰라도 괜찮은 것이 되면서 시위대를 향한 계엄군의 집단 발포는 그 정치·사회적 배경보다는 일방적으로 가해진 폭력과 무고하고 갑작스러운 죽음이라는 점에 초점이 맞춰 받아들여진다.

대신 영화는 사건의 실제 장소였던 금남로 한복판에서 '피해자' 광주 시민의 편에서 증언을 적극 고증하여 최대한 유사하게 발포 당일의 현장을 재현하는 감격에 의미를 둔다. 군인들이 대

낮의 광주 금남로 한복판에서 시민들을 향해 발포하는 순간과 그 앞, 뒤는 영화 전체에서 차지하는 분량은 길지 않지만(약 15분) 무척 공들여 최대한 사실적으로 재현된다. 증언에 의거해 가능한 많은 광주 시민들이 군중으로 동원되었으며, 시위대와 계엄군의 의상, 시위 구호가 적힌 현수막과 같은 소품, 시위대에서 산발적으로 들려오던 구호들은 물론이고 전국체전 예선대회 홍보 현수막으로 치장된 육교 같은 거리 풍경까지도 세세히 고증한 흔적이 역력하다. 영화의 다른 부분과 달리 이 부분이 흰색이 두드러진 흑백 화면으로 빛바랜 흑백 사진 같은 느낌의 화면으로 구성되어 있는 것 역시 영화 도입부에 삽입된 다큐멘터리와 함께 광주 장면의 사실성에 신뢰를 더하는 효과를 주고 있다. 장선우 감독은 한 인터뷰에서 "새로운 걸 보여주겠다가 고민이 아니라 많은 사람들의 증언에 의거해서 재현하는게 문제였다"고 말한다.[5)]

80년 5월 이후 정치권력을 장악한 신군부는 공식적인 담론의 장에서 광주에 대해 언급하는 것을 금지했다. 전국의 현실불만 세력, 불순정치집단이 광주로 모여들어 퍼뜨린 지역감정에 기반한 유언비어에 의한 폭동이나 김대중 추종자들, 고정간첩들에 의한 내란음모와 같은 딱지를 붙이기도 했지만 이는 진압 직후 공개 발표의 필요성에 의한 것이었으며, 신군부가 무엇보다도 원했던 것은 침묵이었다. 사건 초부터 언론 보도는 철저하게 통제되었고, 공식적 발표외에는 침묵이 지켜지도록 여러 수단이 동원되었다.[6)] 공식 역사에서 광주는 아예 자취를 감추어 버린 것이다. 공식 역사에서의 삭제가 대중들의 기억을 소멸시킬 수 있는 것은 아니다. 오히려 그것의 효과는 광주에 대해 기억하는 것을 바로 금기와 공포로 바꾸어버리는 데 있다. 모리스 홀바슈(Maurice Hallbwachs)에 의하면 개인적인 기억은 본질적으로 파편적이고 무의식 상태에 머물러 있지만 그 기억이 가족, 사회, 국가와 같은 특정 집단의 차원의 이익과 목적의식에 부합됨으로써 사회적 의미를 갖게 되면 그것은 집단기억(collective memory) 혹은 사회기억(social memory)으로서 기능하게 된다.[7] 재현 금지가 야기한 공포는 오랜 기간 한국사회가 광주에 대해 가지는 집단적이고 사회적인 기억의 한 형태이다. 한편, 사적 기억들과 증언, 그것들이 엮여져 입에서 입으로 전해졌던 소문과 같은 대중기억(popular memory)[8] 역시 광주에 대한 집단적 기억의 한 형태이다. 공사장 인부들이 나누는 대화 속에 등장하는 '임산부 배를 대나무 칼로 푹푹 쑤시고 처녀의 젖가슴을 도려내는 군인들'은 정설이 되어버릴 만큼 정형화된 소문 중 하나이다. 공식 역사가 될 수 없던 광주는 오랜 기간 공포로, 유언비어로 자신의 흔적을 각인시켜 왔다.

이러한 역사적 사실들을 이해할 때, 공적인 재현 영역에서 금기의 대상이었던 '광주'를 대중의 기억에서 공공의 스크린에 불러내고 이들의 죽음과 상처가 억울한 것이었다고, 이들은 피해자이고 정작 가해자는 공권력이었다고 말해주는 것은 그 자체로 충분히 감격스러운 일이다. 〈꽃잎〉의 원작 소설 「저기 소리없이 한점 꽃잎이 지고」의 작가 최윤이 영화화 제안을 수락한 결정적인 이유가 광주항쟁의 중요한 순간을 실제로 금남로에서 재현한다는 계획 때문이었다던가, 광주 출신의 소설가 임철우가 〈꽃잎〉을 옹호하며, "광주 사람들이 2만 명이나 촬영 현장에 나온 건 그저 영화 찍는거 돕자는 것은 아니었다. 광주 사람들은 자신들의 얘기를 단 한번도 마음 열고 들어봐주지 않았다는 슬픔이 있었던 것 아닐까. 나는 〈꽃잎〉이 바로 그런 영화였다는데 의미를 둔다."[9]고 말한 것은 그러한 감격에 기인한다.

1996년의 광주

이러한 공식화의 작업은 감독의 표현대로 '씻김'[10]을 위해 거쳐야 할 과정이겠지만, 주지해야 할 사실은 이 영화가 공개되었던 1996년 당시 이미 국가 권력에 의해 그 대중적 기억을 공식역사에 기입하는 작업이 진행되고 있었다는 것이다. 1993년 출범한 이른바 '문민정부'의 대통령 김영삼은 대통령 취임 후 처음 맞는 5·18을 며칠 앞두고 특별 담화를 발표하여 5·18은 군사 독재에 저항한 민주화운동의 연장이자 우리 사회 민주주의 발전의 밑거름이었다는 5·18에 대한 '문민정부'의 공식적인 입장을 천명한다.[11] 95년에는 5·18특별법이 제정되어 군부정권의 대통령이었던 전두환·노태우 두 사람이 비롯한 반란·내란 주모자들을 사건 발생 16년 만에 기소되었고, 1996년 영화 공개 당시에는 재판이 진행 중이었다. 1996년 발행된 국사 국정교과서는 시민군과 신군부의 충돌과 살상들을 명시[12]하고 광주 5·18을 '전두환 정부'를 출범에 이르게 될 신군부의 정권 장악 음모에 반발한 '민주화운동'으로 서술한다. 광주 5·18이 공식적으로 한국사회 민주화를 촉진시킨 장본인으로 인정받은 것이다.

이러한 상황은 이른바 80년 광주를 기억하는 사람들, 영화속에서 '우리들'로 상징되는 사람들에게도 역시 새로운 국면을 창출했다. 80년대 한국사회 변혁진영의 사상과 노선투쟁을 벌이던 '민족민중민주(NLPDR)'이든, '민중민주(PDR)'이든, '민족민주(NLR)'이든 변혁 진영 공통의 과제와 정체성은 '민주화'였다. 80년대 변혁세력들에 대한 대중적인 지지 역시 '민주화'에서 비롯되었다. 즉, '민주화'는 저항 세력의 상징이지, 기득권 세력의 것이 아니었던 것이다. 이러한 국면은 사실, 87년 한국의 변혁진영이 전혀 예상하지 못 한 가운데 당시 현정권(80년 광주를 무력정권)에 의해 직선제 개헌이 이루어진 순간부터 시작되었던 것으로 볼 수 있다. 당시 한국의 변혁세력들은 세부적인 노선들은 약간씩 달랐지만 최고의 민주주의 절차인 직선제 요구는 군부정권 의해서는 결코 받아들여질 수 없으며, 직선제 쟁취는 한국사회에서 곧 혁명을 의미한다고 판단했었다. 그러나 87년 6월 항쟁이 당시 정권에 의한(그리고 차기 정권의 대통령이 될 사람의 직접 발표에 의해) 직선제 개헌으로 마무리 되었고, 그것은 88년 첫 직선제 선거에서 이전 군부정권과 그 태생을 같이 하는 정권이 당선되는 결과를 가져 왔다. 이러한 결과에 대한 좌절과 허탈함등은 한국영화에도 자취를 남겼는데 대표적으로 박광수 감독의 〈그들도 우리처럼〉과 같은 작품들을 들 수 있을 것이다. 이전의 군사파시즘 정권과 구별되는 직선제로 당선된 민주주의 정부라는 정체성을 확인 받고자 노태우 정권 역시 광주에 대해 민주화운동으로 언급하고 보상법 제정을 하기도 했지만 노태우

정권에서 이루어진 민주주의 개혁들은 군부 쿠데타로 탄생한 정권의 계승자였기 때문에 큰 한계를 지니고 있었고, 여전히 변혁세력들은 '민주화'를 자신들의 고유한 정체성으로 유지할 수 있었다. 88년, 당시 현정권의 정당성 확립을 위한 광주에서의 대시민 발포 문제를 비롯 군부 정권의 비리가 들추어지는 청문회가 열리지만 그 비리들에서 당시의 정권이 자유로울 수 없었고 대정부 투쟁에서 민주화 요구는 여전히 가능했다. 그러나 김영삼 정권은 비록 3당 합당에 의한 여당으로 당선되기는 했으나 대통령 개인이 오랜 기간 대표적인 야당 정치인이었으며, 군부 출신이 아니라는 점에서 '문민정부'라고 불리는 등 군부 정권과는 확실히 다른 정체성을 가지고 있었다. 이러한 '문민정부'에 의해 추진되는 한국사회 각부분의 절차적 민주화는 당시 변혁세력들의 정체성을 동요시켰다. 한 학생운동 세력이 김영삼 정부집권 초기 대한 자신들의 역할을 '달리는 말에 채찍질을'[13]이라고 표현했던 것은 이러한 정체성의 동요를 드러낸다. 이러한 동요는 현단계의 민주화 진전을 성취로 인정하고 달라진 세상에 안착으로 전화해갔다. 새로운 국면에서 새로운 방식의 변혁에 천착하는 사람들이 없는 것은 아니었지만 많은 이들은 한국 사회의 민주적 완성을 인정하고, 세상이 달라졌다는 것 역시 인정하고, 제도권 내에서 사는 것을 거리낌 없이 생각하게 되었다.[14] 그러나 엄혹한 시대를 같이 끝까지 견디지 못 하고 희생된 이들에게 미안하고 죄스러운 마음이 없을 수 없다. 〈꽃잎〉을 평가하는데 있어 엄정하고 분석적인 역사인식을 들이대는 것 보다는 광주의 외부에서 살아남은 이들의 심정을 대변하고 있다는 점을 높이

사야한다고 했던 평들은 이렇게 영화속 '우리들'과 심정적 연대에 있다. 이러한 심정적 연대는 극중에서의 무기력하게 표현된 '우리들'에 대해 탓을 하기 보다는 부끄러워하는 반응을 보인다.

이러한 죄의식과 고백은 조금 더 찬찬히 살펴 볼 필요가 있다. 앞서 언급한 한국 사회 일련의 변화들은 민주주의의 성장이라는 일면적인 측면으로는 파악할 수 없는 복잡한 동학으로 전개되고 있었고, 과거 권위주의적 군사 정부에 대항하던 민주화 투쟁의 힘들은 새로운 프로그램 내에 재배치되고 있었기 때문이다. '문민정부'가 '군부정권'과의 차별성을 부각시키면서 현정권을 중심으로 한 통합과 정통성을 확보하는데 성공하는 식으로 한국 사회는 정치적으로 반파쇼 민주화라는 민중의 오랜 정치적 염원이 부분적으로 정권에 의해 흡수되면서 새로운 통합이 이루어졌다. 반면 사회적으로는 그러한 통합을 기반해 대중노동자 투쟁의 해체와 계급 탈구성, 노동계급의 분할(정규/비정규, 여성/남성, 내국/외국)과 유연화가 서서히 진행되고 있었다. 이것은 97년 벽두의 노동법 개악으로 가시화되고 이후 IMF 체제하 본격적인 신자유주의 질서의 재편으로 이어지면서 사회적 갈등 양상은 새로운 형태로 진행중이다.

광주 역시 국정 교과서 내 서술로 포괄할 수 없는 양상으로 여전히 갈등 중이었다. 97년 전·노 두 전대통령에 대해 반란 및 내란죄가 확정된 뒤, 정부에서는 5월 18일을 '5·18민주화운동기념일'로 제정했다. 광주 망월동에 국립묘지를 신축하고 그해 5월 17일 금남로에서 정부주관의 첫 행사를 기획하고 있었다. 그러나 정권이 주도해서 마련된 신묘역에 안치되기를 원치 않는 유족들에 의해 태반의 시신들은 구묘역에서 떠나지 않았고 정부주관의 기념행사는 그 해 3월 시위 중 사망한 조선대학교 학생의 장례식을 거행하려던 학생들이 금남로 행사장에 트럭을 밀고 들어오면서 성사되지 않았다. 행사가 중단된 후 사람들이 5·18을 기념하자며 조선대와 구묘역을 향해 가면서 전투경찰들이 최루탄과 무력을 사용해 해산에 나섰다. 다음날인 5월 18일에는 반나절 정도 망월동 묘지로 가는 버스들의 운행이 중단되기도 했다.[15)]

즉, 〈꽃잎〉이 기획되고 제작되던 시점의 광주는 '말할 수 없음'에서 '누가, 어떻게 말 하는가'의 문제로 옮겨가던 중이었으며, 민주화에 대한 감격은 한국사회에서 더 이상 첨예한 문제가 아니었다. 따라서 〈꽃잎〉을 대할 때 광주가 이제 더 이상 말할 수 없는 대상이 아니라는 사실 자체에 대한 감격을 넘어 '누가, 어떻게 광주를 말하고 있는가'를 면밀히 살펴 볼 필요가 있다.

〈꽃잎〉의 화자와 시선의 주체

영화 〈꽃잎〉의 화자와 시선의 주체는 누구인가? 세 갈래의 서사 조각이 교차되어 진행되는 구조로 되어 있으며, 그 각각의 조각들이 화자와 시선을 가지고 있어 영화 전체의 중심화자와 시선이 분산되어 있다는 점은 영화의 특징이면서 성취로 지적되어 왔다. 이 글에서는 이러한 분산된 화자들과 다중 시점을 다시 생각해 볼 것이다.

〈꽃잎〉은 소녀와 장씨가 만나서 헤어지기까지의 생활, 80년 5월 18일 발포 당시의 금남로를 포함한 소녀의 과거, 소녀를 찾아 전국을 떠도는 '우리들' 여정이 교차적으로 진행된다. 소녀와 장의 생활이 명시적인 화자를 설정하지 않은 채 보여지는 형식을 취하고 있다면, 소녀의 과거는 소녀의 주관적 의식이 작용하는 기억과 꿈의 형태로 제시되며, '우리들'의 여정은 그들 중 한 명의 일인칭 내레이션과 플래시백으로 구성되어 있다. 이러한 구조는 일차적으로 관찰자와 전지적 시점이 혼용되어 있는 3인칭 서술체, 소녀의 일인칭 독백체, 우리들의 1인칭 서술체가 각각 챕터 별로 나눠서 사용된 원작의 스타일을 영화적으로 수용하면서 발생한 번역으로 보인다. 관찰자-소녀-'우리들'의 다중 시점 구도를 확정짓기 전에 좀 더 면밀히 본 다면, 이 구도 어디에도 속하기에 애매한 시퀀스들이 있다는 것을 알 수 있다. 영화 도입부의 다큐멘터리와 우리들이 등장하되 1인칭 내레이션이 없이 관찰자의 시점으로 보여지는 오프닝 크레딧에 동반된 시퀀스가 그러하며, 우리들의 보이스 오버로 마무리되는 영화의 마지막 씬 역시 이 구도 안에 집어넣기에 의문이 제기된다.

먼저, 소녀와 장씨의 생활을 기술하고 있는 주체는 단순 관찰자라기보다 장씨의 편에 서있음은 어렵지 않게 파악된다. 소녀와 장의 관계변화는 장에게 달려 있으며, 관객은 장의 입장에서 포착된 변화의 순간들을 목격하게 된다. 자신보다 물리적/사회적 약자에게 폭력을 가하다 안쓰럽게 여기고 결국 이해하게 되는 감정의 서사의 주체는 정확히 장이다. 이것은 등장인물을 '남자'라 칭하며 관찰자적 거리두기를 하고 있지만 '서서히 한 가닥의 착각이 기정 사실이 되어 그의 단선적인 의식 속에 자리잡기 시작했다', '전혀 다른 욕구가 일어나기 시작했다. 대체 저애가 나를 다른 사람과 조금이라도 구별하고 있을까'와 같은 문장을 통해 이 관찰자가 장의 내면을 대변하고 있음을 드러내는 원작 소설에서도 확인된다. 그러나 영화는 좀 더 은유적이고 직접적이지 않은 방식들로 이루어지는데, 목욕을 시키고 옷과 구두를 사주는 대표적인 에피소드 뿐 아니라 장이 등장하는 거의 모든 장면은 장의 소녀에 대한 태도 변화를 은유하고 있다. 소녀가 끓여 놓은 찌개 냄비를 던지고 세간을 때려 부수던 장씨의 다음 등장 할 때는 소녀와 같이 먹을 식사를 요리하다 간을 보고 있다. 첫 식사 장면에서 그는 소녀와 눈길조차 마주치지 않으려고 고개를 돌리다가 아예 돌아 앉아 등을 보이고 밥을 먹었었다. 그러나 후에는 그가 정성껏 마련한 식사 도중 소녀가 밥알을 뱉어 내는데도 화도 내지 않고 그날 밤 소녀의 옆에 누워 "말시키지 않을께"라고 한다. 소녀를 마구 폭행 했었던 장은 어느 순간에 소녀가 깰까봐 궁금한 소녀의 보따리를 들춰보지도 못하는 사람이 된다. 소녀에 대한 장의 태도 변화를 묘사한 장면들 중 가장 인상적인 것은 소녀가 시멘트 바닥의 얼룩을 닦으며 발작한 후 장이 보여준 행동이다. 장은 소녀에게 '그거 안 지워져. 녹물이야.'라고 말하며 강제로 시멘트 바닥에서 떨어뜨려 놓지만, 쓰러져 잠든 소녀를 눕힌 후 식칼을 가져와 얼룩을 긁어낸다. 이 녹물을 닦아 내는 행위는 이제까지 장씨가 소녀에 대해 보였던 연민과 보살핌과는 질적으로 다른 것이다. 소녀가 그에게 '오빠'라고 부르며 전이 현상을 보였듯이 그 역시 소용없고 미친 짓인 소녀의 행동을 따라하면서 소녀에게 전이하는 현상을 보인다. 장씨는 어떤 계기로 소녀의 미친 행동에 전이 되었을까? 영화는 그 답을 '광주'라고 분명히 제시한다. 소녀를 진정시킨 장씨가 녹물 얼룩을 닦기 전 떠올리는 것은 공사장에서 무심히 듣고 흘렸던 '광주' 이야기이다. 녹물 사건 이전에 한번 보여진 광주에 대한 인부들의 대화는 장씨의 의식에서 화면구성을 달리하여 이 지점에서 한번 더 재현된다. 인부들의 등 뒤에서 땅에 거의 누워있던 장의 위치에서 찍힌 화면은 장의 의식을 반영하는 듯 흔들린다. 그런데 이 장면 이전에는 장씨의 태도 변화에 대한 계기가 명확하지 않았다는 사실을 떠올려 보자. 관객들이 보는 것은 매번 변화되는 장의 태도이다. 녹물 사건 이전에는 특수한 시대적 아픔의 공유는 상상하기 힘들고, 살다보니 정드는 과정처럼 보인다. 게다가 장은 광주는커녕 오직 하루 하루 먹고 사는 것만 아는 사람이다. 그런데 어떻게 그는 소녀가 녹물을 닦는 것을 보고 공사장에서 흘려들은 광주를 떠올릴 수 있었을까?

이 영화의 마지막 장면은 소녀가 오빠를 부르며 자신의 과거를 이야기했던 무덤가를 서성이고 있는 장씨의 모습이다. 그런데 시퀀스 단위로 보면 이 장면은 '우리들'의 여정에 속하는 소녀 찾기의 마지막에 해당하는 씬이다. 소녀를 찾아서 장의 오두막으로 온 '우리들'은 결국 그녀를 찾지 못한다. 돌아가는 버스에서 울음을 터뜨리거나 지친 얼굴을 하고 있고 '우리들'의 시퀀스에서 계속 그래왔던 대로 '우리들' 중 한명의 보이스 오버로 결국 찾지 못한, 여전히 무덤가를 떠돌 소녀에 대한 말을 꺼낸다.

'우리들'의 말이 진행되고 있는 도중 화면은 버스를 타고 가는 '우리들'에서 무덤가를 서성이는 장씨로 옮겨진다. 소녀를 찾던 '우리들'이 결국 만나는 것은 장씨이다.

분량상으로 결코 적지 않은 소녀 찾기 여행의 주체인 '우리들'의 존재가 장씨와 소녀에 비해 작게 느껴진다면 소녀를 찾아 다니는 이야기의 상당 부분이 길에서 소녀를 만났던 사람들의 증언으로 구성된 플래시백으로 이루어져 있기 때문이다. 플래시백에 등장하지 않는 '우리들'은 영화 전면에서 물러서 있는 것 같지만 사실 '우리들'의 보이스 오버를 뒤따르는 그 플래시백들은 사람들의 증언을 바탕으로 '우리들'이 재구성한 것이다. 영화 마지막의 장씨와 '우리들'의 만남과 장씨의 모습위로 덧붙여진 보이스 오버는 장씨 이야기 역시 우리들의 여정을 서술하는 일부분으로 통합한다. 여기서 장씨가 대표하는 계층과 '우리들'이 대표하는 사회적 계급은 판이하다. 장씨는 하루 벌어 하루 먹는 막노동 생활을 하고 있고 가족이나 번듯한 거처도 없이 다 쓰러져 가는 오두막집에서 살고 있다. 그는 하루하루 살아가는 것 외에는 관심사가 없어 보인다. 공사장 인부들이 모이는 대포집에서도 사람들의 떠는 소리와 시끄러운 TV 소리에서도 그는 무심하다. 그 TV 소리가 삼청교육대에 대한 보도이든, 유행가 가락이든 장씨에게는 똑같다. 삼청교육대에 관한 보도를 듣던 인부들이 채널을 돌리자 "누가 사랑을 아름답다 했는가-"하는 조용필의 노래가 들린다. 곧 카메라는 TV 모니터를 화면 중심에 잡고, 그 끝자락에 장씨의 얼굴이 걸려있다. 그는 방금 전과 똑같은 표정이다. 공사장에서 인부들이 핏대 높여 설전을 벌일 때도 그 자리에 그는 끼지 않는다. 광주에 관한 소문을 두고 이러쿵 저러쿵 이야기하는 인부들의 얼굴을 카메라는 팬하며 훑은 후 가장 열정적으로 이야기하는 인부에게 고정시킨다. 그의 어깨 너머 멀리 무리에서 떨어져 예의 그 표정으로 휴식을 취하는 장씨의 얼굴이 보인다. 그러나 반면, 명시적이지는 않지만 우리들은 이 영화의 등장인물들 중 가장 많은 것을 아는 이들이다. 무심한 장씨에 비해 소녀의 오빠의 죽음을 군에서 말하는 대로 믿지 않고 다른 식의 해석을 할 수 있을 만큼 지식과 판단체계도 갖췄다. 소녀의 행방을 애타게 찾고 있는 것 역시 소녀가 어떤 일을 겪었을지 짐작하기 때문인 듯 하다. 소녀를 쫓아 사람들을 만나면서 이야기를 듣는 사람도 다 이 '우리들'이다. 시대와 역사를 전면에서 의식하면서 살아가는 '우리들'과 그런 것들과는 아무 상관없이 살아가는 이른바 노동계급 남성이 한 화면에서 목소리와 시각적 재현으로 겹친다. 보다 더 정확히 말하면 화자인 '우리들'이 장의 모습으로 등장하는 것이다. 녹물 사건에서 불현듯 광주를 떠올리는 장은 바로 이 지점과 연결될 수 있다. '우리들'은 장의 모습을 빌려 나타나고 싶어 한다. 장의 시점에서 광주 이야기가 오가는 공사장 다음 시퀀스는 김이 마련해 준 숙소에서 식사준비를 하고 있는 '우리들'의 모습이다. 틀어 놓은 TV를 통해 새 정권의 헌법 공포식 진행되고 있고, '우리들'은 집 여기 저기 흩어져 각자의 일에 몰두하고 있는 듯 보인다. 그러나 지붕위에서 흩어져 있는 '우리들' 네 명 모두를 잡은 카메라의 시선이 곧 TV 모니터로 옮겨지면서 차마 집중해가며 볼 수 없을 뿐 우리들이 모두 TV 속의 헌법공포식을 신경 쓰고 있다는 것을 암시한다. 그리고 그 다음 시퀀스가 소녀와 장씨가 이어가며 녹물 얼룩을 닦는 시퀀스이다.

시대적 불의에 저항하고자 했으나 결국 민중들을 구하지 못한 실패한 지식인 집단의 정체성은 노동계급 남성에 의해 보충된다. 사회문제에 전혀 관심이 없었고 소녀가 한마디 제대로 이야기한 적도 없는데 광주 이야기를 한번 듣게 되자 소녀의 실성의 원인이 거기에 있다는 것을 짐작하는 장씨는 '우리들'의 이상과 계몽의식이 제조해 낸 인물이다. 장은 '우리들'이 그토록 되기를 상상적으로 열망했으나 실제 될 수 없었던 노동계급 민중, 어느 순간 이루어진 역사적 각성으로 인하여 시대의 고통까지 감지하고 반응할 수 있는 인물이다. 이 가운데서 광주의 환유로 기능하는 소녀는 '우리들'에게 구할 수 없었던 누이이면서 '너의 아픔을 이해하고 있고, 너를 구하지 못 해서 고통스럽고 죄스럽게 느낀다'는 고해성사를 들어 줄 나르시시즘적인 양심이다.

원작 소설에서 소녀의 언어는 독백이다. 영화에서 소녀의 독백은 칼라 에니메이션 위에 덧붙여진 보이스 오버와 영화 말미에 오빠에게 엄마를 두고 도망쳐 온 사실을 고백하는 형식으로 된 보이스 오버만을 사용하고, 그 외에는 소녀의 독백이 없는 흑백 화면으로 제시된다. 앞서 언급했듯이 소녀의 첫 번째 플래시백은 이러한 흑백 화면들이 소녀의 기억과 의식이라는 것을 주지시키기 위해 매우 공들여 구성되었다. 이 정교하게 설계된 플래시백 이후, 중간 중간 삽입된 흑백 화면의 플래시백들은 습관적으로 소녀의 기억으로 간주하게 된다. 그런데 몇가지 주의 깊게 다시 보아야 할 화면들이 있다. 버려진 후 장씨를 다시 따라 온 소녀는 오두막 구석에서 밥을 먹는데, 그리고 곧 이어지는 화면이 예전 오빠들의 친구들 앞에서 유행가 "꽃잎"을 부르는 소녀의 모습이다. 이것은 온화한 색감의 칼라로 재현된다. 다른 기억들과 달리 "꽃잎"을 부르는 소녀의 모습만은 칼라로 재현된다.(소녀의 독백이 곁들여진 에니메이션 역시 칼라이지만 이것은 기억이 아니다.) 흑백인 광주의 고통스러운 기억과는 달리 다시 돌아가고 싶은, 즐거웠던 기억이었기에 색감을 달리 했다고 볼 수도 있을 것이다. 그러나 이 '즐겁고 순수했던 시절'의 기억이 과연 소녀의 기억일까? 이 "꽃잎" 노래 장면은 이것을 포함, 영화 전체에서 총 네 번이 등장한다. 가장 먼저는 오프닝 타이틀에서이다. 영화의 맨 앞, 발포 직후의 광주를 담은 기록필름이 프롤로그처럼 삽입 된 후, 이어지는 오프닝 타이틀은 기차를 타고 가는 '우리들'의 모습이다. 머리에 꽃을 꽂고 노래를 부르는 소녀의 모습은 '우리들' 네 명 중 보이스 한 명이 기차간에서 담배피는 얼굴 다음에 삽입된다. 그리고 소녀를 찾아 떠나는 심각하고 진지한 표정의 우리들을 팬하면서 보여준다. 적어도 여기서 삽입되는 "꽃잎" 노래의 기억은 소녀 오빠의 친구들이었던 '우리들'의 것이다. 뒤에 이 장면은 두 번 더 등장하는데 한 번은 '우리들'이 대천역에서 바보아이를 상대할 때, 한번은 소녀 찾기에 재정적인 후원자가 된 김씨와 어울려 술을 마시며 조용필 노래를 부르는 중간에 삽입된다. 소녀와 비슷한 처지의 아이를 만났을 때, 소녀를 찾지 못하고 김씨의 감상주의에 휩쓸려 유행가를 부르고 있을 때, '우리들'은 "꽃잎"을 부르던 소녀를 떠오른다. 아무 것에도 다치지 않고 행복했던 소녀의 모습은 소녀가 기억하는 모습이라기보다 우리들이 애타게 회복해주고자 하는 어떤 원형으로 보인다. 장과 소녀가 녹물을 닦는 시퀀스가 다음 시퀀스로 넘어가는 그 사이에 아주 짧은 흑백 컷이 하나 삽입되어 있다. 폐허가 된 금남로 시가지 한 복판에 어떤 아이가 울고 있다. 언뜻 보면 그때까지 아주 짧게 파편적으로 삽입되던 소녀의 기억 중 하나로 넘길 수 있겠지만 옷과 뒷태를 봤을 때 금남로 발포 당시 소녀와는 분명 다른 모습이다. 울고 있는 소녀가 누구인지 그 컷이 누구의 시점으로 끼어든 것인지 불분명하다. 그러나 그 모습은 일반적으로 전쟁 직후, 폐허를 상상했을 때 떠올려지는 모습과 흡사하다. '우리들'을 비롯한 금남로 현장에 있지 않았던 것에 부채의식을 가진 이들의 보편적 상상 속의 광주라고 생각한다면 무리일까?

그저 잠시, 관심 있게 바라봐 주기만 하면 됩니다

이렇듯 소녀와 소녀로 표상되는 광주는 여전히 자신의 기억과 실체를 온전히 드러내지 못 한 채로 여전히 떠돌고 있다. '우리들'은 광주 이야기를 하고 싶은 것이 아니라 장씨를 내세워, 소녀의 기억을 차용해 결국 자신의 이야기를 하고 싶어 한다. 표면적으로 〈꽃잎〉이 취하고 있는 스타일인 분산된 시선과 다중 화자는 이렇게 결국 한 곳으로 수렴된다. 이 수렴된 이야기는 한국 사회의 절차적 민주주의 완성되어 가던 무렵, 80년대 변혁과 광주를 고민하던 주체들의 정체성의 위기와 새로운 정체성의 확보 방식이다. 시대 정신은 이제 저항이 아니라 죄의식이고 고해성사를 거친 후, 절차적 민주주의 완성의 일부분에 대한 공을 인정받고 달라진 세상에 합류한다.

그러나 기억해야 할 것은 반성과 전향, 죄의식의 고해성사 풍조 속에서 한국사회는 민주화의 진전과 동시에 신자유주의화가 중첩되고 있었다는 사실, 그리고 그 무렵부터 반독재·민주화 투쟁의 강한 권위 속에 억압 되어 있던 젠더와 문화, 인권을 둘러싼 다양한 사회적 이슈들이 제기되고 새로운 운동들이 만들어져 있었다는 사실이다.

영화의 말미에 〈애국가〉가 울리고 모두 꼼짝 않고 국기 하강식을 거행하고 있을 때 소녀는 뚜벅뚜벅 걸어 나간다. 더 이상 전이할 대상에 매달리지도 않고 '우리들'에게 모습을 드러내지도 않을 것이다. 소녀는 스스로 그 구도에서 빠져나간다. '우리들'은 자신들을 대리해 소녀의 아픔을 알아 준 장씨를 만나고 나서 이야기를 정리한다. 무덤가를 배회하는 한 소녀를 만나더라도 잠시 관심 있게 바라보아주기만 해달라고 말한다. 소설에 있는 구절을 옮긴 것이지만 광주 자체가 금기였던 88년과 비교해 96년의 이러한 '바라만 보아주기'를 바라는 서술은 전혀 다른 맥락에서 들린다. 처음부터 '우리들'은 진짜로 소녀를 대면할 필요는 없었던 것이다.

▮주석

1) 주요 참고자료로 검토한 단행본과 저널의 리뷰들과 기사는 다음과 같다.

김영진, "관객에게 넘긴 또 하나의 숙제", 〈씨네 21〉, 45호.

정성일, "꽃잎 – 오월 광주, 그날 이후. 살아남은 자는 자못 이룬다." 〈NEWS+〉, 1996. 5. 2.

정성일, 〈꽃잎〉, 『1996년도 한국 시나리오 선집』(제14권), 영화진흥공사, 1999.

남동철, "저기 소리 없이 한 점 꽃잎이 지고", 〈씨네 21〉 47호.

조미현, REIVEW 〈꽃잎〉, 〈KINO〉, 1996. 5.

편장완, 〈꽃잎〉 – 폭력 방관한 죄의식 고해성사, 「한국일보」, 1996. 4. 12.

안정숙, 정재숙, "끝나지 않은 과거 껴안은 아름다운 시", 「한겨레」, 1996. 3. 16.

조원익, "5월 광주 소재 첫 작품/「꽃잎」 내달 개봉", 「세계일보」, 1996. 3. 30.

이효인, "산점투시를 통한 '꽃잎' 분석", 〈영화미학과 비평입문〉, 1999.

관객 발언 〈꽃잎〉, 〈씨네 21〉, 47호.

2) 많은 경우 소녀가 과거를 떠올리게 되는 직전에는 시청각적, 물리적 강한 자극이 소녀에게 가해진다. 영화의 앞 부분에 빈번하게 등장하는 강간은 그러한 기제 중 하나일 텐데 그 설정 자체를 굳이 문제 삼지 않는다 하더라도(이미 많은 사람들이 지적을 한 문제이고 소모적인 논쟁으로 흐를 가능성이 있기 때문이다.) 강간 장면의 카메라 워크, 화면 구성 등이 관습적인 훔쳐보기와 차이가 없이 구성됨으로써 관객을 관습적인 강간장면을 보는 것과 같은 경험 이상을 하기 어렵게 해 그 설정이 의도한 것조차

관객이 알아채기 힘들다는 사실은 지적되어야 한다.

3) 독일 MDR 방송국이 보유하고 있는 다큐멘터리라고 장선우 감독은 인터뷰에서 밝힌다.

장선우 감독 인터뷰, "1980년 그해 5월 기억의 편린 저편에서 이편으로", KINO 1996. 04.

4) 〈꽃잎〉에 대한 관객들의 불만 중 상당 부분은 이에 기인한다.

최인규 "광주의 주범, 권력의 실체, 매스미디어의 형태, 그런 것들이 너무 상징으로만 다뤄진 게 아쉬웠다."

관객 발언 〈꽃잎〉, 〈씨네 21〉, 47호.

5) 새로운 걸 보여주겠다, 이런 고민이 아니라, 많은 사람들의 증언에 의거해서 재현하는 게 문제였다구. 얼마 만큼 가까이 재현하느냐, 그 사람들의 추측으로 금남로 발포상황이 한 70만명 모였다고 하는데, 그래서 장갑차가 들어가면서 애국가가 들리고 발포 직전 옥상에선가 무슨 소리가 나고 … 다 증언에 의해서 다시 최대한 재현한 거에요. 장선우 인터뷰 중 발췌, 〈KINO〉, 1996. 4 같은 기사.

6) 광주 5·18에 대한 담론 분석은 최정운, 오 월의 사회과학 중 1장. 폭력과 언어의 정치 – 5·18담론의 정치사회학 참고.

7) Maurice Hallbwachs, *On Collective Memory* ed. and trans. by Lewis Coser, Chicago: University of Chicago Press, 1992(1952). Paul Connerton, *How Societies Remember*, Cambridge: Cambridge University Press, 1989. 김성례, "근대성과 폭력: 제주 4·3의 담론 정치", 제주 4·3 제 50주년 기념 학술 심포지움, 1998에서 재인용.

8) Popular Memory Group에 따르면 기억의 사회적 생산을 공적인 재현(public representation)을 통한 지배적 기억(dominant memory)과 사적인 기억(private memory)을 통한 대중적 기억(popular

memory) 두 가지 방식으로 파악하는데, 이 그룹의 Popular Memory는 공식적인 역사 기록이 아니라는 면에서는 같지만, 통합적이고 집합적인 측면보다 파편적이고 사적인 경험을 중심으로 파악한다는 면에서 집단적 기억(collective memory)와 구분할 수 있다. 대중기억과 그 재현에 대해서는 Popular Memory Group의 "Popular memory: theory, politics, method", *Making Histories*, University of Minnesota Press, 1982 참조.

9) 임철우, 관객발언 〈꽃잎〉, 〈씨네 21〉, 47호.

10) "이 영화를 했을 때 근본 취지는 씻고 넘어가 봤으면 하는 희망이에요. 그 기억들을 좀 씻고 새로운 지평으로 넘어갔으면 하는 희망. … 바로 씻김의 구도를 만들어주고 싶어서였어요." 장선우 인터뷰 중 발췌, 〈KINO〉, 1996. 4 같은 기사.

11) 이용기, "5·18에 대한 역사 서술의 변천", 5·18은 끝났는가. 학술단체협의회 엮음. 대통령 담화문 원문은 대통령 비서실, 김영삼 대통령 연설문집, p.185~186, 1994.

12) 국사교과서(6차교육과정, 1996년 발행)의 서술 내용. 이용기의 같은 글에 언급한 것을 인용.

13) 정권이 민주화를 위해 달리고 있으니 더욱 잘하게 채찍질한다는 뜻.

14) 이러한 배경에는 한국에서의 민주적 절차 완성 외에도 현실 사회주의 국가의 몰락이라는 배경이 역시 존재하지만 이 글에서는 이러한 맥락은 생략하도록 하겠다.

15) 언론보도로는 장례식 대열과 기념행사가 겹쳐 충돌이 있었다는 정도만 확인 할 수 있다. 나머지는 당시 현장에서의 기억을 재구성한 것이다.

13

"이제 거짓말을 그만 둬야"
—장선우와의 인터뷰[1)]

다비데 카사로

서울, 2004년 12월 15일
(감독이자 제작자인 박기용이 이번 대화에 참여했고,
인터뷰를 한국어에서 영어로 번역해주었다.)

▌장선우 감독은 1952년 서울에서 태어났더군요. 20대 후반까지만 해도 영화에 별다른 관심을 기울이지 않았던데… 대학 시절에는 한국의 전통극에 참여했다고 하던데, 사실입니까?

▌내가 영화에 관심을 두지 않았던 것은 자연스러운 일이었습니다. 1970년대의 한국 영화는 시시했고 문화적으로도 거의 무가치했습니다. 모든 것이 시시했습니다. 당신도 잘 알고 있듯이 당시에는 엄격한 수입 통제 때문에 할리우드 영화만이 수입되고 있었습니다. 물론 할리우드 영화와 한국 영화를 몇 편 보기는 했지만 그 때문에 내가 영화에 관심을 둘 정도는 아니었습니다. 내가 서울대 신입생이 되었을 때 맨 먼저 접한 것은 한국의 전통극, 그러니까 탈춤과 마당극이었지요. 어느 누

구도 이 전통에 관해 이야기해준 적은 없었습니다. 나도 이에 관해서는 전혀 아는 바가 없었지요. 그렇지만 난 곧바로 그 소리와 이미지에 완전히 매료되고 말았습니다. 처음에는 탈춤에 흥미를 느껴서 탈춤반에 들어갔고 거기에서 나에게 엄청난 영향을 미치게 되는 선배들을 만나게 되었습니다. 그런 점에서 내게는 이것이 정치 운동과 민주화운동에 관심을 갖게 되는 전환점이 되었다고 할 수 있습니다. 이들 선배 사이에서는 김지하 시인이 상징적인 리더가 되고 있었지요. 이어서 나는 마당극에도 흥미를 느끼게 되어 마당극 써클에도 가입하게 되었습니다. 마당극에서 모든 메시지는 대단히 정치적이고 시사적이었고, 첨예한 이슈들을 건드리고 있었습니다.

▌영화에 대한 관심은 어떻게 생기게 되었나요?

▌내가 영화 이미지를 알게되는 최초의 계기는 김지하 시인을 통해서 주어졌습니다. 그 당시 김지하 시인은 자주 영화를 거론하고 있었습니다. 김지하는 에이젠슈체인에 관한 논의를 열어놓기도 했습니다. 영화를 두고 그는 하길종 감독과 끊임없이 토론을 벌였으며, 우리들이 영화를 제작하도록 부추겼습니다. 많은 사람들이 에이젠슈체인을 우리의 전통극이나 그런 문제들과 비교하기 시작했고, 또 이에 관해 글을 쓰기 시작하기도 했습니다. 그런 식으로 해서 영화에 관해 일종의 기본적인 이해가 움트게 되었지요. 그렇지만 그 당시에 나는 영화를 제작하는 일에 뛰어들지는 않았습니다. 내가 정말로 뛰어들게 된 것은 1980년의 광주 사태 때문이었습니다. 광주에서 봉기

가 일어났던 그 해에 나는 세 달 동안 경찰서에서 취조를 받았고 그 이후 세 달 동안에는 감옥에 갇히는 신세가 되었습니다. 이 육 개월 동안 줄곧 내가 생각한 일은 광주에서 벌어진 일을 어떻게 재현할 것인가였습니다. 그때 나는 이런 일을 연극이라는 매체로 한다는 것이 불가능하다고 생각하게 되었고, 그렇다면 이런 일을 하는 데에 적당한 매체는 무엇일까 하는 생각에 골몰했습니다. 내가 영화 제작에 관심을 갖기 시작했던 것은 이런 식이었습니다. 내가 감옥에서 풀려 나온 다음 맨 처음 본 영화가 이장호 감독의 〈바람 불어 좋은 날〉(1980)이었습니다. 이 영화를 보면서 나는 만일 한국 영화가 이 영화처럼만 될 수 있다면 내가 영화 산업에서 할 수 있는 무언가가 있으리라고 생각하기에 이르게 되었습니다.

▌당신이 왜 잡혀갔는지를 물어봐도 될까요?

▌내가 잡혀간 일을 따져보자면… 첫 번째로 잡혀간 것은 70년대였습니다. 1975년 서울대생인 김상진씨가 독재에 대한 항거로 자살을 하는 일이 벌어졌는데, 나는 김상진씨의 장례식을 맡은 그룹의 일원이었지요. 그 이유로 나는 일 년 동안 학교를 떠나 있어야만 했고 일 년 후에는 그 일로 구속되었습니다. 그것이 1976년의 일이었지요. 1980년 당국의 복학조치로 나는 대학에 다시 돌아올 수 있었지만 얼마 지나지 않아서 서울대에서 벌어진 민주화 시위를 조직했다는 이유로 다시 구속되었습니다. 광주항쟁은 1980년 5월 18일에 시작되었지만 나는 그전에 이미 구속되어 있었습니다. 광주에서 벌어진 일은

경찰서의 담당자들로부터 전해들었습니다.

▮ 당신은 70년대에 군부 독재자 박정희와 그의 이른바 유신 통치에 저항해서 싸웠던 대학생 세대의 일원입니다. 어떤 시에서는 이 시대 10여년이 '겨울 공화국'으로 정의되고 있습니다. 그 시절의 분위기를 묘사해 줄 수 있겠습니까?

▮ 일본의 점령 이후 한국 역사 가운데에서 70년대는 최악의 시대였습니다. 모든 문제가 통제되고 있었기 때문에 자신의 의견을 말한다는 것 자체가 불법이었습니다. 정말이지 겨울 공화국이었지요. 모든 것이 암흑에 휩싸여 있었고 얼어붙어 있었습니다. 친구들과 나는 불법 행위를 했다는 이유로 며칠씩 경찰서에 끌려갔던 적도 부지기수였지요. 내가 영화에 뛰어들었던 이유를 하나 더 든다면 무언가 합법적인 일을 하고싶다는 점도 빠트릴 수는 없을 것입니다. 이전에 내가 했던 모든 일이 불법적인 일이었거든요. 예컨대 마당극은 당연히 불법이었지요.

▮ 감옥에서 나온 후로 당신은 영화 서적을 읽기 시작했고 영화 산업에 뛰어들었습니다. 내 기억이 틀리지 않았다면 그때 당신은 이름을 바꿨던 것 같은데요.

▮ 맞습니다. 1980년 이후 처음에는 이장호 감독 밑에서 조감독으로 영화계에 입문하게 되었습니다. 그런데 일년이 지났을 때쯤 몇몇 친구들이 내게 영화 평론을 부탁하는데, 내 본명, 그러니까 장만철은 경찰들에게 너무 잘 알려져 있었고 또 무

슨 큰 데모가 벌어지거나 사회적으로 중요한 이슈가 생길 것 같으면 그때마다 항상 경찰들이 나를 통제하고 감시하게 되니까 내 본명을 걸고 평론을 한다는 것은 너무나 위험한 일이었습니다. 그 당시는 선우완 감독이 이장호 감독 아래에서 제 1 조감독으로 일을 하고 있었을 때였고 또 내가 선우완씨와 일을 함께 하고 있어서, 선우완씨의 성을 내 이름으로 쓰게 되었습니다.

▌그렇다면 어떤 의미에서는 당신은 현재 자기 이름을 갖고 있지 않다고 말할 수도 있겠군요.

▌그렇죠(웃음). 그렇지만 내 의도가 아니었다고는 하더라도 내가 지금 쓰고 있는 선우의 한문 표기가 다르다는 점을 주목하길 바랍니다.

▌그 시절에 당신은 새로운 정치영화를 창조할 것을 내세우는 영화 평론을 쓰기 시작했고, 이어서 영화 각본을 몇 편 썼습니다. 내가 묻고 싶은 점은 당신의 평문들을 지금 어떻게 생각하고 있는가 하는 것입니다. 영화에 관해서, 또 영화의 기능에 관해서 당신이 그때 갖고 있던 생각들을 바꿨습니까?

▌관람평과 평론을 쓰기 위해서 나는 영화를 많이 봤습니다. 지금 내 기억으로도 주목해야 할 영화, 토론을 벌여야 할 영화가 상당수 있었던 것 같습니다. 그렇지만 두 가지 사건으로 인해서 나는 영화 평론을 중단해야 했습니다. 첫 번째 사단은 배창호 감독의 첫 번째 영화 〈꼬방동네 사람들〉(1982)과 관련

된 것인데, 나는 그 영화에 대해 심하게 비판했다고 생각하지 않았지만 배창호 감독으로서는 내 평론으로 큰 상처를 입었던 것 같습니다. 두 번째 계기로, 나는 할리우드 영화 두 편에 관해 서로 스타일을 비교하면서 글을 썼는데, 영화를 논의하면서 정작 다뤘던 것은 영화의 스타일이 아니라 내용이라는 식으로 욕을 먹었습니다. 그래서 두 가지 사건을 겪은 다음에는 영화 평론을 중단하기로 작심했습니다.

내 평론과 관련해서 말하자면, 그 중 몇몇, 예컨대 「열린 영화를 위해서」와 「판소리와 영화」 등을 되돌아보면 그때의 주장들이 지금도 여전히 내가 영화를 제작하는 데에 효력을 발휘하고 있다고 할 수 있습니다. 특히 「열린 영화를 위해서」의 경우, 나의 영화 제작 과정은 내가 썼던 바를 직접 실천에 옮겨놓은 것이라고 할 수도 있습니다. 내가 글에서 썼던 것처럼 영화 제작은 단순히 관습적인 스토리텔링이 아니라 새로운 스타일, 새로운 영화언어 등등을 발견하는 일입니다. 〈나쁜 영화〉는 그런 의미에서 가장 대표적인 경우였습니다.

▌앞에서 밝혔듯이 당신은 이장호 감독의 조감독으로 일했습니다. 내가 어느 글에서 읽은 바로는 이장호 감독이 그 시절에 당국의 검열 압력으로 인해 영화 제작을 포기할 생각까지 가졌다고 하더군요… 간략하게나마 80년대 전반 한국의 영화 산업과 영화 제작이 처해 있던 사정을 그려주면 좋겠습니다.

▌80년대 초 이장호 감독이 〈바람불어 좋은 날〉을 만들었을 때, 제스처에 불과한 것이기는 했지만 정치적 기상도에는 약간의

숨구멍이 트였던 것이 사실입니다. 그렇지만 전두환 정권이 자신의 진짜 얼굴을 드러내고 상황이 다시 70년대로 되돌아가자 곧바로 훨씬 강력한 탄압이 시작되었습니다. 나는 이장호 감독의 다음 영화 〈그들은 태양을 쏘았다〉(1982)의 대본 책임자였는데, 그 영화가 사회의 아웃사이더를 그렸다는 이유로 18군데나 잘려나갔습니다. 나는 큰 충격을 받았고 그래서 과연 내가 영화계에서 계속 활동을 해야할지 혼란스러워졌습니다. 그런데 바로 그 직후 이장호 감독이 〈바보 선언〉(1983)을 만들었을 때는 아무도 그 영화를 건드리지 않았습니다. 하지만 그 영화에는 정치적인 메시지가 담겨있었거든요. 여기에 고무되어 나는 활동을 계속하기로 했습니다. 그 시점에 내가 김지하 시인과 다시 만나게 되어, 내가 일을 계속해야 할지 아니면 그만 둬야 할지 상의를 했던 적이 있었지요. 그런데 김지하 시인은 문제는 그런 일에 있는 것이 아니라는 것이었습니다. 그가 한 말을 그대로 옮겨놓으면, "바로 너의 눈을 바꿔야 하는 거야. 그래야 넌 세계를 바꿀 수 있어." 나는 이 문장을 지금도 잊지 않고 있습니다. 내게는 엄청나게 중요한 말이었거든요. 그리고 그것은 내가 스타일을 찾아내는 데에 심혈을 기울이게 된 이유가 되기도 했습니다.

▌이제 분명하게 되는 것 같습니다. 당신이 영화 경력 초창기에서부터 자신의 스타일을 혁신하고 당신이 다루고자 했던 당대 이슈들에 따라서 매번 자신의 스타일을 변경하려고 했던 이유 말입니다.

▌그렇죠. 그런데 또 다른 중요한 이유가 하나 더 있었습니다.

나는 영화 학교를 다닌 적이 없습니다. 이는 내가 영화를 어떻게 만들어야 하는가에 관해 배운 적이 없다는 것을 뜻하죠. 나는 언제나 새로운 스타일에 호기심을 갖고 있습니다. 새로운 주제를 다룰 때마다 나는 내가 말하고자 하는 바를 제대로 표현하고, 또 무언가 다른 사회를 들여다볼 수 있는 길을 찾기 원했던 것이지요.

▌당신은 자신이 만든 영화 〈화엄경〉의 한 구절, 그러니까 "한 곳에 머물지 마라. 항상 흘러야 한다"는 구절을 인용하길 좋아하더군요. 당신과 당신이 만든 영화들이 항상 무언가 새로운 것을 추구하는 이유 같기도 한데… 당신은 언제가 이점이 자신의 성격에 대한 확고한 생각이라고 말한 적도 있고…

▌김지하 시인이 내게 "너의 눈을 바꿔야 한다"고 한 말에 동의했기 때문에, 또 사회가 엄청나게 혼란스러웠기 때문에 나는 항상 제대로 된 눈, 당대 상황을 보여줄 수 있는 제대로 된 스타일을 찾고자 노력해야만 했습니다. 한 가지 스타일을 고집하지 마라, 이거였죠. 또한 사회가 엄청나게 바뀌었기 때문에 나는 계속 나아가야 했습니다. 그리고 덧보태서 말하자면 내 관심을 사로잡았던 문제 중의 하나는 바로 내 자신을 알고 싶다는 것이었고, 이 모색의 끝은 무엇이 될 것인지, 내가 결국 어떤 스타일로 귀착할 것인지 하는 것이었습니다.

▌스타일의 변화를 간략하게 추려서 말해줄 수 있습니까?

▌처음 두 편의 영화, 즉 〈서울 예수〉와 〈성공시대〉에서 나는 직

접적으로 사회를 풍자하기 위해서 마당극의 연극적인 관습을 사용했습니다. 그렇지만 이 두 편의 초기작 이후로는 리얼리즘으로 되돌아가고자 했습니다. 나는 사회를 있는 그대로 보는 것이 보다 더 중요하다고 생각했던 것이지요. 그래서 〈우묵배미의 사랑〉에서 나는 대단히 리얼리즘적인 영화를 만들었습니다. 그런데 그 이후로는 사회를 전통적인 방식으로 묘사한다는 일이 거의 불가능하다는 점을 느꼈고 그래서 〈경마장 가는 길〉에서는 포스트모더니즘을 사용했습니다. 〈화엄경〉의 경우 한국 사회가 맑스주의로부터 벗어나고 있던 그 당시 나는 사회를 보는 또 다른 방식을 찾아야 하고 불교가 그런 방식의 하나가 되리라고 느꼈습니다. 이번의 경우에는 새로운 사유 방식을 찾는 일이었고 새롭게 보는 방식을 찾는 일이었습니다. 그렇지만 〈화엄경〉은 사회의 현실을 그려내는 방식에 있어서 너무 관념론적이었다고 생각했습니다. 그도 그럴 것이 사회의 현실이 헛 것, 너무나 헛 것이라는 식이었거든요. 그래서 〈너에게 나를 보낸다〉에 이르게 되는데… 이 경우 스타일을 부를 명칭이 마땅치 않는데… 난 이 작품 역시 스타일을 찾아가는 길 가운데 하나였다고 생각합니다. 나는 새로운 길, 사회의 현실을 그려낼 수 있는 새로운 스타일을 찾으려고 노력했던 것이지요. 〈한국 영화 씻김〉은, 말하자면 내가 만든 최초의 다큐멘터리 영화인 셈인데, 그 당시에는 다큐멘터리를 만든다는 것이 대단히 흥미로운 일로 다가왔습니다. 이 경험은 내가 〈나쁜 영화〉를 만들 때 큰 영향을 미쳤습니다. 광주항쟁은 내게 항상 엄청나게 무거운 부담으로 존재했는데, 바로 그 광주항쟁을 다룬 영화 〈꽃잎〉으로 나는 이 부담을 덜고 싶었습니다. 그래서 나는 내 다큐멘터리 영화에서 사용해 본 무속, 샤머니즘을 이 영화에 도입했습니다. 〈나쁜 영화〉는 거칠 정도로 자유로운 스타일로 되어 있습니다. 어쩌면 너무나 거칠다고도 할 수 있을 것입니다. 궁극적인 자유를 원했다고 할 수 있죠. 내겐 영화 제작을 시작하기 전에 어떤 것도 결정하지 않는 버릇이 있습니다. 〈거짓말〉의 경우 나는 〈나쁜 영화〉로부터 벗어나고 싶었습니다. 그런데 이번에 시도한 특정한 영화 스타일은 내게 잘 맞았다는 느낌을 갖게 되었습니다. 내가 그 동안 찾아 헤매었던 스타일이 아닐까 하는 생각이 들 정도였지요. 그렇지만 〈성냥팔이 소녀의 재림〉으로 이미지와 장르적 요소들을 많이 사용하면서 이 스타일을 거스르려고 노력을 기울였습니다. 사이언스픽션 같기도 하고, 물론 사이언스픽션만은 아니었죠. 또 장르적인 요소들을 거부하기도 하고 포용하기도 하고…

▮영화에서 당신은 다양한 주제와 스타일을 실험하기는 했지만, 우리가 당신에 대해서 갖고있는 관심의 핵심은 민족, 종교, 남자와 여자, 그들의 상호관계라고 말할 수 있을 것 같은데요?

▮그 말에 동의합니다. 그렇지만 좀 더 정확하게 말하자면 나는 섹스와 정치, 그리고 그 자체로 종교이기도 한 진리, 이 세 가지가 주된 관심사라고 말하겠습니다. 이 세 가지가 내게는 주된 의문입니다. 바로 이 세 가지로 더 없이 행복할 수도 있고, 지극히 불행할 수도 있다, 이런 이유 때문이죠. 물론 이 세 가지 문제의 순서는 서로 뒤바뀔 수 있습니다. 나는 무엇이 첫째

고 무엇이 마지막인지는 알지 못합니다.

▌섹스와 관련해서 당신은 영화에서 섹스의 용도나 특징을 말해 줄 수 있겠습니까?

▌나는 섹스와 정치가 분리될 수 있다고 믿지 않습니다. 섹스에서도 정치와 마찬가지로 언제나 누군가는 지배하고 누군가는 지배당합니다. 또 섹스는 우리 사회의 반영이기도 합니다. 우리 사회는 엄청나게 많은 모순들로 들끓고 있습니다. 나는 만일 우리 사회가 민주적이지 않다면 섹스에서도 똑같은 일이 반영된다고 생각합니다. 그렇기 때문에 이러한 문제들이 내 영화에서 계속 다시 등장하고, 섹스 속에서 그려집니다. 섹스를 통해서 당신은 우리 사회의 현 상태를 볼 수 있을 것입니다.

▌그래서 섹스에서 언제나 누군가가 지배하고 누군가가 지배당한다고 생각하나요?

▌난 섹스만이 진정으로 정치적일 수 있다고 생각해요. 〈경마장 가는 길〉에는 한 여자를 지배하는 남성이 등장합니다. 여자는 지배당하고는 있지만 남성으로부터 탈출하기를 원합니다. 〈너에게 나를 보낸다〉의 경우 섹스에 관한 이슈들은 모두 정치적입니다. 예컨대 레퍼토리 극단의 대표로서 권력 게임을 하는 한 인물이 등장하는데, 그 사람은 권력을 얻기 위한 방도로 섹스를 이용합니다. 물론 그 역의 모습도 등장하죠. 이런 식으로 영화 모두가 그 당시의 사회를 반영합니다. 한국은 이제

보다 자유롭고 민주적인 사회가 되었고, 그런 점에서는 상황이 바뀌었다고는 생각합니다. 이제 어쩌면 내가 무언가 진정한 사랑을 다루는 영화를 만들 수 있을 상황이 도래했는지도 모릅니다. 그렇지만 옛날에는 달랐지요… 한국은 그런 긴 역사를 안고 있습니다. 2차세계대전 이후, 그러니까 일본의 식민지 점령이 끝난 다음에도 한국 사회와 한국 역사는 일본 점령기 동안에 벌어졌던 일들을 제대로 다룰 수 없었기 때문이기도 하죠. 당신도 잘 알고 있듯이 우리는 오랜 동안 군사 독재를 겪어야만 했던 것입니다. 이 시대 내내 섹스는 자신을 표현하는 유일한 길이었습니다. 〈우묵배미의 사랑〉에서 주인공들 간의 관계는 대단히 정상적이며, 지배하는 사람이나 지배당하는 사람이 등장하지 않았습니다. 그들은 사랑을 나누는 기층 민중들이었던 거죠. 물론 그렇다고 해서 그들의 관계를 정치적인 방식으로 볼 수 없다고 말하는 것은 아닙니다.

▮종교에 관해서는 어떤 생각입니까? 당신의 영화 경력을 쫓아가면 당신은 불교, 도교, 샤머니즘, 기독교라는 네 가지 종교를 다뤘다고 도식적으로 말할 수 있을 것 같은데… 어떤 때는 종교가 영화 전체를 주도하기도 하고, 어떤 때는 종교가 비교적 간접적으로 다뤄지기도 하고… 이런 여러 종교에 대한 관심은 어디에서 유래한 것입니까?

▮내가 종교에 관심을 갖는 것은 바로 내 자신이 누구인지, 난 어디에서 온 것인지 항상 스스로에게 묻기 때문입니다. 불교 용어에 '업'이라는 말이 있습니다. 그 뜻을 설명하는 것이 쉽지는 않을 것 같은데… 어쩌면 일종의 운명이라고 말할 수도

있을 것 같습니다. 바로 그 '업'이 내가 종교에 관심을 두게 된 이유입니다. 만일 전생이 있다면 난 아마도 중이었거나 목사였을 것입니다. 그러니까 종교에 몸담는 사람 말입니다. 언젠가 최면에 걸려 내 과거를 본 적이 있었는데, 내가 중이더라고요.

▮그렇다면 왜 여러 종교를 이용하나요?

▮진짜 종교는 같은 것이고 모든 종교는 같은 것을 추구한다고 생각하기 때문이죠. 예컨대 기독교에서는 저 세상에 행복이 존재한다고 말합니다. 불교에서 말하기로는 행복이란 네 안에 있다고 하죠. 궁극적인 목표는 낙원이고 행복입니다.

▮작품들에 관해 이야기하기에 앞서서 당신 영화에 등장하는 인물들에 관해 일반적인 질문을 하고 싶습니다. 〈화엄경〉의 주인공만을 예외로 하면 인물들은 자본주의의 순환 고리 가운데에서도 주변부 출신들이죠. 그들은 언제나 욕망에 이끌려가고, 부끄러움을 잘 타며, 행동이 서투르다는 특징을 갖고 있으며, 대체적으로 항상 성적으로 억압받고 있으며, 물리적으로 폭력적이더군요… 왜 그렇죠? 당신은 무엇을 염두에 두었던가요?

▮난 성공하는 인물이나 지배 계급에 속하는 인물과 같은 주류 영화의 인물들에는 흥미를 못 느낍니다. 아마도 내가 좋아했던 맑스주의의 영향일 지도 모릅니다. 그렇지만 실제로 서구 철학의 맥락에서 보자면 내가 처음으로 흥미를 느꼈던 사람은 내가 고등학교 시절에 읽었던 니체였습니다. 나중에 가서 니

체에 대한 내 관심이 맑스주의에 의해 변모되었다고 할 수 있겠죠. 니체의 초인 사상이 내 영혼에 극단적인 강조점을 새겨놓았다고 한다면 맑스주의는 그 강조점을 사회적으로 가지지 못한 자들 쪽으로 옮겨놓게 했지요. 그리고 이어서 우리는 이러한 변화를 불교의 자비 사상으로 통합할 수 있었습니다. 이는 대중과 관계된 것이기는 했지만 어떤 계급적 문제는 아니었습니다. 말하자면 이 땅 위에 살고 있는 모든 존재들에 대한 연민을 펴나가는 일이죠. 이런 의미에서 나는 니체 철학에서 맑스주의로, 그 다음에는 불교로 옮겨간 것이라고 할 수 있습니다. 결국 불교적인 관점에서 나는 모든 사물에 연민을 느낀다고 할 수 있죠. 그렇지만 이 연민이 성공한 사람들 쪽으로 향하는 것이 아니라 고통과 슬픔을 안고있는 사람들 쪽으로 향하고 있습니다. 이러한 관점이 자연스럽게 내 영화 속으로 스며들고 있다고 할 수 있을 것입니다.

▌1985년에 당신이 쓴 대본 두 편은 결국 당신의 처음 두 편의 영화, 그러니까 〈서울 예수〉와 〈성공 시대〉로 만들어졌습니다 … 〈서울 예수〉에 관해 이야기하고 싶은데… 그 작품은 당신이 선우완 감독과 더불어 겪었던 그 힘겨웠던 언더그라운드 경험의 한 결실이라고 할 수 있겠고 … 그 시절에 대해, 그리고 두 감독의 합작에 대해 어떤 기억을 갖고 있습니까?

▌그 시절을 돌아보면서 당신은 우리가 독립적으로 영화를 제작했기 때문에 그 영화를 두고 '독립 영화'라고 말할 수도 있을 것입니다. 선우완 감독과 공동 작업을 하게 된 데에는 몇 가

지 이유가 있었습니다. 내가 대본을 쓰기는 했지만 난 감독으로서 충분한 경험을 갖고 있질 못했죠. 그래서 그 분으로부터 얼마간 도움을 받아야 했고, 또 그 작품이 독립영화로 만들어졌기 때문에 재원을 마련하기 위해서도, 어떻든 무언가 물건이 되기 위해서는 그 분의 도움이 필요했습니다. 그 분은 대단히 훌륭한 분으로 언제나 나를 도와주었습니다. 공동 연출한다는 것이 대단히 어려운 일이기는 했지만 지금까지도 여전히 대단히 만족스러운 공동 작업이었고 좋은 경험이었다는 생각을 지울 수 없습니다.

▌그 영화가 전두환 정권 동안 벌어졌던 한국 사회의 도덕적 타락을 다뤘다고 말할 수 있겠습니까? 그 영화에서 정치적으로 가장 도전적인 요소는 무엇이라고 손꼽을 수 있겠습니까?

▌내가 원래 생각했던 플랜으로는 불행한 종결이었지만, 검열과 여러 가지 사정으로 일종의 코메디처럼 예수의 부활로 끝을 맺는 행복한 종결로 만들었습니다. 십자가에 못 박히는 장면으로 끝내려던 것이 부활로 옮겨간 것이죠. 지금 돌이켜 생각하면 잘한 선택이었습니다. 좋은 종결이었죠. 그래서 요즈음 나는 일종의 업보로 볼 수도 있고, 그 시절, 그러니까 내가 지금에 이르게 된 출발점으로 되돌아가는 것이라고도 볼 수 있겠지만, 〈천 개의 고원〉이라는 일종의 어린이 영화가 될 새로운 영화를 만들 계획을 하고 있습니다. 말하자면 난 지금 〈서울 예수〉가 내가 만들 새로운 영화의 모델과도 같다고 생각하고 있습니다. 나는 정치나 그 밖의 많은 일들을 넘어서고

싶고, 어린이의 느낌을 유지하고 싶습니다. 물론 당신이 지금 다시 보아도 그 영화를 정치적인 방식으로 읽을 수 있겠습니다만, 내 생각으로는 그것은 쓸모없는 일이 될 것이고, 특히 지금에 와서는 더더욱 그렇습니다. 그런 면이 그렇게 중요하지는 않습니다. 물론 그 당시에 서울은 정치적 상황의 상징이었고, 또 욕망과 타락의 상징이었습니다. 그러나 지금에 와서는 그런 정치적인 이슈에 초점을 맞추지 않는 편이 더 좋을 것입니다. 선우완 감독과 나는 영화를 편집할 당시에 검열을 두려워했기 때문에 많은 장면들을 삭제했습니다. 이 때문에 영화가 정치적인 비유들을 잃고 말았습니다. 그 영화를 정치적인 영화로 본다는 일 자체가 무의미하게 됐던 것이죠. 이런 일들이 강압으로 행해진 것은 아니었습니다. 영화를 검열당국에 제출하기 전에 이뤄졌던 일이죠. 나의 영화 경력을 요주의 감독으로 시작하고 싶지는 않았기 때문에 나는 검열에 통과되기를 원했던 것이죠. 또한 영화에서 어떤 요소들이 잘려나갔는지를 내 자신이 이야기하고 싶지도 않고요.

▮당신은 언젠가 〈서울 예수〉에서 보여준 것과 당신이 단독으로 작가 겸 감독으로 만든 〈성공 시대〉 사이에 창작상으로 어떤 중요한 차이가 있다고는 생각하지 않는다고 말할 적이 있던데…

▮맞습니다. 사회를 풍자하는 방식에서 이 두 영화 사이에 어떤 중요한 차이가 있다고는 지금도 여전히 생각하지 않습니다. 당신도 이 두 영화 사이에 중요한 차이가 없다고 말할 수 있을 것입니다. 그렇지만 두 영화를 서로 비교하게 된다면, 〈서

울 예수〉가 그 영화에 등장하는 어린이에 더 가깝고, 어린이의 느낌과 시선 쪽으로 더 기울고 있다는 점을 알 수 있을 것입니다. 그러나 〈성공 시대〉의 경우 나는 자본주의에 관해 이야기하고 싶었고, 좀 더 큰 목표를 갖고 있었습니다. 물론 이 점을 만족시키지는 못했지만…

▮글을 보면 당신은 〈성공 시대〉의 제작자와 여러 가지로 충돌을 자주 겪었고, 그 때문에 원래의 대본과 영화의 기조에 변형이 많이 가해졌다고 쓰여있던데… 그 점에 관련해서 말해줄 수 있겠습니까?

▮제작자와의 갈등은 주로 돈과 테크놀로지에 관한 것들이었습니다. 특히 주인공이 하늘로 승천하는 것으로 되어 있는 마지막 장면이 그랬고… 그 장면은 컴퓨터 그래픽을 상당히 필요로 하는 것인데, 그 당시로는 불가능한 일이었죠. 그래서 대본을 바꿔야 했죠. 그런데 사실 그 장면이 내게는 가장 중요한 장면이었거든요. 그 장면은 김지하 시인과 이야기하면서 나온 장면이었고, 난 바로 그 장면을 위해서 영화를 만들고 싶었단 말이죠. 바로 이점이 내가 그 영화에 대해 아직까지도 불만을 갖고 있는 점입니다. 그 장면이 빠진 채로 만들어진 영화를 보고 많은 사람들이 오해하게 된 것은 당연한 일이겠지요. 영화는 원래 반자본주의 영화이고자 했는데, 그 장면을 찍지도 않았으니 영화가 대기업체의 광고 영화로 사용되고 만 것이지요.

▮그 핵심 장면이 어떤 것이었나요?

▌주인공은 죽은 다음 하늘로 올라갑니다. 심지어 죽은 다음까지도 주인공은 자신이 맡은 업무를 수행하려고 하는 겁니다. 그런데 하늘나라 역시 이미 자본화 되어 있고, 통제를 받는 거예요….

▌그 이후의 작품들은 〈나쁜 영화〉와 〈성냥팔이 소녀의 재림〉을 제외하면 한국에서 잘 알려져 있는 소설을 기초로 하고 있습니다. 대략적으로나마 각색 과정에서 당신이 어떤 역할을 하는지 이야기해 주겠습니까?

▌각색을 하게 된 첫 번째 이유는 창작 시나리오 대신 소설을 기초로 할 때 훨씬 더 편안한 마음이 들기 때문입니다. 전에 말하기도 했지만 난 관객과, 대중과 의사소통을 하길 원합니다. 그리고 소설의 경우 그것이 성공이었든 실패였든 소설에 그려진 이슈는 당대의 뜨거운 이슈이어서 나는 그러한 의사소통을 할 수 있는 훌륭한 통로로 여기고 있습니다. 예컨대 〈경마장 가는 길〉의 경우 그 소설 자체가 포스트모더니즘 논쟁에 불을 붙인 작품이었고, 내가 소설을 선택한 이유도 바로 그러한 뜨거운 문화적인 이슈 때문이었습니다. 〈거짓말〉의 경우에도 역시 그 소설은 뜨거운 이슈였고 또 작가가 구속되었기 때문에 분쟁을 일으키는 이슈였습니다. 그렇지만 이 두 가지 소설을 제외하면 다른 경우에는 베스트셀러는 아니었습니다.

각색에 관해서 말하자면, 내 출발점은 영화 언어와 문학은 서로 다르다는 것입니다. 그래서 나는 보통 내가 선택한 소설의 문학적 측면에는 거의 의존하지 않습니다. 〈경마장 가는 길〉은 유일한 예외인데, 그 소설의 작가가 대본을 집필했기 때문이었죠. 나는 그때 그것이 제대로 된 대본을 만드는 길이라고 생각했거든요. 내가 했던 유일한 작업은 그가 써놓은 대본 중 많은 부분을 내버리는 일이었습니다. 너무 길었거든요.

▮〈우묵배미의 사랑〉과 〈경마장 가는 길〉은 당시, 그러니까 한국 역사 가운데에서 특별했던 한 시대에 각각 노동계급의 좌절과 지식인의 자기 현실을 대변했다고도 볼 수 있을 것입니다. 이 점에 관해서는 어떻게 생각합니까?

▮〈우묵배미의 사랑〉을 만들던 시절에는 맑스주의가 여전히 강한 영향력을 발휘하고 있었고, 나 역시 맑스주의에서 가능성을 찾았지요. 그렇지만 이 영화 이후 러시아와 동구에서 공산주의가 붕괴했고 그러한 역사적 사건을 계기로 해서 나는 지식인이 과연 사회를 뒤바꿀 수 있는지, 또 지식인이 대중을 이끌어갈 수 있는지에 의문을 갖게 되었습니다. 이러한 사건들을 겪은 다음에는 지식인의 자기 현시를 생각하게 되었지요. 그렇지만 현실을 사실주의적으로 묘사하기보다는 초사실주의적으로, 그러니까 하이퍼리얼리즘적으로 묘사하고 싶었습니다.

▮이 두 영화에서는 상황 설정, 세팅도 중요하다고 생각되는데, 이점에 관해서는 어떻게 말할 수 있겠습니까?

▮〈경마장 가는 길〉에 나오는 주인공은 파리에서 한국으로 귀국하게 됩니다. 나는 이러한 지식인이 뿌리 없는 인간들임을 보여주고 싶었죠. 주인공의 시선은 외국인의 시선과 다를 바가 없어요. 이러한 관점에서 나는 한국의 지식인과 한국 사회의

진실을 보여주고 싶었던 거죠. 영화에서 두 인물 간의 관계는 지식인들 사이에서, 특히 그 당시에, 행해지고 있었던 결혼 생활을 보여주는 일종의 은유이기도 합니다. 그들은 서로 사랑하지 않고 그저 마주칠 뿐이며, 서로 상대방을 필요로 하기 때문에 섹스를 하는 것이지요.

▮나는 〈경마장 가는 길〉을 상당히 좋아했습니다. 당신이 제목에 관해 해석을 해주면 좋겠는데, 당신이 언젠가 제목과 스토리의 관계가 희미하다고 말하기도 했지만 어쩌면 그 점이 새로운 사고방식에 접하는 열쇠가 될 것 같기도 합니다. 매혹적인 마지막 장면도 그렇고… 끝 장면은 원래 그렇게 계획된 것이 아니었나요?

▮먼저, 나는 그 제목을 대단히 좋아합니다. 그건 불교의 '화두'와도 비슷하죠. 제목 때문에 사람들은 경마장이 어디에 있는지, 영화가 왜 이따위 제목을 달고 있는지, 경마장이 이 스토리와 무슨 관계에 있는지 등등을 묻게 됩니다. 그래서 아주 좋은 제목인 거죠. 끝 장면은 정말로 계획된 그대로라고 할 수 있습니다. 원작에 나오는 장면이기도 하죠. 사실 난 그 끝 장면 때문에 그 영화를 만들고 싶었습니다. 스토리가 진행되는 동안 사실 아무 일도 일어나지 않죠. 그런데 바로 그 끝 장면에서 주인공은 글을 쓰기 시작합니다.

▮주인공이 시골 풍경과 그 곳에 사는 사람들을 보면서 글을 쓰기 시작한다는 것이 그렇게 중요합니까?

▮그 점은 중요하기도 하고 중요하지 않기도 하죠. 사실 일상

생활에 불과한 것이고 무언가 유별난 점도 별로 없죠. 그렇지만 이러한 정상적인 일상 장면 속에서 주인공은 무언가를 발견합니다. 바로 그 장면에서 끝이 제목과 만나게 됩니다. 연관성은 그 순간에 생기는 것이죠.

▮1992년 12월 마침내 군인 출신이 아닌 최초의 대통령, 김영삼씨가 선출되었죠. 한국의 새로운 정치 현실 때문에 영화 감독으로서의 당신의 이력에 어떤 변화가 생기지는 않았나요?

▮나는 군사독재와 김영삼 정권 사이에 별다른 큰 차이가 있었다고는 생각하지 않습니다. 내가 〈화엄경〉을 만들고 베를린 영화제에서 상을 받았을 때 청와대로부터 초청을 받아서 김영삼씨와 저녁 식사를 같이 하고 그로부터 훈장을 받기도 했죠. 그렇지만 그 후 〈너에게 나를 보낸다〉를 만들게 되면서 또 다시 검열 당국과 부딪히게 되었습니다. 김영삼 정부와 김대중 정부를 거치면서 나는 검열 당국과 더 많은 갈등을 빚었죠. 정말로 아이러니였죠. 나는 다른 어떤 사람들보다도 민주주의를 더 동경했지만 정권이 바뀌는 것만으로는 충분치 않다는 점을 깨닫게 되었습니다. 변화되어야 하는 다른 것들이 산적해 있는데, 그런 일로 해결되는 것은 아니더란 말이죠. 사정은 지금까지도 별로 변하지 않았습니다. 태도나 입장이나 시각에서 나는 별다른 차이를 못 느낍니다.

▮당신은 언젠가 한국 사회가 다른 어떤 사회보다도 훨씬 더 많은 내부 갈등들로 들끓고 있으며, 그것을 바꾼다는 것은 거의 불가능하다고까지

말했는데…

▮한국 사회를 바꾸는 것이 불가능하다고까지는 생각하지 않습니다. 내 생각으로는 지금 한국 사회가 바뀌어 가는 중이지만 변화의 열망에 비해 변화가 너무나 느리다는 거죠. 한국 사람 각자가 현실 속에서 그리고 현재 생활에서 행복해야 한다는 점에서는 한국 사회가 바뀌어야 한다는 것입니다. 그렇지만 가장 중요한 일은 사회를 바꾸는 것이 아니라 각자 자신이 변화하고 내적인 자아가 변화해야 한다는 것이죠. 과거에는 혁명이 사회와 역사를 변화시키는 유일한 방도라고 생각했지만, 지금에는, 현재와 같은 사회에서는, 보다 더 효과적인 방도는 명상이나 기도라고 생각합니다. 이것이 더 내적이죠. 그런 맥락에서 내적인 자아를 변화시키지 않고 사회를 변화시킨다는 것은 불가능하다고 생각합니다.

▮앞서 당신이 말했듯이 〈화엄경〉에서 고차원적인 세계를 보여준 다음 〈너에게 나를 보낸다〉로는 정반대의 극단으로 나아갔습니다. 이 영화는 장정일의 소설을 각색한 두 편의 영화 가운데 하나인데, 그 소설에 관해서 이야기를 해줄 수 있겠습니까? 장정일의 글에 대해 어떤 특별한 친화성이라도 느끼고 있는 것입니까?

▮나는 반복하기를 싫어합니다. 내 생각에는 똑같은 일을 반복하는 사람이야말로 가장 모자라는 사람이죠. 나와 작업을 두 번 같이 한 유일한 배우로는 문성근이 있고, 나와 작업을 두 번 같이 한 유일한 작가로는 장정일이 있습니다. 내가 도달하고 싶었던 가장 높은 차원을 보여준 작품이 〈화엄경〉이었지

만, 이 영화를 만든 다음에는 최고의 차원으로부터 내려오고 싶었고, 그때 내가 발견한 것이 한국 사회의 쓰레기 모습을 다루는 장정일의 소설이었습니다. 그래서 〈화엄경〉 이후 나는 싸구려 현실을 다루고 싶었습니다. 내가 그 소설을 좋아했던 이유는 그 소설이 극도로 파편적이기 때문이었습니다. 소설에서 나는 쓰레기가 신성할 수 있으며, 마찬가지로 신성함이 쓰레기에 불과하다는 사실을 알게 되었습니다. 바로 이 점이 내가 그 소설을 선택하게 된 이유였습니다. 그 작가를 내가 좋아했기 때문은 아니었습니다.

▮ 그렇게 의도적으로 비속한 풍자를 선택하게 된 주된 목적이 현대 한국 사회의 허위적인 가치였다거나 어떤 유형의 문학 생산과 문학 비평이 보여주는 자기 현시였다고 이야기할 수 있겠습니까?

▮ 그렇다고 할 수 있습니다. 올바로 된 것을 도무지 찾아볼 수 없기 때문에 사회 전체를 의문에 부쳐야 한다는 생각을 가졌던 거죠. 민주주의가 이뤄진 후로 무엇이 벌어졌고, 무엇이 변했는가 하고 묻고 싶었습니다. 이 점은 〈화엄경〉에서도 다를 바가 없었지만 이 영화에서 의도했던 바가 성공하지 못했기 때문에, 같은 문제를 다른 방식으로 제기하고 싶었던 셈이죠. 나는 주인공이 책을 내던져버리면서 운전기사로 행복하다고 말하는, 소설과 영화의 마지막 장면을 좋아합니다.

▮ 〈성냥팔이 소녀의 재림〉을 예외로 한다면 이 영화가 당신 영화 가운데에서 가장 복잡하면서도 가장 야심찬 영화 같던데요.

▮〈너에게 나를 보낸다〉만이 아니라 내가 만든 영화 모두가 야심차죠. 〈성냥팔이 소녀의 재림〉을 예외로 하고 〈너에게 나를 보낸다〉만이 복잡하다는 데에는 동의할 수 없습니다. 왜냐하면 〈서울 예수〉로 시작할 때부터 나는 하나의 단순한 의미가 아니라 여러 가지 많은 의미로 영화를 만들어왔습니다. 그러한 개념, 그러한 사고로 진행된 일종의 과정이었던 것이라고 말할 수 있죠. 그래서 그 영화를 만들 당시 나는 이번 새 영화에서는 복잡하지 않고 단순하게 하자고 작정했죠. 그렇지만 그게 대단히 어렵더라고요.

▮〈너에게 나를 보낸다〉와 함께 당신은 또한 애니메이션 장면을 사용하기 시작했습니다. 〈꽃잎〉과 〈나쁜 영화〉처럼 그 다음으로 만들어진 영화에서도 그렇고… 애니메이션을 사용하는 특별한 이유라도 있습니까? 이처럼 서로 대단히 다른 영화에서 애니메이션 장면은 어떤 기능을 합니까?

▮첫 번째 이유는 내가 너무 게으르기 때문이라고 할 수 있습니다. 그러니까 촬영하기가 너무 어려운 장면들에서는 촬영 대신 애니메이션을 쓰는 거죠. 두 번째 이유로는 〈너에게 나를 보낸다〉에서 그랬듯이 정말로 남성 성기를 풍자하고 싶은데, 당연한 일이겠지만 그것을 실제 연기로 한다는 것이 불가능했기 때문이라고 할 수 있습니다. 그래서 애니메이션을 사용할 필요가 생겼던 거죠. 〈꽃잎〉의 경우 애니메이션을 사용했던 것은 여자 주인공이 만화 보기를 좋아하는데, 애니메이션이 그 여주인공의 환상을 그려주기 때문이었습니다. 그리고 〈나

뻔 영화〉에서는, 거기에 등장하는 십대들은 삶을 게임과 같은 것으로 상상하거든요. 말하자면 각각의 영화에서 애니메이션 장면들은 서로 다른 의미와 서로 다른 이유를 갖는다고 말할 수 있습니다.

▮ 이 영화는 크게 성공을 했고, 박광수 감독의 〈아름다운 청년 전태일〉과 거의 같은 시점에 영화관에 걸렸습니다. 민감한 부분을 다루는데도 두 영화가 상영된 거죠. 몇 년 사이에 검열 제도가 크게 변했다는 구체적인 징후로 볼 수 있나요.

▮ 물론 큰 변화가 있었죠. 그렇지만 같은 시점이었는데도 검열 당국은 〈아름다운 청년 전태일〉을 승인하면서도 〈너에게 나를 보낸다〉의 경우에는 17분이나 잘랐습니다. 물론 대부분은 섹스 장면이거나 노골적인 언어 부분이긴 했습니다. 그나마 지금은 부산국제영화제 집행위원장을 맡고 있는 김동호씨가 그 당시에 검열 당국(공연윤리위원회)의 위원장이었기 때문에 17분을 자른 다음에 영화가 상영되기라도 할 수 있었죠. 만일 다른 사람이 위원장을 맡고 있었더라면 사정은 전혀 달랐을 것이라고 확실하게 말할 수 있습니다.

▮ 잘리지 않은 판본이 남아있지 않나요?

▮ 예, 불행하게도 남아있지 않습니다. 부천 국제판타스틱영화제에서 언젠가 원본을 보여달라고 요청을 해와서 한번 이야기가 나온 적이 있었습니다. 그런데 원본을 찾는 일이 불가능하더라고요. 네거티브 필름이나 잘려나간 부분이 어디에 있는지

도무지 찾을 수가 없었습니다.

▌같은 해에 당신은 〈한국 영화 씻김〉이라는, 한국 영화에 관한 다큐멘터리에서도 감독을 맡았습니다. 내가 듣기로는 그 영화가 대단히 큰 논쟁을 불러일으켰다고 하더라고요. 당신이 한국 영화의 역사를 단순히 이야기만 했던 것이 아니라 한국 역사의 정신적 상처, 트라우마에 초점을 맞췄다는 식으로…

▌그 다큐멘터리에 대한 비판은 내가 한국 영화의 역사를 보여주지 않았기 때문이라기보다는 내가 영화계의 몇몇 중요한 이름들을 언급하지 않았다거나 몇몇 중요한 인물들이 영화에 아예 등장하지도 않았기 때문에 생겼다고 생각하지요. 그 다큐멘터리에는 여배우 강수연이 빠져 있고, 제작자 이태원도 등장하지 않습니다. 안성기도 〈만다라〉 삽입부에서만 잠깐 나옵니다. 많은 사람들이 언급되지도 않았고, 모습이 전혀 비춰지지도 않았죠. 그들이 불평을 터트리는 이유도 이 점 때문이죠. 그런데 다큐멘터리를 그런 식으로 만들겠다는 것이 나의 애초의 의도였습니다. 나는 대단히 개인적인 다큐멘터리를 만들 수 있다고 해서 그 제안을 받아들였던 것입니다. 나는 아무런 계획도 없이 우리 역사에서 한국 영화는 무엇이었는가 라고 묻는다는 구도만을 갖고 있었고, 그래서 당연히 그 다큐멘터리를 그렇게 끝냈던 것입니다.

▌그 다큐멘터리의 시작과 끝을 무당의 굿이 장식하는데, 그런 생각은 어떻게 갖게 되었나요?

▌다큐멘터리에서 무당이 벌이는 굿은 '씻김굿'이라고 하는데, 여기에서 '씻김'이란 당연히 씻어낸다는 것을 뜻하지요. 한국의 비극적인 역사에서는 매일반이겠지만 한국 영화 역시 탄압을 모면할 수 없었고, 그런 의미에서 굿의 의도는 그러한 우리나라의 역사와 영화를 치유한다는 것이었죠.

▌그 다음 1996년에, 그러니까 당신이 영화를 시작한 후 15년이 지난 후에 당신은 광주 학살을 다룰 수 있게 되었습니다. 그럴 때가 되었다고 생각한 특별한 이유라도 있었습니까?

▌처음 이야기를 시작할 때 말했듯이 나는 항상 광주를 다룬 영화를 만들고 싶었습니다. 그렇지만 1996년 이전에는 아무도 그런 영화를 만들려고 하지 않았습니다. 여전히 너무나 뜨거운 이슈였기 때문이죠. 과거에 여러 제작자들에게 청했지만 아무도 엄두를 내려고 하지 않았습니다. 그런데 1996년이 되자 새로운 제작사와 새로운 제작자가 나를 찾아와서 자기들은 광주를 다룬 영화에 관심을 갖고 있다고 말하더라고요. 또 제작자 자신이 광주 출신이었습니다. 이것이 1996년에 벌어진 일의 전말이죠. 만일 내가 1996년 이전에 광주를 다루는 영화를 만들 기회를 얻었다면 그것은 아마도 보다 더 다큐멘터리적인 스타일이 되었을 것입니다. 왜냐하면 앞에서도 이미 말했듯이 내가 영화를 만드는 데에 관심을 두게 되었던 동기가 다름 아닌 바로 그 광주에서 벌어진 것을 재현하는 일이기 때문이었죠. 그렇지만 1996년은 이미 너무 많은 시간이 지난 다음이었고, 그래서 나는 그런 일이 무의미하다고 생각하게 되

었습니다. 내가 〈꽃잎〉을 다큐멘터리와는 다른 방식으로, 마치 '씻김굿'처럼 만들게 된 이유였습니다.

■ 대부분의 사람들은 〈꽃잎〉이 국가가 저지른 과거의 만행을 고발할 것을 기대했지만 당신은 그 사건을 역사적인 관점이라기보다는 오히려 심리적인 관점에서 접근하는 예기치 않은 통로를 택했고, 잔혹하다거나 야만적이라고 할 수 있는 충동들에 초점을 맞췄습니다. 왜 그랬던 거죠?

■ 그 당시에는 광주의 진상이 이미 여러 가지 방식으로, 이를테면 신문이나 책으로, 또 텔레비전으로도 밝혀져 있었습니다. 또 국회에서는 광주 청문회가 열렸고… 그렇게 해서 진상 대부분은 이미 거론되고 밝혀졌던 거죠. 그래서 나는 진상을 다시 말해야 할 필요가 없었습니다. 그리고 그때까지도 나는 여전히 광주라는 무거운 하중에 눌려 있었기 때문에 그 무게로부터 벗어나길 원했습니다. 내가 정반대의 방식을 택한 이유도 이 때문이라고 할 수 있습니다. 잔혹하다거나 야만적인 모습이 그려진 것도, 나는 학살을 단지 군인들만이 행한 것이 아니라 우리 모두가 행했다고 생각했기 때문이었죠. 내 생각으로는 그렇게 잔혹하고 야만적인 행동은 어느 때든 저질러질 수 있으며, 영화에서 남자 주인공이 자행했던 것처럼 그런 행동은 내부 자아에서 시작되는 것이죠. 예컨대 부시가 저질렀던 행동이나 지금 이라크에서 행하고 있는 행동을 보십시오… 그런데 부시는 미국 시민들이 뽑은 사람이기도 하거든요. 당신이 자기 얼굴과 자기 이름을 감추게 된다면 당신도 언제든지 그렇게 잔혹하고 야만적일 수가 있습니다.

▮ 당신에게는 그 영화가 역사적인 사건의 부담을 내려놓을 수 있게 했다고 말하기는 하지만, 당신은 전적으로 만족하는 것 같지는 않은데…

▮ 아니죠. 나는 무거운 부담을 내려놓았다고 생각합니다. 왜냐하면 무당의 굿이 그런 것처럼 당신도 굿을 한 다음에는 당신이 엄청나게 무거운 부담으로부터, 고통으로부터 벗어나게 될 것이고, 나 역시 〈꽃잎〉으로써 일종의 굿을 벌였다고 느꼈습니다. 내가 그 영화에 등장하기로 결심했던 것도 같은 이유 때문이었습니다. 그 영화에서 마지막 두 번째로 나오는 장면에서 나는 버스의 승객으로 등장합니다. 버스를 타고 있는 승객들은 말 그대로 정말 관객입니다. 그들은 사건을 바라보고 있으며 나도 그러한 관객 중의 한 명이었다고 말하고 싶습니다. 〈꽃잎〉은 내가 그것을 보면서 울었던, 그것도 내가 감독을 맡은 영화를 보면서 울었던 내 최초이자 마지막 영화입니다. 나는 여자 주인공이 무덤 앞에서 엎드려서 그 날을 기억하는 장면 내내 울었습니다. 그 장면이 영화 가운데에서도 핵심적인 순간이죠. 그리고 사실 무당의 굿이 다루는 것도 그런 순간이죠. 당신의 고통으로부터 당신을 벗어나게 한다는 겁니다… 나는 어떤 영화에도 만족하지는 못하고, 나의 야망이 채워질 수도 없죠. 그렇지만 영화의 바로 그러한 훌륭한 부분 때문에 내가 영화를 하는 것입니다. 그것은 만족이나 불만족의 문제와는 다릅니다.

▮ 어떤 글에 쓰여 있기로는, 특히 마지막 부분에서 그러한데, 〈꽃잎〉은 그 영화를 보는 사람들로 하여금 그 어린 주인공이 실제로 존재했느냐에

의문을 갖게 하는 것 같습니다. 당신은 광주에 대한 생각이 한국 사람들의 일상 생활 속에서 자리잡고 있는 유령이라고 암시하길 원했던가요?

▮맞습니다. 나는 관객이 영화에 나오는 네 명의 친구 중의 하나이길 바랬습니다. 물론 여자 주인공은 허구죠. 그 여주인공은 실제로 광주항쟁이 벌어지는 동안에 실존하지는 않았습니다만 이것이 중요한 일은 아니죠. 나는 관객이 광주의 내부 사유 속으로 들어가길 원했습니다.

▮1997년이라는 해는 당신이나 한국이 흥분하기에 충분한 한 해였다고 생각됩니다. 당신은 자기 작품들에 대한 최초의 회고전이 두 번이나, 한 번은 로테르담에서, 다른 한번은 샌프란시스코에서 열리게 되는 영광을 누렸죠. 또한 〈나쁜 영화〉를 완성한 해이기도 했습니다. 아마도 한국 영화의 역사에서 가장 큰 논쟁거리가 되는 영화일 것 같은데… 또한 1997년은 한국의 문화계에서 사회적 격론이 벌어진 해이기도 했고, 금융 위기가 벌어진 해이기도 했죠. 그때를 당신은 어떻게 기억하고 있습니까?

▮1997년이 나에게는 어떤 특별한 의미를 갖고 있지는 않습니다만, 그 해에는 가출 십대들이 커다란 사회적 문제로 부각되었고, 나는 이미 줄곧 교육제도를, 그리고 십대들의 세계와 그들의 삶을 다루는 영화를 만들 생각을 하고 있었습니다. 마침 기회가 찾아왔고 그런 영화를 만들게 된 것이 1997년이었던 거죠.

▮당신이 언젠가 이런 말은 한 적이 있더군요. 모든 영화가 거짓말이다라고 말입니다. 그런데 〈나쁜 영화〉와 〈거짓말〉에서, 또 어떤 의미에서

는 〈성냥팔이 소녀의 재림〉에서도 당신은 그 거짓말을 허구와 동의어인 것처럼 암시하는 것 같더군요.

▮〈성냥팔이 소녀의 재림〉의 경우 영화 후반부에 암시가 나옵니다. 왜 내가 영화를 만들었는지 내지는 게임에서 최종 승자가 어떻게 되는지에 관련된 부분이죠. 암시는 불교 경전의 하나인 『금강경』에 나오는 말로서 "모든 현상은 가상이며, 길은 현상 너머에 있다"는 구절입니다. 이 구절을 깨닫게 될 때 진리에 이르게 되는 셈이죠. 달리 말하면 진리나 거짓과 같은 것이란 없다는 뜻이기도 하죠. 만일 상상 세계가 단순히 데이터로만 이뤄진 것에 불과하다면 현실 역시 데이터로 이뤄진 것에 불과할 것입니다. 고통은 진리와 거짓을 나눌 때, 모든 사물을 데이터로 이해할 때 시작됩니다. 그런데 문제는 실제로 사람들의 지식이 그저 사실과 데이터로만 이루어져 있다는 데에 있습니다. 모든 영화가 거짓이며, 모든 예술이 가짜고, 우리의 삶이 가짜로 넘쳐난다고 말한다면 그것이 전적으로 틀린 말만은 아니지요.

▮〈나쁜 영화〉에 나오는 어느 대사 가운데 "'나쁜'이라는 말은 그때마다 무언가 다르게 들린다"는 말이 나오더군요. 이 말이 지닌 여러 가지 의미가 당신의 생애 모두를 지적한다고도 할 수 있을 텐데…

▮내가 그 '나쁘다'는 단어를 사용했을 때 내 자신이 좀 더 자유롭게 되는 듯하다고 느꼈습니다. '나쁘다'라는 단어가 지닌 통상적인 의미로부터 내 자신이 자유롭다고 느꼈을 때 비로소 그 '나쁜' 거리 소년들이나 어린 여자들과 섹스하는 것만을 궁

리하는 그 '나쁜' 중년 아저씨들이나 그들이 갖고 있는 또 다른 측면들을 볼 수 있게 되었습니다. 사회와 사람들의 이면을 볼 수 있었던 셈이죠. 여기에서 과연 무엇이 좋은 영화인가 하는 의문이 생기더군요. 무엇이 진짜이며 무엇이 가짜인가라고 말했던 것과 마찬가지로 우리는 무엇이 좋은 것이며 무엇이 나쁜 것인가에 질문을 던져야 하는 것이죠.

▮〈나쁜 영화〉에서 당신은 한국 사회의 진짜 아웃사이더들을 묘사했습니다. 거리의 아이들, 노숙자 등등 말입니다. 무엇 때문에 당신은 그러한 프로젝트에 뛰어들었고, 통념을 벗어난 실험적인 스타일을 사용했습니까?

▮나는 영화 하나를 끝낼 때마다 매번 다음에 만들 전혀 다른 영화를 생각하기 시작합니다. 이 경우에는 앞에서도 말했지만 내가 감독을 맡아서 다큐멘터리 영화를 찍었을 때의 경험이 큰 영향을 끼쳤습니다. 내가 거리의 아이들과 인터뷰를 했을 때, 고정된 관습적인 스토리 진행과 장면들로는 이들의 세계를 보여주는 것이 불가능할 것 같다는 생각이 퍼뜩 들더라고요. 또한 앞에서 언급하기도 했지만 내가 「열린 영화를 위하여」라는 글을 썼던 생각도 들고 해서 종결이 없이 계속 시작하는 그런 '열린 영화'를 만들고자 했습니다. 전에도 열린 영화를 만들고자 항상 노력을 하기는 했지만 항상 성이 차지 않았던 터라, 프로젝트를 접하게된 순간 이번이야말로 열린 영화를 정말로 만들어 볼 수 있는 절호의 기회가 아닌가 하고 생각했습니다.

■〈나쁜 영화〉에서 정말 인상적이었던 부분은 쾌락과 절망, 선과 악 사이에 놓여있는 애매한 경계 지대를 들춰낸다든가 영화에서 맨 마지막 순간까지 거칠고 난폭한 면이 고조된다는 점이었는데… 당신은 어떻게 생각하나요.

■ 애매함은 앞에서 말했듯이 실제로도 의도적인 것이었죠. 선과 악, 이것과 저것, 현실과 환상의 경계선이란 무의미하죠. 애매한 면들이 많으면 많을수록 내게는 그 영화가 더 만족스럽게 느껴집니다. 당신도 잘 알고 있겠지만 〈성냥팔이 소녀의 재림〉은 혼돈의 세계이고, 애매성 이상의 것이죠. 거칠고 난폭한 면이 고조된다는 것도 너무나 당연한 일이었는데, 고정된 스토리 진행이란 전혀 없었거든요. 나는 그 영화를 내가 카메라로 잡은 현실의 파편 조각들로 만들어냈으니까 너무나 당연한 일인 거죠. 강물과 같은 겁니다, 정말로 그 영화는 강물처럼 흘러요, 강은 끝에 다다라가면서 더욱 더 넓어지지 않습니까. 경계가 없어지게 되죠. 인터뷰라는 점에서는 모든 에피소드들이나 인물들이나 모두 실제 현실이고, 모든 배우들도 실제로 거리의 아이들이기 때문이죠. 물론 몇몇 부분이 만들어진 것이기는 하지만…

■ 당신은 〈나쁜 영화〉가 고통스럽고 우울한 경험이었다고 말한 적이 있습니다. 또 격렬한 비판 때문에 자신이 감독을 계속해야 할 지도 심각하게 고민했다고 하던데…

■ 전반적으로 보면 그것이 나로서는 나쁜 경험은 아니었던 것 같습니다. 다만 두 가지 측면에서 우울했는데, 하나는 노숙자

들과 함께 연기를 했던 배우들에 관련된 것입니다. 자신들이 실제 노숙자들과 행동을 같이 해야 했지만 실제 노숙자로 보여지지 않았기 때문에, 배우들로서는 대단히 고통스러웠던 거죠. 그래서 결국 배우들이 떠나고 말았지만… 나는 그들이 연기했던 부분들은 거의 전부 잘라냈습니다. 두 번째는 최정우 촬영감독에 관한 것인데, 그도 촬영이 진행되던 중간쯤에 이런 식으로는, 아무런 정해진 계획도 없이 더 이상 할 수 없다고 말하곤 떠나고 말았습니다. 배우들이 떠나고, 또 촬영감독마저도 떠나는 모습을 바라본다는 것은 정말로 불행한 일이었죠. 외견 상으로는 내가 최정우씨를 해고했지만 실제로는 이런 식으로는 더 이상 할 수 없다고 그가 내게 말했던 거죠. 배급이 끝나고 몇 달이 안되어서 나는 제주도로 날라 가버렸습니다. 제작자가 약 30분 정도를 잘라냈다는 사실을 알았을 때 나는 정말로 크게 상처를 입었죠.

▌그 이후, 그러니까 1999년에는 제작자 신철씨가, 영화 검열당국과 싸우겠다는 의도도 없지는 않았지만, 당신에게 새로운 일을 제안했지요. 이번 경우에는 판매 금지가 내려진, 말하자면 훨씬 더 '나쁜' 소설, 바로 장정일의 소설 〈내게 거짓말을 해봐〉를 영화로 각색하자는 것이었죠. 처음에는 내키지 않아 하다가는 결국 그 제안을 받아들였죠. 왜 그랬던 거죠?

▌마음에 내키지 않았던 주된 이유는, 앞에서도 말했지만 동일한 작가와 함께 일을 또 다시 할 생각이 없었기 때문이었습니다. 또한 〈나쁜 영화〉가 큰 논란을 불러일으켰기 때문에 뭐하러 그보다 훨씬 더 큰 논란을 불러일으킬 프로젝트에 뛰어

드나 하는 생각이 들기도 했고… 그 소설로 작가는 이미 구속되어 있었고, 내가 그것을 영화로 만들 경우 어쩌면 나 역시 구속될 수도 있고, 아니면 적어도 커다란 분쟁에 휘말려들 수도 있었죠. 내겐 전에도 여러 번 구속된 경험이 있었고, 정말로 붙잡혀 가고 감방에 갇히는 것이 싫기도 했죠. 왜 내가 고생을 자초합니까? 실제로는 〈성냥팔이 소녀의 재림〉 때문에 신철씨를 찾아갔는데, 그가 말하기로는 이 작품을 먼저 하고 그 다음 순서가 〈성냥팔이 소녀의 재림〉이라는 거예요. 그렇게 해서 나는 〈성냥팔이 소녀의 재림〉을 만들고 싶었기 때문에 〈거짓말〉을 만들게 된 겁니다! 그런데 어느 날 '색즉시공'이라는 불교 경구를 보는데 이상한 감정이 엄습하더라고요. 그 경구는 모든 현상이 텅 빈 것이라는 뜻이죠. 그래서 만일 내가 어린이의 마음으로 이번 프로젝트에 임한다면 아무도 싸움을 걸어오지 않으리라는 생각도 드는 거예요. 거의 포르노와 다를 바가 없는 스토리를 지닌 말썽 많은 소설이기는 하지만, 만일 내가 내 자신의 마음을 비우고 이 소설을 영화로 만든다면 뭐가 문제냐 하는 생각이 고개를 드는 거죠. 그때 생각으로는 사람들도 이런 방식으로 받아들이리라는 것이었죠… 그래서, 또 다시… 만일 이것과 저것의 경계가 없으며, 포르노와 비포르노의 경계가 없다면… 물론 사정이 그렇게 돌아가지 않았죠. 영화를 그렇게 받아들였던 사람은 하나도 없었습니다.

▮촬영에 들어가서 앞서 "이 이야기는 낙서처럼 찍어야 한다"고 했다고 하더군요. 또 "너는 무엇을 판단하려고 하느냐? 바로 그 판단하려는 욕

망부터 버려라. 우리는 정말 한판 놀아 보려고 한다! 그런데 뭐가 문제냐?"라고도 했고요. 이 두 구절은 정확히 무얼 뜻하는 것인가요?

▮ 내가 '낙서'라고 썼을 때 그것은 서구의 표현, 즉 '그래피티'(graffiti)와는 상당히 다른 의미를 갖습니다. 한국에서 '낙서'라고 말할 때는 이를테면 조그마한 '나쁜' 그림이고 '나쁜', 보통은 성적인 뜻을 지닌 문장을 가리키죠. 아마 당신이 공중화장실에 가보면 종종 그런 것을 볼 수 있을 것입니다. 공중화장실에서 낙서를 쓰거나 그린다고 해서 누가 잡혀가는 일은 생기지 않죠. 누구에게도 해를 입히는 것은 아니란 말이죠… 이런 식의 생각이 내가 그 영화를 찍으려고 할 때 가졌던 대체적인 생각이었습니다. '놀이'라는 점과 관련해서는, 우리는 이제 어린 아이들처럼 놀아보겠다는 것이 내 의도였습니다. 그러니까 판단하지 말고, 이것은 옳고 이것은 틀렸다고 말하지 말자는 것이었죠.

▮ 〈거짓말〉은 일하는 것만 빼놓고 무엇이든 하는 두 사람에 관한 영화이기도 합니다. 남자 주인공 '제이'가 하는 말 중에는 이런 구절이 있습니다. "빌어먹을! 일하지 않고서는 살 수 없단 말이야? 여길 도망치자!" IMF 위기 이후 몇 년간 정말로 이런 요소가 대부분의 한국 관객을 뒤흔들어 놓는 말이었나요?

▮ 〈나쁜 영화〉에서 내가 노숙자들을 보여줄 때에도 나는 이와 비슷한 느낌을 가졌습니다. 일을 열심히 하고 생산적으로 활동한다는 것이 과연 삶을 더 행복하게 할 수 있는가 하고 생각했던 거죠… 그래서 그런 의문을 내 스스로에게 던져보았던

것입니다. IMF를 겪으면서 나는 이전에 한국 사람들이 세계에서 가장 열심히 일하는 사람이었다는 데에 의문을 품게 되었습니다. 무슨 일이 벌여졌던가를 보면 알죠… 또한 일을 열심히 하기보다는 욕망을 잘라내고, 모든 것을 잘라내고, 모든 것을 줄이는 것, 이것이 행복하게 되는 최선의 길이라고 생각했죠. 영화에 나오는 주인공들처럼 말입니다. 이들은 거의 아무 일도 하지 않거든요. 그런데 바로 이 부분이 관객들을 매우 화나게 만들었다는 생각이 들더군요!

▮〈거짓말〉은 베니스 영화제 경쟁 부문에 선정되었죠. 그때 경험이 어떠했습니까? 나는 많은 사람들이 이 영화를 보고 웃어버렸다는 데에 놀랐죠. 그런 반응을 기대했던가요?

▮어떤 점에서 나는 베니스에서의 상황을 즐겼습니다. 한국에서와 마찬가지로 어떤 사람들은 그 영화를 괴롭혔지만 어떤 사람들은 그 영화를 좋아했기 때문이었죠. 바티칸까지 나서서 그 영화로 나를 비판하는 메시지를 보냈지만 그건 즐거운 일이었습니다. 다만 나를 슬프게 만들었던 한 가지는 심사위원장이었던 에밀 카스투리차가 내 영화를 좋아하지 않았다는 점이었습니다. 사실 나는 그의 영화를 대단히 좋아하는데 말입니다. 그런 점에서 우울했죠.

▮전체적으로 볼 때 당신 영화에서 제기된 여러 가지 이슈들이 그렇게 사회적으로 논란을 불러일으킬 정도였습니까? 만일 그렇다고 한다면 한국 사람들에게만 그런 것입니까, 아니면 외국 사람들에게도 그런 것입

니까?

▮ 상황이 같으면, 그러니까 사회가 마찬가지일 경우라면 내 영화가 논란을 불러일으킬 것이라고 생각합니다. 그렇죠, 내 영화는 논란을 불러일으키게 되어 있죠.

▮ 그 다음에 〈성냥팔이 소녀의 재림〉 작업에 들어갔죠? 거기에서 당신은 인터넷과 가상 현실의 시대에 들어선 한국 사회를 그리고자 했죠. 그런데 이번 제작과정이야말로 당신의 이력 중에서도 가장 논란을 크게 불러일으켰던 것 같던데…

▮ 예산이 불어난 데에 대해서는 큰 책임감을 느끼고 있습니다. 제작과정 중에 세 번에 걸쳐 예산이 크게 불어났습니다. 처음에는 300만 달러로 시작했는데, 이어서 500만 달러로 늘어났고, 마지막에 가서는 900만 달러 내지 1000만 달러로 끝나게 되었습니다. 그런데 원래 그렇듯이 나는 항상 당대의 뜨거운 이슈에 흥미를 갖고 있었고, 〈성냥팔이 소녀의 재림〉에서는 인터넷과 가상 현실이었습니다. 이러한 주제에서는 당신도 정말로 스토리를 확실하게 붙잡을 수는 없을 것입니다. 이야기가 계속 움직이고 이동하는 것이지요. 이것이 제작의 규모와 예산이 바뀌게 된 요인이 되었지요. 아마 제작자가 이 점을 알았더라면 처음부터 제작에는 아예 손도 대지 않았을 겁니다! 또 다른 요인은 내가 액션 영화를 처음으로 만들게 되었다는 점이었습니다. 액션 장면에 관련해서는 내가 아무런 사전 경험도 없었다는 거죠. 그래서 나는 액션 스턴트에게 대단히 복잡한 장면을 요구했고 그래서 우리는 수도 없이 반복을

해야만 했고… 그 점에 대해서 책임을 통감합니다.

▮나는 〈성냥팔이 소녀의 재림〉이 한편으로는 독보적이고 흥미진진한 환상적 영화라고 말한 적이 있습니다. 비디오게임의 주제들을 사회문화적인 척도로 이용하는, 말하자면 '기술유희적'(테크노류딕) 영화의 표상이라고 말할 수 있다는 것이었죠. 그렇지만 다른 한편으로는 그 영화는 '예술 블랙버스터'라는 형용모순이기도 합니다. 엔터테인먼트, 서사의 실험, 종교적인 조망 등을 융합하려고 했다는 거죠. 당신 생각은 어떠합니까?

▮당신이 말한 바에 모두 동의합니다. 앞에서도 말했지만 그 영화는 온통 혼돈입니다. 영화는 거의 장르 영화와 다를 바가 없는 것 같기도 합니다만 실제로는 그렇지도 않죠. 그리고 영화를 본 순간의 느낌에 따르면 이것이 영화인 것은 분명한데 동시에 게임이기도 하단 말입니다. 작품의 의도는 당신이 접근하는 방식 그대로 게임 비슷하거든요. 영화 중간 부분에서 접근이 금지된 지점에 도달하게 되는데, 사람들은 자기 시선이 고정되는 지점에 따라서 여러 가지 다른 관점을 경험하게 됩니다. 이때 그것이 자신들의 취향에 맞지 않으면 그것을 제쳐놓을 수도 있습니다. 나는 사람들이 이 영화를 게임처럼 대하기를 원했던 거죠. 그렇지만 원했던 대로 되지는 않았던 것 같습니다. 이 영화를 즐겼던 사람들과 만나보면 나도 매우 즐겁습니다. 그래서 비디오게임에서 그런 것처럼 그 사람에게 상금을 줘야 할 것 같은 생각이 들기도 합니다. 물론 유감스럽게도 그렇게 하지는 못했지만… 최근 미국의 애니메이션 감독인 빌 플림턴을 만난 적이 있었는데, 쿠엔틴 타란티노가

〈성냥팔이 소녀의 재림〉을 좋아한다고 전해주던데… 그렇다면 타란티노도 그 게임에서 승리자가 된 셈이죠.

▮당신은 최근 나에게 이런 말을 했죠. 내가 만든 영화 중에서 다른 어떤 것보다 더 애정을 쏟았지만, 다른 것보다 더 성공적이지는 못했다고 말입니다. 이 말이 정확히 무슨 뜻이죠?

▮내 말은 그런 영화들이 사람들로부터 충분한 관심과 주목을 끌지 못했다는 뜻입니다. 어떤 영화가 상업적으로 성공을 거두게 되면 수많은 토론을 불러일으키고, 그 결과 일종의 완결감을 주게 됩니다. 그러면 나도 그 영화를 잊을 수가 있게 되죠. 그런데 내가 말한 그런 영화들에 대해서는 토론이 좀 더 필요하지 않았는가 하는, 아니면 잘못 상영되지 않았나 하는 감정을 갖고 있습니다. 특히 최근의 세 편, 그러니까 〈나쁜 영화〉, 〈거짓말〉, 〈성냥팔이 소녀의 재림〉이 그렇죠. 이 영화들에는 토론과 주목이 보다 더 있어야 했기 때문에 이 영화들에 대해 일종의 미안한 마음을 갖고 있습니다. 이 세 편의 영화에 비한다면 이전의 영화들은 상당히 많은 주목을 받았고, 그런 만큼 많은 사람들이 보기도 했고 구석구석 토론에 올려졌죠. 그렇지만 〈나쁜 영화〉에 관한 논의는 청소년보호법에 관한 논쟁 와중에 실종되고 말았고, 〈거짓말〉도 음란물 논쟁에 가려 사라지고 말았죠. 〈성냥팔이 소녀의 재림〉의 경우 사람들은 내가 그 영화를 만드는 데에 얼마나 돈을 쏟아 부었나에 관해서만 알고 싶어 했습니다. 약간 부끄러운 면이죠. 이전의 영화들에 비한다면 〈나쁜 영화〉, 〈거짓말〉, 〈성냥팔이 소

녀의 재림〉은, 이 작품들에서 그동안 내가 겪은 모든 문제들에 대한 일종의 해답을 찾았다고 생각했기 때문에, 또 이를 극한에까지 밀고 나아갔기 때문에, 나로서는 가장 만족감을 느꼈던 영화들이었거든요.

▮당신이 만든 영화들 중 상당수가 성공적이었고 국내 영화상도 여러 번 탔는데도 당신의 글을 보면 자신은 일종의 국내 망명을 하고 있다고 되어 있습니다. 한국에서 당신의 영화를 받아들이는 데에 어떤 어려움이 있었다고 생각합니까?

▮그렇습니다. 부분적으로는 그렇습니다. 한국 관객과 비평가들은 내 영화를 전반적으로, 그러니까 초기작에서부터 최근작에 이르기까지 전체로 보지 않고, 부분적으로만 봅니다. 어떤 비평가들은 〈우묵배미의 사랑〉을 통해 나를 보고, 다른 비평가들은 〈성냥팔이 소녀의 재림〉을 통해 나를 봅니다. 그래서 어떤 감상자는 〈우묵배미의 사랑〉과 같은 영화를 더 만들라고 하고, 다른 감상자는 〈꽃잎〉과 비슷한 것을 만들라고 합니다. (이때 박기영 감독이 끼어들어서 장선우의 영화는 사람마다 제각각 다르게 보고, 그래서 그의 그림을 전체로 본다는 것이 대단히 어려우며, 그런 점에서는 정말로 퍼즐과 같다고 말한다.)

▮20년의 경험에 비추어서 자신의 영화 감독으로서의 삶에 대해 전반적으로는 어떻게 회고할 수 있겠습니까?

▮내 생각으로는 영화 감독에게 가장 중요한 점은 자기 자신을

영화 제작으로부터 분리하지 않아야 한다는 점인 것 같습니다. 당신도 잘 알고 있듯이 나는 내가 만든 다큐멘터리에 〈한국 영화 씻김〉이라는 제목을 부쳤습니다. 영어 제목으로는 *Cinema on the Road*가 되는데, 여기에서 길, '로드'라고 말할 때 그것은 삶을 뜻하기도 하고 삶의 방식을 뜻하기도 합니다. 영화 제작이란 하나의 삶의 방식이라는 생각이죠. 그 중에서 가장 좋은 방식은 양자를 통합한 방식일 것입니다. 양자가 떨어져 있을 때 그것이 좋은 방식은 아니죠. 그런 점에서 나는 영화 제작과 나 자신을 분리시키지 않으려고 무진 애를 쓰는 거죠… 영화를 만들면서 나는 좀 더 나아가길 원합니다. 오늘 어떤 스님을 만나고 왔는데, 그분의 말씀이 예술이란 도(道), 길이라는 거예요. 나는 그분의 말씀에 전적으로 동의합니다. 그러한 태도가 없이는 너는 관객을 속이게 되거나 네 스스로가 불행해질 것이다, 그런 거죠.

▌자기 자신을 어떤 모습으로 그리고 있는지를 묻고 싶은데… 당신 성격의 모든 면모를 요약한다는 것은 대단히 어려운 일이 되겠죠. 다른 사람들은 당신이 괴짜고 게으르다거나 미련하다거나 고집스럽다고 말합니다. 그런데 다른 사람들은 당신이 냉소적이고, 도착적이고, 성에 강박되어 있다고 합니다. 나 자신은 몇 달 전 읽은 짤막한 문장을 아주 좋아합니다. "그는 꿈쩍도 않는 썩어빠진 세상에 대해 도전하는 전사의 적개심을 자신의 그 조용하고 섬세한 얼굴 밑으로 결코 감추지 않았다."

▌저는 제가 착한 사람이라고 생각해요. 그렇지만 한국어에서 '착하다'는 말은 대단히 미묘해서 여러 의미를 품고 있습니다.

통상적으로 한국에서 '착하다'는 말은 '너 정말 착한 애구나'라고 말할 때처럼 나이 먹은 사람이 어린 아이들에게 할 때 쓰입니다. 〈우묵배미의 사랑〉에서 그랬던 것처럼 내가 도덕적인 문제들에 직면했을 때 나는 내가 착한 사람이라고 생각하기 때문에 사람들이 아무리 나를 비판한다고 하더라도 그들을 받아들일 수 있습니다. 내가 착한 사람이 아니었다면 나는 그 영화를 만들 수 없었을 것입니다. 그렇지만 이와 동시에 나는 대단히 이기적이기도 합니다. 혹시 다큐멘터리 *Jang Sun-Woo Variations* 가운데 박중훈씨가 나와 함께 〈우묵배미의 사랑〉을 만들 때 겪었던 일을 이야기하는 부분을 당신이 기억하고 있는지 모르겠는데, 거기에서 박중훈씨가 자기는 그때 얼어죽을 정도로 추웠는데 장선우는 자기를 거들떠보지도 않더라는 말을 합니다. 몇몇 사람들은 내가 꼭 뱀파이어 같다고 해요. 남의 재능을 속속들이 빨아먹는다는 거죠. 나는 집에서도, 가족 생활에서도 아주 이기적이죠. 비교한다는 것이 어처구니없는 일이기는 하지만 부처님도 대단히 이기적이었습니다. 부처님은 자기를 위해 자기 나라도, 자기 가족도 내던졌습니다. 그렇다면 이기심에도 두 얼굴이 있다고 할 수도 있을 것입니다. 부처님은 자신의 이기심으로써 대중을 구제했습니다. 반면 내가 열심히 일을 한다면 그것은 내가 계속 움직여 나아갈 수 있다는 것이고, 어쩌면 이러한 나의 이기심을 통해서 다른 사람들을 기쁘게 할 수 있을 지도 모르죠. 나폴레옹이라는 다른 별명이 하나 더 있는데, 내가 사람들을 이쪽 산에서 저쪽 산으로 끌고 다닌다는 것이 예요. 나는 표변을 잘 합니다. 그렇지만 이 불안정함이 살아있는 모든 것들의 권리이기도 합니다.

■ 지난 번에 〈성냥팔이 소녀의 재림〉의 엄청난 실패와 재정적인 손실로 영화를 계속 만들 수 있는지 걱정된다고 말하면서 어쩌면 앞으로 한두 편 영화를 만들고는 영화계를 떠날 지도 모른다고 했는데… (이때 박기용 감독이 덧보탠 주석에 따르면, 장선우는 옛날에도 이런 말을 수도 없이 했다고 한다.)

■ 나는 계속 할 수는 없으리라고 느끼고 있습니다. 주로 세 가지 이유에서 그렇습니다. 첫째 나는 거의 20년 넘게 영화를 만들어왔습니다. 나는 쉽게 지치는 편이거든요… 그런 점에서 나로서는 내 영화 작업이 너무 길게 이어졌던 것이 아닌가 하고 생각하고 있습니다. 둘째로 한국 영화계의 사정이 지난 몇 년 사이에 바뀌었습니다. 당신도 잘 알고 있듯이 과거에는 온갖 종류의 영화가 한국에서 제작될 수 있었습니다만 이제 사정이 달라졌습니다. 특히 자금과 투자 부문에서 그렇습니다… 이제는 거의 유일하게 주류만이 존재하죠. 수익을 내는 영화냐 수익을 내지 못하는 영화냐, 이런 것이죠. 이 점이 내가 만들고 싶어하는 유형의 영화를 만드는 데에 가장 큰 난관이 되는 셈이죠. 마지막 세 번째 이유로 나는 정말로 진실을 찾을 때까지, 깨달음을 얻을 때까지 거짓말을 중단해야 한다고 생각한다는 점이죠. 그래서 어쩌면 영화 한 편을 끝낸 다음에는 거짓말을 중지할지도… 나는 중이 될지도 모릅니다. 어쩌면 노숙자가 될지도 모르죠. 나는 모든 것을 버려야 하고, 내 자

신을 비워야 합니다. 어쩌면 그 다음에 가야 영화를 만들 이유를 다시 발견할지도 모르죠.(웃음). 진지한 엔딩말입니다.
(번역; 조만영〈서울대 박사과정〉)

▮ 주석

1) 이 인터뷰는 제41회 '국제 뉴시네마 전시회'(페사리오 국제영화제)가 조직한 장선우 회고전을 계기로 해서 이루어졌다. 이탈리아어로 된 이 인터뷰는 다비데 카사로, 『최근의 한국 영화와 장선우의 작품들』(베네치아: 마르실리오, 2005)에 처음 실렸다. 인터뷰의 몇몇 부분들의 영역본을 검토해 준 바케트씨에게 다시 한번 더 감사를 표한다.

저자약력

▌김소연 서울여대 영문과, 홍익대 대학원 미학과 및 University of Kent at Canterbury, Film and Art Theory 석사과정을 졸업했고 중앙대 영상예술학과 박사과정을 수료했다. 현재 도서출판 시각과 언어 편집장이며 단국대 강사이다. 주요 논문으로는 「장르적 상상력과 실재적 리얼리즘의 윤리학」, 「복수는 나쁜 것?: 박찬욱의 복수 연작의 주체성에 관한 정신분석적 접근」 등이 있으며, 번역서로는 『삐딱하게 보기』, 『항상 라캉에 대해 알고 싶었지만 감히 히치콕에게 물어보지 못한 모든 것』, 『영화에 관한 질문들』 등이 있다.

▌문재철 연세대 전자공학과를 졸업하고 중앙대학교에서 영화학으로 박사학위를 받았다. 현재 중앙대 첨단영상대학원에 조교수로 재직중이며 계간 〈영화언어〉의 편집위원이다. 영화와 시선 시리즈 중 『공동경비구역 JSA』와 『박하사탕』에 필자로 참여한 바 있으며 최근에 쓴 글로는 「디지털 테크놀로지의 마술성 연구」, 「한국영화에서 작가(주의)담론의 역할에 대한 연구」 등이 있다.

▌이종은 한국예술종합학교 영상원 영상이론과 전문사 졸업. "90년대 한국, 그 욕망의 투사: 한석규와 심은하"(한국형 블록버스터, 아틀란티스 혹은 아메리카), "이만희의 〈귀로〉: 내셔널 시네마와 젠더 정치학"(영화언어 2004년 봄호) 등의 글을 썼으며, 영상원에서 한국영화사 강의를 하였다.

▌정여울 서울대 국어국문학과 박사과정 수료. 현재 한신대 및 충북대 강사. 지은 책으로 『아가씨, 대중문화의 숲에서 희망을 보다』(2006) 등이 있다.

▌조윤주 서울대학교에서 국문학을, 서강대학교 언론대학원에서 영화를 공부했다. 대중문화와 관련된 각종 기획, 출판, 원고 작업을 해왔다. 현재 독립작가. 논문이나 평론을 쓰면 소설이 되고, 소설을 쓰면 에세이가 되고, 에세이를 쓰면 논문이 되어버리는 재능을 가지고 있다.

▌천정환 성균관대 동아시아학술원 연구교수, 서울대 국문학과 박사. 저서로는 『근대의 책 읽기』, 『끝나지 않은 신드롬』, 『혁명과 웃음』 등이 있다.

▌한창호 영화평론가. 「중앙일보」사에서 기자로 일할 때(1988~1997) 매주 수요일 동료들과 영화토론 모임을 가졌는데, 그 인연으로 영화 공부를 시작했다. 1995년 『할리우드 장르의 구조』를 동료와 함께 번역하면서 영화의 세계로 점점 매혹돼 들어갔다. 1997년 이탈리아로 유학, 1998년부터 2004년까지 볼로냐 대학에서 영화학을 공부했다. 「에로스와 타나토스: 루키노 비스콘티의 멜로드라마 연구」라는 제목의 논문으로 볼로냐 대학의 학위(라우레아)를 받았다. 2006년 현재 한국예술종합학교 영상원 등에 출강하며, 「씨네 21」을 비롯한 여러 매체에 영화평을 기고하고 있다. 지은 책으로 『영화, 그림 속을 걷고 싶다』, 『필름 셰익스피어』(공저), 『영화, 미술의 언어를 꿈꾸다』가 있다.

▌김창환 연세대학원 국문과 박사과정 수료. 논문으로는 「윤동주 시 연구－윤리적 주체의 형성과정과 타자현상을 중심으로」, 「1950년대 후반기 동인의 시론과 영화의 상관성 연구」, 「처음 그려넣은 콧수염－그때 그 사람들」 등이 있으며 저서로는 『영원한 시작－정현종과 상상의 힘』(2005, 공저)이 있다. 연세대, 경희대에 출강하고 있다.

▌남다은 연세대학원 비교문학협동과정을 「고요한 광기의 언어: Jean Rhys의 작품 속에 나타난 히스테리아」로 석사 졸업함. 현재는 동대학원 박사과정에 재학 중. 2004년 「씨네 21」 영화 평론가상 당선 후 영화평론가로 활동중.

▌사이토 아야코 齊藤綾子(さいとう あやこ) University of California at Los Angeles에서 영화학 박사취득. 동경국립근대미술관필름센터객원연구원 등을 거쳐 현재 명치학원대학문학부 조교수. 전공은 영화이론, 페미니즘영화비평. 공편저로 『「신」 영화이론집성 「新」映畵理論集成』(전2권, 필름아트사, 1998, 1999년), 공저로 "Endless Night: Cinema and Psychoanalysis, Parallel Histories"(The University of California Press, 1999년), 『영화여배우 와카오 아야코映畵女優 若尾文子』(미스즈서방, 2003년), 『영화의 정치학 映畵の政治學』 세이큐사, 2003년)『남자들의 연대 아시아영화의 호모소셜한 욕망 男たちの絆 アジア映畵 ホモソーシャルな欲望』(헤이본사, 2004년), 『파스빈더ファスビンダー』(겐다이시쵸 신사, 2005년) 등이 있다.

▌이정하 서울대학교 불문과 및 동 대학원 박사과정 수료. 프랑스 파리 고등사회과학연구원에서 영화학 DEA 및 박사. 현재 단국대 영화학과 교수. 역서: 질 들뢰즈, 시네마 2: 시간-이미지(시각과언어, 2005)

▌황미요조 2006. 02. 한국예술종합학교 영상이론과 전문사 졸업. 논문(M.A) 「아시아 블록버스터의 출현과 트랜스 아시아 시네마 연구」

▌다비데 카사로 영화평론가. 이탈리아 베니스의 Ca' Foscari 대학 공연예술학과에서 「The Golden Age of South Korean Cinema: 1996~2002」라는 논문을 쓰고, 현재 영국 런던 골드스미스 대학 영화학과에서 석사과정을 밟고 있다. 2003년부터 한국의 감독 및 비평가들과 인터뷰를 가져왔고, 한국영화에 관한 이탈리아 웹사이트(www.cinemacoreano.it)를 운영하고 있다. 이탈리아 페사로 영화제에서 장선우 회고전을 계기로 Il cinema sudcoreano contemporaneo e l'opera di Jang Sun-woo(Contemporary South Korean Cinema and the Works of Jang Sun-woo)을 편집하였고, 이탈리아 잡지 "Segnocinema"와 "Close-up"에 기고하고 있다.